ÉTICA TEOLÓGICA
CATÓLICA

JAMES F. KEENAN (ORG.)

ÉTICA TEOLÓGICA CATÓLICA
Passado, Presente e Futuro

A Conferência de Trento

DIREÇÃO EDITORIAL:
Pe. Fábio Evaristo Resende Silva, C.Ss.R.

COORDENAÇÃO EDITORIAL:
Ana Lúcia de Castro Leite

TRADUÇÃO:
Anoar J. Provenzi

COPIDESQUE:
Leila Cristina Dinis Fernandes

REVISÃO:
Leila Cristina Dinis Fernandes
Luana Galvão

CAPA E DIAGRAMAÇÃO:
Bruno Olivoto

Título original: *Catholic Theological Ethics, Past, Present, and Future: The Trento Conference*
© 2011 by James F. Keenan
Published by Orbis Books, Maryknoll, New York
ISBN 978-1-57075-941-3

Dados Internacionais de Catalogação na Publicação (CIP)
(Câmara Brasileira do Livro, SP, Brasil)

Ética teológica católica: passado, presente e futuro / James F. Keenan, (org.); [tradução Anoar J. Provenzi]. – Aparecida, SP: Editora Santuário, 2015.

Título original: Catholic theological ethics, past, present, and future: the Trento conference.
Vários autores.
ISBN 978-85-369-0365-1

1. Ética cristã – Autores católicos – Congressos 2. Igreja Católica – Doutrinas – Congressos I. Keenan, James F.

15-01965   CDD-241.042

Índices para catálogo sistemático:
1. Ética católica: Teologia moral: Cristianismo 241.042

Todos os direitos em língua portuguesa
reservados à EDITORA SANTUÁRIO – 2015

Composição, CTcP, impressão e acabamento:
EDITORA SANTUÁRIO - Rua Padre Claro Monteiro, 342
12570-000 - Aparecida-SP - Fone: (12) 3104-2000

Ao povo da província e da cidade de Trento, especialmente a Antonio Autiero.

SUMÁRIO

Agradecimentos | 11
Bem-vindos a Trento | 13
    Dom Luigi Bressan – Arcebispo de Trento
Introdução: A Conferência de Trento | 17
    James F. Keenan

PARTE I: ÉTICA E DIÁLOGO INTER-RELIGIOSO EM UM MUNDO GLOBALIZADO | 27
    Introdução | 29
    PERSPECTIVA CATÓLICA, PROTESTANTE E ISLÂMICA | 31
        Uma perspectiva católica | 31
        Arcebispo Bruno Forte
        Uma perspectiva protestante | 41
        Mercy Amba Oduyoye
        Uma perspectiva islâmica | 53
        Ahmad Syafii Ma'arif

PARTE II: O PASSADO | 65
Introdução | 67

TRENTO: CONTEÚDO, CONTEXTO E RECEPÇÃO | 71
Catorze teses sobre o legado de Trento | 71
Paolo Prodi
O Concílio de Trento na experiência africana | 81
Laurenti Magesa
Vivendo com perdas: a crise no "Ocidente cristão" | 95
Regina Ammicht-Quinn

A INTERAÇÃO ENTRE HISTÓRIA E ÉTICA TEOLÓGICA | 109
Diferenciando criticamente o passado: história e ética | 109
Alberto Bondolfi
Teologia moral e história: uma perspectiva peculiar | 121
Diego Alonso-Lasheras
Blocos históricos de construção para uma consistente ética relacional e sexual | 131
Roger Burggraeve

A NARRATIVA DA HISTÓRIA E AS VOZES AUSENTES | 143
Trento: contribuição histórica e vozes perdidas | 143
Antônio Moser
As vozes femininas ausentes | 157
Anne Nasimiyu-Wasike
A sistemática extinção dos corpos de pele negra na ética católica | 169
Bryan Massingale

PARTE III: O PRESENTE | 181
Introdução | 183

ARGUMENTAÇÃO MORAL | 185
Em que sentido a teologia moral é racional? | 185
Éric Gaziaux
Uma estrutura para o discernimento moral | 197
Margaret Farley
Argumentação e metodologia na ética africana | 209
Bénézet Bujo

ÉTICA POLÍTICA | 225
A presunção contra a guerra e a violência | 225
Brian V. Johnstone

Vida urbana, ética urbana | 233
Miguel Ángel Sánchez Carlos
A Doutrina Social Católica em uma encruzilhada | 245
David Kaulemu

QUESTÕES DE SAÚDE | 257
Justiça e equidade no mundo dos cuidados de saúde:
um grito ético na América Latina e no Caribe | 257
Leo Pessini
Questões de saúde: uma perspectiva de gênero | 273
Pushpa Joseph
Retrospectiva e prospectiva do HIV/AIDS na África:
casais sorodiscordantes, reinfecções,
papel das mulheres e preservativo | 279
Margaret A. Ogola

PARTE IV: O FUTURO | 287
Introdução | 289

IDENTIDADE, RECIPROCIDADE E RELAÇÕES FAMILIARES | 293
Uma visão do matrimônio para os cristãos do século XXI:
intimidade, reciprocidade e identidade | 293
Julie Hanlon Rubio
Vulnerabilidade, reciprocidade e cuidado nas relações familiares:
uma contribuição socioética | 311
Christa Schnabl
O abuso de poder na Igreja: seu impacto na identidade,
na reciprocidade e nas relações familiares | 325
Aloysius Cartagenas

DESAFIOS DA PRESSÃO SOCIAL MUNDIAL | 339
A economia que leva em conta as pessoas | 339
Peter Henriot
Sustentabilidade: uma perspectiva ético-teológica | 353
Simone Morandini
Cidadania | 365
Myroslav Marynovych

ÉTICA TEOLÓGICA NO FUTURO | 375
Uma perspectiva arcebispal sobre o futuro da ética teológica | 375
Cardeal Reinhard Marx

Gênero e teologia moral: um projeto compartilhado | 385
  Julie Clague
Contexto e futuro da ética teológica:
a tarefa de construir pontes | 403
  Shaji George Kochuthara
Racialização e racismo na ética teológica | 417
  María Teresa Dávila

Autores | 435

Índice de assuntos | 441

Índice de autores | 451

Índice | 455

AGRADECIMENTOS

Gostaria de agradecer

a *Brian McNeil* suas traduções dos ensaios de Reinhard Marx, Antônio Moser, Simone Morandini, Éric Gaziaux, Bénézet Bujo, Paolo Prodi e Alberto Bondolfi; e a *Margaret Wilde* suas traduções dos ensaios de Diego Alonso-Lasheras e Miguel Ángel Sánchez Carlos;

a todas as pessoas que ajudaram fornecendo admiráveis contribuições para o avanço das discussões;

a meu competente e consciencioso assistente *Kevin Vander Schel*, doutorando aqui no Boston College;

e, finalmente, a *Susan Perry*, da Orbis Books, conduzir todo esse projeto por meio de seus olhos e de sua caneta editoriais eficientes.

BEM-VINDOS A TRENTO

Dom Luigi Bressan
Arcebispo de Trento

Queridos amigos, estou profundamente honrado em recebê-los em nossa cidade e arquidiocese de Trento para esse importante encontro sobre ética. No século XVI, nossa amada cidade foi escolhida para um conhecido concílio ecumênico, porque parecia ser o melhor lugar para um encontro entre os protestantes, que haviam requisitado um concílio em território alemão, e os católicos, que se recusavam a ir até a Alemanha. As discussões sobre o local da reunião duraram diversos anos; e finalmente, após uma sugestão feita ao imperador pelo bispo de Trento, Cardeal Bernardo Clesio, decidiu-se em favor de nossa cidade. Sabemos que, infelizmente, um encontro real não aconteceu, e o cristianismo ocidental permaneceu dividido. Mas nós, em Trento, entendemos que temos a missão de construir pontes para uma maior compreensão.

ÉTICA TEOLÓGICA CATÓLICA
PASSADO, PRESENTE E FUTURO

Ao mesmo tempo, estamos cientes do impacto positivo que o Concílio de Trento teve na vida da comunidade cristã e compartilhamos com o restante da Igreja universal a missão que Deus confiou a seus filhos em Cristo Jesus. Trento não é, como no caso de outros concílios históricos como Niceia ou Calcedônia, apenas um nome no desenvolvimento teológico da disciplina e doutrina da Igreja, mas é também uma comunidade viva, espalhada em 452 paróquias com cerca de 400 padres diocesanos, 200 religiosos, 500 religiosas, além de pessoas consagradas em institutos seculares e movimentos eclesiais, com cerca de 400 missionários em muitos países do mundo, e numerosos leigos generosamente dedicados ao trabalho pastoral e ao serviço social. Nossas relações com as autoridades públicas são boas e respeitosas. Nem tudo é perfeito em Trento; contudo, tentamos responder aos desafios de hoje cientes de que, como cristãos, somos os herdeiros de uma grande tradição e os beneficiários da graça de Deus.

Quando os teólogos e os bispos vieram a Trento para o Concílio, descobriram que a cidade era pequena e tinha problemas para acomodar mais de dois mil hóspedes. Agora não somos tantos para nossa reunião, e espero que vocês não encontrem inconvenientes durante a estada. Ao mesmo tempo em que agradeço a vocês terem escolhido Trento para tão importante encontro, expresso minha gratidão pelo apoio que recebemos não somente do seminário, mas também do Instituto para os Estudos Religiosos Superiores e da Fundação Bruno Kessler, bem como das autoridades públicas, da universidade e de outras instituições.

Esta noite, nós nos encontraremos no Castel del Buonconsiglio, onde os bispos de Trento costumam residir e aonde muitos "padres" do Concílio foram para diversas reuniões. Amanhã, concelebraremos na catedral, onde todas as sessões solenes do Concílio foram feitas, enquanto as discussões preparatórias eram realizadas em outras Igrejas e prédios, especialmente na Igreja de Santa Maria. Isso também nos possibilita um espírito de comunhão em oração, de modo que o Espírito Santo possa nos assistir em nossas deliberações, para que busquemos não expressar nossas opiniões pessoais, mas sim tentar interpretar a vontade de Deus em nosso tempo e para o futuro em comunhão com a tradição viva da Igreja. A tarefa de vocês é difícil e complexa e, por essa razão, solicitei aos padres paroquiais que convidem os fiéis a rezarem pelo sucesso do encontro. Espero que cada um de vocês possa passar dias frutuosos e agradáveis em nosso meio e ser enriquecido por essa experiência e possivelmente retornar, ou pelo menos nos levar no coração.

INTRODUÇÃO

CONFERÊNCIA DE TRENTO

James F. Keenan

Em 8 de julho de 2006, cerca de quatrocentos eticistas católicos de sessenta e três países ingressaram na sala magna da Universidade de Pádua, onde Galileu havia ensinado ao longo de dezoito anos, e inauguraram a "Primeira Conferência Transcultural sobre Ética Teológica Católica". Em 2007, os trinta artigos da conferência foram publicados;[1] e, em 2008, trinta dos cento e vinte artigos que circulavam sobre ética aplicada foram publicados.[2] Mais tarde, outras cinco edições do primeiro

---

[1] James F. Keenan, ed., *Catholic Theological Ethics in the World Church: The Plenary Papers from the First Cross-cultural Conference on Catholic Theological Ethics* (New York: Continuum, 2007).

[2] Linda Hogan, *Applied Ethics in a World Church: The Padua Conference* (Maryknoll, NY: Orbis Books, 2008).

volume foram publicadas em outros lugares no mundo: Manila, Buenos Aires, Bolonha, Bangalore e São Paulo (pela Santuário).[3] O segundo volume foi publicado também em Manila.[4]

Em Pádua, decidimos novamente nos reunir para uma segunda conferência internacional depois de quatro anos. Esse chamado a nos encontrarmos novamente foi um convite a estruturar de modo diferente a conferência vindoura. Em Pádua, encontramo-nos a primeira vez para nos reunir e ouvir uns aos outros. A próxima vez necessitaria de um contexto específico.

Por que Trento?

Durante um jantar em Pádua, meu colega italiano Renzo Pegoraro virou-se para mim e me disse: "Da próxima vez, em Trento". Foi uma afirmação forte. A ética teológica havia sido definida pelo Concílio de Trento: tornamo-nos uma disciplina específica dentro da teologia. A compartimentalização da teologia para auxiliar os seminários foi o que deu início a um empreendimento de separação conhecido como teologia moral. Por que voltar a Trento?

Muitos podem pensar Trento como o começo de uma contrarrevolução, de uma institucionalização intransigente da Igreja Católica e de um repúdio definitivo da Reforma. Certamente Trento significou muito para a moderna teologia católica, mas somente alcançou uma definição mais precisa graças a disputas contínuas. Após vinte e cinco anos de sessões intermitentes, os padres conciliares estabeleceram e proclamaram aquelas definições; mas de 13 de dezembro de 1545 até 4 de dezembro de 1563, seus teólogos discutiram esses assuntos. Poderíamos buscar em Trento intuições e afirmações fundamentais, a fim de reflexiva e respeitosamente considerar as necessidades hodiernas no contexto de uma Igreja globalizada e de suas tradições

---

[3] James F. Keenan, ed., *Catholic Theological Ethics in the World Church: The Plenary Papers from the First Cross-cultural Conference on Catholic Theological Ethics* (Quezon City: Ateneo de Manila, 2008); *Los Desafíos Éticos del Mundo Actual: Una Mirada Intercultural Primera Conference Intercontinental e Intercultural sobre Ética Teológica Católica en la Iglesia Mundial* (Buenos Aires: Editorial San Benito, 2008); *Etica Teologica Cattolica nella Chiesa Universale: Atti del primo Congresso interculturale di teologia morale* (Bologna: Edizioni Dehoniane, 2009); *Catholic Theological Ethics in the World Church: The Plenary Papers from the First Cross-cultural Conference on Catholic Theological Ethics* (Bangalore: Asian Trading Company, 2009); *Ética Teológica Católica no Contexto Mundial* (São Paulo: Santuário, 2010).

[4] Linda Hogan, *Applied Ethics in a World Church: The Padua Conference* (Quezon City: Ateneo de Manila, 2009).

envolventes e constantemente emergentes. Mas poderíamos explorar também as maneiras como, durante os próximos vinte e cinco anos, discutiremos sobre a autoridade, a consciência, o pecado, o gênero, a sustentabilidade, a saúde, a economia, a lei natural, a história, o direito à alimentação, a necessidade de amor, a família, as emoções e, sim, inclusive as próprias tradições. Em Trento, poderíamos buscar caminhos de recuperar um modelo de teologia que não se apressa em declarar a ortodoxia ou a não ortodoxia, mas antes busca saber se estamos entendendo os desafios que mais nos confrontam.

Cinco outras razões fazem de Trento nosso próximo passo natural: a pequena cidade, situada aos pés dos Alpes, era bela e facilmente acessível para uma grande conferência; o arcebispo de Trento, Luigi Bressan, tinha uma ótima reputação de hospitalidade; o mais importante eticista teológico de seu tempo, Antonio Autiero, tinha um instituto em Trento, a Fundação Bruno Kessler, que poderia servir como um natural comitê local; em quarto lugar, poucos, se é que algum, eticistas teológicos tinham de fato estado em Trento; e, em quinto, todos encontrariam uma desculpa para vir.

De fato, eles vieram – mais de seiscentos eticistas teológicos de setenta e dois países.

Quem veio?

Desde o início de nosso planejamento, decidimos mirar sete populações bem diferentes. Primeiro visamos à mais plena possível participação de europeus. Enquanto tivemos, em Pádua, a participação da Itália, da Irlanda, da Inglaterra e da Bélgica, sentimos que os franceses, os alemães, os austríacos e os espanhóis assumiram uma atitude de expectativa diante de nossa tentativa. Tendo alguém da França em nosso comitê de planejamento em Trento, agora esperávamos uma melhor participação da França. O napolitano Autiero, tendo sido professor de ética teológica em Bonn e agora em Münster, não somente nos traria ligações com os italianos, mas também com os alemães. Duas das maiores figuras da ética teológica da Espanha, o redentorista Marciano Vidal e o jesuíta Julio Martinez, prometeram trazer colegas e estudantes.

No mesmo sentido, não queríamos perder o apoio dos italianos. Por meio de Renzo Pegoraro, fomos capazes de convencer a Associação Teológica Italiana para o Estudo da Moral (ATISM) a realizar perto de Pádua sua conferência anual de 2006, em sincronia com nossas datas. Em 2006, a ATISM elegeu Karl Golser, oriundo da vizinha Bolzano-Bressanone, como presidente para um mandato de quatro anos. Depois de Pádua, comecei a me encontrar regularmente com ele para ver se poderíamos convencer a ATISM a se encontrar novamente em 2010 perto de Trento. Conseguimos.

Em Pádua, tivemos poucos membros dos redentoristas, sobretudo porque em 2006 eles tiveram seu encontro internacional de ética teológica em Bogotá, e poucos estavam dispostos a viajar para uma segunda conferência internacional. O indiano Clement Campos estava no Conselho Geral dos redentoristas e, através dele, convencemos os redentoristas a realizarem seu próximo encontro pouco antes do nosso em Trento. Felizmente, conseguimos.

Queríamos também a participação da hierarquia. O Arcebispo Bressan assegurou-nos de que ele assistiria a todas as nossas sessões. Convidamos, então, eticistas teológicos que eram bispos em Bangladesh, no Sudão, na África do Sul e nas Filipinas. Ao longo de nossas preparações, dois outros eticistas se tornaram bispo: Stephen Thottathil, da Índia, e Karl Golser. A indicação de Golser foi extremamente importante para nós. Como ordinário da diocese vizinha, sabíamos que ele estaria presente, com Bressan, em todos os nossos eventos. Dois conhecidos bispos italianos poderiam testemunhar o que estávamos tentando fazer.

Nesse sentido, decidimos pedir a um dos bispos convidados, o famoso bispo da AIDS de Rustenburg, África do Sul, Kevin Dowling, para apresentar um artigo sobre o HIV em um painel. Decidimos, então, chamar dois arcebispos como debatedores. Primeiro, quisemos abrir nossa conferência com um aceno ao diálogo inter-religioso. Afinal, o diálogo inter-religioso não estava na mente dos teólogos que se reuniram em Trento quatro séculos antes de nós.

Para a sessão de abertura, quisemos convidar três estudiosos: um muçulmano, um protestante e um católico. Percebemos, no entanto, que o modo mais seguro para evitar qualquer mal-entendido no diálogo seria convidar um importante prelado católico que fosse um teólogo. No final, defendemos o Arcebispo Bruno Forte, de Quieti-Vasto, conhecido por seu trabalho sobre estética e ética da transcendência e um membro do recentemente formado Pontifício Conselho para a Promoção da Nova Evangelização.

No encerramento da conferência, decidimos que nosso painel final da conferência focaria o futuro da ética teológica e que seria apresentado por três estudiosos relativamente jovens: Julie Clague, da Universidade de Glasgow, Escócia, falaria sobre gênero; Shaji Gerge Kochuthara, do Dharmaram College, Bangalore, Índia, discorreria sobre contexto; e María Teresa Davilá, da An-

CONFERÊNCIA DE TRENTO
JAMES F. KEENAN

dover Newton School of Theology, Massachussetts, falaria sobre cultura. Antes da sessão deles, convidamos o Arcebispo (agora Cardeal) Reinhard Marx, de Munique e Freising, para nos falar sobre "O futuro da ética teológica". Marx era conhecido como um defensor da justiça social como constituinte da caridade. Ele gentilmente aceitou, apesar de sua agenda ocupada. Ele concordou em ir de carro de Munique naquela manhã e retornar imediatamente após sua apresentação. Como o dia final estava muito cheio e como queríamos honrar os teólogos jovens com tempo adequado para questões e respostas, perguntamos ao Arcebispo Marx se ele poderia fazer apenas a apresentação, sem perguntas e respostas do auditório. Ele aceitou.

O quarto grupo que quisemos incluir foi de teólogas. Agnes Brazal, das Filipinas, ajudar-nos-ia a recrutar melhor no Sul e Leste da Ásia. Mas o que impressionaria mais em Trento seria a presença de africanas. Depois de Pádua, todos os participantes da conferência compreenderam que precisávamos encontrar meios de apoiar as africanas no estudo da ética teológica. Mais tarde, diversos membros do comitê planejador de Trento – especialmente Agbonkhianmeghe Orobator, do Quênia e da Nigéria, e Linda Hogan, da Irlanda – e eu trabalhamos com a fundação Stichting Porticus para assegurar subvenções para sete mulheres começarem seus estudos de graduação e, finalmente, conseguir o doutorado em ética teológica.

Orobator supervisionou o processo de seleção, e em abril de 2009 anunciamos os nomes das sete mulheres que estudariam em Kampala, Kinshasha, Nairóbi e Yanoundé. Também descobrimos que uma leiga africana, Vivianne Minikongo, havia obtido o primeiro doutorado na África em teologia moral, sem patrocínio algum. Também, através de Linda Hogan, o Trinity College, em Dublin, decidiu premiar outra africana com uma bolsa de estudos completa de doutorado para ética teológica. Todas essas mulheres seriam convidadas para Trento.

O quinto grupo que definiríamos seria de "novos estudiosos". Em Pádua, conseguimos ter quarenta doutorandos, a maioria de Lovaina e do Boston College, que providenciaram sua viagem e hospedagem. Estudiosos sem vínculo acadêmico foram muito poucos. Imediatamente após Pádua, enquanto era formado o comitê de planejamento de Trento, formamos um comitê de "novos estudiosos". Pedimos que o italiano Andrea Vicini presidisse esse comitê, e ele convenceu muitos jovens estudantes na Universidade Gregoriana a participarem. Com dois outros membros, Kathryn Getek e Lúcás Chan Yiu Sing, eles foram nossos representantes em diversos contatos, especialmente com a iniciativa Vinho Novo em Odres Novos (New Wine, New Wineskins), sediada nos Estados Unidos. Fundada em 2002, a Vinho Novo em Odres Novos recebeu eventos anuais na Notre Dame University para apoiar aqueles que estavam no estágio inicial de suas carreiras em ética teológica.[5]

Unimos a nosso convite uma subvenção a esses novos estudiosos. Com base numa escala móvel, oferecemos uma subvenção de cerca de setecentos dólares para viagem e hospedagem. Mirando outras universidades, especialmente através de Martin McKeever no Alfonsianum, Joseph Selling e Johann DeTavernier em Lovaina, Autiero em Münster e Philippe Bordeyne e Marie Jo Thiel na França, procuramos seus doutorandos atuais, bem como seus recém-formados.

Essas duas decisões – a formação do comitê e o estabelecimento do fundo – mudaram a fisionomia de Trento e, acredito eu, a fisionomia da ética teológica. Afinal, 152 de nossos 600 participantes pertenciam a esse grupo. No segundo dia da conferência, quatro de nós do Boston College oferecemos jantar para diferentes participantes após a Eucaristia vespertina na catedral. Lisa Sowle Cahill ofereceu jantar para oitenta e cinco estudiosas que não estavam entre os novos estudiosos; T. Frank Kennedy, do Instituto Jesuíta do Boston College, ofereceu um jantar para os jesuítas; Kenneth Himes para os franciscanos; e eu para os "novos estudiosos" que vinham com esposas, companheiras e filhos. Enquanto outros participantes jantavam em outros lugares e os jantares organizados faziam muito sucesso, ninguém poderia ter imaginado em Pádua que teríamos uma geração com tanta força jantando, conversando e se encontrando pela primeira vez durante aquela noite em Trento.

Sexto, quisemos convidar todos os experientes eticistas teológicos à conferência, tanto como debatedores quanto como simples participantes: Enrico Chiavacci, Margaret Farley, Lisa Sowle Cahill, Charles Curran, Enda McDonagh, Kevin Kelly, Marciano Vidal, Paul Valadier, Philip Schmitz, Thomas Shannon, Anne Nasimiyu-Wasike, Roger Burggraeve, Antônio Moser, Terrence Kennedy, Raphael Gallagher, Sergio Bastianel, Kalus Demmer, Karl Wilhelm Merks, Bénézet Bujo, Laurenti Magesa, Peter Henriot, Soosai Arokiasamy, Christine Gudorf Anne Patrick e Brian Johnstone. Eles todos vieram.

---

[5] William C. Mattison III, ed., *New Wine, New Wineskins: A Next Generation Reflects on Key Issues in Catholic Moral Theology* (Lanham, MD: Rowman and Littlefield, 2005).

CONFERÊNCIA DE TRENTO
JAMES F. KEENAN

Sétimo, percebemos a necessidade de estabelecer um comitê "local" em Trento. Vimos que, se fôssemos ficar em Trento, teria de ser com os trentinos. Com a ajuda de Antonio Autiero, em 2007 começamos a encontrar anualmente um grupo de líderes eclesiais, civis e acadêmicos. Essa ponte construída abriu portas que não poderíamos imaginar.

Primeiro, o Arcebispo Bressan deu apoio a nossas necessidades. Ofereceu-nos o seminário para todas as nossas sessões e hospedou lá mais de vinte teólogos idosos incapazes de andar muito. Ele nos ofereceu diversas Igrejas e capelas para as liturgias diárias. Enquanto meus assistentes Vicini e Chan tentavam conseguir vistos para cerca de trezentos de nossos participantes, ele escreveu aos núncios de países em que vistos seguros seriam difíceis. Ele ofereceu um jantar para a hierarquia e para os benfeitores. Sobretudo, ele presidiu a liturgia eucarística na catedral.

Segundo, da Província Autônoma de Trento, Lia Beltrami e sua assistente Marilena De Francesco ofereceram-nos hospitalidade e uma receptação para seiscentas pessoas no Castelo de Bernardo Clesio, o arcebispo que abrira o Concílio de Trento. Como consequência, elas também cuidaram de todos os nossos cafezinhos, nos quais os participantes podiam duas vezes ao dia se encontrar e conversar. Elas nos ajudaram a organizar a aparelhagem técnica dos auditórios e dividiram os custos com as traduções simultâneas em inglês, italiano, francês e espanhol para as sessões plenárias. Elas nos ajudaram extraordinariamente em nossos contatos na cidade e na província.

Outro membro do comitê local foi Flavio Zuelli, ex-presidente da Universidade de Trento. Ele ouviu sobre nossa oferta de apoio a participantes dos países em desenvolvimento e a novos estudiosos e, em nome da universidade, cedeu-nos 220 quartos individuais em um novo dormitório, todos com banheiro e sacada.

Em uma reunião, o líder da Sociedade Industrial Trentina disse que poderia cobrir os gastos com nosso jantar de encerramento; em outra, o líder da Secretaria Estadual do Turismo ofereceu passeios guiados pela cidade histórica. Através da generosidade da ATISM e do Bispo Golser, conseguimos transporte gratuito em ônibus de e para o aeroporto de Verona, situado aproximadamente a 110 quilômetros de distância. E finalmente os estudantes da Universidade de Trento, sabendo que estavam para chegar muitos de seus "heróis" em ética, ofereceram seus serviços para recepcioná-los bem no aeroporto, nos ônibus e nas conferências. A conferência tornou-se um momento igualmente especial para os participantes e para os habitantes.

Isso ficou evidente em 25 de julho, na Eucaristia do domingo à noite, quando o Arcebispo Bressan destacou que nunca mais depois do Concílio de Trento haviam estado tantos teólogos reunidos na catedral. Então, com cerca de quatrocentos fiéis trentinos conosco, tive oportunidade de contar aos trentinos um pouco de nós. A Itália tem mais de uma centena de eticistas teológicos preparados, mas poucos deles são leigos e um número ainda menor são mulheres. Convidei o povo de Trento para ver que em nosso grupo a fisionomia da teologia moral estava mudando. Embora cerca de uma centena de nós fosse padre, havia pelo menos duas centenas de eticistas que eram religiosos e leigos. Destaquei que quarenta anos antes não havia mulheres eticistas teológicas. Então acrescentei: "Vocês perceberam todas essas crianças aqui? Os jovens homens e mulheres que as acompanham são seus pais, e esses pais também fazem parte da nova geração de teólogos moralistas". Os trentinos irromperam em um caloroso e forte aplauso.

A Conferência

Em Trento, tivemos 31 apresentações plenárias, 30 pôsteres e 240 apresentações paralelas. Entre as últimas, houve quatro sessões em que se poderiam escolher dentre vinte diferentes painéis de três apresentações. Permitam-nos analisar alguns painéis de uma sessão. Numa delas, intitulada "Refugiados, imigração e soberania nacional", o eticista americano David Hollenbach falou sobre a responsabilidade de proteger; a filipina Gemma Cruz falou sobre uma ética católica de risco para a reforma imigratória; e a estudiosa inglesa Anna Rowlands focalizou a questão da subsidiariedade e do asilo. Em outro, três professores americanos, Patricia Beattie Jung, Susan Ross e John McCarthy, falaram sobre o que a biologia evolucionária está trazendo para a diversidade sexual. Visto que os painéis foram diferenciados por língua (inglês, francês, espanhol e italiano), um dos painéis italianos teve o italiano Giovanni Del Missier, o brasileiro Rogério Gomes e a argentina Maria Martha Cuneo discutindo vulnerabilidade e bioética.

Durante outra sessão, três debatedores falaram sobre o HIV/AIDS: Mary Jo Iozzio (Estados Unidos), Lillian Dube (Zimbábue) e Uzochukwu Jude Njoku (Nigéria). Durante essa mesma sessão, houve três painéis sobre economia, direito à alimentação, bem comum, morrer, direitos humanos, bioética, sustentabilidade global e vida pessoal, crianças como agentes morais, casuística ensinada e verdade afirmada. Dezesseis apresentações foram sobre ética das virtudes; e, embora todas tenham sido em inglês, os apresentadores eram dos Estados Unidos, do Reino Unido, da Alemanha, da Polônia, da Nigéria e da Bélgica. Ao voltar para casa, para seus países, muitos participantes publicaram suas apresentações. Em nossa página (www.catholicethics), postamos ou um PDF ou um link para os ensaios publicados, bem como o programa completo e os diversos comentários sobre a conferência que apareceram pelo mundo. Vocês também poderão ler nesse endereço nossos planos para o futuro.

Excetuando o plenário de abertura sobre o diálogo inter-religioso, os demais plenários foram divididos em três grupos, com o segundo dia sobre o passado, o terceiro sobre o presente e o último sobre o futuro. Para ter um grande número e variedade de apresentadores, adotamos uma regra que deu a cada apresentador de plenário quinze minutos. Pedimos a cada apresentador que, à luz das discussões que se seguiram a suas apresentações, desenvolvesse suas intuições em uma argumentação completa, que estão publicadas aqui.

Penso que aprendemos muitas lições em Trento, sobretudo algo a respeito de nossa vocação. Nós, eticistas teológicos, somos por natureza críticos: nossa vocação está baseada na premissa de que somos necessitados porque as coisas não são como deveriam ser. Como os críticos e os reformadores da sociedade e da Igreja, buscamos praticamente construir uma ponte entre quem somos e quem podemos ser. Assim, sempre começamos com a premissa de que há um déficit em nossa posição e, portanto, precisamos trabalhar juntos para encontrar um meio de remediar isso.

Frequentemente, quando os líderes ou os leigos ouvem apresentações de eticistas, surpreendem-se por que não somos mais positivos. Não podemos ser. Por natureza, somos teólogos: miramos um futuro melhor. Não surpreende, então, que na sessão final tenham surgido queixas do tipo: "Por que o Arcebispo Marx não ficou para as perguntas?". Alguns comentaram: "Era a oportunidade para os eticistas falarem e os bispos ouvirem!". Linda Hogan, Antonio Autiero e eu gastamos cerca de trinta minutos insistindo que a decisão de não haver perguntas havia sido nossa, não dele, e isso em razão do pouco tempo. Então, mais tarde, no jantar de encerramento, no discurso de despedida, Charles Curran encorajou-nos a sermos mais críticos![6]

---

[6] Charles Curran, "We Cannot Put our Heads in the Sand", *National Catholic Reporter*, September 77, 2010, 1, http://ncronline.org/print/20049.

Nós, eticistas, acreditamos que devemos encontrar a verdade, e em parte isso significa mostrar o que está faltando, o que não é visto, o que não é entendido ou o que não é pronunciado. Significa também se dar conta daqueles não ouvidos, rejeitados, oprimidos ou abandonados. Fomos chamados a ler os sinais dos tempos como eles realmente são. Além disso, não somos um bando infeliz de negativistas. Pelo contrário. Para fazer o que fazemos, precisamos ouvir, sonhar, imaginar, elogiar e rir de nós mesmos, prevendo discórdia e esperando resultados melhores; somos realmente resilientes, otimistas e afáveis, conforme o fomos ao longo de toda a conferência.

O que encontrei em Trento e em meu caminho até Trento foi precisamente o que as jovens estudiosas da África disseram-me na conferência de encerramento: "Jim, estamos tão surpresas com o fato de pertencermos a algo tão grande, tão comprometido e tão dinâmico". Eu sorri. Em Trento, descobrimos nossa vocação católica. Espero que vocês a encontrem nestas páginas.

PARTE I

ÉTICA E DIÁLOGO INTER-RELIGIOSO
EM UM MUNDO GLOBALIZADO

Perspectiva católica, protestante e islâmica
Uma perspectiva católica
Arcebispo Bruno Forte (Itália)
Uma perspectiva protestante
Mercy Amba Oduyoye (Gana)
Uma perspectiva islâmica
Ahmad Syafii Ma'arif (Indonésia)

INTRODUÇÃO

Visto que a herança da Trento do século XVI proporcionou um pano de fundo imediato para a conferência, a comissão organizadora desejou indicar que nossos discursos pertenciam muito mais à Trento do século XXI. Para abrir, decidimos destacar exatamente o que o século XVI não fez (e não poderia ter feito): diálogo inter-religioso.

Nossos debatedores são figuras proeminentes no âmbito mundial. Sabendo que nossa discussão teria como finalidade exclusivamente a ética teológica católica, eles nos lembraram enfaticamente de que outros crentes compartilhavam semelhantes preocupações e expectativas. O Arcebispo Bruno Forte, de Quieti-Vasto, Itália, conhecido por

ÉTICA TEOLÓGICA CATÓLICA
PASSADO, PRESENTE E FUTURO

seu trabalho em estética e em ética da transcendência[1] e membro do recentemente formado Pontifício Conselho para a Promoção da Nova Evangelização, fez a primeira apresentação. Ele propôs quatro teses: (1) que não há ética sem transcendência; (2) nem ética sem gratuidade e responsabilidade; (3) nem sem justiça e solidariedade; e (4) que a ética nos aponta na direção daquela transcendência livre, soberana, última e absoluta que primeiro se voltou para nós.

De Gana, Mercy Amba Oduyuye, do Grupo de Teólogas Africanas Engajadas, encontrou no diálogo inter-religioso a esperança de uma maior justiça, estabilidade e equidade.[2] Ela considerou seu discurso como situado entre cristãos e muçulmanos, mas em seu artigo ela também destacou dois constituintes específicos de seu continente e sobre ele: os crentes na Religião Tradicional Africana e as mulheres de fé de cada uma dessas três tradições.

Finalmente, o terceiro conferencista foi o indonésio Ahmad Syafii Ma'arif, que já dirigiu (1998-2005) a Muhammadiyah, a segunda maior organização islâmica do mundo, com trinta milhões de membros. Dr. Ma'arif venceu o prestigiado prêmio Ramon Magasasy (2008) com seu trabalho a favor da paz, do diálogo e da tolerância.[3] Invocando o Corão, Ma'arif lembrou-nos de que, como contrárias ao secularismo, as pessoas de fé compartilham uma cosmologia, uma antropologia e uma visão da origem e do fim da moralidade que é necessária para enfrentar os desafios atuais.

---

[1] Bruno Forte, *A porta da beleza: por uma estética teológica* (São Paulo: Ideias & Letras, 2006); *Um pelo outro: por uma ética da transcendência* (São Paulo: Paulinas, 2003).

[2] Mercy Amba Oduyoye, *Daughters of Anowa: African Women and Patriarchy* (Maryknoll: Orbis Books, 1995); *Introducing African Women's Theology* (Boston: Pilgrim Press, 2001); *Beads and Strands: Reflections of an African Woman on Christianity in Africa* (Maryknoll: Orbis Books, 2004); e *Hearing and Knowing: Theological Reflections on Christianity in Africa* (Eugene, OR: Wipf and Stock, 2009).

[3] Ver o Instituto Ma'arif: http://www.maarifinstitute.org/.

PERSPECTIVA CATÓLICA, PROTESTANTE E ISLÂMICA

UMA PERSPECTIVA CATÓLICA

Arcebispo Bruno Forte

Quais são os desafios que emergem para a ética e o diálogo inter-religioso a partir da "aldeia global" atual? Tentarei inicialmente responder a essa questão usando metáforas, pois as várias camadas de significado da metáfora permitem-nos extrair o sentido do que está acontecendo sem tornar banal a complexidade da real situação. Usando três metáforas "fluidas" – naufrágio, liquidez e marinheiro – e uma "sólida" – a torre de Babel –, gostaria de esboçar qual provavelmente seja a tarefa da ética e do diálogo inter-religioso em nosso mundo globalizado.

A metáfora do naufrágio

Hans Blumenberg[1] usou a metáfora do *naufrágio* como uma ferramenta para interpretar a idade moderna e sua crise. A imagem remete a um texto de Lucrécio, em que a *condition humaine* no período "clássico" estava começando a ganhar sua forma de expressão: "Quão belo é assistir, em terra firme, o naufrágio distante, quando os ventos chocam-se acima do mar, e, abaixo, agita-se a negra vastidão das águas: não é a desgraça do outro que te traz júbilo, mas a distância que te separa de um destino semelhante".[2] A força dessa metáfora deriva dos contrastes que ela estabelece entre, de um lado, a terra firme com toda a sua segurança e estabilidade, e, do outro, o mar fluido e inconstante. Os ouvintes de Lucrécio observam a cena do naufrágio estando na *terra firma* de suas próprias certezas.

Observadores modernos, no entanto, não desfrutam por muito tempo dessas certezas; pelo contrário, eles experimentam a verdade evidente das palavras de Pascal: *Vous êtes embarqués*,[3] nós estamos todos a bordo da embarcação! Conforme Blumenberg comenta, a posição vantajosa e segura segundo a qual o historiador pode ser um espectador à parte não existe mais. O que é novo – e que teve início a partir da "idade das luzes" – é que cada vez menos o observador pode ser separado do próprio naufrágio. Tendo perdido as certezas que nos foram oferecidas pelo positivismo e pelas ideologias modernas, tornamo-nos todos herdeiros naufragados da modernidade e habitantes da pós-modernidade.

Aqui, podemos captar a diferença, de modo algum secundária, entre a crise de 1929[4*] e a de hoje. Lá, o universo das certezas ideológicas apresentava-se como uma alternativa possível para a crise, como um sol nascente. Aqui, seguindo o fim das ideologias e o colapso do sistema de blocos em competição, as coisas mudaram. Somos como marinheiros que têm de reconstruir seu barco em pleno mar aberto. Nossa única esperança de salvação consiste na construção de uma jangada usando o que sobrou do naufrágio. No grande mar da história, continuam a aparecer tábuas que podemos usar. Mas de onde vêm elas? Talvez de naufrágios anteriores? Ou de algum lugar totalmente "diferente"? No horizonte desse cená-

---

[1] Hans Blumenberg, *Schiffbruch mit Zuschauer: Paradigma einer Daseinsmetapher* (Frankfurt am Main: Suhrkamp, 1979).

[2] Lucrécio, *De rerum natura*, 2.1-4.

[3] Blaise Pascal, *Pensées, in Oeuvres complètes* (Paris: J. Chevalier, 1954), 451.

[4] *Referência à Grande Depressão Econômica, considerada por muitos o mais longo e duro período de recessão do século XX [N.T.].

UMA PERSPECTIVA CATÓLICA
ARCEBISPO BRUNO FORTE

rio de naufrágio, em que os espectadores mesmos têm sido lançados ao mar, um senso de expectativa começa a emergir. Quiçá, nos questionamentos suscitados pelo naufrágio, possamos encontrar, em sua forma mais essencial, a necessidade atualmente sentida pela coletividade de ética e de sentido religioso.

A metáfora da liquidez

A imagem do mar constantemente agitado evoca a metáfora da *liquidez*, empregada com singular versatilidade pelo sociólogo britânico de origem judaico-polonesa Zygmunt Baumann.[5] Em nosso tempo, modelos e configurações não se "mantêm" por muito tempo nem muito menos são "axiomáticos". Há, aliás, até mesmo um excesso deles. Eles conflitam uns com os outros e contradizem os ordenamentos aos quais se referem, de modo que cada um deles tem sido privado em boa medida de sua capacidade de coagir. Seria imprudente negar, ou mesmo minimizar, a profunda mudança que o advento da modernidade fluida introduziu na condição humana. Na ausência de pontos confiáveis de referência, tudo parece fluido e, como tal, justificado e justificável em relação à onda do momento. Os parâmetros verdadeiramente éticos que o "grande Código" da Bíblia confiara ao Ocidente agora parecem ter sido diluídos e não são muito óbvios nem facilmente disponíveis. A moda é "relativismo", "niilismo", "pensamento fraco" e "ontologia do declínio".

Com notável previsão, Dietrich Bonhoeffer, que morreu como mártir da barbárie nazista no campo de concentração de Flossenbürg em 9 de abril de 1945, captou como essa situação desafiava a ética do mundo que nasceria das cinzas do totalitarismo: "Visto que não há nada duradouro, o fundamento da vida na história, que é a confiança, fracassa em todas as suas formas".[6] O ser humano afoga-se em uma miríade de solidões representadas pelas massas, e o sonho de emancipação se rompe contra o muro do totalitarismo. "O mestre da máquina se torna seu escravo, e a máquina se torna inimiga do homem. As criaturas se levantam contra seu criador: uma notável repetição do pecado de Adão! A emancipação das massas acaba dando no terror da guilhotina [...]. O caminho que trilhamos a partir da Revolução Francesa leva-nos ao niilismo."[7]

---

[5] Ver, por exemplo, Zygmunt Baumann, *Liquid Modernity* (Cambridge: Blackwell, 2000).
[6] Dietrich Bonhoeffer, *Ethik*, ed. E. Bethge (München: Kaiser, 1966), 114s.
[7] Ibid., 108.

Essa *liquidez* encontra expressão especial hoje na volatilidade das certezas prometidas pela "economia virtual" das finanças internacionais, na realidade cada vez mais separada da economia real. Agora que a máscara do máximo benefício pelo mínimo risco caiu, fomos deixados em meio às ruínas de uma situação fluida em todos os níveis. Encontrar pontos de referência e indicar caminhos para frente que sejam confiáveis: eis o desafio titânico para aqueles encarregados do governo e da administração. A economia, também, em sua busca por salvação, bate à porta da ética!

A metáfora do marinheiro

Continuando, no mar da história aparecem outras tábuas para agarrar fragmentos que nos permitem fazer um bote capaz de navegar. Quais são elas? Não considero infundado encontrar aqui uma metáfora para o sentido oferecido aos seres humanos pelos vários *credos religiosos*. As religiões são chamadas a irem ao leito do *homo œconomicus*. Por seu turno, elas são desafiadas por todo o processo de globalização a tomarem consciência da nova necessidade de estar e trabalhar juntos.

Samuel P. Huntington identifica o desafio do futuro imediato na natureza conflitiva desse encontro.[8] Após as guerras entre Estados-nação que marcaram o século XIX e aquelas entre ideologias características do XX, em sua visão o século XXI será marcado pelo colapso das civilizações, elas próprias identificadas com tradições religiosas em que encontram inspiração. O que precisa ser definido, no entanto, é se e em que medida as religiões podem desempenhar um papel na superação do conflito e na construção de uma nova ordem mundial. O cristianismo e o islã, especialmente, estão no cerne desse debate, não somente por suas ligações respectivamente com o Ocidente e com a cultura árabe, mas também por causa da ameaça constituída pela aliança entre alguns movimentos antiocidentais e certas visões religiosas que reivindicam estar fundadas sobre a fé islâmica. Além disso, não menos importante para a causa da paz é o papel que poderia ser desempenhado pelo judaísmo e pelas grandes religiões da Ásia.

---

[8] Samuel Huffington, *The Clash of Civilizations and the Remaking of World's Order* (New York: Simon & Schuster, 1996).

UMA PERSPECTIVA CATÓLICA
ARCEBISPO BRUNO FORTE

O desafio, então, é escolher entre dois modelos: "colapso" ou "aliança" entre civilizações e religiões. Certamente, o encontro entre elas não pode ser objeto de simples justaposição. A alternativa à barbárie do colapso total parece ser a possibilidade de *métissage*.[9] Essa confluência de múltiplas identidades, certamente ligadas aos grandes movimentos migratórios ora em curso, não está menos relacionada à superação da distância conquistada graças a vários meios de comunicação, especialmente a internet. Referimo-nos aqui à experiência, até então desconhecida para a maioria das pessoas, do encontro entre identidades muito diferentes, que leva à formação de identidades plurais, nômades e "miscigenadas", que são simultaneamente tanto autoassertivas quanto flexíveis.[10]

A sucessão de eventos, desde o fatídico 1989 até o 11 de setembro de 2001, e o que se seguiu a isso revelam a urgência desse desafio. Estamos indo de um mundo em que atritos eram fundamentalmente ideológicos para um mundo em que eles são essencialmente assunto de identidade. Ao longo dos próximos anos, esse problema de identidade contaminará a história, enfraquecerá o debate intelectual e espalhará ódio, violência e destruição em todo lugar. Uma escolha fundamental tem de ser feita. *Métissage* sempre fez parte da história das pessoas e das culturas. A ilusão da pureza de identidade e de raça é pura tolice. Se uma cultura está inteiramente viva, ela também é capaz de entrar em um processo de trocas mútuas e de compreensão recíproca com a identidade daqueles que passam a conviver com ela. Certamente, essa "convivência" não é fácil nem está isenta de riscos. Mas o decisivo é que pessoas e culturas passem a reconhecer um código de valores comuns, capaz de servir como base para as relações de respeito e reconhecimento mútuos e diálogo. Quais poderiam ser as bases desse código? E qual poderia ser a rota para esse bote construído nos mares da grande aldeia?

A torre de Babel

Uma ética fundada na *revelação bíblica* oferece a possibilidade decisiva para definir esse código e ajuda a indicar a rota a seguir. Essa ética encontra seu ponto fundamental de referência na centralidade da pessoa humana

---

[9] Ver R. Duboux, *Métissage ou Barbarie* (Paris: L'Harmattan, 1994).
[10] Ver A. Maalouf, *Les identités meurtrières* (Paris: Éditions Grasset, 1998).

diante do mistério do Deus vivo. Depois do naufrágio, sobre as ondas da modernidade líquida, o bote é agora construído em conjunto, por cada um que consente com as regras compartilhadas, estáveis e confiáveis, enraizadas na dignidade do ser humano e na natureza unificadora do imperativo moral, tornando possível a jornada em conjunto através do imenso mar rumo ao porto – vislumbrado somente na esperança e nunca plenamente alcançado na realidade – da paz e da justiça universal para todos. A noção de unidade absoluta de todo ser humano proporciona o baluarte teórico contra qualquer manipulação possível das pessoas e fundamenta o reconhecimento de sua inalienável dignidade.

Além disso, o reconhecimento dessa dignidade também nos conduz até seu fundamento último. Nessa conexão, podemos ser auxiliados por uma metáfora "sólida", a "torre de Babel". Gênesis 11 retrata a imagem da confusão divisora, originária da ruptura entre o virtual – imaginado ou alegado – e o real, verdadeiramente vivido e com um custo pessoal. A torre de Babel, não obstante, oferece outro nível de sentido que escapa à maioria dos comentadores, mas que já havia sido notado por Voltaire, quando este sublinha que o nome "Babel" significa que *El* – Deus – é pai. Jacques Derrida tirou disso uma importante implicação, quando observou que Deus pune os construtores da torre "por terem, assim, buscado fazer um nome para si, escolher o próprio nome deles, construir o próprio nome deles, unirem-se em torno desse nome como em um lugar que é, simultaneamente, tanto uma linguagem quanto uma torre. Ele os pune por terem, assim, buscado gerar para si uma genealogia única e universal".[11]

A metáfora de Babel implica que o futuro da humanidade não reside no cancelamento de todas as diferenças, mas na capacidade de elas viverem juntas, em seu conhecimento e em sua aceitação mútuos, baseados na fundação comum da dignidade absoluta de cada ser humano diante de Deus, o único mestre da história. O grande código constituído pelo Decálogo traduz esse projeto no mandamento, no chamado e no impulso escrito no fundo de cada pessoa para o bem de todos. O Deus da aliança não está em competição com os seres humanos, mas é aquele amigo e próximo que revela e garante a dignidade da humanidade total de cada pessoa. Esse é o Deus de Jesus Cristo, o Deus que é amor (ver Primeira Carta de João 4,8-16).

---

[11] JacquesDerrida, "Des tours de Babel", in *Aut Aut* 189-190 (1982): 70.

No *Logos* divino feito carne é revelado não somente o *logos* que sustenta o mundo e toda a vida, mas também o plano do amor de Deus que precede o mundo e nele entra gratuitamente. Na aldeia global, onde as diferentes tradições religiosas são chamadas ao diálogo, a encarnação e o mistério pascal de Jesus Cristo oferecem um horizonte totalmente novo: o de um possível impossível amor, impossível para nossa capacidade humana isolada, mas possível graças à aproximação de Deus, Deus conosco, o eterno Emanuel. Testemunhar esse fundamento, não contra alguém, mas pelo amor a todos, viver isso através da presença do Ressuscitado em seu corpo, a Igreja, é a tarefa da ética cristã neste período da aldeia global e da urgente necessidade de um encontro entre religiões e civilizações que seja respeitoso das diferenças. O testemunho cristão, dado de modo corajoso "oportuna e inoportunamente" (Segunda Carta a Timóteo 4,2), oferece luz e auxílio para a navegação dos seres humanos.

Uma ética baseada na Bíblia

Gostaria de concluir essas reflexões indo das metáforas às teses subjacentes a elas. Oferecerei quatro teses, buscando desenvolver uma ética fundada na revelação bíblica e capaz – a meu ver – de falar a toda a aldeia global.

Primeira tese: *Não há ética sem transcendência*. Não pode haver ação moral em que a presença do outro não é reconhecida em toda a profundidade de sua irredutível diferença. Não pode haver fundamento para a ética sem este reconhecimento: sempre que nos afirmamos de modo a negar a existência do outro com quem somos chamados a nos confrontar, negamos a real possibilidade de uma escolha entre o bem e o mal e afogamos toda e qualquer diferença no mar profundo de nosso próprio solipsismo. Ninguém é uma ilha! Além das ideologias e totalitarismos da idade moderna, há a necessidade de uma ética de proximidade e de relações interpessoais. Quando naufragamos no grande mar da história, precisamos um do outro para juntar as tábuas para sobrevivermos!

Segunda tese: *Não há ética sem gratuidade e responsabilidade*. Esse movimento de transcendência tem um caráter gratuito e potencialmente infinito. Relacionar-se com o outro em termos de um cálculo egoísta é esvaziar a decisão moral de qualquer valor, tornando-a um mero ato de comércio ou uma simples troca entre iguais. Aqui o ensinamento de Kant mostra toda a sua verdade: ou o imperativo moral é categórico e, portanto, incondicional, ou ele não existe. Nessa natureza gratuita e potencialmente infinita da transcendência ética, captamos

ÉTICA TEOLÓGICA CATÓLICA
PASSADO, PRESENTE E FUTURO

como ela é sempre "um êxodo de si mesmo sem retorno" (Emmanuel Lévinas) e como em seu cerne reside o amor, que dá sem contar o custo ou sem medida, pelo poder imutável e radiante do dom. Quando naufragamos, desejamos somente encontrar a salvação juntos em um ato de generosidade mútua, um por todos e todos por um.

Terceira tese: *Não há ética sem solidariedade e justiça.* Nesse mesmo movimento de transcendência, experimentamos o conjunto dos outros em torno de nosso eu individual como a fonte de uma rede complexa de exigências éticas. Para ajustar e conciliar essas demandas de modo que o dom conferido a um não se torne um prejuízo para outro, ou uma barreira levantada contra ele ou ela, significa que temos de encontrar um modo de conjugar ética e justiça. Quando juntos buscamos regular essa rede de requisições de justiça, descobrimos que damos sentido à noção de direitos. Não são as normas abstratas e objetivas nem uma autoridade despótica capaz de fazer justiça por meio de imposições que devem ser obedecidas, mas antes a urgente necessidade de ajustar as relações éticas de modo que estas últimas não sejam vantajosas apenas para uns e prejudiciais à dignidade dos outros. Aqui, uma ética de solidariedade completa uma ética de responsabilidade, protegendo a última contra o constante risco de um destemperado e infrutífero absolutismo de intenção. O bem comum é a medida e a norma da ação individual, especialmente na área dos direitos civis. Somente assim o bote pode ser construído e navegar rumo a um destino comum!

Quarta tese: *A ética aponta-nos para a transcendência livre, soberana, última e absoluta que por primeiro se voltou para nós.* Quando reconhecemos que esse movimento de transcendência rumo ao outro e à rede de outros em que estamos traz com eles um chamado infinito e interior, outra transcendência, última e oculta, começa a se configurar no horizonte. Na transcendência íntima e ainda penúltima, descobrimos que já havíamos reconhecido as pegadas e a memória dessa transcendência maior. Nos outros, cujas faces nos são familiares, encontramos o imperativo categórico daquele amor absoluto que vem a nosso encontro, e no pedido absoluto de solidariedade para com os mais fracos encontramos um amor infinitamente necessário que nos chama.

Essa transcendência absoluta se volta para nós, essa necessidade absoluta de amor que nos chama em cada ato de auto-oferenda abre-nos para a ética teológica. Aqui, a demanda de ser um para o outro nos remete a uma relação mais profunda e fundacional com o Deus vivo, o Uno na mútua autodoação do Trino. Aqui, a ética da responsabilidade e solidariedade nos chama para a

UMA PERSPECTIVA CATÓLICA
ARCEBISPO BRUNO FORTE

ética da graça e para a comunhão da Igreja, à qual esse dom divino é confiado para ser partilhado e oferecido, particularmente na comunhão com aqueles que têm na Igreja a responsabilidade do magistério, conforme foi lembrando com autoridade pela encíclica *Veritatis Splendor* do Papa João Paulo II (1993) e pela instrução da Congregação para a Doutrina da Fé intitulada *Donum Veritatis* (1990), sobre a vocação eclesial da teologia. Aqui nosso penúltimo amor conduz-nos de volta a um amor que é último e soberano, no eterno evento interpessoal do único Deus em três Pessoas. Aqui, a autonomia encontra sua heteronomia fundante e libertadora, e nas formas variadas de nosso ser um para o outro, esse amor possível-impossível vem para contar sua história no tempo. O amor "jamais acabará" (Primeira Carta aos Coríntios 13,8).

Na comparação com esse amor é que será medida a verdade profunda de nossas escolhas. No anoitecer de nossas vidas, seremos julgados no amor! O porto para o qual conduzimos o barco reconstruído em pleno mar da história é o futuro da promessa de que no final Deus será tudo em todos, e o mundo inteiro será a casa de Deus. Esse futuro – do qual a vida divina compartilhada na Igreja é antecipação e promessa – atua sobre a ética como o ímã sobre a bússola. A ética da transcendência é inseparável da ética do amor e da esperança, fundadas na promessa da fé que o Deus da aliança acendeu na história da pessoa humana. Graças a essa bússola, o bote será capaz de encontrar seu caminho para frente, e o mar do tempo – que toca toda a costa da "aldeia global" – será capaz de fluir no oceano da eternidade. Nesse sentido é que eu gostaria de entender a bela imagem atribuída a Antoine de Saint-Exupéry: "Se quiseres construir um barco, não busques homens para juntar madeira, não distribuas o trabalho e não dês ordens. Em vez disso, ensina-os a sentir saudade do mar vasto e infinito".

UMA PERSPECTIVA PROTESTANTE

Mercy Amba Oduyoye

Vim para esta conferência totalmente vulnerável, sentindo-me deslocada, mas com expectativa, pois espero sair daqui enriquecida e inspirada a continuar na busca pelo fortalecimento mútuo das relações inter-religiosas nas comunidades multirreligiosas de que participo diariamente. Ao longo dos últimos vinte anos, tenho tentado intencionalmente viver entre mulheres de fé na África. Estou aqui também porque os organizadores sentiram necessidade de trazer uma voz do mundo protestante (metodista) para essa reunião de eticistas teológicos católicos. Agradeço muito essa inclusão de uma voz de outra comunidade de fé.

Para tornar clara a conferência para mim mesma e nesse processo comunicar esperançosamente minha posição, quero dirigir o olhar para os componentes dessa consulta, começando com o conceito de ética. Ninguém pode dizer tudo sobre a complexidade dessa, constantemente, mutante aldeia global e, por isso, deixarei tal tarefa para outros. Meu foco será minha experiência imediata – o mundo das mulheres na África – e mais especificamente a experiência das mulheres na multirreligiosa Gana. Finalmente, refletirei brevemente sobre o potencial do diálogo inter-religioso para Gana, para a África e para a família global.

Meu objetivo, do princípio ao fim, será suscitar algumas das perguntas e questões que enfrento na esperança de que meus colegas aqui forneçam caminhos novos para enfrentar os desafios da ética em um mundo inter-religioso. Ao Arcebispo Forte, ao Dr. Ma'arif e a mim, foi pedido que voltássemos nosso olhar para a natureza do diálogo ético neste mundo global.

A natureza da ética no mundo globalizado

Como leiga tentando conduzir minha vida de cristã, a ética significa para mim as regras de conduta que governam "aqueles que levam o nome de Cristo". A primeira questão para mim é: essas regras são as mesmas para as pessoas de outras comunidades de fé? Podemos identificar semelhanças ou fundamentos comuns com base nos quais conversar sobre ética?

ÉTICA TEOLÓGICA CATÓLICA
PASSADO, PRESENTE E FUTURO

É possível uma mesa-redonda composta por pessoas de diversas fés? Podemos entrar num acordo sobre o que é moralmente certo e o que não o é? Se nos voltarmos para nossas preocupações a partir da linguagem da ética ou a partir da linguagem da moral, chegaremos às mesmas questões. Podemos concordar sobre quais imperativos éticos nos representam como humanos? Vocês talvez considerem minha reflexão ética demasiadamente amadora, visto que não sou eticista. O programa ético que apresento a vocês é um misto de ética social e imperativos éticos que considero derivados da teologia cristã e, mais especificamente, da teologia articulada pelas teólogas cristãs contemporâneas.

O mundo globalizado, incluindo nações como Gana e a Itália, é muito mais que a soma de suas partes. Além disso, como Gana participa dessa soma total, os ganenses podem ver-se como membros e sujeitos do mundo globalizado. Não sendo um novo conceito, a "globalização" tem pelo menos dois mil anos. Até onde sei, o cristianismo foi a primeira religião que pretendeu ser global, atendendo a um imperativo de sua própria Escritura, que é também a fonte de seu ensinamento moral. A *oikoumene* foi sua "paróquia" desde o início. Onde quer que exista humanidade, o cristianismo considera-se obrigado a estar presente, levando sua mensagem em meio a conflitos com pessoas de outras fés. Por séculos os missionários cristãos têm caminhado sobre a superfície da terra com "belos pés", chegando aos ouvidos de toda a humanidade com uma mensagem que consideram ser Boa-Nova – evangelho – para toda a humanidade.

Embora as Sagradas Escrituras cristãs não estejam codificas na língua materna de seu fundador (o aramaico), elas existem em hebraico, grego, latim, espanhol, árabe, híndi, coreano, mfantse, português e muitas outras línguas. Onde elas ainda não existem na língua materna dos crentes, estão agora sendo traduzidas. As ondas do rádio também transmitem a Bíblia em muitas línguas como parte da tentativa de o cristianismo se tornar global. Outras fés que não tentaram intencionalmente ser global tornaram-se global conforme seus seguidores foram fixando-se em todo o mundo. Visto que o mundo está tornando-se essa vasta vizinhança, as pessoas de diversas fés devem aprender a coexistir. O mundo globalizado é formado não somente pela tecnologia, mas também pelas culturas, pelas línguas e pelas percepções do povo em movimento. Como vivemos em um mundo de famílias e comunidades com diferentes valores, culturas e normas, nossas decisões devem ser centradas nas pessoas.

UMA PERSPECTIVA PROTESTANTE
MERCY AMBA ODUYOYE

Hoje, existe ainda um desejo de identidade nacional, ainda que as pessoas se esforcem em manter fortes ligações internacionais. Além disso, nossa economia globalizada é tão distorcida que produz uma categoria de humanos rotulada como "o último bilhão", enquanto outros pertencem a um grupo exclusivo. E, enquanto as muitas formas midiáticas tornam as pessoas mais conscientes do que está acontecendo, não promovem uma ética do bem comum quer para a humanidade, quer para o restante da criação. Entrementes, os diversos avanços em ciência e tecnologia tendem a ignorar os valores do multirreligioso mundo humano. Torna-se cada vez mais evidente que devemos prestar atenção à realidade inter-religiosa mundial, a fim de constatar se esses avanços serão utilizados para promover o bem-estar de toda a comunidade humana e do ambiente que a mantém.

Neste mundo globalizado, a interdependência humana cresce com grande velocidade. O Rev. Dr. Jay T. Rock, um pastor e teólogo presbiteriano, afirmou recentemente em uma conferência que não há mais nenhum problema que ameaça a humanidade que possa ser encarado efetivamente somente pelos cristãos ou por qualquer outro ator religioso sozinho. Ele destacou que "deslocamentos populacionais massivos tornaram pluralistas religiosos quase todas as maiores cidades e áreas suburbanas do mundo".[1] Esse pluralismo, afirma ele, "de longe não é uma pluralidade passiva, mas sim ativa, na medida em que cada uma das comunidades religiosas começou [...] a afirmar seu direito [...] de participar plenamente da vida sociopolítica segundo suas próprias concepções".[2] Na maioria das nações, não vale mais o princípio do "quando em Roma, faça como os romanos". A prática agora é trazer o estilo de vida de Acra para Roma. E, agora, uma mulher ocidental de Los Angeles talvez tenha de se adequar ao código de vestimenta da Arábia Saudita ou uma garota somali nascida no Canadá talvez tenha de se submeter à mutilação genital.

Nosso panorama cultural tornou-se mais complicado, graças às normas para decisões éticas. A assimetria no modo de uma cultura aceitar outra cultura clama por diálogo. Devemos cultivar a mutualidade em nossa busca e

---

[1] S. Wesley Ariarajah, "Wider Ecumenism – Some Theological Perspectives", conforme citado em Jay T. Rock, "Is Christian Unity a Catalyst for Human Community? Interfaith Relations and the Ecumenical Movement", um artigo apresentado na Consulta Ecumênica convocada pelo Comitê da Assembleia Geral sobre o Ecumenismo, Louisville, Kentucky, September 27-29, 2007, 8 (Ecumenical & Interfaith News Network – PCUSA, http://www.eifpcusa. org/WhoWe-Are/documents/ecumenismandinterfaith-rock.pdf).

[2] Ibid.

prática de vida inter-religiosa libertadora. Para mim, isso significa que membros de diversas comunidades de fé devem unir-se para buscar e praticar o que contribui para o crescimento da comunidade humana. Através das correntes atmosféricas que compartilhamos, a despeito dos recursos intelectuais globais, as cinzas vulcânicas da Islândia podem atrapalhar o deslocamento do ar e empobrecer muitos na África. É necessário dizer algo mais?

Comunidades africanas de fé

Um foco na religião geralmente tende a ser abstrato e adequar-se bem aos debates teológicos, o que é bom e necessário, desde que não se transforme em polêmica. A teologia, no entanto, necessita chegar à raiz das questões, de modo que possamos produzir efeitos duradouros. Eis por que peço a vocês indulgentemente que continuem com os encontros das pessoas de fé para fazerem algumas poucas observações concernentes às mais notáveis comunidades de fé na África.

Em geral, a religião na África é apresentada como tendo uma tríplice herança. A imaginação religiosa primária dos povos nativos da África gerou um conjunto autônomo de crenças e práticas que os acadêmicos mundiais estruturaram e rotularam como Religião Tradicional Africana (RTA). A RTA se manifesta em uma variedade de formas em todo o continente e permanece o fundamento das culturas africanas tradicionais. Ela está tão enraizada na cosmovisão tradicional que alguns acadêmicos se precipitaram no uso da expressão "cultura religiosa", pois muitos dos costumes e das práticas culturais nativas estão baseados na fé. Essa religião primordial que existiu na África do Norte e do Nilo ajudou a formar o cristianismo primitivo antes que este começasse a se dirigir para o Ocidente, e seu etos de consenso ainda está entre nós. Mas isso é outra história. As outras duas fontes da crença religiosa, o cristianismo e o islã, não necessitam de muita apresentação, pois ambos tiveram seu surgimento na África, o que leva alguns estudiosos a afirmar que ambos deveriam ser considerados religiões africanas "tradicionais".[3]

Além dessa tríplice herança, muitas outras comunidades de fé estão representadas na África. Elas chegaram com imigrantes, e algumas têm convertido africanos nativos. Hoje, variantes do judaísmo, do hinduísmo, do budismo,

---

[3] Thomas C. Oden, *How Africa Shaped the Christian Mind: Rediscovering the African Seedbed of Western Christianity* (Downers Grove, IL: InterVarsity Press, 2007).

UMA PERSPECTIVA PROTESTANTE
MERCY AMBA ODUYOYE

do confucionismo, do movimento Bahai e de muitos outros sistemas de crenças estão presentes entre nós. A interação dessa variedade de pessoas de fé tem tornado os africanos um povo extremamente consciente de sua fé. Experiências cotidianas, no entanto, chamam a atenção para a interação entre cristãos, muçulmanos e tradicionalistas. Na medida em que fatores econômicos e políticos, bem como a hegemonia, são controlados, as relações entre essas pessoas mantêm-se geralmente cordiais e respeitosas. Mas, quando a economia, a política e as formas de hegemonia interferem nas comunidades, o resultado pode ser discórdia e até mesmo violência.

A presença da hegemonia colonial do Ocidente na África privilegiou o cristianismo durante a maior parte do período moderno, embora em alguns lugares a prática política tenha permitido que o islã ficasse sozinho ou fosse privilegiado. Em certas áreas, como a cultura tradicional foi solapada, o mesmo aconteceu com sua religião. Mesmo assim, as cerimônias ainda insistem em transmitir os valores tradicionais. Por exemplo, muitas comunidades étnicas na África ainda mantêm cerimônias de concessão de nome aos neonatos durante as quais os valores da comunidade são revividos. Entre os Akan de Gana, a concessão do nome à criança de oito dias inclui um ritual que reconhece por meio do gosto dois líquidos claros. O neonato pode expressar a diferença entre água e gim ou água e sprite ou outro tipo de soda. Isso segue a ordem neotestamentária de "que teu sim seja sim, e teu não seja não" (Mateus 5,37). Enquanto o objetivo desse ritual é realçar as relações, e a visão da boa vida para os Akan é uma vida de integridade, eles ainda depreciam a presença da mulher, preferindo meninos a meninas.

As reivindicações pós-coloniais por equidade no número de feriados religiosos nos calendários nacionais em Gana e na Nigéria e os conflitos ocasionais entre tradicionalistas e muçulmanos ou tradicionalistas e cristãos demonstra que a RTA está longe de ser substituída pelo cristianismo. O islã está também vivo e bem, e procura um lugar ao sol. O caleidoscópio religioso da África foi muito visível na inauguração da nova África do Sul. A variedade de escrituras lidas, orações verbalizadas e poesia sagrada recitada indica a aceitação na África do pluralismo religioso. Semelhantemente, em Gana toda celebração do dia da independência será iniciada com orações realizadas por funcionários de culto vindos da tríplice herança. Em resumo, a vida inter-religiosa é uma realidade diária na África. A tríplice herança está presente inclusive em alguns núcleos familiares, e normalmente os africanos compartilham ou pelo menos respeitam as festividades dos outros.

ÉTICA TEOLÓGICA CATÓLICA
PASSADO, PRESENTE E FUTURO

As interações inter-religiosas dificilmente aparecem no debate intelectual sobre a substância da fé ou sobre os resultados éticos. Esse diálogo pertence à academia e aos organismos criados pelas Igrejas. Na África, é o Programa para as Relações entre Cristãos e Muçulmanos na África (PROCMURA: Programme for Christian-Muslim Relations in Africa) que mantém o desejo de entrar em diálogo,[4] visto que a reivindicação de hegemonia por parte tanto de muçulmanos quanto de cristãos existe em vários Estados africanos. No nível popular, conflitos aconteceram e continuam a acontecer. As abordagens do diálogo inter-religioso na África terão de focar intensamente pelo menos essa tríplice manifestação da religião. Pessoalmente, não sinto que "o diálogo" alcance o que é necessário. Depois de participar de uma consulta muito estimulante sobre as relações entre cristãos e muçulmanos organizada pelo Dr. John Azumah da London School of Theology, passei a me perguntar se outras comunidades de fé estão também ponderando essas questões. Parece-me que é nossa ética cristã do amor ao próximo que nos tornou pioneiros no diálogo. No mundo em que vivemos hoje, é tempo de realmente buscar e acolher as pessoas de outras fés que buscam trilhar o mesmo caminho. O Parlamento Mundial das Religiões, e organizações similares, deve ser um fórum para as discussões inter-religiosas sobre ética.[5]

Diálogo inter-religioso

Em uma conferência de que participei, em sua apresentação intitulada "Justiça no diálogo das religiões", o Prof. Dietrich Wiederkehr, de Lucerna, Suíça, fez referências à Fundação Ética Mundial, de Hans Küng, um projeto de diálogo ético entre as religiões mundiais.[6] Voltei da conferência profundamente impressionada com a constatação de que essas religiões mundiais estavam unindo-se segundo os princípios de convergências éticas, sociais e políticas, convidavam ao diálogo e comprometiam-se em unir-se para planejar e promover princípios éticos básicos.

---

[4] Para mais informações, ver o "Programa para o Relacionamento entre Cristãos e Muçulmanos na África", http://www.procmura-prica.org/.

[5] Para mais informações, ver "Council for a Parliament of the World Religions", http://www. parliamentofreligions.org/.

[6] Ver "A Global Ethic Now!" Global Ethic Foundation, http://www.global-ethicnow.de/gen-eng/0a_was-ist-weltethos/0a-04-capitel-4/0a-04-00-die-stiftung.php.

UMA PERSPECTIVA PROTESTANTE
MERCY AMBA ODUYOYE

O diálogo, para mim, dava-me uma ideia de comunicação entre adversários em que uma parte com certeza perderia ou no melhor dos casos acabaria em um acordo infeliz. Ao diálogo, prefiro um processo que leve ao reconhecimento do fato de que compartilhamos uma herança comum como seres humanos. Longas discussões e deliberações são necessárias para conseguir viver em harmonia com uma dinâmica e vivificante apropriação de nossa herança comum e de nossa necessidade de trabalhar juntos em prol do bem comum.

Na África, o diálogo inter-religioso tende a ser visto como diálogo entre cristãos e muçulmanos iniciado por cristãos em seu próprio benefício. Globalmente, minha experiência de diálogo com pessoas de outras fés vivas tem sido nos programas do Conselho Mundial de Igrejas (CMI),[7] que incluiu o diálogo entre judeus e cristãos, bem como entre hindus e cristãos, entre cristãos e budistas e outras combinações. O CMI tem promovido eventos compostos por muitas comunidades de fé diferentes que têm demonstrado interesse em trabalhar pela coexistência harmoniosa. Semelhantemente, muitos proeminentes representantes de outras comunidades de fé têm sido recebidos como conferencistas em painéis em eventos organizados pelo CMI.

Globalmente, há outros diálogos interfés diferentes, bem como associações e eventos envolvendo múltiplas fés, e o Parlamento Mundial de Religiões existe para nos manter conscientes de nossa diversidade religiosa global. Quanto esses programas influenciam a ética de nosso viver globalmente juntos como pessoas de fé?

Quanto à África, o lapso mais significante tem sido no diálogo entre cristãos e seguidores da RTA. Personalidades têm sido convidadas a eventos específicos, e algumas poucas publicações existem nessa área, mas não tem havido esforços significativos, em esfera mais abrangente, para aumentar a compreensão. Os cristãos afirmam que a RTA não tem autênticos parceiros de diálogo a oferecer. Periodicamente, contudo, reconhece-se o desafio de criar um fórum para empreender o diálogo entre cristãos e RTA. Minha impressão é de que, se nos direcionássemos de uma imagem de diálogo entre acadêmicos e estudiosos da religião para uma conversa entre praticantes, seria mais fácil encontrar mais parceiros de conversa. Essa tem sido minha experiência ao trabalhar com mulheres africanas. Do jeito que está, não acontece muita coisa em razão da

---

[7] Ver "Inter-Religious Dialogue and Cooperation", World Council of Churches, http://www.oikoumene.org/en/programmes/interreligiousdialogue.html.

presumida ausência de parceiros de diálogo por parte da RTA. (Há também uma incontestável necessidade de conversa entre muçulmanos e RTA em algumas partes da África, mas isso vai além de nossa presente discussão.)

Restringindo-me à parte africana do globo terrestre, o que vejo são conversas entre pessoas de fé que afirmam ser lideradas pela RTA, pelo cristianismo e pelo islã. Dividindo os mesmos espaços, às vezes inclusive as mesmas salas, há uma imperceptível osmose de ideias, atitudes e práticas que derivam das três ou de cada uma, mas são reconhecidas por todos. Idealmente, o que buscamos é uma informal e cotidiana mesa-redonda de pessoas de fé olhando-se de frente, falando no centro e ouvindo a partir do centro. Ninguém está na periferia e ninguém é considerado um externo (*outsider*), pois todos estão dentro do círculo. O centro do círculo é nossa humanidade comum e nossa fé no bem último que a fé inspira – o bem sendo o divino, no qual todas as nossas vidas estão ancoradas. Todos os nomes que damos ao divino são aceitos, porque nenhum é o definitivo, e todos nos inspiram rumo ao bem.

Conversas organizadas entre pessoas de fé precisam ter objetivos definidos. Entre as mulheres de fé na África, há conversas sobre questões de religião e cultura e sobre seu impacto na vida das mulheres, bem como sobre a assimilação e o impacto das mulheres nesses fatores. Neste fórum específico de ética teológica, considero nosso objetivo trazer para a mesa questões éticas enfrentadas globalmente pela humanidade. Não vimos só da África, mas também da Europa, da Ásia e da América Latina e da América do Norte. Quais são as preocupações éticas específicas das pessoas de fé, e até onde e quão rápido podemos caminhar juntos rumo à criação de um estilo de vida que produza o desenvolvimento da humanidade e do meio ambiente dentro do qual fomos colocados?

Esboçarei agora brevemente algumas questões e desafios da ética como os entendo na condição de uma mulher africana que tem fé. Pretendo observar a experiência e refletir sobre ela, mas não oferecerei análises ou recomendações. Acredito que seja cedo para tal tarefa.

Preocupações éticas

Aqueles de nós envolvidos nas deliberações, entre múltiplas fés, sobre questões éticas chegam à mesa com uma perspectiva de fé e saem enriquecidos e mais fortes graças a nossa partilha mútua. Um resultado decisivo, naturalmente, é a ação que um parceiro baseado em uma fé específica está disposto a empreender.

UMA PERSPECTIVA PROTESTANTE
MERCY AMBA ODUYOYE

Questões de ética fundamental, emergentes de nossa humanidade comum, encontram articulação em termos universais no dito "faz aos outros aquilo que queres que te façam". Em formulação negativa, "não faças aos outros aquilo que não queres que te façam". Essa advertência básica pode ser encontrada em todas as religiões e está preservada em sua forma negativa em minha língua materna como *nea wompe se wode ye wo no mfa nnye wo yonko*.

Dez ordenamentos foram preservados no decálogo judaico-cristão. Excetuando o primeiro, que trata do monoteísmo, os demais podem ser aceitos por todos como ética fundamental para a vida comum em todas as sociedades humanas. Questões de ética fundamental são também preservadas no Decreto das Nações Unidas, a "Declaração Universal dos Direitos Humanos".[8] Com muitas modificações provenientes da Declaração Africana e questões específicas de aplicação suscitadas por mulheres e outras suscitadas em nome das crianças, bem como modificações buscadas por outras comunidades, é ainda a fonte mais citada de ética fundamental. Questões de escolha, liberdade e responsabilidade são básicas para o ser humano. São fatores de valor pessoal e dignidade humana. Concorda-se geralmente que os indivíduos têm valor em si mesmos e devem ser merecedores de dignidade e respeito. A igualdade de todas as pessoas – a despeito de raça, cor, credo, fisionomia e nacionalidade – é básica para aceitar amplamente as normas éticas. Disso derivamos tanto a ética social quanto a pessoal.

A adesão a esses direitos fundamentais manifesta-se em campos como a liberdade religiosa, a liberdade de consciência, o direito à propriedade privada, a responsabilidade social para com o vulnerável etc. A solidariedade na comunidade humana é aceita como uma virtude a ser promovida. Na comunidade global, as guerras devem ser desencorajadas, o meio ambiente deve ser protegido e a justiça econômica deve ser promovida nacional, internacional e globalmente. O bem comum também requer uma ética de responsabilidade mútua e de interdependência global. Todas as questões de responsabilidade social devem ser trabalhadas globalmente, mas também em âmbito local. Portanto, os desafios do fosso persistente entre ricos e pobres, que frequentemente resultam das práticas comerciais injustas, clamam por esforços concentrados que levem até seu desfecho. Esse endêmico fator social exasperou-se tanto que parece haver "uma conspiração internacional contra os pobres". (E alguns poderiam sugerir que, talvez, exista uma conspiração religiosa contra as mulheres.)

---

[8] A "Declaração Universal dos Direitos Humanos" é uma carta aceita e promulgada pelas Nações Unidas em 10 de dezembro de 1948. Para uma cópia do texto, ver "Declaração Universal dos Direitos Humanos" http://portal.mj.gov.br/sedh/ct/legis_intern/ddh_bib_inter_universal.htm.

A necessidade de uma compreensão básica da ética que se aplica globalmente nos desafia a prestar atenção às mulheres e aos pobres. Cooperação entre organizações multinacionais, parcerias e níveis complexos de autoridade governamental indicam esforços que abrangem toda a comunidade humana, incluindo aqueles sem poder ou voz. A tarefa da ética social é global e, portanto, tem de ser o campo das comunidades de fé em diálogo. Tanto a ética fundamental quanto a ética social podem ser estabelecidas em termos pessoais. Delas, derivamos códigos aceitos que regulam as trocas humanas ou o uso de pessoas para servir a este ou àquele interesse próprio. A ética fundamental guia-nos na busca e na manutenção do bem comum, o qual serve para o bem de todos e não só para o de uns poucos indivíduos ou partes de comunidades. Todos os seres humanos têm a responsabilidade de participar da geração da "substância" que compõe o bem comum, de modo que o bem-estar de cada membro de uma comunidade seja assegurado por toda a comunidade, como todos os seus membros guardam e promovem o bem-estar de cada membro.

Entre as pessoas de fé, a ética pessoal é primordial. O valor dos seres humanos como entidades totais e integradas criadas por Deus assegura que cada um deles seja reconhecido como um ser corporal, sexual e espiritual. Nas comunidades de fé, todavia, a bioética e a ética social frequentemente são uma ameaça próxima, obscurecendo outras preocupações éticas. A ética é igualada à moralidade, e a moralidade é invariavelmente associada à ética sexual. Hoje, a sexualidade humana tornou-se um ponto crucial de debate entre cristãos, e as comunidades de fé deveriam acompanhar ativamente os fiéis em suas decisões quanto às relações pessoais e especialmente o significado do matrimônio.

A ética pessoal, que com frequência é castigada severamente por causa da concentração na sexualidade, precisa ser colocada no centro pelas pessoas de fé. Falamos muito facilmente de cobiça, suborno, trapaça e todo tipo de manifestações de ausência de integridade pessoal. A verdade sai pelos fundos quando a riqueza pessoal no mundo dos negócios está em questão. Todas essas preocupações requerem atenção das comunidades de fé.

Uma tarefa inter-religiosa

Uma mesa-redonda de pessoas de várias tradições de fé representa a maioria da população humana. Na África, a religião continua a imperar entre a população em geral. As pessoas definem-se como cristãs, muçulmanas ou tradicionalistas, ou usam alguma outra religião para se identificarem. Qualquer que seja o termo usado, a religião é a maior componente da identidade das pessoas. Frequentemente, afirma-se que, uma vez que a Religião Tradicional é o fundamento da cultura africana tradicional, todo aquele formado por essa cultura é também, por consequência, influenciado pelas crenças da Religião Tradicional. Nossa preocupação com a ética na África, portanto, não pode excluir as demandas da RTA. A África traz para a conversa global não somente as variantes africanas do cristianismo global e do islã global, mas também a ética específica da religião primordial que a África condivide com várias pessoas nativas. As áreas do mundo onde a religião "majoritária" marginalizou ou mesmo totalmente obliterou as autóctones não deveriam ignorar o poder dessas imaginações religiosas primordiais.

O cristianismo africano traz para a mesa-redonda muitas preocupações éticas do cristianismo global. É natural para nossa aldeia global que o privado seja político e que o local logo se torne global. No entanto, há também questões éticas que são específicas da África. Uma questão importante para nós é que as africanas, qualquer que seja sua convicção religiosa, encaram desafios éticos ligados à falta de igualdade de gênero e à falta de justiça de gênero. Questões de igualdade e parceria, violência de todos os tipos e o duplo padrão em comportamento sexual afetam negativamente as mulheres. Teresa Okure lembra-nos de que "o vírus da (suposta) inferioridade pessoal das mulheres afeta globalmente todas as religiões".[9] Qualquer mesa-redonda de pessoas de fé deve examinar essa premente questão.

Quando desafios como o HIV/AIDS confrontam a comunidade humana, eles são tratados através de uma ética do medo e da estigmatização, frequentemente reforçados por ensinamentos religiosos, e os cristãos na África têm usado essa abordagem para a pandemia. Isso levou as reflexões de uma africana a chamar a atenção para a negligência da relação entre AIDS e pobreza.[10] As demandas éticas positivas como amor, bondade, afeto, compaixão, fidelidade e outras foram empurradas para debaixo do tapete, e o trabalho de demonstrar esses valores foi sempre dado à mulher. As comunidades de fé precisam implementar medidas globais contra a instrumentalização da sexualidade feminina e a marginalização dos direitos humanos dos menores.

---

[9] Teresa Okure, "Jesus in Nazareth (Luke 4:14-30): An Index to the Question of Poverty in África", artigo apresentado no XIII Congresso da Associação Pan-Africana de Exegetas Católicos (PACE), Joanesburgo, África do Sul, de 2 a 8 de setembro de 2007.

[10] Ibid.

ÉTICA TEOLÓGICA CATÓLICA
PASSADO, PRESENTE E FUTURO

Os cristãos devem também trazer questões ambientais e demandas éticas que nossas fés nos apresentam para essa mesa-redonda global de pessoas de fé. As pessoas de fé afirmam que os seres humanos não são donos do cosmo. A RTA, o cristianismo e o islã na África reconhecem o Deus da criação que colocou os humanos sobre a terra para cuidarem do restante da criação e para nela representarem a presença de Deus. Sabemos que é preciso cumprir esse mandato. Precisamos chegar a um modo de "aliança pela vida" e um modo de promover a justiça para com o meio ambiente. A tarefa é das comunidades de fé que trabalham juntas para defender a santidade da criação.

Em 2007, um encontro mundial de cristãos em Acra produziu uma declaração afirmando que "a justiça é assunto de fé" e que ela envolve "justiça econômica e ecológica [...] [e] questões sociais, políticas e morais [que] são intrínsecas à fé em Jesus Cristo e afetam a integridade da Igreja".[11] E continua afirmando que, para ser fiel a sua fundação, a Igreja deve estar "em solidariedade com as pessoas que sofrem e resistem" e deveria ouvir e responder "aos gritos das pessoas que sofrem e às feridas da própria criação, explorada e depreciada pela atual economia mundial".[12]

As mulheres tentaram ser Igreja acolhendo uma ética de justiça e cuidado e levando a compaixão a todas as situações de marginalização e dor. Essas mulheres podem ser encontradas em todas as comunidades de fé quando elas vasculham seus textos sagrados e tradições para destacar as demandas éticas que nos tornam verdadeiramente humanos. Entre os Akan de Gana, uma pessoa que perdeu os atributos do respeito, do cuidado e da compaixão perdeu, aos olhos da comunidade, sua humanidade. Um agressor, costumamos dizer, é alguém que não teme a Deus; contudo, um ser humano é alguém que não agride nem o Criador, nem as criaturas.

Como este fórum busca um caminho rumo à ética e ao diálogo inter-religioso no mundo globalizado, não podemos esquecer de ouvir as vozes das mulheres, das crianças e das espiritualidades nativas, as quais são afirmação da própria vida.

---

[11] Ver "The Accra Confession", Aliança Mundial das Igrejas Reformadas, http://warc. jalb.de/warcajsp/side.jsp?news_id=1157&navi=45.
[12] Ibid.

UMA PERSPECTIVA ISLÂMICA

Ahmad Syafii Ma'arif

Em um mundo profundamente dividido entre ricos e pobres, entre norte e sul, entre aqueles que têm muitas vantagens em um mundo globalizado e aqueles que permanecem em uma posição oprimida e marginal, científica e economicamente, de que tipo de ética precisamos urgentemente em nossa atual conjuntura para estabelecer uma ponte sobre este abismo? O diálogo inter-religioso tem sido organizado em muitas partes do globo ao longo de duas décadas, mas a Terra, o único planeta em que vivemos, continua longe de ser uma atmosfera de justiça, compreensão mútua e segurança. Os conflitos etno-religiosos estão ainda entre nós. O Afeganistão e o Iraque parecem desamparados quanto à promoção da democracia e aos princípios dos direitos humanos. O terrorismo, em suas várias formas, tem ameaçado amplamente a humanidade. Se essa é a situação, o que está errado com nossa filosofia de vida e com nosso sistema ético? E por que as religiões, em grande medida, falham em oferecer soluções, pelo menos moralmente, para curar essa aguda e frágil situação? Mais especificamente para o islã, que reivindica a graça para a humanidade:[1] por que ele ficou adormecido por séculos? Essas são algumas questões relevantes que desejo abordar agora com base em meu conhecimento e experiência limitados.

A situação humana no início do século XXI e seu problema teológico

O século XXI aponta alguma esperança para os homens e as mulheres no sentido de uma sobrevivência pacífica na era da desumanização causada pela tecnologia que atinge a humanidade? A religião pode fornecer um antídoto para o lado sombrio e negativo do progresso material e tecnológico? Alguns pensadores respondem a essa questão desafiadora de modo pessimista. Cinco anos após o final da Primeira Guerra Mundial, em 1923, Bertrand Russell, um filósofo agnóstico britânico, escreveu:

---

[1] Ver Corão, capítulo 21 (*al-Anbiyá*), versículo 107.

> O progresso material aumentou o poder dos homens de se ferirem uns aos outros, mas não houve correlativo progresso moral. Enquanto os homens não compreenderem que a guerra, que já foi um agradável passatempo, tornou-se agora um suicídio da raça; enquanto eles não compreenderem que a indulgência ao ódio torna a vida social impossível, não haverá esperança para o mundo. É preciso que haja progresso moral; os homens devem aprender a tolerância e a refutação da violência ou, do contrário, a civilização perecerá em uma degradação e miséria universal.[2]

A Primeira Guerra Mundial (1914-1918) foi realmente uma filha legítima da civilização secular ocidental que nem o judaísmo, nem o cristianismo, infelizmente, tiveram o poder espiritual de deter. Além disso, os arquitetos da guerra pertenciam oficialmente às duas fés. Outras nações afro-asiáticas, como a fraca Turquia otomana que tomou parte na guerra, foram somente coadjuvantes. Em 1924, esse império islâmico entrou em colapso de uma vez por todas, após sete séculos de existência. Para Russell, a causa principal da Primeira Guerra Mundial foi a realização ambiciosa dos "interesses de um grupo de capitalistas [ocidentais]".[3] Não muito depois disso, os seres humanos testemunharam a Segunda Guerra Mundial, que ocorreu entre 1939 e 1945 e foi depois seguida pela Guerra Fria.

Essa guerra foi basicamente a continuação das habilidades capitalistas *versus* as comunistas na política mundial. Historicamente, o surgimento dessas duas ideologias seculares não pode ser separado do lado negativo do movimento do Renascimento na Europa que começou no século XVII. Através desse movimento, a posição proeminente de Deus (teocentrismo) como ensinada pela Igreja e por todas as religiões foi dramaticamente revista por uma filosofia de vida antropocêntrica, cuja culminação foi dolorosamente verificada na expressão de Nietzsche "a morte de Deus" e na desvalorização dos valores morais mais elevados.[4] Nietzsche e seus admiradores não estavam satisfeitos com o fenômeno religioso. O mau uso da religião para fins mundanos aconteceu muito frequentemente, porque as pessoas chamadas religiosas manipularam Deus em prol de seus próprios interesses. Segundo essa perspectiva, é compreensível, então, que alguns grandes pensadores começassem a duvidar da importância da religião para a existência terrena hu-

---

[2] Bertrand Russell, *The Prospects of Industrial Civilization* (London: Allen & Unwin, 1970), 80-81.

[3] Ibid., 78-79.

[4] Ver Gianni Vattimo, *The End of Modernity*, traduzido por Jon R. Snyder (Baltimore: Johns Hopkins University Press, 1991), 20.

UMA PERSPECTIVA ISLÂMICA
AHMAD SYAFII MA'ARIF

mana. A inclinação ateísta e agnóstica entre os pensadores modernos deriva em grande parte dessa situação. Uma atitude de dúvida entre livres pensadores fez com que as pessoas religiosas deixassem de praticar sua religião com sinceridade.

Minha questão para este fórum é: "Podemos buscar uma filosofia do equilíbrio na qual os humanos e Deus possam conviver em paz e harmonia?". Acreditar na doutrina da não existência de Deus é totalmente absurdo, em minha opinião. Os homens e as mulheres certamente precisam de Deus, mas, segundo o islã, Deus não precisa dos humanos e de outras criaturas. Novamente, o homem e a mulher precisam muito de Deus como a única fonte dos valores morais mais elevados. Em uma frase do Corão, uma vez que nos esquecemos de Deus, esquecemos automaticamente de nós mesmos: "E não sejas como aqueles que esqueceram de Deus, porque Ele faz com que estes se esqueçam de si próprios. Eles são rebeldes (para Deus)" (Corão 59:19). Penso que a filosofia subjacente à ideia de antropocentrismo que dominou a mentalidade moderna por mais de três séculos não é outra coisa senão um ato deliberado de esquecimento de Deus, com todas as suas destrutivas consequências e ramificações morais e psicológicas. Dessa perspectiva, as duas guerras mundiais podem ser vistas como o resultado direto e indireto de sua filosofia profana da mentalidade moderna.

Obviamente, durante a Idade Média, na Europa em particular, a posição da Igreja foi demasiadamente dominante e decisiva, a ponto de os seres humanos não terem liberdade suficiente para se expressarem. Durante esse período, a Igreja teve uma inconteste autoridade capaz de determinar o que estava certo e o que estava errado para toda a humanidade. Não havia espaço para outras visões. Quando surgia alguma alternativa, a Inquisição era acionada. Sendo assim, o movimento do Renascimento foi uma rebelião contra a posição religiosa absoluta da Igreja em detrimento da escolha e da liberdade individuais.

Lamentavelmente, contudo, esse movimento esteve muito longe de conquistar liberdade ilimitada para a humanidade. Assim, o conceito de equilíbrio na vida humana perdeu profundamente sua ancoragem religioso-moral, uma situação que persiste até os dias atuais. A vida feliz definida pelos filósofos mantém-se à distância da realidade da expectativa humana. Não sei até quando esse fenômeno desequilibrado persistirá, mas para um grande número de líderes religiosos ele falhou em oferecer uma alternativa melhor. Por isso, espera-se que os líderes do diálogo interfés de fato trabalhem duramente para encontrar uma solução razoável e viável para esse dilema moderno. Se essa solução equilibrada não for alcançada, não há razão para sonhar com uma vida em um planeta pacífico. Isso não se tornará realidade no futuro próximo.

Gostaria de formular outra pergunta: "Nós, de fato, nos sentimos felizes em viver essa vida mundialmente desequilibrada na qual a ideia de justiça e o espírito da solidariedade universal humana, ainda que ensinado por todas as religiões, não têm conseguido se manter por muito tempo?" Se alguém busca o Corão para esse assunto, a resposta será clara e poética: "O exemplo daqueles que consideram como protetores outras coisas, e não Deus, é semelhante ao de uma aranha que constrói [para si mesma] uma casa; de fato, a casa da aranha é a mais frágil de todas as casas, se o soubessem". Os muçulmanos que afirmam acreditar em Deus e na vida eterna como a mais sólida âncora espiritual no tempo presente, segundo minha visão, fazem parte daqueles que habitam na teia de aranha, sendo que, infelizmente, a maioria deles talvez não saiba disso. Em outras palavras, essa crença não passa de algo falso, sem conexão orgânica alguma com a vida real. Trata-se de uma crise cultural aguda que atingiu a mentalidade islâmica há muito tempo.

Uma pessoa que entendeu profundamente a crise de identidade cultural islâmica foi Muhammad Iqbal (1877-1938), um poeta e filósofo paquistanês. Em um diálogo imaginário com seu mestre espiritual, Jalal al-Din Rumi (1207-1273), místico persa e poeta, Iqbal pergunta a Rumi:

> Meus elevados pensamentos alcançam os céus;
> mas na terra sou humilhado, frustrado e atormentado.
> Sou incapaz de lidar com as coisas deste mundo.
> E constantemente encontro obstáculos neste caminho.
> Por que as coisas deste mundo estão além de meu controle?
> Por que as coisas aprendidas na religião são inúteis quando se
> trata das coisas deste mundo?[5]

Rumi dá a seguinte resposta irrepreensível e ainda sim lógica:

> Qualquer um afirma ser capaz de caminhar nos céus;
> por que lhe seria difícil desfilar na terra?[6]

Por meio dessa declaração poética, Iqbal alerta os muçulmanos a dizer *sayonara* ("adeus") à falsa afirmação que contradiz completamente sua realidade concreta da vida.

---

[5] Ver Fazlur Rahman, *Islam and Modernity: Transformation of an Intellectual Tradition* (Chicago: University of Chicago Press, 1982), 58.
[6] Ibid.

UMA PERSPECTIVA ISLÂMICA
AHMAD SYAFII MA'ARIF

Temo que a civilização moderna seja também ela uma casa de aranha, embora sua fachada pareça espetacular e cause boa impressão. Essa civilização ou sociedade desalmada, escreve Eric Fromm, transforma a humanidade "em *Homo consumens*, o consumidor total, cujo único objetivo é *ter* mais e *usar* mais. Essa sociedade produz muitas coisas inúteis e, da mesma forma, muitas pessoas inúteis. O homem, como uma engrenagem na máquina de produção, torna-se uma coisa e deixa de ser humano".[7] Entretanto, como observado anteriormente, o mundo islâmico perdeu faz tempo sua mentalidade criativa e renovadora capaz de oferecer uma civilização alternativa à humanidade. Por séculos, o fardo histórico islâmico, o de existir como comunidades derrotadas, preveniu-os de dizer "sim" aos desafios atuais. Com alguma sorte, virá o dia em que os muçulmanos se conscientizarão do papel histórico que deveriam desempenhar nos tempos modernos, conforme seus ancestrais fizeram antes.

Apesar da grande quantidade de desafios que agora encaramos, há, obviamente, sempre esperança para a situação moral. Por meio de sérios e intensos diálogos interfés em busca da verdade e do mútuo conhecimento entre crentes e não crentes, estou certo de que encontraremos finalmente um caminho apropriado para nos libertarmos da prisão do excessivo antropocentrismo que colocou a humanidade moderna na prisão de um futuro incerto. Por essa razão, as pessoas religiosas deveriam ter a coragem espiritual de fazerem abertamente uma autocrítica. Para recolocar as religiões em uma posição capaz de estabelecer justiça para todos, não deveriam permitir que suas mentes e corações congelassem. Os seres humanos deveriam ser preparados a voltar a sua autenticidade de nobres criaturas de Deus, pouco abaixo da posição dos anjos. Sobre essa questão o Corão faz uma declaração incisiva: "Enobrecemos os filhos de Adão e os conduzimos pela terra e pelo mar; agraciamo-los com todo o bem e os preferimos enormemente à maior parte de tudo quanto criamos" (Corão 17:70).[8]

Mas essa honrada posição é condicional; cabe aos seres humanos terem fé sincera em Deus e realizarem boas ações. Do contrário, serão rebaixados aos mais baixos dos baixos (Corão 95:5). Acredito que essas afirmações corânicas

---

[7] Eric Fromm, *The Revolution of Hope: Toward a Humanized Technology* (New York: Harper & Row, 1968), 38 (itálicos do original).
[8] Ver também a tradução desse versículo feita por Muhammad Asad em *The Message of the Qur'an* (Gibraltar: Dar al-Andalus, 1980), 430. A exegese corânica de Asad é uma das melhores para a mentalidade moderna.

possam ser compartilhadas com outras comunidades de fé, tanto no Ocidente quanto no Oriente. No âmbito moral, nossas diferenças são realmente menores. Não é impossível que um dia sejamos capazes de criar uma fórmula de uma ética global baseada nos ensinamentos morais de diferentes religiões e antigas tradições, como a iniciada e inaugurada recentemente, por exemplo, por Hans Küng e outros desde 1993.[9] Quanto às relações de religiões e a ideia de uma nova ética global, Hans Küng está convencido de que todas as religiões concordam sobre os seguintes compromissos:

1. O compromisso com uma cultura de não violência e respeito pela vida: "Não matarás!". Ou em uma formulação positiva: "Respeitarás a vida!".

2. O compromisso com uma cultura de solidariedade e uma ordem econômica justa: "Não roubarás!". Ou em uma formulação positiva: "Serás honesto e justo!".

3. O compromisso com uma cultura de tolerância e uma vida de autenticidade: "Não mentirás!". Ou em uma formulação positiva: "Falarás e agirás de modo veraz!".

4. O compromisso com uma cultura de direitos iguais e parceria entre homens e mulheres: "Não cometerás imoralidade sexual!". Ou em uma formulação positiva: "Respeitarás e amarás o próximo!".[10]

Küng parece muito otimista quanto ao papel das religiões em salvar o futuro da humanidade, sob a condição de que todas as pessoas religiosas tenham tolerância, sinceridade e um compromisso com a verdade. Elas devem agir em conjunto como buscadores da verdade.

Já completamos o último ano da primeira década do século XXI. A ciência e a tecnologia, em especial a tecnologia da comunicação e a militar, fizeram progressos enormes, dificilmente imaginados por nossos ancestrais. Quanto à moralidade, no entanto, o progresso foi muito pequeno. Um clássico provérbio romano cunhado por Plauto (m. 184 a.C.): *homo homini lupus* ("o homem é lobo do homem") continua sendo a regra da história atual, enquanto quase todas as religiões, inclusive o islã, agem como observadoras e atrizes passivas.

---

[9] Ver Hans Küng, "Chicago Declaration of the Religions for a Global Ethics", Center for Global Ethics, http://globalethic.org/Center/kung.htm.

[10] Ver "The Principles of a Global Ethics", Celebrating the Spirit: Toward a Global Ethic (Council for a Parliament of the World's Religions, 1993), http://www.conjure.com/CTS/principles.html.

UMA PERSPECTIVA ISLÂMICA
AHMAD SYAFII MA'ARIF

Os muçulmanos em particular estão ainda muito preocupados e cansados com seus conflitos internos e com a tensão entre a ala progressista e os fundamentalistas, os quais não conseguem entrar em acordo. Assim, o islã histórico tem de aguentar, de certa forma, o fardo de seu próprio destino. Por causa disso, sinto que nem sempre é fácil falar sobre o que a ética islâmica pode oferecer ao frágil mundo atual, embora seus ensinamentos autênticos sejam ricos quanto aos padrões morais e sistemas éticos mais elevados, conforme já indiquei.

Na situação atual, os muçulmanos como um todo ainda precisam de tempo para corrigir suas fraquezas e falhas internas, teológicas e culturais, de modo que, providos do senso de autoconfiança, possam mover-se estrategicamente em meio à história contemporânea como o fizeram seus antepassados. A esse respeito, Muhammad Iqbal elaborou certa vez uma interessante comparação entre o papel de um profeta e o papel de um santo na mudança do curso da história humana. Em uma conferência intitulada "O espírito da cultura islâmica", Iqbal citou e comentou a declaração de um santo islâmico, Abdul Quddus de Gangoh: "Muhammad da Arábia ascendeu ao mais elevado céu e retornou. Juro por Deus que, se eu tivesse alcançado a meta, jamais teria retornado".[11] Iqbal comenta:

> Em todo o conjunto da literatura sufi, será muito difícil encontrar palavras que, em uma simples frase, revelem essa percepção aguda da diferença psicológica entre o tipo profético e o tipo místico de consciência. O místico não deseja retornar do repouso da "experiência unitária"; e, mesmo quando retorna, porque deve retornar, seu retorno não faz muito sentido para a humanidade em geral. O retorno do profeta é criativo. Ele retorna para inserir-se no fluxo do tempo com uma visão capaz de controlar as forças da história, e, assim, criar um mundo novo de ideais. Para o místico, o repouso da "experiência unitária" é um ponto final; para o profeta, é apenas o despertar, nele, das forças psicológicas que sacodem o mundo, configuradas para transformar completamente o mundo humano.[12]

Parece que a maioria dos muçulmanos atuais não são verdadeiros discípulos de um profeta criativo que teve a coragem de mudar o curso da história, mas estão muito felizes de seguirem cegamente a vida passiva de um santo como Abdul

---

[11] Allama Muhammad Iqbal, *The Reconstruction of Religious Thought in Islam* (Lahore: Sh. Muhammad Ashraf, 1971), 124.

[12] Ibid.

Quddus. Se esse for o caso, será difícil para os muçulmanos enfrentarem efetivamente os desafios apresentados pela onda de um agressivo mundo globalizado que faz parte da modernidade. Contudo, deixar o mundo globalizado continuar sem controle, conforme testemunhamos atualmente, sem dúvida destruirá todas as dimensões espirituais da vida humana de que tanto precisamos em todos os tempos, tanto no passado como na modernidade.

O verdadeiro dilema é um problema não somente para os muçulmanos, mas também para todo *homo sapiens* ou "homem sábio", de acordo com a definição de A. J. Toynbee.[13] O qualificativo de *homo sapiens*, conforme Toynbee conclui, está distante do atual homem moderno. "Não merecemos esse autotítulo de *homo sapiens*", escreveu Toynbee. "Temos demonstrado pouca sabedoria, até agora, em nos controlarmos e em lidarmos com nossas relações com os outros. Se tivemos sucesso em sobreviver à atual revolução tecnológica, podemos pelo menos nos tornar *homo sapiens* de verdade e de direito."[14] O professor Toynbee foi um pensador contemporâneo que, até sua morte, em 1975, criticou agudamente o desenvolvimento da modernidade secular ocidental. Ele estava ansioso por ver uma revolução religiosa. Sobre essa importante questão, Toynbee fez uma convincente declaração:

> Para uma paz verdadeira e duradoura, uma revolução religiosa é, tenho certeza, uma condição *sine qua non*. Por religião, como espero deixar claro, entendo a superação da autocentralidade, tanto nos indivíduos quanto nas comunidades, mediante o alcance da comunhão com a presença espiritual subjacente ao universo e mediante o estabelecimento de uma harmonia entre nossos desejos e este mesmo universo. Penso que isso seja a única chave para a paz, mas estamos muito longe de alcançar essa chave e de usá-la, e, até que façamos isso, a sobrevivência da raça humana continuará sendo uma incógnita.[15]

O ceticismo de Toynbee sobre o lado negativo da modernidade é bem conhecido, particularmente por aqueles que acompanharam sua amarga experiência pessoal na Primeira Guerra Mundial, durante a qual muitos de seus amigos foram triste e dramaticamente mortos.

---

[13] A. J. Toynbee, *Surviving the Future* (New York: Oxford University Press, 1973), 44.
[14] Ibid.
[15] Ibid., 66-67.

UMA PERSPECTIVA ISLÂMICA
AHMAD SYAFII MA'ARIF

A religião como uma necessidade perene: a tolerância social e seus desafios[16]

Eu concordo completamente com a crença de que a religião é uma necessidade perene da humanidade em todos os tempos. Não posso imaginar o mundo, por exemplo, desprovido da existência do Ser Supremo Transcendental que criou e constantemente controla o universo como se Ele mesmo não fizesse parte dele. Acreditar nessa máxima faz parte não do âmbito da "probabilidade científica", mas sim do âmbito da metafísica. Trata-se, podemos dizer, de "uma necessidade metafísica", como o filósofo católico Étienne Gilson mostrou.[17] Para um crente, a criação do universo sem o Criador é completamente absurda e evidentemente ilógica. Mas, ao contrário, para um não crente, ou um ateu, a crença em Deus é ridícula porque não pode ser cientificamente confirmada e provada; a lógica dessa visão é que qualquer crença religiosa deveria ser rejeitada por completo.

Em minha visão, a existência de duas ou três categorias de humanidade – se incluirmos um agnóstico em nossa discussão – é também um problema perene que não pode ser resolvido de modo satisfatório antes do fim do mundo. O próprio Corão reconhece os direitos dos não crentes, ou ateus, de coexistirem pacificamente como seres humanos com os crentes ou teístas. O Corão novamente confirma nosso argumento: "Porém, se teu Senhor tivesse querido, aqueles que estão na terra teriam acreditado unanimemente. Poderias (ó Muhammad) obrigar os humanos a serem fiéis?" (Corão 10:99). Em outra breve mas condensada frase, o Corão diz: "Não deve haver imposição em matéria de fé" (Corão 2:256).

Por séculos e em grande medida, os legisladores islâmicos, justa ou injustamente, seguiram o espírito desses versículos para não forçarem os outros a seguirem a fé do Islá. Em outras palavras, o diálogo interfés é possível não somente entre crentes, mas também entre crentes e não crentes, ou ateus, conquanto todos os participantes respeitem-se mutuamente. Tendo

---

[16] A inspiração desse subtítulo vem parcialmente de meu artigo "Ethical Inputs: The Role of Religions", apresentado no Seminário Internacional do International Catholic Movement for Intellectual and Cultural Affair-Pax Romana ["Movimento Católico Internacional para o Debate Intelectual e Cultura sobre a *Pax Romana*"], Jogjakarta (Indonésia), em 20-22 de julho de 2009.

[17] Ver o fim da nota 20 em Étienne Gilson, *God and Philosophy* (New Haven, CT: Yale University Press, 1969), 141.

isso em mente, todos os seres humanos, a despeito de sua crença ou descrença, podem contribuir com seus talentos para tornar esse mundo mais rico, mais seguro, mais justo e mais pacífico, desde que todos tenham o direito de agir assim. Para rumar nessa direção, todos nós devemos empenhar-nos na maturidade espiritual, de modo que os princípios da tolerância sociorreligiosa tornem-se realidade.

Ninguém tem o direito de monopolizar esse planeta para seu único e próprio interesse. Todos deveriam ter o direito de manter este mundo até a vinda do Dia do Julgamento como parte do plano de Deus, o qual não pode ser antecipado por ninguém. Sobre a ideia do fim do mundo, Karl Jaspers fez uma afirmação muito comovente e poética:

> A longa era da pré-história e a breve duração da história levantam esta questão: A história não seria um fenômeno transitório, comparada às centenas de milhares de anos da pré-história? No fundo, não há outra resposta que salve a proposição geral: o que tem um início também tem um fim – ainda que dure milhões de anos.[18]

Antes que esse tempo venha, segundo o Corão, todos os seres humanos têm oportunidades suficientes para cooperar com os demais na bondade, na atuação pela coexistência pacífica entre nações e religiões, não na guerra ou na inimizade. Todas as nações têm o nobre dever de proteger o mundo de uma queda em um *hara-kiri* (suicídio) civilizacional, que significa uma destruição total dos bens que os seres humanos criaram com dificuldade ao longo dos séculos. Em palavras que não perderam sua inspiração, Jaspers escreveu:

> A própria história torna-se o caminho para a supra-história. Na contemplação do grande – nos âmbitos da criação, da ação e do pensamento –, a história brilha em destaque como contínuo presente. Isso não satisfaz por muito tempo a curiosidade, mas torna-se uma força revigorante. As grandes coisas da história, enquanto objetos de veneração, unem-nos à matriz que está acima da história.[19]

---

[18] Ver Karl Jaspers, *The Origin and Goal of History*, traduzido por Michael Bullock (New Haven, CT: Yale University Press, 1968), 275-276.
[19] Ibid.

UMA PERSPECTIVA ISLÂMICA
AHMAD SYAFII MA'ARIF

O problema que enfrentamos agora sob a forte onda da modernidade é que "a questão do como" exauriu nossa energia e vigor intelectual e espiritual por ter posto ao largo "a questão do porquê", a qual é mais relevante para a busca da paz e da compreensão humana. O como fazer uma bomba nuclear parece mais importante para a mente moderna do que o porquê fazê-la. A questão do como é puramente técnica, enquanto a questão do porquê é uma questão teológico--filosófica que nos pode levar ao âmbito além da história. E nesse domínio a religião é não somente relevante, mas também insubstituível.[20]

---

[20] Finalmente, permitam-me expressar minha profunda e sincera gratidão aos organizadores desta inesquecível conferência, especialmente ao Dr. James F. Keenan e a sua equipe de trabalho dedicada e profissional, por terem me convidado a falar nesta rara oportunidade, a qual ficará em minha memória para sempre até o final da vida.

PARTE II

O PASSADO

Trento: conteúdo, contexto e recepção
Catorze teses sobre o legado de Trento
Paolo Prodi (Itália)
O Concílio de Trento na experiência africana
Laurenti Magesa (Quênia)
Vivendo com perdas: a crise no "Ocidente cristão"
Regina Ammicht-Quinn (Alemanha)

A interação entre história e ética teológica
Diferenciando criticamente o passado: história e ética
Alberto Bondolfi (Suíça)
Teologia moral e história: uma relação peculiar
Diego Alonso-Lasheras (Itália)
Blocos históricos de construção para uma consisten-
te ética relacional e sexual
Roger Burggraeve (Bélgica)

A narrativa da história e as vozes ausentes
Trento: considerações da história e vozes perdidas
Antônio Moser (Brasil)
As vozes femininas ausentes
Anne Nasimiyu-Wasike (Quênia)
A sistemática extinção dos corpos de pele negra na
ética católica
Bryan Massingale (Estados Unidos)

Introdução

O segundo dia da conferência foi dedicado ao passado. A maioria das atividades incluiu um plenário geral e um par de plenários paralelos. O plenário geral tratou do Concílio de Trento. O primeiro plenário paralelo analisou a função da história na formação da ética teológica, enquanto o outro tentou ouvir as vozes daqueles cujas histórias não foram registradas.

No primeiro plenário, sobre o conteúdo do Concílio, o italiano Paolo Prodi ofereceu catorze teses. Entre essas teses, podemos encontrar eticistas teológicos tentando estabelecer a distinção entre o delito e o pecado, entre a lei positiva e a autoridade magisterial e entre a lei canônica e a lei moral, apoiando-se na primazia da consciência. Tratando dos efeitos contextuais do Concílio, o queniano Laurenti Magesa, em uma das conferências mais vibrantes, argumentou que o Concílio de Trento concebeu a Igreja africana sobretudo como uma Igreja tridentina, desconfiada de qualquer coisa africana.

Em seguida, a alemã Regina Ammicht-Quinn argumentou que o Concílio de Trento foi uma reação às incertezas da Reforma e que hoje, à luz das crises abusivas, um sentido semelhante de perda tem abalado novamente a Igreja. Em uma argumentação complexa, ela sugere que a compreensão da história ajuda-nos a dar novo equilíbrio e que, por mais estranho que possa parecer, o reconhecimento e o envolvimento, mais do que o distanciamento e a evitação, da vergonha da crise poderiam provavelmente oferecer-nos mais esperança do que podemos imaginar agora.

Sobre a relação entre história e ética teológica, o experiente estudioso suíço Alberto Bondolfi faz a sagaz afirmação de que "a pesquisa histórica, longe de constituir um freio para o futuro de nossa disciplina, é de fato um estímulo específico e indispensável". Argumentando que a história trata de fatos, práticas, doutrinas e mentalidades, Bondolfi propõe diversos objetivos éticos para o avanço da pesquisa histórica: desde o fim da divisão digital, de modo a permitir aos pesquisadores de países pobres acessarem documentação relevante on-line, até o encorajamento de jovens estudiosos a ingressarem nesse campo de pesquisa.

O relativamente jovem estudioso espanhol Diego Alonso-Lasheras insiste que o pesquisador em ética teológica veja a investigação histórica da teologia moral como um ato teológico, um modo de amalgamar, por assim dizer, a experiência histórica de ser Igreja animada pelo Espírito em um período como este em que vivemos.

Por fim, o lendário Roger Burggraeve, da Bélgica, examina a variedade de posturas metodológicas que tentam dedicar-se ao crescimento histórico ou pessoal de um jovem, articulando ou interpretando as normas objetivas para os relacionamentos sexuais.

Para ouvir as vozes silenciadas da história, o brasileiro Antônio Moser analisa três diferentes hermenêuticas para interpretar o Concílio de Trento. A primeira interpreta o Concílio como um sucesso; a segunda como uma conquista opressora; e a terceira como uma combinação de ambas. Por meio da terceira, Moser nota como o Concílio conteve o declínio de uma Igreja decadente, ofereceu uma síntese de toda a tradição e mapeou um caminho institucional que permitiu entrar na modernidade. Ao mesmo tempo, ele silenciou vozes carismáticas na Europa, ignorou as tradições das terras evangelizadas e empreendeu um programa missionário lamentavelmente carente de verdadeiras capacidades carismáticas.

INTRODUÇÃO
PARTE II

A queniana Anne Nasimiyu-Wasike lembra-nos de que "todo conjunto cultural tem suas vozes ausentes, dependendo da estrutura social que governa a vida do povo. Talvez o maior número de vozcs ausentes ao longo da história tenha sido de vozes femininas". Por meio de narrativas bíblicas a partir da Idade Média, ela nos ajuda a reconhecer aquelas negligenciadas. Voltando para o Quênia, ela explora as razões pelas quais as vozes humanas não são ouvidas lá e como as estruturas sociais ajudam a silenciar inclusive suas expressões iniciais.

Em um texto verdadeiramente profético, Bryan Massingale, dos Estados Unidos, instiga-nos a reconhecer a sistemática extinção da voz dos corpos negros. Nesta conferência internacional, ele nos lembrou de que "a escravidão, a conquista e o colonialismo baseados na raça são experiências fundacionais comuns – o 'pecado original' que liga as Américas, a África, a Europa e a Ásia". Mas ele nos desafia a entender que não podemos elaborar um relato adequado das atuais controvérsias e das responsabilidades morais – muito menos desenvolver uma ética teológica católica para uma Igreja mundial – se falharmos em ouvir as vozes dos corpos negros que pairam sobre nossas histórias e as inquietam, a despeito de nosso silêncio embaraçoso e de nosso esquecimento deliberado.

TRENTO: CONTEÚDO, CONTEXTO E RECEPÇÃO

CATORZE TESES SOBRE O LEGADO DE TRENTO[1]

Paolo Prodi

Não posso tentar expor em poucos minutos a história do Concílio de Trento, explicar por que esta pequena cidade, nos limites do território italiano com o alemão, foi escolhida como sede do concílio; como se desenvolveram os trabalhos conciliares nas vinte e cinco sessões entre 1545 e 1563; quais foram as recaídas dos participantes conciliares em uma cristanda-

---

[1] Este ensaio foi traduzido para o inglês por Brian McNeil.

de ocidental então dilacerada pela Reforma. Espero que durante estes dias vocês consigam respirar por si mesmos, fisicamente, a atmosfera em que viveram os bispos e os teólogos que chegavam a cavalo ou a pé das diversas regiões do Ocidente.

A brevidade do tempo que me foi concedida não me permite sequer responder à pergunta fundamental para nosso encontro: qual foi o papel do Concílio de Trento no nascimento da teologia moral como ramo autônomo do pensamento teológico? Posso somente expor algumas teses seguindo o exemplo de Lutero, mas não poderei sequer chegar às de número noventa e cinco: deverei deter-me muito antes, apenas no número catorze. A cada palavra que enuncio, correspondem pelo menos outras vinte de explicação e documentação que seriam necessárias, mas que sou obrigado a omitir.[2]

Tese 1. Na Idade Média, até a Reforma e às vésperas do Concílio de Trento, a teologia é a ciência do "ser", enquanto o direito canônico (natural-divino e positivo) é a ciência do "dever ser": não há lugar para uma ciência autônoma da ética, mas apenas para a pregação e para os manuais práticos para uso dos confessores e penitentes.

Tese 2. O Estado moderno, em sua construção na primeira Idade Moderna, tende a invadir toda a esfera do direito positivo: passa-se do pluralismo dos ordenamentos jurídicos medievais (direito divino, natural, dos povos, civil e canônico) ao moderno dualismo entre consciência e direito positivo estatal. A crise religiosa do século XVI constitui no plano ético a consequência da superação do regime de "cristandade". As respostas se movem em duas direções diferentes, ainda que com muitas nuanças: as novas Igrejas evangélicas nascidas da Reforma afirmam diante do domínio da lei estatal o papel da consciência individual (através da única mediação: a Escritura); a Igreja Católica constrói um sistema normativo autônomo, metajurídico, fundado não mais no direito, mas sim na ética.[3]

---

[2] Ver P. Prodi, *Una storia della giustizia. Dal pluralismo dei fori al moderno dualismo tra coscienza e diritto* (Bologna: Il Mulino, 2000); P. Prodi, *Settimo non rubare: Furto e mercato nella storia dell'Occidente* (Bologna: Il Mulino, 2009); *Il paradigma tridentino: Un' epoca della storia della Chiesa* (Brescia: Morcelliana, 2010); e P. Prodi, "L'istituto della penitenza: nodi storici", in Collana Chiesa e Storia, 1: *La penitenza: dottrina, controversie e prassi tra medioeve e età moderna*, editado por L. Mezzadri e M. Tagliaferri (Franzione Pian di Porto: Tau Editrice, 2011): 15-68.

[3] Para todos esses aspectos, sugiro a leitura de P. Prodi e W. Reinhard, eds., *Il concilio di Trento e il moderno* (Bologna: Il Mulino, 1996), e os escritos de E.-W. Böckenförde, especialmente "Zum Verhältnis von Kirche und moderner Welt: Aufriss eines Problems", in *Studien zum Beginn der modernen Welt*, editado por R. Kosellek (Stuttgart: Klett-Cotta, 1977), 154-177.

CATORZE TESES SOBRE O LEGADO DE TRENTO
PAOLO PRODI

Tese 3. O Concílio de Trento é importante para o nascimento da teologia moral mais por aquilo que não disse que por aquilo que disse. Sabemos todos que ele não conseguiu sanar a fratura que já havia rompido o corpo da cristandade: sabemos menos da falência da tentativa de restaurar um regime de cristandade submetendo os príncipes remanescentes católicos à autoridade do papado romano. Nas últimas sessões de 1562-1563, consegue-se salvar o concílio como reforma interna do corpo eclesiástico somente renunciando, pela oposição das potências que permaneceram católicas (particularmente da Espanha e da França), ao decreto de "reforma dos príncipes": o cânone 20 de reforma da XXV sessão se reduz a uma simples exortação aos príncipes católicos a garantirem a disciplina cristã no governo deles. Em todo o corpo dos decretos tridentinos, não encontramos nenhuma norma relativa à moral que não esteja ligada à administração dos sacramentos e à disciplina eclesiástica.[4]

Tese 4. A Igreja tridentina, excluída a possibilidade de normatizar juridicamente a vida social, opera uma grande transformação para desenvolver o controle dos comportamentos não mais segundo o direito, mas sim segundo a ética. A Igreja tende a transferir toda a própria jurisdição ao foro interno, ao foro da consciência, construindo, com o desenvolvimento da confissão e com a acentuação de seu caráter de tribunal, mas sobretudo com a teologia prática e moral, um sistema completo alternativo de normas. As novas *institutiones theologiæ moralis*, fruto da Igreja tridentina, representam a resposta à modernidade: são uma síntese entre a reflexão teológica e a vida concreta da sociedade, da história, fundamento do ensinamento acadêmico, mas também da prática cotidiana.[5]

Tese 5. O ponto central das contendas religiosas da Idade Moderna é o poder sobre as consciências: enquanto o caminho das Igrejas evangélico-reformadas vai rumo a um inevitável sucesso graças a uma aliança institucional

---

[4] Limito minhas referências aqui à pesquisa coletiva de que participei: P. Prodi e J. Johanek, eds., *Strutture ecclesiastische in Italia e in Germania prima della Riforma* (Bologna: Il Mulino, 1984); H. Kellenbenz e P. Prodi, eds., *Fisco, religione, Stato nell'età confessionale* (Bologna: Il Mulino, 1989); H. G. Koenigsberger, "The Unity of the Church and the Reformation", agora em seu livro *Politicians and Virtuosi: Essays in Early Modern History* (London: Hambleton Continuum, 1986); Hubert Jedin e Paolo Prodi, eds., *Il concilio di Trento come crocevia della politica europea* (Bologna: Il Mulino, 1979); Hubert Jedin, *Geschichte des Konzils von Trient, 1: Der Kampf um das Konzil* (Freiburg: Herder, 1949); e P. Prodi, *Il sacramento del potere* (Bologna: Il Mulino, 1992), 314-317.

[5] Ver P. Prodi, "Note sulla genesi del diritto nella Chiesa post-tridentina", in *La Legge e il Vangelo* (Brescia: Paideia, 1972), 191-223; P. Prodi, "Il concilio di Trento e il diritto canonico", in *Il concilio di Trento alla vigilia del terzo millennio*, ed. G. Alberigo e I. Rogger (Brescia: Morcelliana, 1997), 267-285; e M. Turrini, *La conscienza e le leggi* (Bologna: Il Mulino, 1991), 245-299, sobre o dever de consciência das leis humanas e em particular das leis penais e tributárias.

e ideológica entre o Estado e a Igreja, aliança destinada a durar até que se alcance a maturidade prática e ideológica do próprio Estado com o ideal do Estado-nação da Revolução Francesa, a tentativa da Igreja romana é de construir uma soberania paralela de tipo universal; não conseguindo mais manter a concorrência no plano dos ordenamentos jurídicos, aposta todas as suas fichas em concordatas com os Estados e no controle das consciências. Isso inclui não somente uma separação entre o terreno da moral e o do direito positivo estatal, mas a separação definitiva da teologia moral do direito canônico, o qual sobrevive, mas somente como disciplina do corpo eclesiástico e das estruturas externas da Igreja.[6]

Tese 6. Já foi escrito que o século XVII pode ser chamado de idade da consciência: após a cisão religiosa e o nascimento das Igrejas territoriais, o problema do juramento de fidelidade e da profissão de fé se impõe como fundamental para a ordem política, e no dilema entre a obediência às leis do Estado e a adesão ao próprio credo pessoal, baseia-se todo o debate que anima os países da Europa, qualquer que seja o país ou a profissão religiosa de pertença: as formas podem ser diferentes, como se verá, mas grande

---

[6] Ver A. Lauro, *Il cardinale Giovan Battista de Luca: Diritto e riforme nello Stato della Chiesa* (Napoli: Joven, 1991), 78-99. Sobre a figura de De Luca em geral, ver o artigo de A. Mazzacane in *Dizionario Biografico degli Italiani* 32 (1986): 529-536; A. Mazzacane, "Jus commune: Gesetzgebung und Interpretation der 'höchsten Gerichtshöfe' im Werk des De Luca", in *Gesetz und Gesetzgebung im Europa der frühen Neuzeit*, ed. B. Dölemeyer e D. Klippel (Berlin: Duncker & Humblot, 1998), 71-80; P. Zagorin, *Ways of Lying: Dissimulation, Persecution and Conformity in Early Modern Europe* (Cambridge, MA: Harvard University Press, 1990), 220; J. Delumeau, "S. Alfonso dottore della fiducia", in *Alfonso M. de Liguori e la società civile del suo tempo*, vol. 1, ed. P. Gianantonio (Firenze: L. S. Olschki, 1990), 206-218; e G. M. Viscardi, "Confessione: il tormento e l'estasi", *Ricerche di storia sociale e religiosa* 24 (1995): 23-50. Nessa perspectiva, considero particularmente interessante a relação entre Ligório e o ministro reformado Tanucci. Ver G. De Rosa, "Sant'Alfonso de Liguori e Bernardo Tucci", em seu *Tempo religioso e tempo storico: Saggi e note di storia sociale e religiosa dal medioevo all'età contemporanea* (Roma: Edizioni di Storia e Letteratura, 1987), 205-226. Tendo em vista a imensa bibliografia sobre Afonso de Ligório, menciono somente estudos recentes que enfatizam o problema de sua formação jurídica: F. Chiovaro, "S. Alfonso Maria De Liguori. Ritratto di un moralista", *Spicilegium Historicum Congregationis SSmi Redemptoris* 45 (1997): 121-153; e P. Perlingeri, *Alfonso de Liguori giurista: La priorità della giustizia e dell'equità sulla lettera delle legge* (Napoli: Edizioni Scientifiche Italiane, 1988). Esses ensaios também podem ser encontrados em P. Gianantonio, ed., *Alfonso M. de Liguori e la civiltà letteraria del Settecento* (Firenze: L. S. Olschki, 1999). Para uma síntese de seu pensamento, ver L. Vereecke, *De Guillaume d'Ockham à Saint Alphonse de Liguori* (Roma: Collegium S. Alfonsi de Urbe, 1986), 553-594. Permitam-me mencionar somente um dentre as centenas de manuais que foram escritos seguindo as pegadas de Afonso de Ligório: J. P. Gury, *Compendium theologiae moralis ex genuina doctrina S. Alphonsi Mariae De Ligorio* (Milano: Oliva, 1857).

parte da vida intelectual e acadêmica, bem além do âmbito dos teólogos ou dos juristas, gira em torno deste problema fundamental: o que acontece quando a ordem do príncipe e a lei positiva vão contra os princípios da lei divina ou natural ou contra os ditames da religião à qual se adere?[7]

Tese 7. A hipótese é, portanto, de que, após a consolidação da cisão religiosa, abre-se o caminho para um novo tipo de dualismo, não mais entre ordenamentos jurídicos diferentes, mas entre a lei positiva, estatal, mas também canônica, e a norma moral. Os caminhos são diferentes como diferentes serão as soluções: caminhos ligados à resposta da Igreja Católica tendente ao reforço de seu magistério e de sua jurisdição sobre as consciências; caminhos ligados às soluções mediadas pelas Igrejas reformadas, baseados na relação entre a consciência do indivíduo cristão e a Escritura; caminhos dos livres-pensadores que, das contradições das lutas de religião e do *cuius regio eius et religio* ("conforme o rei, a religião", ou seja, a religião do governante determina a dos governados), se lançam na descoberta de uma ética subjetiva.[8]

Tese 8. O fenômeno diante do qual estamos é, portanto, uma osmose recíproca na qual a moral se "juridiciza" e o direito se moraliza, colocando em movimento de um lado um progresso de criminalização do pecado e do outro um processo de condenação moral do ilícito civil ou penal: para Thomas Hobbes, toda desobediência à lei civil é pecado. Na Igreja Católica isso se traduz no nascimento do "foro íntimo" no sentido moderno, separado do foro civil e penal.[9]

---

[7] Ver P. Legendre, "L'inscription du droit canon dans la théologie: Remarques sur la Seconde Scholastique", in *Proceedings of the V International Congress of Medieval Canon Law* (Città dell Vaticano: Biblioteca Apostolica Vaticana, 1980), 443-454; e P. Legendre, *Leçons I. La 901e conclusion: Études sur le théâtre de la Raison* (Paris: Fayard, 1998).

[8] Ver M. Bergamo, *L'anatomia dell'anima: Da François de Sales à Fénélon* (Bologna: Il Mulino, 1991); M. De Certeau, "Du système religieux à l'éthique des Lumières (17e-18es): la formalité des pratiques", in *La Società religiosa nell'età moderna*. Atti del Convegno di studi Cappacio-Paestum, 18-21 maggio 1972 (Napoli: Guida Editori, 1973), 447-509; e B. Clavero, "Delito y pecado: Noción y escala de transgresiones", in *Sexo barroco y otras transgresiones premodernas*, ed. F. Thomas y Valiente et al. (Madrid: Alianza, 1990), 57-89 (todos os ensaios desse volume são importantes para nosso presente interesse).

[9] Para uma análise completa das várias opiniões e teorias, ver G. Saraceni, *Riflessioni sul foro interno nel quadro generale della giurisdizione della Chiesa* (Padova: CEDAM, 1961); A. Mostalza Rodriguez, "Forum internum – forum externum (Entorno a la naturaleza juridical del fuero interno)", *Rivista española de Derecho Canonico* 23 (1967): 253-331; A. Mostalza Rodriguez, "De foro interno iuxta canonistas posttridentinos", in *Acta conventus internationalis canonistarum* (Roma, Maio 20-25, 1968) (Città del Vaticano: Typis Polyglottis Vaticanis, 1970), 269-294; M. Turrini, *La coscienza e le leggi*; e I. Von Döllinger e F. H. Reusch, *Geschi-*

ÉTICA TEOLÓGICA CATÓLICA
PASSADO, PRESENTE E FUTURO

Tese 9. A construção da teologia moral após Trento se fundamenta, portanto, sobre dois pilares. O primeiro deles é constituído pela construção teórica: coincidência entre justiça natural e ética. Diante do crescente monopólio da lei positiva por parte do Estado moderno, a Igreja romana, por meio de sua mais brilhante escola de pensamento *de iustitia et iure*, sustenta possuir não somente a autoridade conferida por Cristo de perdoar os pecados, mas também ser a única verdadeira intérprete do direito natural, que coincide com a lei moral.[10]

Tese 10. O segundo pilar é a ciência dos casos individuais que se desenvolveram concretamente na práxis tridentina da confissão e da direção espiritual. Trata-se de um processo diretamente ligado ao sacramento da penitência revigorado pelo Concílio de Trento e que se desenvolve na segunda metade do século XVI, nas reuniões periódicas do clero dos vicariatos forâneos das dioceses e nas penitenciarias das catedrais. Nessas reuniões eram discutidos problemas concretos da vida cotidiana, sexual, familiar, econômica etc. Aqui quero somente dizer algo banal: a casuística nasce na Igreja tridentina da prática cotidiana, ainda que venha a se transformar nas disputas acadêmicas em abstração, quando não em complicação.[11]

---

chte der Moralstreitigkeiten in der römisch-katholischen Kirche seit dem 16. Jahrhundert, 2 vols. (Nördlingen: C. H. Beck, 1889). Para uma informação bibliográfica panorâmica, ver J. Theiner, *Die Entwicklung der Moraltheologie zur eigenständigen Disziplin* (Regensburg: F. Pustet, 1970); J. Mahoney, *The Making of Moral Theology: A Study of the Roman Catholic Tradition* (Oxford: Oxford University Press, 1987). Ver, por exemplo, J. Gründel, "Vom Gesetz der Freiheit", in *Abschied von Trient* (Regensburg: F. Pustet, 1969), 27-38; J.-M. Aubert, "Morale et casuistique", *Recherches de science religieuse* 68 (1970): 167-204; G. Angelozzi, "L'insegnamento dei casi di coscienza nella pratica educativa della Compagnia di Gesù", in *La ratio studiorum: modelli culturali e pratiche educative dei Gesuiti in Italia tra Cinque e Seicento*, ed. G. P. Brizzi (Roma: Bulzoni Editore, 1981), 121-162; G. Angelozzi, "Interpretazioni della penitenza sacramentale in età moderna", *Religioni e società* 1 (1986): 73-87; e Vereecke, *De Guillaume d'Ockham*, 495-508.

[10] Ver G. Ambrosetti, *Il diritto natural della riforma cattolica: Una giustificazione storica del sistema di Suarez* (Milano: Giuffrè, 1951); G. Ambrosetti, *Diritto naturale Cristiano: Profili di metodo, di storia e di teoria*, 2. ed. (Milano: Giuffrè, 1985); G. M. Chiodi, *Legge naturale e legge positiva nella filosofia politica di T. Hobbes* (Milano: Giuffrè, 1970), 190; L. Vereecke, *Conscience morale et loi humaine selon Gabriel Vazquez S.J.* (Tournai: Desclée, 1957); e J.-F. Courtine, "Théologie morale et conception du politique chez Suarez", in *Les jésuites à l'âge baroque* (1540-1640), ed. L. Giard e L. de Vaucelles (Grenoble: Jérôme Millon, 1996), 261-278.

[11] Para uma história geral da casuística na teologia moral, ver A. R. Jonsen e S. Toulmin, *The Abuse of Casuistry: A History of Moral Reasoning* (Berkeley: University of California Press, 1988); S. Burgio, *Teologia barocca: Il Probabilismo in Sicilia nell'epoca di Filippo IV* (Catania: Società di Storia Patria, 1988); P. J. Holmes, ed., *Elizabethan Casuistry* (London: Catholic Record Society, 1981); P. J. Holmes, *Resistance and Compromise: The Political Thought of the*

CATORZE TESES SOBRE O LEGADO DE TRENTO
PAOLO PRODI

Tese 11. As grandes discussões abertas na teologia moral dos séculos XVII--XVIII pelo menos até a grande mediação de Afonso Maria de Ligório, entre rigoristas e laxistas, probabilistas e probabilioristas (combatentes do probabilismo), entre jesuítas e jansenistas, obscureceram o fundamento, ou seja, que, graças ao poderoso esforço dos moralistas, se manteve em toda a Idade Moderna a distinção entre pecado e delito, distinção que não somente foi fundamental para a vida da Igreja, mas que permitiu também o desenvolvimento das teorias dos direitos humanos fundamentais e do constitucionalismo moderno na defesa do primado da consciência com relação à legislação positiva.[12]

Elizabethan Catholics (Cambridge: Cambridge University Press, 1982); L. Gallagher, *Medusa's Gaze: Casuistry and Conscience in the Renaissance* (Stanford, Calif.: Stanford University Press, 1991); e M. L. Brown, *Donne and the Politics of Conscience in Early Modern England* (Leiden: E. J. Brill, 1955). Os ensaios em E. Leites, ed., *Conscience and Casuistry in Early Modern Europe* (Cambridge: Cambridge University Press, 1988) são fundamentais nesse campo. Ver também P. Zagorin, *Ways of Lying*. Para o papel desempenhado por esse problema na história da teologia moral e para uma bibliografia básica, ver A. Bondolfi, "'Non dire falsa testimonianza': Alcuni rilievi storici sul preteso carattere di assolutezza dell' ottavo (non) comandamento", in *Verità e veracità. Atti del XVI congresso nazionale ATISM*, ed. B. Marra (Napoli: ATISM, 1995), 41-55; M. Foucault, *Histoire de la sexualité*, vol. 1: *La volonté de savoir* (Paris: Gallimard, 1976); J. Barrientos García, *Un siglo de moral económica en Salamanca, 1526-1629* (Salamanca: Ediciones Universidad de Salamanca, 1985); M. Bianchini, "I fattori della distribuzione (1350-1850)", in *Storia dell'economia italiana*, vol. 2, ed. R. Romano (Torino: Einaudi, 1992), especialmente 194-195; B. Neveu, *L'erreur et son juge: Remarques sur les censures doctrinales à l'époque moderne* (Napoli: Bibliopolis, 1993); B. Neveu, *Érudition et religion au XVIIe et XVIIIe siècles* (Paris: A. Michel, 1994); D. Pastine, *Juan Caramuel: Probabilismo ed encyclopedia* (Firenze: La Nuova Italia, 1975); e P. Pissavino, ed., *Le meraviglie del probabile: Juan Caramuel 1606-1682*. Atti del convegno internazionale di studi, 29-31 de outubro de 1982 (Vigevano: Comune di Vigevano, 1990), com ensaios de D. Pastine, M. Turrini, J. R. Armogathe, P. Pissavino e outros.

[12] Ver L. Kolakowski, *Chrétiens sans Eglise: La conscience religieuse et le lien confessionnel au XVIIe siècle* (Paris: Gallimard, 1969); R. Taveneaux, *Jansénisme et Réforme catholique* (Nancy: Presses Universitaires de Nancy, 1992); P. Valadier, *Éloge de la conscience* (Paris: Seuil, 1994); W. J. Bouwsma, "The Two Faces of Humanism: Stoicism and Augustinism in Renaissance Thought", in *Itinerarium Italicum*, ed. H. A. Obermann e T. A. Brady (Leiden: E. J. Brill, 1975), 3-60; D. Taranto, "Una politica senza diritto: Pascal e la giustizia", in *Individualismo, Assolutismo, Democrazia*, ed. V. Dini e D. Taranto (Napoli: ESI, 1992), 195-209; P. Cariou, *Pascal et la casuistique* (Paris: PUF, 1993), especialmente 75-77; B. Pascal, *Pensées*, n. 294, in B. Pascal, *Œuvres completes*, vol. 1, ed. M. Le Guern (Paris: Gallimard, 1998); V. Dini, "Prudenza, giustizia e obbedienza nella constitutione della ragion di Stato in Spagna e in Francia: Assaggi di lettura e prospettive di ricerca", in *Aristotelismo e ragion di Stato* (Firenze: L. S. Olschki, 1995), 249-271; C. Maire, *De la cause de Dieu à la cause de la nation: Le jansénisme au XVIIIe siècle* (Paris: Gallimard, 1998); e D. Bertrand, *La politique de Saint Ignace de Loyola* (Paris: L'analyse sociale, 1985), especialmente 162-171. No entanto, ainda nos falta uma adequada história política da Companhia de Jesus no século XVI. Ver P. Cariou, *Les idéalités casuistique: Aux origines de la psycanalyse*

Tese 12. O "paradigma tridentino" perdeu sua força na segunda metade do século XX em razão das mudanças históricas. A impressão é que nessa virada de século ou de milênio o que está perdendo força é exatamente o pluralismo dos ordenamentos dos foros. Pela primeira vez nos encontramos diante, no Ocidente, da norma "de uma só dimensão" e, portanto, de um só foro, o do direito positivo, da norma estrita, perdendo força todas as demais instâncias de juízo que regeram até nossos dias quase a totalidade de nossa vida cotidiana. A norma positiva "de uma só dimensão", privada de qualquer referência metajurídica, parece vítima de uma esquizofrenia: de um lado, tende a invadir todas as esferas da sociedade que há algum tempo eram território da ética; do outro, ela se enfraquece e se suicida no momento em que quer dominar as consciências.[13]

Tese 13. Também as indicações gerais do magistério eclesiástico parece que isolaram, nos últimos cinquenta anos, a presença do pecado como relação entre a consciência do homem e Deus; a própria distinção entre pecado e delito parece ter em grande medida perdido importância, conforme testemunham também as últimas grandes confusões a respeito da pedofilia ou das operações financeiras da Cúria Romana. A hierarquia eclesiástica parece insistir, sobretudo, na necessidade de conseguir a transformação do próprio pecado em delito a ser condenado por parte do poder político (aborto, divórcio, eutanásia), colocando em segundo plano o tema da ofensa a Deus e da salvação pessoal. Mesmo os instrumentos utilizados, como os comitês de bioética de todos os

---

(Paris: PUF, 1992); e R. Briggs, "The Science of Sin: Jacques de Sante-Beuvre and his Cas de conscience", in *Religious Change in Europe 1650-1914: Essays for J. McManners*, ed. N. Aston (Oxford: Oxford University Press, 1997), 23-40. Para uma experiência específica na Itália durante o mesmo período, ver E. Stumpo, "Alle origini della psicanalisi? Il Diario spirituale di Filippo Baldinucci e la direzione spirituale nell'Italia moderna", introdução de F. Baldinucci, *Diario spirituale* (Firenze: Le Lettere, 1995). Ver também M. Villey, *La formation de la pensée juridique moderne* (Paris: PUF, 2003); e C. Dolcini, "Pensiero politico medievale e nichilismo contemporaneo: Riflessioni sul problema dello stato e dell'unità di Italia", 3rd series, *Studi medievali* 38 (1997): 397-421. Um exemplo final é bastante erudito, mas parece-me pertencer a essa categoria de "estudos genealógicos": A. S. Brett, *Liberty, Right and Nature: Individual Right in the Later Scholastic Thought* (Cambridge: Cambridge University Press, 1997).

[13] Ver G. Stratenwerth, "Quanto è importante la giustizia?" *Materiali per una storia della cultura giuridica* 25 (1995): 413; esse ensaio foi primeiramente publicado em Fritjof Haft et al., eds., *Strafgereichtigkeit: Festschrift für Arthur Kaufmann* (Heidelberg: C. F. Muller, 1993), 353-362. Em muitos de seus escritos, Arthur Kaufmann iniciou uma reflexão sobre as responsabilidades éticas da lei na era pós-moderna. Ver mais recentemente seu *Rechtsphilosophie in der Nach-Neuzeit*, 2. ed. (Heidelberg: Decker e Müller, 1992).

tipos, parecem mais voltados a formular uma nova normativa de direito positivo e menos interessados em repropor o tema do mal e da salvação no contexto da humanidade atual.[14]

Tese 14. Provavelmente, trata-se de "partir novamente" de Trento para propor o dualismo cristão em termos novos adaptados às novas circunstâncias históricas. O paradigma tridentino teve seu percurso de crescimento e de declínio, com sucessos e dificuldades, com compromissos e contradições. Paradoxalmente, mas não muito, pode-se afirmar que as referências ao Tridentino que ecoam todo dia nas polêmicas acabam por empobrecer historicamente a grande tentativa de reforma e de adequação à modernidade empreendida, então, pelo Concílio de Trento.

---

[14] Um artigo apresentado em um congresso na Universidade Católica de Milão em abril de 1997 esboça uma interessante conclusão: "Era característico à penitência ocidental ser considerada uma analogia de uma ação judiciária e penal: a penitência era chamada de tribunal da penitência; o confessor era visto como juiz e as obras penitenciais como pena e expiação. Com a reforma de Paulo VI, essa analogia desaparece, pois a imagem da ação judiciária é substituída pela imagem da cura: o confessor passa a ser visto como um médico que deve fazer um diagnóstico e indicar uma terapia [...]. Creio que o abandono do caráter penal, ocorrido com a reforma de Paulo VI, seja uma reviravolta de grande destaque na história da penitência ocidental". Ver E. Mazza, "Il rito della riconciliazione dei penitenti, tra espiazione penale e reintegrazione sociale", in *Colpa e pena? La teologia di fronte alla questione criminale*, ed. A. Acerbi e L. Eusebi (Milano: Vita e Pensiero, 1998), 97-126. Para uma perspectiva mais profunda sobre o período pós-conciliar e mais informações, ver J. Ramos Regidor, *Il sacramento della penitenza: Riflessione teologica, biblico-pastorale alla luce del Vaticano II* (Torino: Elledici, 1979); P. Arendt, *Busssakrament und Einzelbeichte: Die tridentinischen Lehraussagen über das Sündenbekenntnis und ihre Verbindlichkeit für die Reform des Busssakramentes* (Freiburg: Herder, 1981); P. Prodi, "Cristianesimo e giustizia, peccato e delitto nella tradizione occidentale", *Daimon* 4 (2004): 81-95 (todo esse fascículo é dedicado ao tema da justiça nas leis das religiões monoteístas); e M. Ventura, *Pena e penitenza nel diritto canonico postconciliare* (Napoli: ESI, 1996).

O CONCÍLIO DE TRENTO NA EXPERIÊNCIA AFRICANA

Laurenti Magesa

Trento e a consolidação das grandes narrativas

Com certeza, o legado geral mais duradouro que o Concílio de Trento (1545-1563) deixou para a Igreja Católica global foi sua institucionalização das "grandes narrativas" ou, em outras palavras, os sistemas pedagógicos uniformes de alcance global como um instrumento para a evangelização. Isso afetou de modo especial os territórios e as pessoas do hemisfério sul (África, Ásia e América do Sul), chamados até recentemente nos círculos católicos como "territórios de missão". O trabalho missionário nessas áreas geográficas do mundo em sua forma atual na Igreja Católica começou a sério antes desse grande encontro de bispos e teólogos em Trento.

As grandes narrativas são histórias universalizadoras. Elas nascem da tendência humana de generalizar o que é particular e local, de tornar nossa experiência própria da realidade aplicável a todas as pessoas ou à maioria delas. Isso acontece particularmente nos âmbitos social e cultural. Na prática, essa inclinação humana está a serviço da frequentemente oculta vontade de poder e de dominação de alguns sobre os demais. Quer estejam explicitamente conscientes disso, quer não, poucas pessoas ou grupos estão inteiramente imunes a esse traço. Tudo é frequentemente racionalizado e justificado de vários modos, mas pode ser corretamente entendido a partir de uma ou duas perspectivas, às vezes a partir de ambas: chauvinismo e/ou altruísmo.

A tendência chauvinista é evidente. É expressa em termos de certa pretensa ou sentida superioridade de uma pessoa ou grupo sobre o outro ou os outros *diferentes*. Essa é a base do racismo, do tribalismo, do sexismo, das diferenças de classes e do fundamentalismo religioso. No fim das contas, todas essas atitudes levam a alguma forma de violência, seja psicológica, seja social.

A outra tendência, mas sutil na aparência, mas não menos fundamentalmente prejudicial e destruidora da dignidade humana, é frequentemente apresentada com a intenção "de fazer o bem" ou como altruísmo. Ela deriva da convicção de que alguém ou um grupo possui um nível "mais elevado" ou "melhor" de cultura ou de valores éticos do que outros, e de que alguém tem,

ÉTICA TEOLÓGICA CATÓLICA
PASSADO, PRESENTE E FUTURO

por esse motivo, o dever de impô-los sobre os demais. Essas abordagens parecem diferentes, mas se ligam pelo fato de que contêm aspectos fundamentais iguais. A característica principal de ambas é o desprezo e o desrespeito dos valores inerentes à visão social e ética do outro.

Essa forma das grandes narrativas precisa ser diferenciada do profundo sentido daquelas outras, igualmente universalizantes, narrativas que estão tacitamente presentes em documentos e esforços como a Declaração Universal dos Direitos Humanos das Nações Unidas (DUDHNU).[1] Existem hoje muitas tentativas similares à DUDHNU aspirando a realizar globalmente a dignidade da pessoa humana. A diferença entre elas e outras grandes histórias reside no fato de que, para além da diferenciação entre "nós" e "eles", elas concentram-se no que é comum entre "nós". A diferenciação invariavelmente inclui noções concomitantes de superioridade e inferioridade, de um lado oferecendo generosidade e do outro simplesmente recebendo. A luta pelos direitos humanos, pelo contrário, foca-se no que nos une como seres humanos. Há uma diferença de atitude nas duas abordagens que define e impõe as concepções práticas fundamentais das relações humanas. Enquanto as grandes histórias chauvinistas e frequentemente chamadas "caridosas" são propensas a objetificar o outro, na luta pelos direitos humanos, por exemplo, todos são sujeitos, limitados e agindo conjuntamente pelo mesmo objetivo. A objetificação suprime a autorrealização, enquanto o reconhecimento da subjetividade valoriza-a enormemente.

Embora comumente não usemos a expressão "grandes narrativas" nesse sentido negativo para as Igrejas Católicas ou Cristãs (ou para a maioria da atividade religiosa de conversão em geral), toda atividade proselitista está invariavelmente mais ou menos fora desse contexto, seja deliberada seja inconscientemente. A última missão que Jesus dá, segundo o Evangelho de Mateus, a seus discípulos ("Ide [...] fazei discípulos em todas as nações, batizando-os [...] e ensinando-os a observar tudo o que eu vos ensinei", Mateus 28,19-20) é um exemplo da grandiosidade das narrativas na história religiosa humana. O cristianismo aderiu a esse mandato ao longo de dois milênios, entendendo-o corretamente como sua razão de existir. O Concílio Vaticano II (1962-1965) afirma isso ao definir a Igreja como "o sacramento universal da salvação". Ele, além disso, descreve que a "única finalidade" da Igreja consiste na realização do "reino de Deus" e

---

[1] Ver a "Declaração Universal dos Direitos Humanos", das Nações Unidas: http://portal.mj.gov.br/sedh/ct/legis_intern/ddh_bib_inter_universal.htm.

na "salvação da humanidade" por meio de Cristo.[2] Podemos, obviamente, hoje chamar isso de uma forma de globalização. Além disso, contrariamente às tendências chauvinistas de globalização, os cristãos devem entender esse mandato de Jesus não como algo que aliena, mas sim como algo que vivifica. Foi essa a intenção de Jesus, de que ele fosse "boa notícia" da comunhão humana na liberdade. Isso respeita a identidade e a integridade dos diversos povos e culturas, ao mesmo tempo em que conduz todos à sabedoria que somente Deus pode dar.

Contudo, a aplicação prática dessa missão, a pedra fundamental da Igreja cristã histórica e de seu esforço em comunicar a sabedoria divina, é historicamente problemática para nós, especialmente depois de Trento. Muitos teólogos africanos e africanistas têm mostrado isso.[3] Como a evangelização católica e cristã foi feita na África? A grande história que a maioria dos evangelizadores cristãos apresentou para a África pode geralmente ser situada no campo chauvinista como uma narrativa de superioridade. Seu motivo central foi "lançar luz nas trevas, subjugar o selvagem e alcançar a nobreza, transformar o primitivo em civilizado, mostrar o caminho da verdade".[4]

Já ouvimos essa crítica relativa às velhas abordagens da evangelização muitas vezes antes, mas não podemos nos esquecer de que ela continua atuante de muitos modos e em muitos casos até os dias atuais.[5] Na falta de uma consciente, deliberada, genuína e compreensiva busca de diálogo entre culturas e religiões, essas noções de superioridade e inferioridade, incluindo suas concomitantes atitudes e práticas, continuam atuantes em suas motivações subjacentes por onde quer que a missão cristã for levada a cabo, com apenas poucas diferenças aqui e acolá.[6]

---

[2] *Gaudium et Spes* (Constituição Pastoral da Igreja no Mundo Moderno), 45. Ver Documentos do Concílio Vaticano II, em: http://www.vatican.va.

[3] Por exemplo, ver F. Eboussi Boulaga, *Christianity without Fetishes: An African Critique and Recapture of Christianity* (Maryknoll, NY: Orbis Books, 1984); Kwesi A. Dickson, *Uncompleted Mission: Christianity and Exclusivism* (Nairobi: Acton Publishers, 2000); Walbert Buhlmann, *The Missions on Trial: Addis Ababa 1980, A Moral for the Future from the Archives of Today* (London: St. Paul Publications, 1978); Cyprian Tirumanywa, *Christian Religion on Trial: The Good News Is Justice and Peace for All on Earth* (Dar es Salaam: Dar es Salaam University Press, 1991); e Paul Gifford, *Christianity: To Save or Enslave?* (Harare: EDICESA, 1990).

[4] F. Joseph, prólogo a Muthoni Likimani, *They Shall Be Chastised* (Nairobi: Kenya Literature Bureau, 1974), iv.

[5] Ver Paul Gifford, *Ghana's New Christianity: Pentecostalism in a Globalising African Economy* (London: Hurst & Company, 2004).

[6] Sobre a necessidade de diálogo, ver Laurenti Magesa, *African Religion in the Dialogue Debate: From Intolerance to Coexistence* (Vienna: LIT Verlag, 2010); e Frans Wijsen e Peter Nissen, eds., *"Mission Is a Must": Intercultural Theology and the Mission of the Church* (New York: Rodopi, 2002).

O ponto mais importante em tudo isso é que alguns desses métodos de evangelização não são meramente procedimentais, mas sim claramente questões éticas. Conforme F. Joseph escreve, "aqueles que vieram para converter deixaram o inocente sem nada, mas o interior deles os assombra".[7] Quando a evangelização se torna uma questão de dominação e expropriação da humanidade e da dignidade dos convertidos, deve ser vista em termos morais. Além disso, quando a evangelização se transforma em alienação dos convertidos, deve ser interpretada segundo uma perspectiva ética. Na África, a expropriação da cultura nativa dos habitantes originais foi normalmente a intenção, o objetivo e o plano de ação. Isso é bastante conhecido: "O que eles [...] [os convertidos] tinham, desde o nascimento, estava errado, era ruim, era do mal, do demônio. O que eles estavam para adquirir em troca de suas tradições e cultura os salvaria do fogo do inferno, da ira vindoura".[8]

Exigiu-se dos convertidos por essa abordagem exatamente o oposto da dignidade humana. O que, para a evangelização missionária, "era a aquisição da integridade, da pobreza, da mansidão, [era] a habilidade [do convertido] de continuar oferecendo a outra face. Não era expulsar ninguém a chicotadas do templo. Não era afastar os ladrões e proteger-se contra a invasão de externos".[9] O ensino das virtudes, contudo, acabaria sugerindo o outro lado da imagem – a necessidade da autoidentidade dos convertidos e sua valorização como igualmente filhos de Deus, criados à imagem e semelhança de Deus. Esta última é, sem dúvida, a mensagem central do evangelho e, consequentemente, a razão para a evangelização.

O contexto sociorreligioso do Concílio de Trento

Para avaliar a situação passada e presente da Igreja Católica na África, é útil revisitar brevemente o contexto sociorreligioso em que o Concílio de Trento ocorreu. Quando o Papa Pio III convocou os bispos do mundo para esse concílio,[10] foi para um objetivo específico: enfrentar uma situação ex-

---

[7] F. Joseph, epílogo a *They Shall Be Chastised*, 232.

[8] Ibid.

[9] Ibid.

[10] A assembleia dos bispos começou em 13 de dezembro de 1545 e terminou em 4 de dezembro de 1563.

traordinária na Igreja da Europa, especificamente a Reforma Protestante. Esta última foi um movimento iniciado pelo frade agostiniano alemão Martinho Lutero. Sendo assim, hoje Lutero apresenta-se como uma figura central de ambas as experiências: a Reforma Protestante e o Concílio de Trento. Cerca de três décadas antes, em 1517, ele havia publicado suas "Noventa e Cinco Teses", que eram basicamente declarações descrevendo o que ele considerava como os maiores abusos na teologia e na prática pastoral católicas de então. Nessas teses, Lutero distanciou seu pensamento daquilo que ele considerava como sérios erros teológicos, doutrinais, estruturais e pastorais no magistério da Igreja Católica da época. Esses erros, segundo Lutero, transgrediam os princípios básicos da Escritura. Ele trabalhou em muitas dessas questões mais tarde em seus numerosos sermões e escritos. A postura de Lutero estimulou as atividades de muitos outros Reformadores favoráveis a ele em toda a Europa. Esse é um lado da imagem.

O outro é que, talvez prejudicadas pela época e pelas circunstâncias, as autoridades da Igreja Romana tornaram-se cada vez mais inflexíveis e defensivas diante dos desafios. Elas foram intolerantes diante dos argumentos e das demandas teológicas dos Reformadores, mesmo quando os últimos poderiam estar certos quanto ao que argumentavam e propunham. Os posicionamentos gradualmente se acirraram, sendo que nenhum dos lados queria ouvir o outro. A desconfiança e o antagonismo mútuos resultantes dessa situação culminaram no rompimento formal entre os Reformadores e as autoridades da Igreja Romana. A Reforma Protestante acabou tornando-se um autêntico movimento. Quando o Concílio de Trento foi convocado trinta anos depois, nota o historiador do concílio eclesial Norman P. Tanner, "a Reforma já havia se espalhado amplamente e as feridas da Igreja se mostravam muito profundas para cicatrizarem".[11]

A maior preocupação do Concílio de Trento foi, contudo, doutrinal e estrutural. A agenda tridentina foi exclusivamente determinada como uma refutação das reivindicações da Reforma Protestante sobre os sacramentos e sobre a autoridade do clero na Igreja, especialmente do episcopado. Sendo assim, a descrição normalmente dada do Concílio de Trento como Contrarreforma ou Reforma Católica está correta. Trento foi um esforço para fortalecer uma instituição sitiada

---

[11] Norman P. Tanner, *The Councils of the Church: A Short History* (New York: Crossroad Publishing Company, 2001), 77.

ÉTICA TEOLÓGICA CATÓLICA
PASSADO, PRESENTE E FUTURO

por sua doutrina, estruturas, vida e disciplina. Em particular, Trento tencionava reafirmar mais uma vez a autoridade dos bispos na Igreja, especialmente o poder do papado, obviamente concebido segundo os moldes da pré-Reforma, a respeito de toda a Igreja. Essa, além do fato de o papa reivindicar todo o poder temporal, era a discussão que muitos dos Reformadores estavam fomentando.

Embora agora considerada em termos predominantemente espirituais e eclesiais, a questão da autoridade do papa foi abordada e completada três séculos depois pelo Concílio Vaticano I (1869-1870) em sua controversa doutrina sobre a infalibilidade papal. De acordo com sua Constituição Dogmática *Pastor aeternus*, de 18 de julho de 1870, o Vaticano I afirmou que o papa possui "o poder total e supremo de jurisdição sobre toda a Igreja". Provavelmente ainda tendo em mente os movimentos reformistas, o Vaticano I condenou todos aqueles que tivessem visões diferentes. A *Pastor aeternus* insistiu, com linguagem inequívoca e mentalidade medieval, que o poder do papa e a autoridade sobre a Igreja universal são "absolutos", "ordinários" e "imediatos".[12]

Sobre essa questão, a Constituição defende que se baseia na "tradição recebida desde o início da fé cristã", dizendo:

> Para a exaltação da religião católica e a salvação dos povos cristãos, com a aprovação do Sagrado Concílio, ensinamos e definimos como dogma divinamente revelado:
>
> O Romano Pontífice, quando fala *ex cathedra* – isto é, quando, no desempenho do múnus de pastor e doutor de todos os cristãos, define com sua suprema autoridade apostólica que determinada doutrina referente à fé e à moral deve ser sustentada por toda a Igreja –, em virtude da assistência divina prometida a ele na pessoa do bem-aventurado Pedro, goza daquela infalibilidade com a qual o Redentor quis estivesse munida sua Igreja quando deve definir alguma doutrina referente à fé e aos costumes; e que, portanto, tais declarações do Romano Pontífice são, por si mesmas, e não apenas em virtude do consenso da Igreja, irreformáveis.
>
> [*Cânon.*] Se, porém – o que Deus não permita –, alguém ousar contradizer esta nossa definição, seja anátema.[13]

Vale a pena mencionar que a crença e a prática da Igreja desde tempos antigos têm sido, porém, totalmente diferente do que o Vaticano I apresentou. Na maior parte da história da Igreja pregressa, o papa não esteve acima do con-

---

[12] *Pastor aeternus* (Constituição Dogmática do Vaticano I), 3:9 (Denzinger 3064).
[13] Ibid., 4:9 (Denzinger 3073-3075).

cílio, mas sim submetido a ele, sendo que este último podia inclusive depor o primeiro, se necessário. Em termos de doutrina, era toda a Igreja, quer através do magistério ordinário dos bispos mundiais, quer através de um concílio, que era infalível. A mudança nessa doutrina operada pelo Vaticano I, inspirada em Trento e dependente dele, teve consequências na evangelização da África.

Trento e o catolicismo africano

Trezentos e poucos anos depois do fim do Concílio de Trento, empreendeu-se a terceira onda de evangelização da África subsaariana. Devemos destacar, por uma questão de perspectiva, alguns fatos históricos familiares. O primeiro encontro da África com o evangelho cristão aconteceu antes, no final do século II, e restringiu-se quase que totalmente às regiões do Norte da África, Egito e Etiópia (Abissínia). Os africanos convertidos ao cristianismo nesse tempo pertenciam majoritariamente aos centros urbanos, dos quais os mais importantes historicamente eram Alexandria, Cartago e Hipona.

O cristianismo nessas áreas entrou amplamente em colapso com a expansão do Islã no século VII, deixando para trás somente alguns poucos lugares no Egito. Ele sobreviveu, contudo, na Etiópia, considerada mais tarde como o reino do (mítico) rei cristão Preste João. O desejo de encontrar Preste João desempenhou um papel parcial na segunda tentativa de trazer o evangelho para a África empreendida pelos portugueses no século XV, embora os motivos estivessem misturados. O principal motivo dos portugueses na África nesse tempo era "comercializar" escravos e marfim. Preste João e a evangelização foram meramente um subproduto ou pretexto para essa motivação econômica. Eis por que, com o colapso do comércio escravo no século XVIII, a segunda onda de evangelização cristã também fracassou.[14]

A terceira e ainda remanescente onda de evangelização cristã na África subsaariana esteve de mãos dadas com o movimento imperial europeu de colonização do continente. O comércio escravo, especialmente em sua forma transatlântica, havia sido poucas décadas antes abolido em muitas nações europeias, embora em muitos lugares ele continuasse na clandestinidade. Para

---

[14] Ver John Baur, *2000 Years of Christianity in Africa: An African Church History* (Nairobi: Paulines Publications Africa, 1994); e Elizabeth Isichei, *A History of Christianity in Africa: From Antiquity to the Present* (Grand Rapids, MI: Eerdmans, 1995).

a maioria dos africanos, contudo, o colonialismo foi simplesmente uma extensão da escravidão real e, quando não, teórica. O nome havia mudado, mas a experiência para os africanos não era muito diferente de outrora. O tratamento conferido aos africanos sob o colonialismo foi tão brutal quanto sob a escravidão formal. Mais enfático é o fato de que, com relação aos convertidos africanos e a suas culturas, o comportamento da maioria dos missionários cristãos que vieram pouco antes, pouco depois ou com os construtores do império secular europeu (o inglês, o holandês, o francês, o português, o espanhol e o belga) foi em geral – e lastimavelmente – muito semelhante ao dos colonizadores. Os missionários, é verdade, professavam uma missão ou objetivo de evangelização espiritual mais do que secular. Contudo, o avanço da "civilização" da África – no qual o conflito entre a realização da "cristianização" e a promoção do "comércio" (os três "cês" ou a europeização da África) foi incorporado – foi um objetivo compartilhado. Jamais se fez segredo disso.

A atmosfera geral da evangelização cristã da África nesse tempo foi determinada pelo antagônico e rígido espírito dos acontecimentos da Reforma e da Contrarreforma tridentina (e, para os católicos, também do Vaticano I). É importante destacar esse fato, porque foi esse antagonismo dentro do cristianismo que caracterizou seu magistério e sua prática da fé cristã aqui, causando desde o início escândalo entre os africanos.

Para o catolicismo, o espírito do Concílio Vaticano II foi, obviamente, diferente daquele dos dois concílios imediatamente anteriores. Assim, a abertura e a tolerância às várias culturas e religiões do Concílio Vaticano II talvez seja sua mais importante contribuição para a Igreja na África. O Vaticano II foi um concílio pastoral; ele não se preocupou em combater erros (como aconteceu com Trento) ou em afirmar a autoridade papal (como o Vaticano I objetivava fazer). Sua maior preocupação, pelo menos conforme o papa João XXIII pretendia, incluía uma maior autocompreensão por parte da Igreja como missão de Deus na terra, a unidade dos cristãos em todo o mundo e a paz entre as nações. Isso refletia diretamente a agenda do Conselho Mundial de Igrejas (CMI), um corpo ecumênico de Igrejas protestantes formalmente estabelecido em Amsterdã em 1948.

Contudo, a experiência africana havia sido sobretudo de que, desde o início da introdução do cristianismo ao sul do Saara no século XIX, tanto os missionários católicos quanto os protestantes na África gastaram talvez tanto tempo lutando e combatendo uns aos outros quando pregando Jesus Cristo como amor universal. Isso foi um resultado direto das atitudes da Reforma e do Concílio de Trento. Os missionários cristãos na África dividiram os territórios entre si, normalmente segundo o critério de chegada: o lugar em que um se estabelecia estava então fora das fronteiras para o outro.

Essa divisão derivava do princípio europeu surgido na época da Reforma segundo o qual *cuius regio eius religio* ("conforme o rei, a religião", ou seja, a religião do governante determina a dos governados), que estabeleceu a Paz de Augsburgo em 1555. A intrusão de um no território do outro frequentemente causava mais contentas, muitas das quais exigiam arbitragem civil. E na África importava muito mais quem era a força colonial vigente e em que região. Os missionários católicos e protestantes concordaram com isso. Após a Europa conquistar a África para si no final do século XIX, o grito *Pour Dieu! Pour la France!* ("Por Deus, pela França") teve seus vários equivalentes em toda a Europa. O Congo, território do Rei Leopoldo da Bélgica nesse período, por exemplo, favoreceu os missionários católicos. O Reino de Buganda (Uganda) durante o mesmo período flutuou entre a influência católica e protestante (e inclusive islâmica), dependendo de quem mantivesse o rei, frequentemente através do que pode ser considerado somente como formas de suborno. No Reino de Buganda, a Inglaterra "protestante", a terra natal dos missionários protestantes, desconfiou da França "católica" de onde a maioria dos missionários católicos do país eram originários. Na década de 1880, os embates religiosos em Uganda finalmente culminaram em uma crise maior, levando a uma importante carnificina humana que envolveu os adeptos das três fés. Trata-se da história dos mártires de Uganda.

Assim, conforme Adrian Hastings notou, "nada enfraqueceu e confundiu a vida cristã na África do que as divisões e as rivalidades de que ela foi vítima desde o início".[15] Alguns próprios missionários compreenderam também isso: "A atuação da Igreja parece progredir lentamente", relatou em 1929 um missionário na África do Sul. "A oposição entre católicos romanos, adventistas do sétimo dia, Igreja da Inglaterra, wesleyanos e independentes, sem falar dos etíopes, parece ter tirado muito de seu vigor dos trabalhadores remanescentes da Igreja da Sociedade Missionária Londrina."[16]

O impacto do escândalo da divisão cristã atingiu a população cristã africana em geral e causou diversas perturbações sociais onde não havia antes. A espiritualidade africana nativa era em geral religiosamente tolerante, raramente

---

[15] Adrian Hastings, *Church and Mission in Modern Africa* (London: Burns & Oates, 1967), 239.
[16] Ibid., 239, nota 1.

exclusiva. Isso permitia a veneração de um amplo leque de espíritos ancestrais, dando preferência aos que mais promoviam a vida. "Existe somente um Deus" foi, portanto, uma convicção não somente teórica, mas sobretudo prática na espiritualidade africana. Desde que você reconhecesse e venerasse a Deus, pouco importava onde, quando e como.

Consequentemente, entre os africanos anteriores a esse período, as diferenças quanto à filiação e à adesão religiosa não significavam mudanças nas relações familiares ou clânicas. Pelo contrário, eram geralmente consideradas uma fonte de fortalecimentos dos vínculos e uma ampliação da vida por causa das várias forças dos poderes espirituais venerados e trazidos para dentro da família. A evangelização cristã, por causa de sua completa exclusividade, atrapalhou muito isso, colocando os membros de uma família ou de famílias diferentes em uma vila uns contra os outros por causa de crenças ou práticas religiosas. Isso era usualmente visto pelos evangelizadores cristãos como um realização. As palavras de Jesus na Escritura "Eu não vim trazer a paz sobre a terra, mas sim a espada" (Mateus 10,34-36) eram citadas literalmente como justificativa da contenda.

Contudo, a situação não era vista com bons olhos pelas pessoas. Uma anedota ilustra a percepção geral que tinham. Em meados da década de 1960, um influente ancião africano foi procurado tanto por missionários católicos quanto por protestantes para ser batizado em suas respectivas Igrejas. Ele recusou o batismo em ambas. Ele então explicou: "Sou apenas um velho que não sabe muito. Mas sei que vocês devem estar mentindo. O Jesus de vocês não pode estar dos dois lados de vocês, visto que vocês brigam tanto entre si sobre ele".[17] O homem havia percebido perplexo a contenda que existia entre as denominações em sua vila e, recusando-se ao batismo, estava alertando-os, caso tivessem olhos para ver e ouvidos para ouvir, da confusão e frustração que havia entre as pessoas.

A violência dos métodos missionários

Como um cristianismo transplantado (no sentido histórico, cultural, político e inclusive econômico da palavra), o cristianismo missionário, imerso na doutrina de Trento, reproduziu indiscriminadamente todos os

---

[17] Anedota contada diversas vezes ao autor pelo frei Michael C. Kirwen, MM, que trabalhou na Igreja Católica de Masonga, diocese de Musoma, no noroeste da Tanzânia. Os missionários católicos e os menonitas competiam ferrenhamente por convertidos na área vilipendiando mutuamente a fé alheia.

aspectos das Igrejas europeias na África. Assim, embora frequentemente de boa-fé, os métodos de evangelização na África foram violentos e aéticos na prática em pelo menos três áreas: teologia e doutrina; estruturas da Igreja; e relações interfé e inter-religiosas.

Teologia e doutrina

O "imaginário africano" foi violentado. As iniciativas africanas de entender sua fé em Cristo foram solapadas desde o início. Como os africanos poderiam reverenciar e entender a revelação divina na qualidade de africanos, usando suas próprias riquezas e símbolos linguísticos? Essa e outras questões relacionadas a ela jamais foram levantadas. Foi como se o processo de encarnação cultural cristã tivesse parado com os primeiros concílios e tivesse se encerrado, ao que parece, com Trento. Em termos práticos, a violência aqui envolveu a disputa forçada de convertidos africanos por sua cultura como um canal de expressão da realidade de Deus. O cristianismo missionário falhou em entender que, "sem comprometer a autonomia da tradição da fé, é a cultura local, e não as inculturações prévias do cristianismo, que se tornaria o ponto inicial do novo processo [de evangelização] em todas as circunstâncias".[18]

Com a negação do imaginário nativo, a África não conseguiria desenvolver teologias pertinentes para explicar as verdades da fé ou a doutrina cristã. Quem é Jesus Cristo para a África? O que é a Trindade e quais são as relações que a tornam necessária e a produzem? De que modo o mistério do nascimento virginal diz algo aos africanos, visto que eles têm diversas cosmovisões? Na falta de questões como essas, boa parte do ensino da Igreja continuou irrelevante, e a maioria dos católicos africanos consideram-no muito difícil de relacioná-lo com suas vidas. Havia fé, mas sem muita tentativa de compreensão. Essa foi a lógica da catequese baseada no espírito do Concílio de Trento na África. A fé e a cultura foram, assim, profundamente separadas uma da outra, havendo consequências negativas para o enraizamento da fé no solo local.

---

[18] Aylward Shorter, *Toward a Theology of Inculturation* (Maryknoll, NY: Orbis Books, 1988), 256.

Estruturas da Igreja

Com Trento também (e reforçado pelo Vaticano I), o desenvolvimento das estruturas da Igreja foi paralisado. O princípio de que as necessidades determinariam os ministérios, e não o contrário, tornou-se sem valor pela lógica de elevar o ministério sacerdotal acima de todos os demais ministérios leigos. Os ministérios leigos tornam-se redundantes ou meramente incidentais, sempre na dependência dos caprichos do ministério sacerdotal. A consequência foi o solapamento da expressão prática da colegialidade e comunhão na Igreja como "família de Deus", para usar uma expressão do Primeiro Sínodo Africano, que buscou formar essa imagem da Igreja como "sua ideia norteadora da evangelização da África".[19]

Na África, o clericalismo de Trento reforçou um traço cultural-religioso negativo que já existia. Numa intervenção durante o Segundo Sínodo Africano, em 18 de outubro de 2009, o bispo Sithembele Anton Sipuka, de Umtata, África do Sul, descreveu a situação da seguinte maneira: "Há um problema com a estrutura hierárquica da sociedade africana que resulta da incapacidade de os superiores pedirem perdão aos inferiores. Por exemplo, é impensável que um marido peça perdão a sua esposa ou um ancião a um jovem".[20] Dentro da estrutura clerical, a Igreja na África não poderia tratar de fato dessa lacuna cultural, pois ela está presente na estrutura da própria Igreja.

Relações inter-religiosas

A atitude de Trento para com a Reforma Protestante refletiu-se perfeitamente em partes da encíclica *Quanta Cura* e do *Syllabus dos Erros*, publicadas em 1864 pelo papa Pio IX. A intolerância com relação às demais fés e religiões era evidente. Por exemplo, o papa Pio IX condenou diversas teses concernentes à tolerância religiosa defendidas por vários Estados do século XIX. Ele condenou como um erro contra a fé católica a tese de que "todo homem é livre para aderir e professar a religião que, guiado pela luz da razão, puder

---

[19] Ver *Ecclesia in Africa* (Exortação Pós-Sinodal do Santo Padre João Paulo II), (Nairobi: Paulines Publications Africa, 1995), 63.
[20] Ver "Report by Mons. Sithembele Anton Sipuka, Bishop of Umtatah (South Africa)", http://storico.radiovaticana.org/en3/storico/2009-10/326592_report_by_mons_sithembele_anton_sipuka_bishop_of_umtata_south_africa.html.

considerar verdadeira". Além disso, ele denunciou como falsa a atitude de que "não seria vantajoso que a religião católica continuasse a ser a única religião do Estado, excluindo todas as demais formas de culto". Por fim, ele insistiu que estava errado supor que as pessoas que viessem a residir em países católicos "pudessem realizar publicamente seu próprio culto".[21]

Obviamente, todos esses direitos das pessoas ligados à liberdade religiosa foram explicitamente afirmados pela já mencionada Declaração Universal dos Direitos Humanos de 1948, bem como por vários documentos do Vaticano II. Por causa da atividade missionária na África durante o século XIX impregnada, na Igreja Católica, das atitudes essencialmente tridentinas da *Quanta Cura* e do *Syllabus* do papa Pio IX, a intolerância católica quanto a outras fés e religiões permaneceu muito forte na África, de modo que, a despeito do Vaticano II, o ecumenismo não é visto como uma questão teológica, eclesial e pastoral séria. Na qualidade de maior denominação cristã, a Igreja Católica parece orgulhar-se de continuar sozinha. Ela está ausente dos mais importantes organismos ecumênicos cristãos.

Conclusão

O Concílio de Trento pode ter sido bem-sucedido na manutenção da unidade da Igreja Católica contra os efeitos da Reforma Protestante mediante a clareza de sua doutrina sobre muitas questões importantes, definindo, assim, sua identidade específica. Mas isso aconteceu a um alto custo: ela marcou a maior e mais profunda divisão na Igreja cristã até então. Para além do fato de que essa ruptura foi transplantada completa e diretamente na África, Trento impediu o crescimento da Igreja na África, não tanto numericamente, mas talvez mais onde foi mais importante: em sua inculturação. Depois de Trento, a Igreja na África não cresceu como uma Igreja africana, mas sim como uma Igreja ocidental na África.

Na experiência africana, o Concílio de Trento trouxe uma forma de processo de universalização doutrinal e estrutural de um modo bastante absoluto e vicioso. Apesar de muitos outros efeitos benéficos para a Igreja na África emanados do Concílio Tridentino, foi nocivo para a identidade e o valor dos con-

---

[21] *Syllabus Errorum* (Syllabus dos erros condenados pelo papa Pio IX), 15, 77, 78.

vertidos africanos como *africanos*. O Vaticano II (1962-1965), "o evento mais influente para a Igreja Católica Romana, talvez para todas as Igrejas cristãs, na segunda metade do século XX", segundo Tanner,[22] teve como um de seus objetivos mudar esse erro tridentino. O Vaticano II teve como sua principal meta abrir algumas janelas na Igreja insalubremente fechada por Trento. Algumas dessas janelas incluíram a apreciação eclesial da identidade cultural dos diferentes povos como um dom de Deus, a liberdade religiosa das pessoas e a liberdade de consciência como direitos humanos, bem como as relações inter-religiosas e interfés como um acesso à comunidade e à solidariedade humanas.

Contudo, em comparação com Trento, o sucesso Vaticano II na África nesse e em outros aspectos tem sido muito limitado ao longo do quase meio século após sua conclusão em 1965. Em termos de implementação real das decisões conciliares entre os fiéis católicos em geral, a influência principal no continente não tem sido as deliberações do Vaticano II, mas sim Trento. Contudo, é entre os fiéis em geral que as teorias e percepções teológicas são colocadas em ação como práticas pastorais, e onde as fundações e orientações gerais da Igreja africana são estabelecidas.

Após quase cinquenta anos de reflexão teológica da implementação da inspiração do Vaticano II, contudo, um observador imparcial deveria chegar à conclusão inequívoca de que a Igreja Católica africana ainda é muito mais uma irmã do Concílio de Trento. A forma da prática e da organização da Igreja Católica como concebida e estabelecida por Trento ainda atua amplamente na cena eclesial e eclesiástica africana. Em síntese, os caminhos eclesiológicos e pastorais que Trento adotou e estabeleceu permaneceram na África, e por várias razões o Vaticano II não foi capaz de mudá-los. A Igreja Católica na África é essencialmente uma Igreja tridentina.

---

[22] Tanner, *The Councils of the Church*, 77.

VIVENDO COM PERDAS:
A CRISE NO "OCIDENTE CRISTÃO"

Regina Ammicht-Quinn

O "Ocidente cristão" está à deriva

Costumamos olhar para os concílios da Igreja como pontos de partida para doutrinas, regras e normas que moldaram a Igreja e o caráter da teologia seguinte. E fazemos isso com certo orgulho. Nós – na qualidade de não historiadores – às vezes não percebemos o fato de que os concílios como Trento são, sobretudo, reações: reações a incertezas da parte de pessoas que, por nomeação ou por vocação, são encarregadas de algo e sentem o chão sob seus pés balançar. Os concílios são na maioria das vezes reações a uma crise de identidade da Igreja e da teologia. A inovação teológica, e essa é a história do concílio, também ela, emerge das pessoas que, embora expostas a esses abalos, não tentam superá-los por meio de esperanças, discursos e orações estéreis e inúteis.

O fundamento foi certamente abalado em 1545. À luz dessa quase binária estrutura de incerteza e inovação (que obviamente pode desdobrar-se e levar a novas incertezas), permitam-me explorar essa herança de incertezas e inovações, especialmente as incertezas do Ocidente cristão. Os padres do Concílio de Trento foram também – a despeito da excentricidade da imagem – parteiros desse "Ocidente cristão".[1]

O ano de 2010 foi de fortes agitações na terra – desde o Haiti até a Guatemala e a Islândia, desde o derramamento de óleo no Golfo do México até a Indonésia. Mas talvez o Ocidente cristão esteja à deriva desde muito antes. Olhando retroativamente para Trento, vemos como as percepções da religião mudaram e continuam mudando. Em 1982, cerca de trinta anos atrás, Niklas Luhmann mostrou-nos que havia uma mudança significativa na percepção da religião: enquanto antes a descrença ou não crença era um assunto privado, agora a crença é que se tornou um assunto privado.[2] Estamos ainda na mesma situação?

---

[1] Uso essa expressão para mostrar meu receio de que, especialmente para a Europa, é – não em continuidade, mas de modo novo – não tanto o Sul sua contraparte, mas mais um tipo de "Oriente" idealizado e desprezado.

[2] Niklas Luhmann, *Funktion der Religion* (Frankfurt am Main: Suhrkamp, 1982), 239.

Sim e não. A fé e a teologia também são públicas. Contudo, o Ocidente cristão, que se orgulhou durante tanto tempo de ser e de ter o certo – a fé certa, a tradição certa, a teologia certa –, debate-se com sua autodefinição. Na esfera pública, há um caráter social, mas também estético, quase ornamental, da fé e da religião. Isso é frequentemente verificável quando, nos momentos determinantes de suas vidas, as pessoas se voltam para a religião como afirmação ou condecoração, como base e sustentáculo para as coisas mais importantes de suas vidas. Isso é igualmente verificável onde a cultura consumista popular tornou-se um receptáculo favorável de sistemas simbólicos religiosos que entraram facilmente em outros contextos: nomes de marca de cosméticos parecem ser gerados por companhias publicitárias que usam não o Google, mas sim livros de oração e catecismos nas *home pages* de seus computadores. Meus dois favoritos são um pós-barba chamado *Eternity for Men* ["A eternidade para os homens"], de um lado, e um perfume chamado *Vive Maria – Almost Innocent* ["quase inocente"], do outro. O último apresenta a seguinte descrição do produto: "O frasco levemente acinturado alude à figura feminina; a tampa é uma coroa estilizada com quinze entalhes que fazem referência à Festa da Assunção de Nossa Senhora em 15 de agosto".

Embora haja ainda certa verdade na afirmação de Luhmann, ela não é tão clara e duvido que já o tenha sido. Parte da descrença pública é muito privada, e parte da crença privada é muito pública. Esse cenário em mutação no "Ocidente cristão" está ligado a fortes emoções, sendo que duas das maiores são o orgulho e a vergonha. Permitam-me explorar isso muito brevemente em dois níveis.

Questão de vergonha: perda da identidade

Nesse nível, as questões de autoidentificação no Ocidente cristão são adotadas por políticos: quem está autorizado a fazer parte do "nós"? Há, obviamente, questões de imigração e questões sobre que papel o islã e os muçulmanos europeus podem desempenhar e sobre que espaço e visibilidade lhes são permitidos. Nesse contexto, a ideia do Ocidente cristão funciona, sobretudo, como uma linha demarcatória (mais cultural que religiosa). Ela se expressa através de um retórico "nós *versus* eles", não obstante o fato de que esse conceito esteja baseado em uma ilusão: o que dá a impressão de um passado religioso feliz e homogêneo. O cristianismo parece garantir uma memória duradoura, bem como a atualidade da memória e da identidade cultural; as questões de fé e de responsabilidade moral são afastadas para o segundo plano do discurso. Há discussões sobre os campanários das Igrejas que devem ser mais altos do que os minaretes, discussões de problemas sociais e educacionais como problemas de determinada religião, e discursos de identidades e de perdas de identidades.

Um interessante exemplo é a Suíça, onde em novembro de 2009 o voto popular optou pela proibição dos minaretes. As permissões para a construção cessariam. As áreas rurais, alpinas e sem minaretes, sem a diversidade cultural das regiões urbanas, votaram a favor da proibição. Trata-se de uma questão de vergonha, pois o pensamento cristão foi publicamente instrumentalizado, visto que a insistência em "nossos valores" é altamente seletiva. "Nós", diferentemente dos muçulmanos, não discriminamos mulheres e homossexuais? O voto popular na Suíça é parte do movimento tectônico que abala as vidas e as instituições.

Questão de vergonha: perda da face

Após a crise nos Estados Unidos e na Irlanda, em janeiro de 2010 o enorme problema da violência sexual na Igreja atingiu a Alemanha e outros países europeus. Após uma escola jesuíta em Berlim contar sua própria história, uma onda de coisas ocultas viera à tona na esfera pública. Com pouquíssimas (e muito boas) exceções, as autoridades eclesiais (quando não falavam somente da culpa da mídia e/ou da revolução sexual) e teólogos disseram muito pouco e muito tarde. Eles nos falaram que a violência sexual contra as crianças é algo errado, algo que certamente poderíamos ter resolvido de todo por nós mesmos. E eles expressaram espanto e pesar. Embora eu aprecie essas emoções e consiga inclusive entendê-las, são de pouca ajuda. Elas oferecem menos que curativos, quando na verdade se necessita de cirurgias.

Subitamente, a fé e a religião tornaram-se questões de vergonha em múltiplos níveis: vergonha da violência, sexual ou de outro tipo, contra crianças; vergonha de fantasias nas quais representações religiosas de pecado e salvação formaram o pano de fundo para a violência sexual; vergonha do modo como essa violência foi compreendida não como um problema para as crianças, mas sim como um problema para a Igreja; vergonha do fato de que os discursos sobre a violência sexual que existiam em contextos feministas desde o início da década de 1970 foram completamente ignorados ou considerados irrelevantes para a Igreja; vergonha do fato de que as histórias notórias sobre padres violentos – sexualmente ou não – tornaram-se piadas domésticas. Há também vergonha de uma religião que representa Deus como uma criança e, mesmo assim, sacrificou as crianças em nome do bem maior do poder e da aparência; vergonha de uma Igreja que contradiz tanto as constituições estatais quanto os direitos humanos; e vergonha da "derrota de Deus em sua Igreja".[3]

Assim, encontramo-nos em meio a mais que um leve abalo sísmico; estamos em pleno terremoto. Na Alemanha, as pessoas estão deixando a Igreja aos montes – mais de vinte vezes mais que em anos anteriores. Há uma perda acentuada da face da Igreja. Obviamente, houve o pedido de desculpas papal em 11 de junho de 2010, durante a santa missa em comemoração à Festa do Sagrado Coração de Jesus, por ocasião da conclusão do Ano Sacerdotal. Foi baseado na retórica do "vale das sombras" através do qual o Senhor nos conduz.[4]

"Esperava-se isso", eis como ele começa seu discurso. Esperava-se isso mesmo? Esperava-se que esse novo esplendor do sacerdócio não fosse agradável ao "inimigo"; ele deveria antes ter preferido vê-lo desaparecer, de modo que Deus fosse expulso do mundo. E assim aconteceu que, nesse ano de alegria pelo sacramento da ordem, os pecados dos padres vieram à luz, particularmente o abuso dos menores, em que o sacerdócio, cuja tarefa é manifestar a preocupação de Deus para com nosso bem, tornou-se exatamente o oposto. Nós também pedimos insistentemente perdão a Deus e às pessoas envolvidas, ao mesmo tempo em que prometemos fazer todo o possível para eliminar esse abuso para que nunca mais volte a acontecer.

A encenação do evento, contudo, com quinze mil padres paramentados de branco e organizados em filas e estas por sua vez em conjuntos alinhados, contradiz as palavras. Ele celebra a perfeição e a santidade de uma instituição e de uma casta com uma auréola sacrossanta. Nesse conjunto não há espaço para as vítimas reais. Dada essa imagem, o problema poderia ser descrito como "pecados dos padres", aquela proverbial ovelha negra que não ouve; tratar-se-ia de casos lamentáveis, sim, mas tão somente individuais. Jamais poderiam ser descritos como um problema estrutural.

---

[3] Rainer Bucher, "Body of Power and Body Power: The Situation of the Church and God's Defeat", in "The Structural Betrayal of Trust", ed. Regina Ammicht-Quinn, Hille Haker, e Maureen Junker-Kenny, *Concilium* 3 (2004): 120-129, aqui 129.
[4] Papa Bento XVI, *Homilia na Santa Missa para a Conclusão do Ano Sacerdotal*, 11 de junho de 2010, http://www.vatican.va/.

Então houve outro pedido de desculpa na Abadia de Westminster, em 18 de setembro de 2010.[5] Enquanto o primeiro pedido de desculpas meticulosamente evitava a noção de "vítimas", falando ambiguamente de "pessoas envolvidas", o segundo pedido de desculpas foi parte de uma elaborada teologia do "sacrifício". O sacrifício de Cristo "cotidianamente se une a nossos próprios sacrifícios". Esses sacrifícios humanos estão ligados ao corpo: "Nós elevamos nossos corpos como uma oferta santa e agradável a Deus". Após mencionar os mártires e aqueles que "padecem discriminações e perseguições por causa de sua fé cristã", a homilia continua:

> Penso aqui também nos imensos sofrimentos causados pelo abuso contra as crianças, especialmente na Igreja e por parte de seus ministros. Manifesto, sobretudo, minha profunda dor às vítimas inocentes destes crimes inqualificáveis, juntamente com a esperança de que o poder da graça de Cristo, seu sacrifício de reconciliação, proporcione purificação e paz a suas vidas. Juntamente convosco, reconheço também a vergonha e a humilhação que todos nós sofremos por causa daqueles pecados; convido-vos a oferecê-las ao Senhor, com a confiança de que este castigo venha a contribuir para a cura das vítimas, para a purificação da Igreja e para a renovação de sua tarefa secular de formação e de cuidado pelos jovens. Exprimo minha gratidão pelos esforços envidados para enfrentar este problema de maneira responsável, enquanto peço a todos vós que manifesteis vossa solicitude pelas vítimas e a solidariedade para com vossos sacerdotes.
>
> Estimados amigos, voltemos à contemplação do grande crucifixo que impera sobre nós.[6]

Esse texto apresenta uma mistura complexa de ideias, discursos e declarações. Sob a cruz, a noção de sacrifício ou vítima (a palavra alemã *Opfer* inclui ambos os significados) turva de um modo todo peculiar o que aconteceu: os perpetradores também são vítimas, as vítimas do inimigo e, assim, de certa forma mártires, pois seus atos se tornam, em níveis diferentes, um *index veri* – um índice para a imoralidade dos tempos modernos e o novo esplendor do sacerdócio contra o qual o inimigo está se organizando.

Ligado ao sacrifício de Cristo e antes de qualquer menção dos casos de abuso, o corpo é descrito como um sacrifício santo e aceitável a Deus. Dado o contexto e sem maiores explicações, essa impostação é, no melhor dos casos,

---

[5] Papa Bento XVI, *Homilia da Celebração Eucarística na Abadia de Westminster*, 18 de setembro de 2010, http://www.vatican.va/.
[6] Ibid.

pelo menos ambígua. Por fim, o sofrimento do próprio declarante, por causa dos pecados dos padres, é reconhecido como castigo (por causa de quê?) e oferecido ao Senhor. Os que são vitimados e de certa forma sacrificados pelos atos de violência sexual não são sujeitos nesse ciclo sacrificial. O ciclo consiste no sacrifício de Cristo pelos pecados da humanidade sobre a cruz e no sacrifício do papa pelos pecados dos padres sob a cruz. Está claro quem está em situação melhor. Já quem será salvo, não está.

A vergonha e a humilhação são mencionadas na homilia, mas essas emoções não passam de meios para um fim. Elas causam sofrimento, e esse sofrimento é ofertado a Deus, que os transformará.

O ano de 2010 é o dos terremotos e das erupções vulcânicas. Olhando para o real estado do Ocidente cristão, o orgulho se transforma fundamental e constantemente em vergonha.

Questão de vergonha: perda do corpo

A vergonha é considerada uma consequência da perda da face. A perda da face que a Igreja está experimentando agora, contudo, pode ser vista como uma consequência de outra perda: a perda do corpo. Há muitos discursos, doutrinas e documentos sobre a perda do corpo na história da teologia, muitos deles fundacionais para a teologia moral.[7] Uma imagem e uma história descreverão isso. A imagem é aquela da cabeça de São João sobre a bandeja, e a história é a de Herodes.

A partir do século XIII, especialmente no sul da Alemanha e na Áustria, *Johannesschüsseln*, ou "bandejas de São João", tornaram-se um motivo importante da arte religiosa.[8] Normalmente, as bandejas contêm a cabeça de São João, às vezes com os olhos serenamente fechados, às vezes com os olhos se fechando. Algumas são relevos e outras são esculturas nas quais a cabeça morta eleva-se da bandeja. Essas bandejas de São João são elas mesmas objetos de transição, objetos tridimensionais que estão soltos no espaço[9] e "situados

---

[7] Regina Ammicht Quinn, *Körper – Religion – Sexualität: Theologische Reflexion zur Ethik der Geschlechter*, 3. ed. (Mainz: Grünewald, 2004).
[8] Barbara Baert, "A Head on a Platter: The *Johannesschüssel* or the Image of the Mediator and the Precursor", *Antwerp Royal Museum Annual* (2003): 8-41.
[9] Ibid., 39.

entre a narrativa e a relíquia",[10] entre sinais e símbolos, entre a verdade da palavra e a concretude do objeto, entre o que está presente nas representações e o que está presente no corpo. As *Johannesschüsseln* são usadas como relíquias contra dores de cabeça e resfriados, bem como para encontrar corpos afogados no mar.[11] Há afinidades culturais entre a cabeça retratada nas *Johannesschüsseln* e a cabeça da Medusa, bem como entre as *Johannesschüsseln* e o ritual de colecionar cabeças, o ritual mais antigo da humanidade.

A história destacada é a de uma garota sem nome (Marcos 6,17-29; Mateus 14,1-12), filha de uma mulher chamada Herodíades, esposa ilegítima de Herodes. Durante a festa do aniversário dele, a garota dança tão formosamente que Herodes jura recompensá-la com qualquer coisa que ela quiser, ainda que seja a metade de seu reino. A garota – podemos imaginar sua confusão diante desse desejo claramente incestuoso e pedófilo – pergunta a sua mãe o que fazer. A mãe lhe manda pedir a cabeça de João Batista, pois havia sido João que acusara Herodes de adultério quando tomou Herodíades, esposa de seu irmão, como sua. "E, enviando logo o executor, mandou que lhe trouxessem a cabeça de João. Ele foi e o decapitou no cárcere, e, trazendo a cabeça num prato, a entregou à jovem, e esta, por sua vez, a sua mãe" (Marcos 6,27-28).

Essa história é a origem de todas as representações que conhecemos – visuais, faladas, cantadas na história da arte e da música, do teatro e da ópera. Todas essas representações mostram a metamorfose da garota sem nome na Salomé sedutora (cujo nome é mencionado em outro contexto por Flávio Josefo). O decote de Salomé, enfatizando a ligação entre a cabeça e o corpo, leva, sem muita digressão, para a *decollatio*, a decapitação, e a cabeça é de um modo ou de outro servida durante a festa: uma sugestão de antropofagia e ao mesmo tempo uma referência e uma paródia da Eucaristia.

A bandeja funciona como uma moldura da imagem: a *Johanneschüssel* torna-se um *Andachtsbild* especial, ou uma imagem devocional, que não reflete, mas sim absorve nossa contemplação. Assim, a imagem evoca menos *compassio* e mais *consumptio* – uma absorção com diversos níveis. A estrutura proporciona o confronto com a intensidade e a potência de um *vera icon*[12] – um *vera icon* muito especial, no qual a narrativa destacada mostra o que está violentamente ausente: a morte de João.

---

[10] Ibid., 16.

[11] Paul Satori, "Johannes der Täufer", *Handwörterbuch des deutschen Aberglaubens*, vol. 4 (Berlin: De Gruyter, 1932).

[12] Baert, "A Head on a Platter", 17s.

ÉTICA TEOLÓGICA CATÓLICA
PASSADO, PRESENTE E FUTURO

Visto que essas *Johannesschüsseln* nos dão uma perspectiva sobre a história de João e de Herodes, percebemos um confronto estilizado e simplificado. Há, do lado de Herodes, uma perda da cabeça, um desejo inferior conduzido pelo corpo. Do lado de João está a superioridade moral da perda do corpo, visível no semblante. De um lado, a pura face descorporificada; do outro, o corpo inferior desespiritualizado. Com Freud, que ligou a decapitação à castração,[13] a situação torna-se complicada: o rito da decapitação, que de fato é castrada, funciona como castração simbólica de Herodes. Ao mesmo tempo, a decapitação de João pode ser vista como libertação – libertação do corpo e de seus desejos. João já atingiu um estado em que encontrou Cristo: face a face. A bandeja de São João está, contudo, aquém da salvação silenciosa, ensurdecedoramente violenta.

As bandejas de São João fazem parte de uma história ocidental de ideias que foram escritas não somente em doutrinas (neoplatônicas), mas também em nossos corpos. Ela pode ser decifrada em duas áreas. Como ficamos, então, quando o corpo é, como diz Foucault, o "ponto zero" da experiência, o lugar em nosso próprio sistema de coordenadas no qual nossas experiências[14] se interseccionam? Na maioria das experiências espirituais e religiosas históricas e contemporâneas, o corpo não desempenha nenhum papel ou somente um papel negativo: o corpo é, de fato, um corpo estrangeiro, *Körper als Fremd-Körper*. O motivo não é somente o fato de que o corpo não mantém o que sentimos e acaba ficando comprometido, adoecendo, envelhecendo e morrendo. A razão também deve ser buscada nessa história ocidental das ideias.

A arte conspirou ao longo da história com Herodes e com "Salomé", dando carne e beleza, emoção e presença para aquilo que é em outro nível (moral) desprezado, condenado e sobretudo eliminado: o corpo impuro com suas necessidades, seus desejos, seus apetites. A questão da vergonha é do corpo envergonhado.

A tradição cristã, contudo, tem muitos níveis e muitas vozes. Há imagens e imaginários de corpos que são abertamente eróticos, e essas são somente as imagens de Evas, Salomés, Marias de Mágdala ou prostitutas da Babilônia, imagens que representam o corpo erótico para difamar a pessoa. Há também imagens que

---

[13] Ver o ensaio de 1922 "A cabeça de Medusa" in Sigmund Freud, *Psicologia das massas, análise do eu e outros textos (1920-1923): obras completas volume 15* (São Paulo: Companhia das Letras, 2011).

[14] Michel Foucault, *Die Heterotopien: der utopische Körper* (Frankfurt: Suhrkamp, 2005), 34.

mostram o encontro imediato e poderoso entre o corpo humano e o sagrado, um encontro que é apresentado como importante para a salvação: Maria despindo e oferecendo seu peito, as místicas acolhendo Jesus como amado e muito mais.

Contudo, a tradição predominante, pelo menos na reflexão teológica, tende a concentrar-se na cabeça humana, na face humana. Trata-se do semblante, que na Alemanha é chamado de *Angesicht*, o *Antlitz*, que representa a humanidade e é visto como o ponto de partida da ética, pois o *Angesicht* do outro pede para ser visto, para ser considerado, para ser protegido, conforme a abordagem amplamente adotada por Lévinas.

A irresistível metáfora do *Angesicht* na ética cristã é problemática. Ela perpetua uma valoração na qual o corpo não é somente dividido, mas inclusive fragmentado e tem partes puras e impuras, boas e más, aceitáveis e inaceitáveis. A noção intelectual um tanto quanto inofensiva de um "dualismo antropológico" revela sua brutal tendência oculta com a cabeça de João Batista sobre a bandeja: o corpo violentamente cortado e deixado à parte, com o *Angesicht* representando sua totalidade e santidade.

As pessoas que vivem uma vida corporalmente piedosa e concreta nesse pretexto estão precariamente balançando sobre a fenda que se abre em sua autopercepção.

As imagens de Herodes, Salomé e João, todas escondidas nas bandejas de São João, têm duas faces, talvez múltiplas faces, pois elas – como fazem os mitos – estilizam antíteses extremas e as reúnem em um nível estético. Elas podem assumir uma precedência epistêmica que tem consequências para o pensamento e a prática teológicas. Essa precedência epistêmica coloca o holofote, por exemplo, sobre o fim do século III (aproximadamente o mesmo período de Plotino, que tinha vergonha de seu corpo, deixando de cuidá-lo, inclusive quanto à higiene).[15] Orígenes afirma: "Deus criou o mundo atual e aprisionou a alma nele como punição".[16] Assim, ele não somente pregou sobre a distância entre corpo e alma, material e imaterialmente, mas sobre um estado ativo de guerra entre os dois com frequentes ataques-surpresa: ataques ascéticos ao corpo pela alma e ataques extáticos à alma pelo corpo. A vitória é incerta, não sendo decidida de modo definitivo até a morte. Porque a alma está aprisionada ao corpo.

---

[15] Wilhelm Weischedel, *Die philosophische Hintertreppe* (München: Nymphenburger Verlagshaus, 1974), 82.

[16] Orígenes, *De Principiis: Bücher von den Prinzipien*, ed. Herwig Görgemanns e Heinrich Karp (Darmstadt: Wissenschaftliche Buchgesellschaft, 1976), I, 8.

ÉTICA TEOLÓGICA CATÓLICA
PASSADO, PRESENTE E FUTURO

Nessa tradição, uma dentre outras, não obstante sua influência, o corpo do padre é menos "corpo" do que os demais corpos. Somente em um nível secundário isso diz respeito ao celibato. É em primeiro lugar um corpo que faz, de um modo singular e poderoso, parte do corpo coletivo da Igreja, colocado em belas fileiras e grupos. Tem de ser um corpo que se adapta. É perigoso quando suas necessidades não se encaixam nos grupos, nas hierarquias ou nas representações. Deve ficar quieto. Quieto porque o corpo coletivo sobrepõe-se ao corpo individual. E perigoso, porque a violência consigo mesmo ou com outra pessoa é um resultado não necessário, mas sim óbvio de uma história de violência que perpassa a história do cristianismo, uma violência que tenta pouco a pouco diminuir e às vezes acabar com as necessidades, os desejos e os apetites corporais do indivíduo. Com a inanição do corpo individual, ocorre a morte do corpo coletivo da Igreja.

Todos nós sabemos que a violência sexual não é de forma alguma monocausal. Cada caso tem sua história, suas mentalidades, suas vulnerabilidades, suas fantasias, suas mágoas e suas brutalidades. Mas não podemos e não temos autorização para ignorar que não há somente razões psicológicas ou pedagógicas, mas também razões teológicas.

Estamos familiarizados com a fenda que se abre na autopercepção do perpetrador, e ela é horrorosa. É parte de uma teologia que mudou de um corpo que suportava estigmas (como uma lembrança do sofrimento) para o corpo que *é um estigma*. E isso é parte de uma teologia na qual o abuso é condenado como "pecado grave" e listado junto com o outro "pecado grave" da concelebração do sacrifício eucarístico [...] com ministros de comunidades eclesiais que não têm sucessão apostólica", conforme os documentos sobre os *gravioribus delictis* de 2001 e 2010.[17]

Viver com perdas

Como poderíamos viver com essas perdas que marcam a crise do Ocidente cristão? A inovação teológica, conforme aprendemos da história do concílio, somente é possível através de pessoas que estão elas mesmas expostas aos abalos

---

[17] *Normae de Gravioribus Delictis*, 2.1. Ver "Normæ de Gravioribus Delictis", CatholicCulture. org, http://www.catholicculture.org/culture/library/ view.cfm?recnum=9353#normae.

sísmicos. Nesse sentido, os tópicos da imigração e da secularização, da mudança de panorama no (antigo?) Ocidente cristão e os tópicos da violência sexual na Igreja estão ligados. Ambos os casos agitam e destroem as identidades cristãs. O que costumava ser "normal" ou "natural" não é mais. Isso vale para o nível político quanto às questões de secularização e de imigração de pessoas que parecem ser tão religiosas e piedosas quanto fomos um dia, somente em uma religião errada. Isso também vale, no âmbito político da Igreja, para questões de fé entrelaçadas com violência e para questões de confiança e de "derrota de Deus em sua Igreja".

Em ambos os casos, é necessário agir, estabelecer regras e regulamentações isentas da necessidade, fortemente emocional e ligada ao poder, de manter o orgulho ligado a um passado glorioso. Precisamos de regras e regulamentações contra a discriminação de minorias religiosas nos países ocidentais, e precisamos de regras e regulamentações contra o sobrepujamento do corpo individual por parte do corpo coletivo. Precisamos reconhecer que a insistência na identidade religiosa singular do Ocidente é um erro com sérias consequências. Precisamos reconhecer que ignorar, desprezar e até perder teologicamente o corpo sem educar e cultivar suas necessidades é um erro com sérias consequências. Por fim, precisamos aprender a viver com vergonha.

A vergonha tem tido uma péssima reputação, filosoficamente e de outros modos. Nos discursos e no cotidiano, talvez ela seja a mais oculta das emoções. A péssima reputação da vergonha resulta de sua ligação com a sexualidade, de um lado, e das reivindicações antropológicas, do outro. Em diferentes contextos, tanto Margaret Mead[18] quanto Ruth Benedict[19] construíram uma explícita polaridade entre "vergonha" e "culpa", considerando a "culpa" mais importante e "elevada", pois somente a capacidade de sentir culpa constitui o indivíduo moral. A vergonha é a emoção da criança e das sociedades não ocidentais que se envergonham quando uma sanção externa forma uma conduta pessoal.

Essa clara polaridade tem de ser desafiada;[20] ela somente (e efetivamente) esconde o papel que a vergonha tem em todas as sociedades e em todas as

---

[18] Margaret Mead, "Interpretive Statement", in *Cooperation and Competition among Primitive Peoples*, ed. Margaret Mead (New York: McGraw-Hill, 1937), 493-505.

[19] Ruth Benedict, *The Chrysanthemum and the Sword: Patterns of Japanese Culture* (London: Routledge & Kegan Paul, 1967).

[20] Sighard Neckel, *Status und Scham: Zur symbolischen Reproduktion sozialer Ungleichheit* (New York: Campus, 2001); e Regina Ammicht Quinn, "Das Andere der Vollkommenheit: Stigma und Scham", in *Vollkommenheit: Archäologie der literarischen Kommunikation X*, ed. Aleida Assmann e Jan Assmann (München: Fink, 2010), 41-52.

vidas individuais. A vergonha tem sempre uma dupla face. Ela pode ser destrutiva: envergonhar-se de outros por causa de sua diferença é uma poderosa forma social de atribuir poder e reconhecimento. Ao mesmo tempo, uma pessoa ou uma sociedade completamente desprovida de vergonha é um pesadelo social e moral. A vergonha é também construtiva quando forma identidades e sociedades insistindo que há situações em que a culpa "não é suficiente",[21] em que a vergonha faz-se necessária. A vergonha não se refere primeiramente ao que eu fiz, mas sim a quem eu sou. A definição mais básica é a de que a culpa é sobre as coisas e a vergonha é sobre as pessoas.

Os textos neotestamentários possuem uma estrutura complexa de aceitação e rejeição da vergonha. Aqueles que são envergonhados, o pobre, o doente, o moralmente dúbio, estão, com mais frequência que um modelo legal, no centro das ações e parábolas simbólicas. A história da paixão de Cristo, desde a coroa de espinhos até a esponja embebida em vinagre, é uma série de rituais para causar vergonha. E os primeiros judeus que acreditaram em Cristo como o Messias rejeitaram a vergonha que lhes era imposta. "Eu não me envergonho do evangelho de Cristo", disse Paulo (Romanos 1,16); e a Carta aos Hebreus atribui essa rejeição de vergonha a Cristo e a Deus: Cristo não se envergonhou de chamá-los de "irmãos" (Hebreus 2,11), e Deus não se envergonha de ser chamado de seu Deus.

O cristianismo, semelhantemente a todos os movimentos de libertação que conhecemos, começou com a rejeição da vergonha e transformou a vergonha em orgulho. Olhando retroativamente para o Concílio de Trento e para as estruturas conciliares de incerteza e de inovação, o simples processo da incerteza para a inovação tornou-se extremamente complicado. Ainda que, como no caso da violência sexual, tivéssemos sucesso em criar regras e normas que de fato fizessem sentido, a vergonha presente na Igreja e no cristianismo não pode se tornar orgulho. Enquanto os líderes e representantes da Igreja, de acordo ou contra sua própria retórica, rejeitarem essa vergonha e tentarem manter o orgulho – ainda que um orgulho somente visual, não verbal –, todos nós continuaremos a sentir o abalo sob nossos pés, as cinzas vulcânicas queimando pessoas e poluindo o ar, e o óleo vazando para o oceano.

---

[21] Barbara Ehrenreich, *Nickeled and Dimed: On (not) Getting By in America* (New York: Metropolitan Books, 2001), 220.

VIVENDO COM PERDAS
REGINA AMMICHT-QUINN

Lidar com o escândalo da violência sexual no contexto religioso é uma condição necessária, mas não suficiente para superar a crise no Ocidente cristão. E há outras razões fundamentais para a vergonha nas estruturas e nas práticas da Igreja, estruturas e práticas estas que estão separadas da vida e separadas da fé, prejudicando assim a vida e a fé.

A historiadora australiana da cultura Elspeth Probyn[22] disse com respeito ao passado colonial de seu país que a vergonha seria uma parte persistente de toda a esfera pública no país. E ela perguntou: isso seria algo ruim? A vergonha nos mantém humildes, cientes e comprometidos. A possibilidade é real: Deus pode ser derrotado em sua própria Igreja. Essa razão para a vergonha pode e deve moldar nossas identidades. Mas, antes de resolvermos nossa crise de identidade, devemos aceitar que ela existe. Aceitar a crise não é a solução, mas há cerca de cinco séculos, quando a teologia moral foi "inventada" no Concílio de Trento, ela poderia ter começado.

---

[22] Elspeth Probyn, *Blush: Faces of Shame* (Minneapolis: University of Minnesota Press, 2005), 105.

A INTERAÇÃO ENTRE HISTÓRIA E ÉTICA TEOLÓGICA

DIFERENCIANDO CRITICAMENTE O PASSADO: HISTÓRIA E ÉTICA[1]

Alberto Bondolfi

O tema dessa sessão de nosso encontro tridentino, previsto com este título pelos organizadores, foi objeto de meu interesse durante todos os anos de minha atividade, tanto nas faculdades de teologia católicas quanto nas protestantes. Trata-se, de fato, de um tema que deveria interessar toda e qualquer forma de reflexão ética

---

[1] Esse ensaio foi traduzido para o inglês por Brian McNeil.

de caráter teológico, ainda que logo se perceba, e sem dificuldade, que ele não é específico da teologia, pois diz respeito a muitas outras esferas, inclusive à reflexão ético-filosófica.

Antes de entrar propriamente no mérito da questão, gostaria de propor ao leitor uma observação preliminar. Qual é o estado da historiografia no âmbito específico da ética teológica? A abundância das publicações recentes[2] poderia turvar nossa visão, impedindo-nos, assim, de emitir um juízo diferenciado.

O estado da arte

O interesse pelas posições mantidas pelos teólogos moralistas ao longo da história aumentou seguramente nestas últimas décadas, e isso por motivos muito diferentes entre si. Diversos dos questionamentos do momento presente mostram algumas analogias com temas que já haviam sido apresentados ao longo dos séculos que nos antecederam. A pesquisa histórica pretende, portanto, pelo menos em alguns casos, tornar mais atento e acurado nosso olhar do cenário pregresso, para que seja estimulada nossa sensibilidade em perceber os desafios do presente.

Saltam logo aos olhos algumas tendências da historiografia que merecem nossa atenção crítica. Em primeiro lugar, pode-se notar como o interesse por parte dos historiadores chamados de "seculares" nas abordagens de alguns desenvolvimentos históricos da teologia moral é maior e talvez até mais qualificado que o manifestado ou cultivado pelos moralistas profissionais.[3] Des-

---

[2] Ver sobretudo como primeira informação R. Gerardi, *Storia della morale. Interpretazioni teologiche dell'esperienza cristiana. Periodi e correnti, autori e opere* (Bologna: EDB 2003).

[3] São numerosos os historiadores que poderiam ser citados. Limito-me a algumas vozes da historiografia de língua italiana, particularmente abundante e qualificada nesse âmbito específico. P. Prodi, *Settimo non rubare. Furto e mercato nella storia dell'Occidente* (Bologna: Il Mulino 2009); Id., *Una storia della giustizia. Dal pluralismo dei fori al moderno dualismo tra coscienza e diritto* (Bologna: Il Mulino 2000); Id., *Il sacramento del potere. Il giuramento politico nella storia costituzionale dell'Occidente* (Bologna: Il Mulino 1992); A. Prosperi, *Tribunali della coscienza. Inquisitori, confessori, missionari* (Torino: Einaudi, 2009); Id., *Dare l'anima* (Torino: Einaudi, 2005). Ademais, cabe destaque a uma atenção contemporânea de historiadores "seculares" e de especialistas de teologia moral ao fenômeno da casuística, como cultivada no âmbito teológico tanto católico quanto protestante no período que vai do século XVI até o século XVIII. Ver, entre as numerosas publicações, R. Schüssler, *Moral im Zweifel* (Paderborn: Mentis Verlag, 2003-2006, 2 vv.); S. Boarini, *Introduction à la casuistique* (Paris: L'Harmattan 2007); P. Hurtubise, *La casuistique dans tous ses états* (Montréal: Novalis, 2005).

culpando meus colegas e evidentemente também a mim mesmo, acrescente-se que não é fácil para quem adquiriu uma especialização em ética teológica desenvolver pesquisas históricas de fôlego, pois tais operações implicam o conhecimento de métodos e de fontes não facilmente adquiríveis mediante estudos clássicos em filosofia e/ou em teologia.

Esse argumento não explica, porém, e menos ainda legitima, o atraso de boa parte da teologia moral contemporânea quanto à pesquisa histórica relativa diretamente a seus temas específicos. Se, de fato, para realizar uma pesquisa histórica adequada são necessários conhecimentos no âmbito geral da historiografia, deve-se dizer que as pesquisas históricas no âmbito de temas éticos, mais particularmente ético-teológicos, pressupõem uma boa cultura teológica.

Muitos estudos "seculares" contemporâneos testemunham e contribuem com suas obras para um melhor conhecimento de nossa tradição ético-teológica e são, portanto, também um estímulo para todos nós, para melhor realizarmos a pesquisa histórica dentro de nossas pesquisas específicas e em nossas instituições de ensino e pesquisa.

Uma ampla variedade de questionamentos

Reconstruir algumas etapas significativas da pesquisa teológico-moral ou aprofundar historicamente alguns temas-chave de nossa disciplina significa fazer-se uma série de questionamentos diferentes e não redutíveis a uma única metodologia. Permito-me nessa breve intervenção tipologizar quatro terrenos de intervenção da historiografia em material teológico-moral, partindo de baixo, ou seja, da facticidade dos fenômenos, e indo até o terreno mais ligado à teoria e à reflexão sistemática.

A história se ocupa de fatos

Quem se ocupa de história pretende, sobretudo, reconstruir *fatos, acontecimentos ou situações concretas* que não estão necessariamente relacionados a doutrinas de tipo ético. Essa minha constatação não implica que tais acontecimentos sejam irrelevantes para nossa disciplina e para sua história. O acontecimento, de fato, pode ter um significado simbólico já inerente ao momento de seu ocorrer ou resultante do influxo que esse fato teve sobre a compreensão obtida pelas gerações que o transmitiram e novamente o interpretam.

Permitam-me alguns exemplos que ilustrarão meu objetivo. Quando, por exemplo, Bonifácio VIII no ano de 1300 estabelece o jubileu e publica a bula *Unam sanctam*, passa a existir um acontecimento que contém em si, além dos conteúdos de seus escritos, uma série de significados importantes para a compreensão da ética política inspirada pelo cristianismo ocidental.[4] Com certeza, a bula supracitada contém elementos de uma eclesiologia e de uma ética social e política, mas o acontecimento enquanto tal do estabelecimento do jubileu e sua ritualização, testemunhada também pela iconografia do tempo, conferem às posições doutrinais defendidas por Bonifácio VIII uma densidade que vai além das afirmações contidas no próprio documento.

Ou, então, quando em 21 de dezembro de 1511, durante a homilia do domingo de advento, o dominicano Antonio de Montesinos coloca em dúvida a moralidade da conquista das novas terras americanas, acontece, sem que o autor desse texto tenha plenamente consciência, uma mudança de paradigma na compreensão da convivência entre povos não cristãos e cristãos. O "fato" do sermão de Montesinos se torna, portanto, elemento de discurso doutrinal em Bartolomeu de las Casas, única fonte a nossa disposição para reconstruir esse acontecimento tão exemplar.[5] Mesmo os desenvolvimentos doutrinais ulteriores, presentes, sobretudo, nas obras dos teólogos de Salamanca, deram dignidade teórica e sistemática às instituições do pregador Montesinos, mas o fato dessa homilia de advento assumirá, visto à luz de tudo aquilo que o seguiu, uma exemplaridade particular. Em outras palavras, os fatos não são simplesmente dados brutos, mas, em algumas condições, podem se tornar elementos de reflexão teórica e de mudança paradigmática na compreensão de exigências morais.

---

[4] Deduz-se isso facilmente de uma reconstrução histórica crítica desse acontecimento. Ver A. Paravicini-Bagliani, *Bonifacio VIII* (Torino: Einaudi, 2003).

[5] Para um estudo detalhado que ilustra esse breve relato, ver A. Bondolfi, "La théologie morale espagnole face au défi de la découverte du 'nouveau monde'", in *Freiburger Zeitschrift für Philosophie und Theologie* (1992): 314-331. A literatura sobre o problema da "conquista" é imensa, mas raramente encontramos pesquisas que tratem diretamente do tema da relação entre fatos "brutos" e reflexão teórica e que sigam esses mesmos fatos. Ver como síntese do pensamento teológico-moral daquele tempo e daquele ambiente cultural: J. Belda Plans, *La escuela de Salamanca* (Madrid: Biblioteca de Autores Cristianos, 2000); M. A. Pena Gonzales, *La escuela de Salamanca* (Madrid: Biblioteca de Autores Cristianos 2009).

DIFERENCIANDO CRITICAMENTE O PASSADO
ALBERTO BONDOLFI

A história também se ocupa de práticas

A pesquisa histórica busca também superar os acontecimentos singulares e analisa também práticas que se instalam, às vezes, com processos extremamente complexos, em um contexto temporal delimitado. O interesse que a teologia moral deveria mostrar por uma reconstrução histórica das práticas deveria ser extremamente vivo, porque dentro de seu trabalho de reflexão sistemática esta pretende poder legitimar ou deslegitimar também práticas singulares a partir de considerações racionais e de motivações de caráter genuinamente teológico.

As práticas têm uma existência histórica na medida em que podem variar em sua manifestação concreta, em sua motivação ou justificação moral. A reflexão moral de princípio em geral se esforça por seguir essas metamorfoses, mas com certo atraso que qualificarei como "fisiológico", adaptando as próprias argumentações, a favor ou contra as práticas singulares, às mudanças ocorridas no âmbito das próprias práticas.

Dois exemplos deverão ilustrar o que defendo: a prática do *matrimônio* é constantemente acompanhada de uma reflexão teológico-moral sobre seu significado, suas modalidades e suas regras. Ainda que com certa lentidão, a reflexão teológico-moral teve de assumir as mudanças ocorridas nas práticas ligadas a essa instituição. Alguns elementos normativos da prática matrimonial parecem manter-se constantes (por exemplo, sua unicidade, indissolubilidade etc.), mas uma análise histórica particularmente acurada destaca hoje como elementos de descontinuidade se infiltraram inclusive na aparente constância das práticas: assim, a historiografia recente sobre as práticas de divórcio na Igreja dos primeiros séculos pôde evidenciar práticas menos constantes daquilo que era apresentado para ser crido e defendido em teologia moral até há poucas décadas.[6] A instituição matrimonial parece, portanto, manifestar uma sua permanência no tempo. Mas através da permanência no nome se manifesta também a diversidade das práticas. Um estudo crítico das fontes jurídicas poderia e deveria aqui levar também a uma renovação da historiografia presente nas pesquisas teológico-morais que tendem em geral a ler a história da instituição matrimonial como uma

---

[6] Remeto a uma pesquisa clássica mas que, em minha opinião, confirma essa minha afirmação. Ver J. Gaudemet, *Le mariage en Occident: les maeurs et le droit* (Paris: Ed. du Cerf, 1987).

ÉTICA TEOLÓGICA CATÓLICA
PASSADO, PRESENTE E FUTURO

"descoberta" cada vez mais consciente da especificidade do matrimônio cristão. Pesquisa histórica essa um tanto quanto "otimista", visto que não leva em conta as involuções ocorridas com o tempo, as causas estruturais, tanto internas quanto externas à própria teologia.

A análise histórica da prática do empréstimo por interesse ou do juramento esclarece, com vigor ainda maior que no caso do matrimônio, as fortes descontinuidades e às vezes até incoerências que caracterizam o evoluir das práticas no cristianismo ocidental. Mesmo na referência ao texto bíblico, que no caso do juramento e de sua proibição parece particularmente claro, sofre metamorfoses tão grandes que o teólogo ou a teóloga moralista atual não pode ignorar, caso queira repropor de modo crível uma reflexão sistemática hodierna sobre o mesmo problema.[7]

A história também se ocupa de doutrinas

Mas a pesquisa histórica também se ocupa de um extrato ainda mais profundo daquele revelado pela análise das práticas eticamente relevantes. Ela analisa também a mudança dos discursos doutrinais assumidos para legitimar as práticas que mudam. A historiografia se interessa, portanto, também pelas doutrinas e por suas mutações ao longo do tempo e do espaço.

É necessário aqui reconhecer que esse é o campo de predileção em que operam intensamente inclusive os especialistas em teologia moral.[8] Analisar, de fato, o envolvimento das doutrinas é possível trabalhando com fontes escritas disponíveis bastante facilmente para todo estudioso dessa matéria. Relativamente fácil é também estabelecer linhas de dependência entre autores precedentes ou entre correntes de pensamento.

Por detrás da aparente facilidade, escondem-se comumente dificuldades de destaque. Permito-me lembrar aqui apenas algumas, com as quais me deparei em minhas poucas explorações históricas que empreendi nos anos de minha atividade acadêmica.

---

[7] Ver as pesquisas históricas específicas de Paolo Prodi citadas em nota anterior.

[8] Por exemplo, ainda que com sensibilidades diferentes: Louis Vereeke, *De Guillaume d'Ockham à Saint Alphonse de Liguori: Etudes d'histoire de la théologie morale moderne 1300-1787* (Roma: Alfonsianum, 1986); Giuseppe Angelini, *Teologia morale fondamentale: Tradiziione, scrittura e teoria* (Milano: Glossa, 1999); Giuseppe Angelini e Ambrogio Valsecchi, *Disegno storico della teologia morale* (Bologna: EDB, 1972); e Giuseppe Angelini e Silvano Macchi, eds., *La teologia del Novecento* (Milano: Glossa, 2000).

Às vezes, as mutações doutrinais são quase imperceptíveis e parecem ser interpretáveis como continuidade de uma tradição de pensamento, em que apenas alguns detalhes secundários parecem estar em mudança. Atrás desses pequenos sinais, pode-se identificar uma verdadeira *mudança de paradigma* que questiona segundo uma ótica totalmente nova. Visto que na cultura teológica tem-se a tendência de enfatizar a continuidade da mensagem ao longo dos séculos, inclusive as mudanças radicais muitas vezes se manifestam de maneira muito discreta através do acréscimo de um adjetivo ou com um aspecto pontual, e não com uma ressistematização de toda a matéria estudada.

Também aqui me permito ilustrar concretamente meu propósito: quem lê hoje as *Relecciones* de Francisco de Vitória sobre a doutrina da guerra justa ou o tratado do Cardeal Cajetano sobre a esmola terá a impressão de estar diante de uma retomada quase mecânica das posições do Aquinate sobre esses dois quesitos normativos. Somente uma leitura menos ingênua, que leve em conta as circunstâncias ligadas à redação do texto, mostrará uma mudança qualitativa no exame dos dois problemas, o da guerra e o da redistribuição dos bens, em uma sociedade fortemente mudada no século XVI, se comparada àquela do século XIII. Ainda que o vocabulário e as categorias pareçam não ter mudado, de fato os dois teólogos citados dão um salto qualitativo na reflexão que os situa no âmbito de uma primeira modernidade, comparados ao contexto medieval dentro do qual o problema era ainda formulado.[9]

A história também se ocupa de mentalidades

Para poder entender essas mudanças paradigmáticas, dentro de uma aparente continuidade da argumentação, é preciso talvez levar em consideração o fato de que em história não podemos nos ocupar somente de mudanças doutrinais, mas precisamos atentar também às *mentalidades*.

Essa categoria, proposta pela célebre escola historiográfica chamada "dos Annales", constitui o extrato mais profundo do rio da história.[10] Aqui, a água

---

[9] Quanto à doutrina da esmola, remeto a meu verbete "Elemosina" ["esmola"] redigido para o *Nuovo dizionario di teologia morale*, ed. Francesco Compagnoni, Giorgio Piana e Salvatore Privitera (Milano: Paoline, 1990), e para minha própria pesquisa: A. Bondolfi, *Helfen und Strafen* (Münster: LIT Verlag, 1997).

[10] Para uma introdução a esse debate historiográfico sobre os extratos da realidade histórica, ver R. Rauzduel, *Sociologie historique des "Annales"* (Paris: Lettres du Monde, 1999); C. A. Aguirre Rojas, *Die "Schule" der Annales: Gestern, heute, morgen* (Leipzig: Peipziger Universitätsverlag, 2004); A. Burguière, *L'école des Annales: Une histoire intellectuelle* (Paris: Jacob, 2004); e A. Rüth, *Erzählte Geschichte: Narrative Strukturen in der französischen Annales-Geschichtsschreibung* (Berlin: de Gruyter, 2005).

(tomo uma comparação de um célebre historiador dessa escola) parece quase não se mover, enquanto nos extratos mais superficiais, o da história dos acontecimentos, ela corre muito veloz. Essa diferença de velocidade nos vários extratos vale também e sobretudo para as convicções morais.

A pesquisa histórica no campo ético-teológico deverá, portanto, ocupar-se também da mudança de mentalidade dentro do próprio campo de pesquisa. Mesmo dentro das várias teologias cristãs, podem ser notadas diversas mentalidades na aproximação do texto bíblico, na atenção a fenômenos iguais, mas percebidos com mentalidades diferentes. Aqui ganha espaço a exigência de uma historiografia de fato ecumênica na abordagem de fatos e doutrinas do passado para entender o enraizamento específico e o significado polêmico no passado mas não necessariamente hoje. O exemplo não pode vir senão do lugar em que nos encontramos hoje em nosso congresso: pense-se nos progressos feitos na compreensão do documento tridentino sobre a justificação por parte de historiadores tanto católicos quanto protestantes. A recente declaração comum sobre a justificação[11] não teria sido possível sem o paciente trabalho de muitos historiadores que nos ajudaram a ver nos textos tridentinos não um obstáculo insuperável para uma compreensão comum da doutrina paulina da justificação pela fé, mas sim uma compreensão parcial devida às circunstâncias de tempo e lugar do século XVI.

Também aqui se pode falar de *mudança de paradigma*, ainda que a terminologia pareça permanecer a mesma. Outros exemplos me parecem ilustrar essa intuição: pense-se na categoria de *sacrifício* para caracterizar a eucaristia ou a de *mérito/merecimento* em âmbito especificamente ético.

Integrar os resultados da pesquisa histórica que se baseia na mentalidade dentro da reflexão genuinamente teológica pressupõe grandes qualidades intelectuais e interpretativas por parte do especialista em teologia moral. Isso explica em parte a recensão bastante "magra" dessa historiografia dentro da produção teológico-moral das últimas décadas. Pense-se, para ilustrar concretamente o propósito, na necessidade de integrar a abundante literatura histórica e antropológica sobre a sexualidade, o matrimônio e a família dentro dos tratados de teologia moral, e nas numerosas dificuldades que esse trabalho de recensão comporta, e se verá que a tarefa é imensa e muito provavelmente impossível para apenas um autor.

---

[11] Ver The Lutheran World Federation and The Roman Catholic Church, *Joint Declaration on the Doctrine of Justification* (Grand Rapids, MI: Eerdmans, 2000).

Conclusão

Concluindo essas breves considerações, poder-se-á notar como uma exploração crítica e diferenciada do passado, em suas várias estratificações, seja indispensável para entender e para mudar o presente e para dar consistência argumentativa inclusive à reflexão sistemática que se opera no âmbito da ética teológica. A pesquisa histórica se revela indispensável inclusive para uma pesquisa sistemática que queira ter não somente densidade argumentativa, mas também percepção adequada dos objetos que ela examina e critica.

O passado não nos dá fórmulas mágicas para gerir o presente, mas nos predispõe a entender melhor aquilo que está diante de nossos olhos, a ver suas causas remotas e próximas, a postular as condições de uma mudança possível e a legitimar de modo adequado essas mudanças.

A pesquisa histórica nos preserva também dos "saltos no vazio" em um futuro não muito bem postulado, porque fruto somente da fantasia e não da exploração histórica bem documentada. Através de um exercício bem ordenado da memória histórica e através de uma exploração metódica das fontes, entende-se melhor quais sejam os verdadeiros elementos de continuidade que foram preservados (porque inerentes à *Tradição*) e aqueles que foram abandonados porque contingentes (e que são objetos de *tradições* específicas). A pesquisa histórica não constitui um freio para o futuro de nossa disciplina, mas antes um seu estímulo específico e indispensável.

Para que isso aconteça, será necessária também uma renovação interna que permita um acesso melhor ao trabalho histórico. A respeito disso, permitam-me formular alguns postulados que submeto à análise crítica e à discussão das leitoras e leitores deste escrito.

Em primeiro lugar, o acesso às fontes foi recentemente muito facilitado pela internet. Mas ainda é preciso, bem como possível, fazer progressos a respeito. Devem-se destacar as desigualdades entre países ricos e países pobres no acesso à documentação histórica. As fontes patrísticas e as obras dos reformadores protestantes são acessíveis em plataformas fáceis já faz alguns anos, mas seu acesso é pago, e somente as universidades dos países ricos podem permitir-se um pagamento constante dessas mesmas fontes. Pode-se, portanto, constatar inclusive no âmbito teológico a chamada *digital divide* que separa o mundo em duas partes: a dos países com grande renda e a dos de baixo poder aquisitivo.[12] O princípio do *open*

---

[12] A esse respeito, ver a pesquisa de N. Zillien, *Digitale Ungleichheit: Neue Technologien und alte Ungleichheiten in der Informations- und Wissensgesellschaft* (Wiesbaden: Verlag für Sozialwissenschaften, 2006).

ÉTICA TEOLÓGICA CATÓLICA
PASSADO, PRESENTE E FUTURO

access, assinado inclusive por muitos países europeus e do norte do mundo, deve ter ainda uma aplicação consequente e deve permitir aos estudiosos do Terceiro Mundo um acesso igualitário às fontes históricas que permitam uma pesquisa séria inclusive naqueles lugares em que não há bibliotecas.[13]

Segundo, as próprias fontes devem ser ampliadas, pois o tempo causou uma seleção que é criticamente discutida. Muitas fontes, consideradas erroneamente como "secundárias" ou então "impertinentes", são colocadas à disposição de quem desejar interpretá-las criticamente. Trata-se de um objetivo particularmente delicado, pois a presença de alguns temas ou de algumas tomadas de posição que nos parecem extremamente interessantes para o momento histórico dentro do qual são formuladas podem ser objetivamente mais ou menos representativas da sensibilidade coletiva presente em uma determinada época histórica. O exemplo mais representativo que logo vem à mente é o da *história das mulheres*.[14] A historiografia feminista com certeza, e com razão, problematizou certezas históricas consideradas indiscutíveis até pouco tempo. A prudência metodológica nos mostra que se de um lado devam ser esclarecidas novas chaves de leitura de fenômenos históricos até então interpretados de maneira "masculina", isso não implica necessariamente que esses fenômenos tenham se tornado "outros". A chave de leitura mudou e isso comporta a visibilidade dada aos acontecimentos e aos produtos intelectuais até hoje colocados à sombra, mas a objetividade dos fatos ocorridos e das reflexões propostas permanecem imutáveis.

Terceiro, jovens estudantes de teologia moral devem ser encorajados à pesquisa histórica, a fim de que a reflexão sistemática lhes possa trazer novo benefício. Esse investimento não parecerá útil à primeira vista, mas dará seguramente frutos a médio e longo prazo. Os investimentos conseguidos no querer "fazer história" mesmo em tempos passados continuam produzindo frutos inclusive no presente. Pense-se, por exemplo, no "fenômeno Migne"

---

[13] Para uma análise inicial desse problema ver Roberto Caso, ed., *Pubblicazioni scientifiche, diritti d'autore e Open Access*. Atti del Convegno tenuto presso la Facoltà di Giurisprudenza di Trento, June 20, 2008 (Trent: Università degli Studi di Trento, 2009). Esse texto pode ser acessado em versão pdf pelo site da Universidade de Trento, http://eprints.biblio.unitn.it/archive/00001589/. Roberto Caso publicou essa versão 1.0 (fevereiro de 2009) com uma licença: Creative Commons Attribuzione-Non commerciale-Non opera derivate 2.5 Italia (CC BY-NC-ND 2.5). Isso permite o uso não comercial do trabalho, desde que sempre se mencione o autor. Para mais informações, ver Creative Commons, http://creativecommons.org /licenses/by-nc-nd/2.5/it.

[14] Ver, para uma primeira abordagem, a obra coletiva: G. Duby, M. Perrot et al., *História das mulheres no Ocidente* (Porto: Afrontamento, 1993).

na França: ele não somente renovou os estudos patrísticos no século XIX, mas estabeleceu as premissas para que as iniciativas inovadoras do século XX, como por exemplo a ligada às *sources chrétiennes*, pudessem desabrochar. Não se pode senão esperar que na aurora de nosso século possam nascer, com o auxílio da informática e da telemática, iniciativas de uma nova historiografia em âmbito teológico-moral, a tal ponto que possam ser a premissa de novas iniciativas para o futuro. Na cidade de Trento, não se pode senão esperar que muitos materiais que ainda repousam em vários arquivos nos permitam, através de sua ampla disposição, entender melhor as causas múltiplas que levaram à divisão confessional do século XVI.

Por fim, permitam-me evocar o desafio talvez ainda maior que diz respeito a todos aqueles que cultivam a ética teológica: nossa posição diante da ética filosófica parece ter se tornado particularmente frágil e, para explicar essa fragilidade, precisaríamos de muitas outras considerações de caráter teórico e sistemático. Penso que uma boa pesquisa histórica, empreendida em comum entre estudiosos de filosofia, de teologia e de "história secular", deveria pelo menos tornar um pouco mais consistente a situação de nossa disciplina. Essa pesquisa histórica poderia e deveria esclarecer os contatos contínuos que a teologia moral teve com o pensamento moral em filosofia, contatos marcados pela figura do conflito e da defesa apologética, mas às vezes também por uma verdadeira vontade de compreensão e de diálogo recíproco.

Assim, ultimamente, sobretudo no âmbito da bioética, tem-se evidenciado um déficit de reflexão filosófica empreendida em comum e a quantidade de mal-entendidos evitáveis, inerentes à falta de vontade de compreensão recíproca. Inclusive nesse âmbito específico uma pesquisa histórica feita com instrumentos críticos e sem preconceitos poderia lançar luz sobre a complexidade de algumas problemáticas, como por exemplo a do aborto.[15]

Em outras palavras, somente através de uma mais intensa comunicação com a reflexão filosófica em âmbito ético se conseguirá também renovar a respectiva historiografia, abrindo-a a novos temas e a pesquisas mais especializadas. Os arquivos e as fontes não parecem mudar no tempo, mas os questionamentos que podem ser feitos a essas mesmas fontes são de fato inexauríveis e, portanto, não podem senão ser abertos à curiosidade inteligente das gerações presentes e futuras.

---

[15] Ver a pesquisa histórica de P. Sardi, empreendida com o desejo de demonstrar a continuidade de uma doutrina, mas que também ilustra as descontinuidades: *L'aborto ieri e oggi* (Brescia: Paideia, 1975).

TEOLOGIA MORAL E HISTÓRIA: UMA PERSPECTIVA PECULIAR[1]

Diego Alonso-Lasheras

Em 1959, ao discorrer sobre a unidade da teologia, Yves Congar afirmava que havia dois perigos para a moral, sobretudo a partir do século XVI, quando os manuais para confessores passaram a estruturar-se antepondo a discussão casuísta à parte moral da ciência teológica. O primeiro perigo era o de esquecer o caráter vital e orgânico da moral em relação ao conjunto da teologia, reduzindo-a a uma disciplina de normas; o segundo perigo seria tornar a moral uma ação completamente humana, desprezando seu caráter teológico, ou seja, um discurso sobre Deus que se comunica por meio de Cristo, santificando-nos e chamando-nos a viver como povo da Aliança.[2]

Seguindo as recomendações do Vaticano II, em *Optatam Totius*, a teologia moral aprimorou-se, nutrindo-se mais da doutrina da Sagrada Escritura.[3] E tal movimento de retorno às fontes, impulsionado por esse mesmo Concílio, levou a um maior conhecimento da história da teologia moral.[4] Os perigos sobre os quais nos alertava Congar foram em parte afastados. Hoje, certamente a teologia moral é muito mais do que uma disciplina de normas; entretanto, resta ainda muito trabalho no campo de estudo de sua história. A convocação para o retorno às fontes ecoou mais fortemente na teologia dogmática ou espiritual do que na teologia moral. Ante a enorme tarefa que temos pela frente, nós que nos dedicamos à teologia moral, parece-me que as advertências de Congar continuam sendo atuais no que se refere ao modo de abordar o estudo da história de nossa disciplina. Nessa tarefa, é especialmente importante recordar o caráter teológico que confere uma particularidade peculiar ao estudo histórico da teologia moral. Todo estudo de nossas fontes que se empreenda não pode nunca deixar de lado o fato de ser algo mais que mero estudo acadêmico; trata-se de entrar em comunicação com um momento histórico da Igreja Una.

---

[1] Este ensaio foi traduzido para o inglês por Margaret D. Wilde.

[2] Yves Congar, *La Foi et la Théologie* (Tournai: Desclée, Tournai, 1962), 181. Congar declara logo no início da obra que o texto foi escrito entre 1958 e 1959. Não obtivera o *Imprimi potest* até 1962.

[3] *Optatam Totius* (Decreto sobre a Formação Sacerdotal), 16.

[4] É muito ilustrativo a esse respeito o livro de James F. Keenan, *History of Catholic Moral Theology in the Twentieth Century: From Confessing Sins to Liberating Consciences* (New York: Continuum, 2010).

A peculiaridade teológica do estudo da história para a teologia moral

As razões para dedicar-se ao estudo da história de uma disciplina podem ser variadas. No caso da teologia moral, uma razão – às vezes não confessada – é a de encontrar na história a legitimação da própria postura. Esse modo de acerca-se de nossa história costuma nos aproximar do primeiro perigo sobre o qual nos advertia Congar, o do legalismo, o de reduzir a moral à ciência das normas. Produz-se uma aproximação aos monumentos da teologia moral,[5] assim como faz um jurista que estuda a jurisprudência para apoiar seu caso em sentenças anteriores. Estuda-se a história para encontrar algum autor reconhecido que defenda uma posição, se não igual, ao menos semelhante ou análoga à nossa. Esse modo legítimo de agir no campo do direito desconhece a peculiaridade teológica de nossa disciplina, qual seja, a de levar em conta, inclusive, o momento certo de estudar sua história, e que a relação da teologia moral com sua história é peculiar quando comparada à da biologia ou da filosofia, porque o estudo da história da teologia moral é um ato teológico.

Para um teólogo moralista católico, o estudo da história é mais do que um exercício acadêmico, uma vez que ele segue alguns critérios hermenêuticos de aproximação a um texto, relacionados ao conhecimento de seu contexto histórico ou ao significado das palavras e dos termos que contém; o estudo da história da teologia moral é um ato de fé a que busca compreender. É ato de fé não apenas porque qualquer exercício de teologia já supõe uma fé que se busca compreender, mas também porque o estudo, geral e concreto, das fontes históricas da teologia moral adquire verdadeiro sentido a partir de uma confissão sobre a unidade da Igreja.

Enquanto um historiador de filosofia não pretende comunicar-se com Aristóteles, senão compreender o significado de seus textos ao fazer uso de todos os métodos hermenêuticos que se possa imaginar, o teólogo moralista, quando se acerca de textos da tradição, não apenas deve se aproximar deles com conhecimento da sua língua original, do contexto da época, do autor e

---

[5] Uso esta palavra no sentido de "objeto ou documento de utilidade para a história, ou para a averiguação de qualquer ato" e de "obra científica, artística ou literária que se faça memorável por seu mérito excepcional", definição que aparece no *Diccionario de la Lengua Española*, da Real Academia de Língua. Disponível em: <http://buscon.rae.es/drael/SrvltConsulta?TIPO_BUS=3&LEMA=monumento>.

dos problemas enfocados ali, mas, como parte do rigor exigível e necessário a todo exercício de teologia moral, precisa principalmente tomar consciência de que, em última instância, está em contato e em comunicação com um momento da Igreja Una, na qual se manifesta o Espírito do Senhor. Por isso, tal contato deve levar sempre em consideração as regras hermenêuticas essências para interpretar um texto, porém sem perder de vista que o contato com a tradição não significa apenas rastrear as águas do rio da história em busca de pepitas de ouro que o tempo tenha depositado ali, mas também uma forma privilegiada de contato, de comunicação, com a vida da Igreja, na qual está presente o Espírito.[6]

Não quero dizer com isso que qualquer texto do qual nos aproximamos seja inspirado ou que todos os textos tenham igual valor. Entretanto, estou convencido de que, assim como diz a *Dei Verbum*: "A Igreja, na sua doutrina, vida e culto, perpetua e transmite a todas as gerações tudo aquilo que ela é e tudo quanto acredita".[7] O encontro com os monumentos mais importantes da história da teologia moral permite-nos entrar em contato com o "depósito de sentido" da experiência vivida e lida à luz da fé cristã, dentro da Igreja; uma experiência histórica que é também experiência moral.

O contato com tal experiência nos possibilita viver a fundo aquilo que cremos e entender melhor o modo de vida que a fé cristã propõe. Nos textos da tradição, na história da teologia moral – sejam os Padres da Igreja, a escolástica, os concílios ou as disposições da Igreja –, encontramos a Revelação vivida, compreendida, formulada e traduzida no modo de vida, em norma de ação. Consequentemente, devemos enfrentar o estudo da história da teologia moral convencidos de estarmos tomando parte de uma tradição que não dá saltos, que é uma história compartilhada não somente com nossos contemporâneos, mas com todos os que fazemos parte do Corpo de Cristo, que, enquanto realidade teológica, transcende o tempo.[8]

---

[6] Parece-me que James F. Keenan tinha em mente algo semelhante quando disse a propósito de seu curso sobre a história da teologia moral no século XX: "When I taught the course I was mindful of introducing my students not only to the Works that shaped the Century but more importantly to the persons" [Quando eu ministrava minhas aulas, estava consciente de ensinar a meus alunos não somente as obras que moldaram o século, mas principalmente as pessoas que o fizeram" (Keenan, *History of Catholic Moral Theology*, vii).

[7] *Dei Verbum* (Constituição Dogmática sobre a Revelação Divina), 8.

[8] Esta parte de minha reflexão inspira-se em Ottavio De Bertolis, "Libro III del principatus politicus di F. Suarez: il potere del Pontefici Romano sui re temporali", in *Periodica de re canonica*, vol. 97, n. 4, 2008, 673-675.

Quando levamos em conta essa relação entre história e teologia moral, quando nós, teólogos morais, entramos em contato com a história, com nossa própria história, temos, então, de nos esforçar para conhecê-la profundamente e encontrar nela novos modos de expressar o que temos recebido. Teólogos morais que agem assim são capazes de relacionar-se com a cultura e com a sociedade, buscando sua transformação e seu enriquecimento, porque é a tradição criativa que adquirimos. Podemos nos tornar "radicalmente tradicionais",[9] o que não significa repetir nem perpetuar formas passadas – as quais, em novos contextos sociais, na verdade, representam outra coisa –, tampouco inovar, em nome da novidade, o que implica simplesmente adaptar-se à moda passageira.

Critérios possíveis para ser radicalmente tradicional

A tarefa de ser radicalmente tradicional não é fácil, e qualquer teólogo moralista pode sentir-se intimidado diante dela. Estudar nossa história, entrar em contato com ela e repropô-la em termos que renovem a Igreja, transformem-na e enriqueçam a sociedade em que se vive, é algo difícil. Parece-me, por isso, ser importante buscar alguns critérios que nos afastem do perigo da mera repetição e da adaptação à moda passageira.

Na segunda parte de sua obra, *Verdadeira e falsa reforma na Igreja*, Yves Congar explora as condições para uma reforma sem cisma. Tais condições são quatro: (1) Primazia da caridade e da pastoral; (2) Manter-se em comunhão com o todo; (3) Paciência e respeito para com os atrasos; (4) Apostar na reforma como retorno aos princípios da Tradição, não pela introdução de uma "novidade" por adaptação automática.[10] A obra de Congar é um trabalho de eclesiologia, não de teologia moral, porém, creio que esses critérios possam ser reinterpretados para que sirvam de ajuda na tarefa de ser radicalmente tradicionais.

---

[9] Tomo emprestada esta expressão de Paul Murray, "Faith, Theology and the Secular Cloister", in *The Tablet*, 29 (2010): 12-14, cuja leitura enriqueceu minha reflexão.

[10] Yves Congar, *Vrai et fausse réforme dans l'Église* (Paris: Edition du Cerf, 1969), 209-317. As páginas seguintes de minha reflexão têm forte influência do texto de Congar. Minha tarefa consistiu em selecionar aquilo que "traduzido" para a teologia moral podia ser de proveito ao que diz respeito ao estudo da história desta disciplina.

Primazia da caridade e da pastoral

No estudo da história da teologia moral e em sua reproposta, é preciso prestar atenção para não buscar a novidade naquilo que se propõe, mas sim na renovação da Igreja. No ponto de partida, deve estar a Igreja como dado da realidade, não como algo a encontrar ou a reconhecer, porém, como minha realidade presente e que se integra a meu trabalho. Por isso, a caridade e a pastoral devem ter primazia.

Se a caridade e a pastoral têm primazia em nosso trabalho, podemos evitar um "donatismo intelectual", ou seja, buscar a perfeição da racionalidade à custa do que contribui para a plenitude de vida dos cristãos; podemos estudar nossa história e repropor seus melhores frutos, pensando nos irmãos imperfeitos que vivem na Igreja, que é santa mas não é perfeita.

Maurice Pontet assinala como Santo Agostinho adverte sobre uma diferença entre seus tratados especulativos e polêmicos e seus sermões, bem como afirma que, de modo inconsciente, o auditório do santo bispo o instrui e o orienta.[11] O conhecimento e o contato com a realidade pastoral da Igreja – que se pode medir de modos diversos – são um ingrediente fundamental para poder ler corretamente a história da teologia moral, a fim de poder apresentá-la na atualidade e aqui onde nos cabe viver. Um intelectualismo excessivo, perigo perene para quem se dedica ao mundo acadêmico, pode nos desviar da comunicação e levar-nos a uma leitura e a uma apresentação da história que se afastam das preocupações pastorais do povo de Deus.

Parte importante do êxito – se podemos chamar assim – do Concílio de Trento deu-se por não ter somente se ocupado do dogma e da doutrina, já que não podia agir diferente ante os embates dos reformadores; porém, Trento foi também um concílio com séria preocupação pastoral, por se dar conta de que os males que afetam a Igreja têm origem mais pastoral que doutrinal. Prova disso é que no concílio decretos doutrinais vinham acompanhados de decretos de reformas, de caráter pastoral, como a obrigação de residência dos bispos ou a criação dos seminários.

---

[11] Maurice Pontet, *L'exégèse de saint Augustin prédicateur* (Paris: Aubier, 1945), 511, citado em Yves Congar, *Vrai et fausse réforme dans l'Église*, 233.

Manter-se em comunhão com o todo

Segundo Congar, "as condições de trabalho do Espírito Santo são essencialmente comunitárias".[12] Se o critério anterior advertia de um perigo constante de intelectualismo do mundo acadêmico, é importante também levar em conta o perigo do individualismo. O estudo da história da teologia moral é exigente, requer preparação em línguas e em história, além de amplos conhecimentos de filosofia e teologia, e disposição para entrar em *formae mentis* distintas da nossa. Um estudo rigoroso como esse só se pode levar a cabo passando muitas horas diante de livros, na solidão de uma biblioteca ou de um escritório. No entanto, nunca se deve perder de vista que o estudo da história da teologia moral deve ser sempre uma tarefa conjunta, algo que se faz acompanhado, ainda que seja na solidão do meu lugar de estudo. Se somos capazes de nos manter em união com o todo, as retificações e os complementos necessários em qualquer estudo histórico e em qualquer proposição de teologia moral que decorra disso não serão fruto de um ato especial nem de um esforço particular. As retificações e os complementos necessários a qualquer proposta acontecerão pela força e pressão da comunicação que ajudará a modelar nossa obra e a polir suas arestas e asperezas.

Não estamos nunca em posição de verdade total sem a união com toda a Igreja, desde os apóstolos e mesmo os que venham depois de nós. Se crermos nisso, se formos capazes de vivê-lo em nosso trabalho de teologia moral e no estudo de sua história, as afirmações que alguém faça, ainda que sejam unilaterais e ambivalentes, podem ser interpretadas de modo positivo, precisamente por essa união ao todo. Tal união com o todo não é somente união com os sucessores dos Apóstolos – ainda que certamente a inclua. Como disse Congar, não é "uma obediência pura a determinações da autoridade, já que o próprio nome Igreja não designa apenas a hierarquia, isolada do corpo dos fiéis".[13]

Os verdadeiros movimentos de reforma que tem havido na Igreja caracterizam-se por uma volta às fontes e também pela forte dimensão de vida em comum e pelo trabalho em equipes fraternas. Dificilmente se pode estudar, conhecer e desenvolver a tradição recebida sem a comunidade. Não é possível entrar em comunhão com a Igreja Una de outro tempo – o *proprium* do estu-

---

[12] Congar, *Vrai et fausse réforme dans l'Église*, 241.
[13] Ibid., 249.

TEOLOGIA MORAL E HISTÓRIA
DIEGO ALONSO-LASHERAS

do de sua história por parte da teologia moral – se não se está já em comunhão com a Igreja Una no aqui e agora de cada um. Isso só ocorre através de uma comunidade que quer viver segundo certo estilo de vida fraterna e que em geral pertença à Igreja.

Tradicionalmente, dado que os que cultivavam a teologia moral eram clérigos, essa vida comum e essa fraternidade se davam quase automaticamente, uma vez que o teólogo moralista crescia, desenvolvia-se e produzia resultado no interior de uma ordem religiosa ou de um presbitério diocesano. A irrupção do laicato no ensinamento e o cultivo da teologia moral têm feito surgir novas congregações com essas formas de vida comum e de fraternidade. Um exemplo disso foi o congresso "Catholic Theological Ethics in the World Church" [Ética Teológica Católica na Igreja Mundial], realizado em julho de 2010, em Trento, que contribuiu para o intercâmbio de ideias entre os antropólogos católicos e para explorar novas formas de vida comum para o futuro.[14] Outra iniciativa interessante nesse sentido é a reunião anual "New Wine, New Wineskins" [Vinho Novo em Odres novos"], promovida todos os anos na Universidade Notre Dame, em South Bend, Indiana, por ocasião da festa de Santo Afonso de Ligório. Além do intercâmbio acadêmico que se realiza durante as sessões da reunião, existe uma preocupação de cuidar desses espaços informais que fomentam tais equipes fraternas, as quais permitem experimentar o estudo como uma tarefa comum. As novas definições de formas de vida comum surgem da exigência de união com o todo e são especialmente importantes quanto maiores os problemas enfrentados, mais críticos e centrais para o homen de hoje.

Paciência e respeito para com os atrasos

Congar afirma que, ainda que existam casos em que a reforma e a renovação da Igreja tenham vindo da hierarquia – pense-se na reforma gregoriana, que libertou a Igreja da intromissão e da submissão ao poder do imperador, dos reis e dos senhores feudais –, no entanto, "na maioria das vezes a iniciativa não vem do centro, senão das periferias, de baixo, não de cima".[15] Ao mesmo tempo, se o proposto não é aprovado por quem na Igreja tem o carisma da

---

[14] Ver James F. Keenan, ed. *Catholic Theological Ethics in the World Church: The Plenary Papers from the First Cross-cultural Conference on Catholic Theological Ethics* (New York: Continuum, 2007).
[15] Yves Congar, *Vrai et fausse réforme dans l'Église*, 251.

autoridade, a proposta serve pouco e não consegue insuflar vida ao Povo de Deus, podendo levar a absurdas guerras teológicas e pastorais. A obediência ao Espírito – necessária para a comunicação com a Igreja de hoje e à de outros tempos – é essencialmente atravessada por uma tensão que é preciso assumir para se poder dedicar ao estudo da teologia moral e de sua história.

Descobrir em uma instituição as coisas que não funcionam bem é algo que não requer grande esforço intelectual; no entanto, perceber como melhorar, fazer crescer e desenvolver aquilo que nos é dado, aquilo que recebemos, aquilo que existe – e não o que idealmente gostaríamos que houvesse –, isso, sim, requer grande esforço intelectual e de paciência!

A propósito da paciência, relacionada com a primazia da caridade e da pastoral, parece-me interessante destacar a advertência de Congar sobre não pedir aprovação da hierarquia antes do tempo. Segundo ele, há momentos em que a hierarquia da Igreja adota uma posição em que se diz: "Faça tal coisa mas não peça a aprovação de determinada proposta".[16] A hierarquia está consciente de que muitas das práticas e doutrinas comuns hoje na Igreja começaram às suas margens – dentro da Igreja, mas em suas periferias – e que só depois de comprovadas, depois de polidas as asperezas das que puderam tomar forma, depois de terem sido provadas pelo tempo, pela paciência e pela prática pastoral, receberam a aprovação eclesiástica. O Magistério da Igreja não tem que pedir mais do que é capaz de fazer – tampouco menos –, e o desenvolvimento que nasce do contato com a tradição e de sua atualização não será nunca acolhido sem antes passar por inúmeras provas.

Nesse sentido, a busca da verdade nos obriga a transitar caminhos não percorridos, sem pedir antes uma aprovação explícita, sendo capazes de percorrer essa terra de ninguém, pertencente ao reino da verdade que se estende pela verdade comumente aceita, até as fronteiras do erro. Essa *terra desconhecida* que pertence ao campo da verdade não pode deixar de ser percorrida e explorada. Se o fizéssemos, prestaríamos um mau serviço à Verdade anunciada pela Igreja. Trata-se de um exercício delicado, porque requer paciência e humildade de aceitar que, na comunicação com o todo, adentramos em uma verdade ainda não compartilhada pela maioria e que temos de evitar atravessar os limites do erro.

Essa paciência só pode ser praticada com base nas condições já mencionadas – a primazia da caridade e da pastoral e a união com o todo –, pois só assim é possível resistir à tentação de crer-se sozinho na posse da verdade e abandonado pela Igreja.

---

[16] Ibid., 292.

Uma verdadeira renovação pelo retorno ao princípio da Tradição, não pela introdução de uma "novidade" por adaptação automática

Congar acusa o modernismo de partir do princípio herdado do século XVIII da perfectibilidade do cristianismo e não de seu desenvolvimento, a saber, de sua transformação progressiva, graças às contribuições exteriores e não à tomada de contato com o melhor de si mesma. O diálogo com o mundo em que se vive tem de levar à aceitação dos elementos de verdade que nesse diálogo se manifestam, porém, o princípio da verdade deve ser encontrado na própria Igreja, no que ela é e vive, nos carismas que o Espírito oferece a todo momento.

A Tradição não significa rotina nem mero regresso ao passado. O estudo da história da teologia moral deve evitar esse defeito. Voltar à história com respeito leal e afetivo é considerar as formas permanentes e válidas; é respeito crítico e inteligente às formas transitórias. É penetrar "mais além do que essa Igreja, do espírito que a inspirava e do que ela quer dizer através de nós, no tocante aos problemas do presente".[17] Para evitar uma adaptação automática é necessária uma comunidade concreta que cumpra as palavras de São Paulo aos tessalonicenses: "Não apagueis o Espírito, não desprezeis os dons de profecia, mas examinai tudo e guardai o que for bom. Afastai-vos de toda espécie de mal" (Primeira Carta aos Tessalonicenses 5,19-22).

Conclusão

A tarefa pode parecer titânica, impossível, caso se olhe para ela como empreitada de uma única pessoa; porém, trata-se de uma tarefa de toda uma geração. Cada geração tem, nesse sentido, a missão de renovar a Igreja – não de inová-la –, e isso só é possível realizar bem entrando em contato com suas fontes e desenvolvendo-as, a fim de transmiti-las à geração seguinte como algo vivo, e não como um corpo morto de doutrinas. Entrar em contato com a história da teologia moral é um ato teológico que permite ao teólogo expressar a eterna novidade do Evangelho. Creio que não seja uma tarefa fácil. Exige rigor acadêmico e fé viva, capacidade de converter-se nas próprias convicções intelectuais e de que seja Igreja Una aquela com qual se entra em comunicação, a fim de julgar nosso trabalho e ver se formulamos adequadamente a novidade perene que encontramos na história.

---

[17] Ibid., 304.

BLOCOS HISTÓRICOS DE CONSTRUÇÃO PARA UMA CONSISTENTE ÉTICA RELACIONAL E SEXUAL

Roger Burggraeve

A fim de realizar uma interação fiel e crítica entre história e ética teológica de um modo concreto, sugiro que voltemos nossa atenção ao atual problema do "comportamento desviante" ou "estilo irregular de vida" de muitos cristãos quanto às relações íntimas. Não podemos negar o amplo fenômeno, inclusive entre cristãos, da sexualidade pré-conjugal, da coabitação pré e não conjugal e do recasamento civil após o divórcio. E, além desses comportamentos heterossexuais, também não podemos fechar os olhos aos relacionamentos e aos modos de coabitação (que antecedem o casamento civil) de homens e mulheres homossexuais cristãos. A questão é como podemos lidar eticamente com esses comportamentos que, de acordo com a Igreja, devem ser classificados como moralmente "ilícitos"? Podemos encontrar para essa "ética do ilícito" paradigmas na história da Igreja e na teologia moral que nos ajudem a avançar?

O paradigma da "desculpabilização"

A Igreja sempre esteve ciente do comportamento moralmente "desviante", exatamente porque ela desenvolveu uma visão explícita e extensiva de todas as coisas pecaminosas, especialmente no contexto pastoral da prática da confissão dos pecados. Não há necessidade de explicação adicional sobre como o Concílio de Trento (1545-1563) desempenhou um papel decisivo a esse respeito. Em sua resistência contra a mentalidade individualista do Renascimento e da Reforma e contra as preferências que ambos tinham pelo julgamento pessoal da consciência, o Concílio enfatizou a objetividade das ações corretas e suas correspondentes regras e normas morais, bem como as transgressões e os pecados claramente definidos, que eram assunto de confissão.

A abordagem tradicional do comportamento humano, conforme encontramos hoje, entre outros lugares, no *Catecismo da Igreja Católica* de 1992,[1]

---

[1] *Catecismo da Igreja Católica*, disponível no site do Vaticano.

consiste na distinção entre "bem ou mal objetivo" e "subjetivamente escusável". As pessoas realizam atos que objetivamente falando, segundo a norma ou ordem moral, são ilícitos, embora subjetivamente elas não devessem ser culpadas por causa de sua incapacidade psicoafetiva ou por causa de seu condicionamento social. A liberdade torna a pessoa humana responsável por seus próprios atos "na medida em que são voluntários".[2] A Igreja está muito mais ciente, contudo, da fragilidade ética das pessoas concretas, no sentido de que "a imputabilidade e a responsabilidade de um ato podem ser diminuídas, e até anuladas, pela ignorância, a inadvertência, a violência, o medo, os hábitos, as afeições desordenadas e outros fatores psíquicos ou sociais".[3]

Também os supracitados comportamentos relacionais íntimos são suscetíveis de condicionamento psicoafetivo e social, o qual reduz e até anula a liberdade. Adolescentes e jovens que optam por relações sexuais pré-maritais e coabitação sem matrimônio estão – nas sociedades ocidentais – sob uma forte pressão social: esses comportamentos têm se tornado tão "óbvios" e "normais" que foram elevados ao patamar de nova "norma social". Se alguém deseja ser aceito em seu próprio ambiente social e círculo de amigos, precisa – e muitas vezes *deve* – agir de um modo "socialmente correto", em outras palavras, seguir a corrente social dominante. Quanto à coabitação sem matrimônio como base para a formação de uma família, aplica-se uma semelhante e crescente obviedade social.

O mesmo vale para recasamento após o divórcio. Para os divorciados, permanecer sozinhos e descasados não é óbvio nem social nem pessoalmente. Com base em sua situação familiar real – se há uma criança envolvida – e com base no medo existencial de solidão e na frequentemente forte necessidade de intimidade, os divorciados são pressionados interna e socialmente a assumirem um novo relacionamento. Eles se acham incapazes de permanecer sozinhos.

A homossexualidade é também, no pensamento da Igreja, tema de desculpabilização. Para a maioria dos gays e das lésbicas, é psicológica e afetivamente impossível sustentar a norma moral da Igreja de "viver em abstinência". Por isso, "sua culpabilidade há de ser julgada com prudência"[4] e "devem ser acolhidos com respeito, compaixão e delicadeza".[5]

---

[2] Ibid., 1734.
[3] Ibid., 1735.
[4] *Persona Humana* (Declaração sobre alguns pontos de ética sexual), 8.
[5] *Catecismo da Igreja Católica*, 2358.

Uma avaliação honesta do paradigma da desculpabilização não pode desprezar seu valor permanente. Trata-se de uma forma de humildade que reconhece que nossa liberdade humana não é nem onipotente nem heroica – embora talvez sonhemos com o heroísmo. Contudo, por mais soberano e irrefutável que nosso desejo possa parecer ser, ele é ao mesmo tempo marcado por uma permanente violabilidade. Essa consciência realista da fragilidade humana ajuda as pessoas a não se sobrecarregarem mais do que podem aguentar, mais do que sua personalidade, seu caráter e sua capacidade de livre escolha e de ações responsáveis permitem. O surgimento e o desenvolvimento das ciências humanas (psicologia, ciências sociais e todo tipo de ciências do comportamento humano), bem como da endocrinologia de orientação empiricamente científica, da neurologia, da sociobiologia e da psicologia evolutiva, têm aumentado a consciência dos limites da liberdade e da ação humana responsável.

Trata-se de um fato incontestável da prática pastoral que nas circunstâncias concretas faz-se muitas vezes necessário "desculpar" as pessoas e, assim, isentá-las de uma responsabilidade que de fato não pode ser atribuída a elas, uma vez que não são de fato – pelo menos não agora ou não por completo – capazes. Essa desculpabilização realista também ajuda as pessoas a se libertarem de sentimentos destrutivos de culpa. Além disso, o paradoxo desse "alívio moral" é que ele pode ajudar a extrair novas forças de crescimento. As pessoas podem ficar tão sobrecarregadas pela acusação e pela culpa que se culpam e inclusive passam a se odiar, quando na verdade são vítimas de condicionamentos psicossociais específicos, ainda que objetivamente, segundo as prescrições morais cristãs, tenham agido equivocadamente. Assim, elas podem redescobrir a fé e a confiança em si mesmas a fim de manterem-se firmes e retomar responsável e positivamente sua vida.

O paradigma da desculpabilização, contudo, também tem seus limites. A desculpabilização pode, de fato, levar à "deseticalização", ou, em outras palavras, a uma abordagem quase mecânica do comportamento humano que afasta toda e qualquer possibilidade de livre autodeterminação e responsabilidade. A esse respeito, o paradigma da desculpabilização evoca somente uma imagem negativa do sujeito moral. Uma consequência involuntária da desculpabilização exagerada é que a pessoa não presta atenção às reais, embora limitadas, possibilidades éticas de crescimento das pessoas concretas.

Na orientação ética, por conseguinte, devemos insistentemente defender como pressuposto que na pessoa e em sua história de vida podem ser percebidos "traços" de responsabilidade moral. Conversas com homossexuais

ÉTICA TEOLÓGICA CATÓLICA
PASSADO, PRESENTE E FUTURO

indicam que "a compreensão baseada na desculpabilização" é no mínimo ambígua. Alguns afirmam muito claramente que não sentiram necessidade de compaixão por parte da Igreja. Eles não querem ser considerados como *minus habentes* ou como pessoas moralmente inferiores, fracas, imaturas ou indigentes. Eles experienciam a compaixão como uma forma de infantilização, que eles consideram de fato mais séria que uma condenação doutrinária objetiva e estrita de seu comportamento sexual enquanto tal. Eles se sentem insultados e violentados em sua dignidade como pessoas morais que não aceitam sua própria condição sexual resignadamente como uma incapacidade ou uma deficiência. Pelo contrário, eles querem reconhecimento como seres moralmente capazes de desenvolver sua orientação como uma escolha positiva de vida.

Essa crítica ao paradigma da desculpabilização é também aplicável a outras formas de relacionamento íntimo consideradas desviantes. Os heterossexuais que pertencem a relacionamentos íntimos ou coabitação pré, não e pós-conjugal, igualmente, não se sentem de todo ajudados por uma forma de piedade, de pena condescendente que encobre suas falhas com relação à maturidade moral com um "manto de amor". Eles não buscam compreensão, mas sim respeito pela singularidade, pelas possibilidades e pelos desafios de sua condição, situação ou escolha.

O paradigma da "lei da gradualidade"

Uma visão mais positiva do sujeito moral pode ser encontrada no paradigma da "lei da gradualidade", lançada e introduzida por João Paulo II na exortação apostólica sobre a família *Familiares Consortio* (1981).[6] O documento sinodal interpreta a "lei da gradualidade" como o "passo a passo e o progresso constante" do casal em sua vida moral, especialmente em demonstrar cada vez mais sua vocação relacional e familiar em e através de suas escolhas concretas com relação à paternidade responsável.[7] O conceito de gradualidade apoia-se na convicção de que a pessoa humana é um ser histórico: "Mas o homem, chamado a viver responsavelmente o plano sapiente e amoroso de Deus, é um ser histórico, que se constrói, dia a dia,

---

[6] Ver Alain You, *La Loi de la Gradualité: Une Nouveauté en Morale?* (Paris: Lethielleux, 1991).
[7] *Familiaris Consortio* (Sobre a função da família cristã no mundo de hoje), 34.

BLOCOS HISTÓRICOS DE CONSTRUÇÃO PARA UMA CONSISTENTE ÉTICA RELACIONAL E SEXUAL - ROGER BURGGRAEVE

com numerosas decisões livres: por isso ele conhece, ama e cumpre o bem moral segundo etapas de crescimento".[8] As ciências psicológicas têm nos familiarizado como o desenvolvimento da pessoa nos níveis corporal, psicológico e afetivo, bem como nos níveis moral e espiritual.[9]

A gradualidade, no entanto, não se sustenta por si mesma. Ela diz respeito a um crescimento orientado. A *Familiares Consortio* apresenta um passo necessário ao crescimento.[10] Esse crescimento deve ser direcionado a um objetivo, a saber, a realização da lei moral. Por isso, através da já mencionada citação de João Paulo II e usando um jogo de palavras, a admoestação em seguida logo afirma que "a lei da gradualidade não pode ser identificada com 'a gradualidade da lei'".[11] Embora se aceite que em circunstâncias concretas no tempo e no espaço, e em contextos pessoais, sociais e culturais as pessoas não agirão em harmonia com a norma ou com o desejável, elas ainda enfrentam a tarefa de agir no sentido do bem normativo. Embora as pessoas aqui e agora não tenham sucesso em realizar efetivamente a norma, como uma consequência de suas circunstâncias internas (pessoais) ou externas (contextuais), elas ainda enfrentam a tarefa de empenhar-se pelo menos na realização da lei. Isso pressupõe que elas reconhecem as normas éticas da Igreja, ainda que não ajam de acordo com elas. Por consequência, isso implica a consciência de que a "conversão", ou seja, o desejo e a tentativa de mudar um comportamento desviante presente, é necessária como uma condição para voltar-se ao comportamento desejável.

Contudo, a questão é qual o objetivo do crescimento que se busca na *Familiares Consortio*. Uma leitura cuidadosa do texto demonstra como a gradualidade e o crescimento estão diretamente relacionados com o tema do controle de natalidade como uma expressão de paternidade responsável.[12] De acordo com a Igreja, a partir da *Humanae Vitae* (1968) somente o uso de um método natural de controle de natalidade é permitido. A lei da gradualidade provém do fato de que, enquanto muitos cristãos de fato agem diferentemente, ao mesmo tempo a Igreja tenta estimulá-los a evoluir e a crescer no sentido daquilo que a Igreja

---

[8] Ibid.

[9] Aristide Fumagalli, "The Parameter of Temporality and Its Importance for Moral Theology", in *Formation and the Person: Essays on Theory and Practice*, ed. Alessandro Manenti, Stefano Guarinelli, e Hans Zollner (Leuven: Peeters, 2007), 141-156.

[10] *Familiaris Consortio*, 9.

[11] Ibid., 34.

[12] Ibid.

ÉTICA TEOLÓGICA CATÓLICA
PASSADO, PRESENTE E FUTURO

sustenta; durante esse processo, deve haver consciência de que essa mudança não será fácil e de que um número considerável de pessoas talvez nunca alcance a norma sustentada. Levando em consideração as possibilidades e os limites do casal no contexto de sua relação, a Igreja julga brandamente seu comportamento desviante como temporário, com a condição de que as pessoas envolvidas reconheçam seu comportamento como temporário e também criem as condições necessárias para viver segundo a norma no futuro.

Com relação aos comportamentos relacionais íntimos desviantes, a lei moral da Igreja é clara, ou seja, o mandamento sobre a abstinência pré-conjugal, a proibição de coabitação pré-conjugal e não conjugal e a norma de abstinência tanto para os homossexuais quanto para os divorciados. Embora haja um entendimento de que as pessoas e os casais possam não obedecer ou não ter sucesso em obedecer à norma moral da Igreja, elas ainda enfrentam a tarefa de crescer rumo à aceitação e à realização dessa norma. Não obstante o fato de que a lei da gradualidade seja uma moralidade de intenção e de boa vontade mais do que de consequências, a lei em si não tolera concessão ou nuança com respeito ao objetivo a ser atingido.

Isso leva a uma discórdia. Não importa quão auspiciosa a lei da gradualidade seja, as possibilidades de sua aplicação são muito restritas pelo modo como a ideia da lei moral em si é entendida. Isso fica muito claro a partir da versão completa do comentário de João Paulo II já citada: "A chamada 'lei da gradualidade' ou caminho gradual não pode identificar-se com a 'gradualidade da lei', *como se houvesse vários graus e várias formas de preceito na lei divina para homens em situações diversas*".[13] O que chama a atenção nesse documento é uma visão extremamente rígida, estática e inclusive simplificada da lei moral. Notável, e quase chocante, é a identificação nada matizada da lei moral humana com a lei divina segundo a convicção de que "a ordem moral revela e propõe o desígnio de Deus Criador".[14] O terceiro paradigma nuançará a relação entre ambos.

Além disso, o paradigma da gradualidade, na linha do tradicional paradigma da desculpabilização, emprega uma visão voltada para a ação sobre o comportamento humano. A ampliação dessa visão será discutida na quarta parte desse ensaio.

---

[13] Ibid.
[14] Ibid.

O paradigma da "epikeia"

Um terceiro modelo que podemos extrair de nossa tradição é o da *epikeia* ("equidade", em grego).[15] Em e através de sua visão dinâmica e diferenciada da lei moral, ele também oferece a possibilidade de abordar de um modo mais matizado comportamentos relacionais íntimos desviantes.

Originalmente, a *epikeia* era vista, especialmente por Aristóteles, como um modo razoável de lidar com as leis sociais positivas. O que é próprio das regras e das leis sociais é que elas nunca são formuladas para uma única situação, mas sempre para a comunidade como um todo. Em outras palavras, as leis têm uma formulação e uma validade geral segundo a intenção do legislador, que assim fazendo pretende promover o bem-estar geral da comunidade. A aplicação dessas leis, contudo, acontece em circunstâncias variáveis, tanto que – exatamente por causa de sua forma universal – elas não são aplicáveis a todas as novas situações. Exatamente por essa razão é que a virtude da *epikeia* é necessária; ela, por causa disso e para o interesse geral da intenção da lei, ultrapassa a imperfeição da lei por afastar-se da lei ou por aplicá-la de um modo melhor. Seguindo Aristóteles, Tomás de Aquino achava que a *epikeia* era parte da virtude da justiça e que essa equidade era necessária para cumprir a lei, a fim de realizar a verdadeira intenção – o *bonum commune* ("bem comum") – da lei em circunstâncias e em contextos variáveis.

Sob o impulso de Tomás de Aquino e Francisco Suarez, e depois de Afonso de Ligório, surgiu a convicção em teologia moral de que a *epikeia* não era somente aplicável às leis sociais, mas também às regras morais de agir. De acordo com a tradição tomista, a "lei natural" (*lex naturae*) moral na história humana é uma expressão da "lei eterna" (*lex aeterna*) divina, embora elas não se igualem. Tomás aceitou a mediação da experiência e do desenvolvimento humanos, conforme expressos gradualmente nos *mores* ou nos "valores morais das pessoas". Eis por que também se faz uma distinção entre os diferentes níveis de raciocínio e de projetos legislativos.

---

[15] Günter Virt, *Epikie – Verantwortlicher Umgang mit Normen: Eine Historisch-Systematische Untersuchung zu Aristoteles, Thomas von Aquin und Franz Suarez* (Mainz: Grünewald, 1983); e Günter Virt, *Damit Menschsein Zukunft hat: Theologische Ethik im Einsatz für eine Humane Gesellschaft* (Würzburg: Echter, 2007), 42-55. Para mais discussões, ver Josef Fuchs, *Für eine Menschliche Moral: Grundfragen der Theologischen Ethik. Band II: Ethische Konkretisierungen* (Freiburg: Herder, 1989), 178-193; e John Mahoney, *The Making of Moral Theology: A Study of the Roman Catholic Tradition* (Oxford: Clarendon, 1989), 224-245.

Para a razão especulativa, temos o princípio evidente e fundamental de que se deve fazer o bem e evitar o mal. A razão prática, então, formula os *principia primaria*, ou seja, as normas universais de convicção que se referem estritamente à justiça, à honestidade, à fidelidade e à castidade, que na tradição cristã de fé são unidas no *agape*. Em seguida, temos os *principia secundaria*, ou seja, as normas concretas do agir que de um modo descritivo formulam as prescrições ou as proibições a domínios específicos da vida: não violência, não apropriação do que é alheio, não falar inverdades ou dar falso testemunho etc. Uma vez que essas normas são formuladas de um modo geral e abstrato, fora de qualquer contexto ou conflito de valores, elas se aplicam "somente à maioria dos casos" (*valent ut in pluribus*).[16] Essa aplicação "não absoluta" refere-se *a fortiori* às regras de ação ainda mais distantes dos princípios fundamentais do que das regras secundárias de ação. Há, portanto, diferentes níveis na lei moral.

É exatamente essa visão nuançada da lei moral que torna possível a *epikeia*. Ela é necessária para a aplicação em circunstâncias concretas das normas de ação formuladas genericamente, e também para resolver conflitos entre as normas de ação. A *epikeia* é também aplicável no nível da sexualidade e dos relacionamentos. Encontramos um grande exemplo já em Afonso de Ligório, um defensor de um equiprobabilismo misericordioso (que se equilibra entre o laxismo do probabilismo e o rigorismo do probabiliorismo ou tuciorismo). De um lado, ele considera, alinhado com o que a Igreja e outros teólogos moralistas tradicionalmente afirmam, que a interrupção do intercurso sexual vai contra a lei moral. De outro lado, ele afirma que, em caso de conflito de valores, um casal pode encontrar uma saída em um modo permitido de *coitus interruptus*, desde que exista uma razão justa (*iusta causa*) para isso.

A *epikeia* é igualmente aplicável aos comportamentos relacionais íntimos citados no início deste ensaio, desde que a lei moral continue válida e, assim, que o desvio continue excepcional. Um casal não casado pode achar que em sua situação singular possam esquivar-se da proibição de sexualidade e coabitação pré-conjugal. Ou gays e lésbicas que aceitam a visão da Igreja sobre

---

[16] Algumas formulações das normas não permitem nenhuma exceção, como, por exemplo, a proibição da extorsão, do incesto, do abuso sexual pedófilo, do assassinato, do genocídio etc. Mas, nessas formulações, os termos descritivos não são muito usados (matar, falar inverdades, mutilar etc.), e os termos sintéticos substituíram os que qualificam eticamente um determinado ato como irresponsável ou imoral (assassinato, mentira, mutilação etc.). Trata-se não dos atos em si, mas sim dos atos *in totum*, no todo, com suas diversas partes: a intenção, o ato em si, as circunstâncias, o resultado.

a homossexualidade podem, por causa da *epikeia*, chegar à conclusão de que em sua situação eles têm uma razão justa não para cumprir a norma da Igreja sobre a abstinência e mesmo assim estabelecer um relacionamento íntimo. Ou casais casados que compartilham da visão da Igreja sobre a indissolubilidade matrimonial podem julgar que no caso deles o divórcio seja aceitável ou mais humano do que permanecer juntos. Ou eles podem chegar à conclusão de que é melhor para eles recasar civilmente ou iniciar outro relacionamento estável do que ficar sozinhos.[17]

Na atual doutrina moral da Igreja, conforme a encontramos sinteticamente no Catecismo, a *epikeia* moral está incontestavelmente ausente. Trata-se de uma forma de perda de memória, ou de repressão, com medo de que a valorização da *epikeia* leve ao laxismo e ao situacionismo, ou seja, às preferências pessoais que objetivam legitimar todo comportamento possível? Uma boa compreensão da *epikeia* que está a serviço do espírito da lei não tem de modo algum de levar ao relativismo e à arbitrariedade. Ela é uma virtude que ganha expressão no respeito aos cristãos como pessoas adultas éticas que são capazes de chegar a um "exame de consciência informado" e que têm a intenção de demonstrar tão qualitativamente quanto possível a verdade da lei moral.[18]

Há uma desvantagem, contudo, para o modelo da *epikeia*. Ela ainda faz uso de uma visão orientada para o ato a respeito do comportamento humano.

Um apelo para uma consistente ética sexual e relacional

Por essa razão, precisamos de um conceito mais amplo da ação humana. A urgência disso é também visível a partir de um aspecto dos já mencionados comportamentos relacionais íntimos desviantes que até agora ficaram em segundo plano. Esses comportamentos ainda são qualificados pela ética da Igreja como ilícitos, ou seja, como graves pecados de impureza, lascívia e concubinato.[19] Sobre e contra essa visão têm se colocado cada vez mais cristãos – com certeza no Ocidente, mas também em outros lugares – que não consideram esses

---

[17] Ver Günter Virt, "Epikie in der Geschiedenenpastoral", *Theologisch-Praktische Quartalschrift* 142 (1994): 368-371.

[18] Ver James. Keenan, "Roger Burggraeve's Ethics of Growth in Context", in *Responsibility, God and Society: Theological Ethics in Dialogue*, ed. Johan De Tavernier, Paul Schotsmans, Joseph Selling e Johan Verstraeten (Dudley, MA: Peeters, 2008), 287-304.

[19] *Catecismo da Igreja Católica*, 2351-2356.

comportamentos como imorais, mas pelo contrário aceitáveis e algumas vezes desejáveis. Em outras palavras, estes últimos dizem respeito não somente a "fatos" desviantes, mas também a fatos que expressam "convicções de vida",[20] portanto, dizem respeito a comportamentos que resultam de visões desviantes. Eis por que é mais correto chamar os mencionados comportamentos não somente de "desviantes" mas também de "heterodoxos", exatamente porque contrastam com a visão "ortodoxa" da Igreja.

Essas "convicções de vida" heterodoxas significam que os três paradigmas citados não se aplicam a um bom número de cristãos. Aqueles que escolheram a sexualidade pré-conjugal, a coabitação pré e não conjugal, os relacionamentos homossexuais, o recasamento ou a coabitação após o divórcio não querem nenhuma desculpabilização de seu comportamento desviante (paradigma 1), exatamente porque realizam seu comportamento com plena consciência e convicção como pessoas adultas e maduras. Eis por que essas pessoas também não tendem a rejeitar sua escolha ou comportamento e a ir em direção às normas morais da Igreja, como o paradigma 2 sugere. Muito menos sua escolha se reduz a um caso de *epikeia* (paradigma 3). No comportamento relacional íntimo heterodoxo, a aceitação em princípio da norma já está fora de questão; a convicção da pessoa é completamente outra.

Se a Igreja e a teologia moral desejam que sua visão sobre o amor e a sexualidade ainda sejam ouvidas por crentes na base, outro paradigma é necessário, capaz de levar a sério as novas convicções que surgiram e capaz de reconhecer a igualdade dos comportamentos correspondentes. Com isso, também outro aspecto das novas convicções que surgiram é importante. Elas pressupõem acima de tudo um novo conceito de comportamento humano, diferente daquele orientado pelo modelo já citado. Os parceiros experimentam determinadas escolhas relacionais e comportamentos sexuais não como atos em si, mas como parte de um modo mais abrangente de vida que, além disso, desdobra-se como um processo de crescimento. Por isso nosso apelo ao conceito de "forma de vida", no qual as diferentes opções, atos, comportamentos e estilos de interação não somente estão integrados, mas também são derivados de seu significado e valor. Por conseguinte, isso se refere à forma de vida qualitativa que busca sentido e que tem uma ligação direta com a busca cristã pela perfeição: a progressiva apropriação, conhecimento e experiência de amor em sua plenitude nos diferentes domínios da vida.

---

[20] Wilhelm Korff, "Empirical Social Study and Ethics", *Concilium* 36 (1968): 15-17.

BLOCOS HISTÓRICOS DE CONSTRUÇÃO PARA UMA CONSISTENTE ÉTICA RELACIONAL E SEXUAL - ROGER BURGGRAEVE

No nível relacional íntimo, a tradição cristã dá preferência à forma de vida do matrimônio como a base para a família. Para fazer justiça aos comportamentos heterodoxos mencionados antes, sugerimos um "relacionamento duradouro do amor" como uma forma de vida que, de um lado, reflete o amor conjugal entendido gradualmente e que, do outro, amplia esse amor em um relacionamento de vida íntima baseado no consentimento livre e informado, na exclusividade e reciprocidade, na igualdade apesar das diferenças, na não violência e intimidade autêntica, e na fidelidade criativa.

Tendo como base esse conceito de um "relacionamento duradouro do amor", é possível desenvolver uma consistente ética relacional e sexual aplicável não somente ao matrimônio, mas também aos relacionamentos íntimos heterodoxos e desviantes. Para essa ética consistente, encontramos inspiração na grande herança de nossa tradição judaico-cristã, mais especificamente nos Dez Mandamentos. Todos os cristãos enfrentam o desafio de desenvolver seus relacionamentos de vida tão humanamente quanto possível, mesmo que desviantes e heterodoxos se comparados com o amor conjugal heterossexual. Para esse propósito, as quatro normas comportamentais da segunda tábua dos Dez Mandamentos pode oferecer uma estrutura inspiradora.

"Não matarás" significa que é possível uma relação íntima indigna quando os parceiros infligem qualquer tipo de violência contra o outro. "Não roubarás" significa que os parceiros não deveriam reduzir o outro a si mesmos nem deveriam dissolver suas diferenças mútuas em uma fusão, a qual também é uma forma de violência. "Não levantarás falso testemunho [ou não mentirás]" torna claro que um relacionamento íntimo no amor não pode estar baseado em desonestidade e em inverdades. E "não cometerás adultério" proíbe infidelidades sexuais e de outros tipos. E, uma vez que esses não são mandamentos mas sim proibições que somente indicam a linha mestra ou as condições para o amor, sem estabelecer o conteúdo qualitativo desse amor,[21] a liberdade criativa dos parceiros é desafiada a desenvolver por si mesma a plenitude do amor e a encontrar inspiração nas experiências e nos exemplos dos outros.

A primeira proibição desafia os casais a buscar formas que expressem respeito e que promovam a vida para cada um individualmente e para ambos conjuntamente. A segunda proibição requer uma cultura da diferença, de modo que os parceiros reconheçam a irredutível unicidade do outro e desenvolvam-

---

[21] Ver a encíclica, de 1993, *Veritatis Splendor* (O Esplendor da Verdade), 13.

-na de uma forma que enriqueça as afinidades. A terceira proibição chama os parceiros a construírem criativamente um modo seguro e sincero de se relacionarem um com o outro que aumentará a confiança. A proibição contra o adultério estimula os parceiros a desenvolverem uma "cultura de confiança criativa", incluindo um companheirismo erótico de qualidade, de tal modo que seu companheiro se torne existencialmente duradouro.

Conclusão

Concluindo, uma consistente ética sexual e relacional não deveria de modo algum levar à uniformização ou ao nivelamento, com base no matrimônio, de todas as formas de intimidade relacional e coabitação. Sem negar as diferenças essenciais, as semelhanças qualitativas são, também, reconhecidas. Eis por que uma ética cristã que também almeja ser pastoral enfrenta o desafio não somente de desenvolver orientações e regras para aqueles que experimentam o matrimônio de acordo com o "livro católico", mas igualmente para aqueles que têm uma forma diferente de relacionamento íntimo e duradouro. Nenhuma outra ética relacional é válida para heterossexuais e homossexuais, bem como nenhuma ética relacional diferente existe para aqueles que vivem em coabitação pré-conjugal, conjugal, não ou pós-conjugal. E, surpreendentemente, é o antigo texto dos Dez Mandamentos que nos inspira a tirar o novo do velho (ver Mateus 13,52).

A NARRATIVA DA HISTÓRIA
E AS VOZES AUSENTES

TRENTO: CONTRIBUIÇÃO HISTÓRICA E VOZES PERDIDAS[1]

Antônio Moser

rento é uma destas palavras que, quando evocada em ambientes cristãos, logo provocam sentimentos contraditórios. De alguma forma se poderia até falar de certa ambivalência, não dos textos em si mesmos, mas das causas que levaram a hermenêuticas contrastantes.

Para uns, o Concílio de Trento não só foi o mais longo, como foi um dos mais importantes da história da Igreja. Ele

---

[1] Traduzido para o inglês por Brian McNeil.

teria salvado da ruína a Igreja mergulhada numa das mais profundas crises de sua história. Com seus decretos precisos tanto no que se refere aos conteúdos teológico-pastorais e disciplinares quanto na sua expressão verbal, constituir-se-ia num marco que nunca deveria ser esquecido, muito menos perdido. Assim seria de vital importância para os dias de hoje não apenas reler Trento, mas resgatar muitos de seus tesouros enterrados ao longo dos séculos que se seguiram e mormente nos tempos mais recentes. Esse resgate teológico, pastoral e disciplinar não poderia deixar de ser levado em consideração, sobretudo, no campo da Moral, hoje caminhando com passos vacilantes e com impacto quase nulo sobre os rumos do mundo laicizado, e com sempre maior número dos que se dizem cristãos simplesmente ignorando o que eventualmente remeteria para diretrizes provindas da Igreja oficial. Na prática, um sempre maior número de cristãos católicos procede como todo mundo: estabelece para si mesmo suas próprias normas.

Já para outros, o mesmo Concílio seria sinônimo de uma espécie de fossilização de uma Igreja incapaz de captar a força dos movimentos históricos e de ouvir as aspirações e vozes proféticas de então, e que vinham soando havia algum tempo, e que se haviam tornado mais veementes no século XVI. Para quem faz esse tipo de leitura negativa, Trento teria perdido uma oportunidade histórica ímpar para reencontrar-se com o Evangelho, com a mais legítima Tradição da Era Apostólica e Patrística, bem como no que havia de melhor na Alta Escolástica. Ainda mais: por uma série de circunstâncias histórias, mesmo com os novos ares que sopraram no contexto do Concílio Vaticano II, Trento continuaria sendo uma espécie de sombra que nunca deixou de pairar sobre a Igreja, e que, justamente nos dias de hoje, se torna ainda mais densa e incômoda.

O espírito tridentino continuaria sendo o maior empecilho para a Igreja encontrar a si mesma. Tanto de um ponto de vista teológico quanto pastoral, estaríamos andando em marcha ré, num progressivo mas claro retorno à "grande disciplina".[2] As consequências que daqui decorrem são uma Igreja moribunda, que não morre, mas também não vive. Simultaneamente distante do mundo e de sua identidade mais profunda, ela vai perdendo sempre mais seu lugar na história. Assim sendo, Trento não deveria ser considerado mais do que um triste episódio da vida da Igreja, com reflexos negativos também sobre a sociedade. Por isso Trento deveria ser arquivado para sempre.

---

[2] Ver Paolo Sarpi, *Istoria del Concilio Tridentino* (London: Appersso G. Billio, 1619); e J. B. Libânio, *A volta à grande disciplina: reflexão teológico-pastoral sobre a atual conjuntura da Igreja* (São Paulo: Loyola, 1983).

Mas, como em tantos outros acontecimentos semelhantes, que possibilitam hermenêuticas diferentes e até contrastantes, também a este propósito talvez seja conveniente e mais honesta uma abordagem menos radical e menos excludente. Isso nos levaria, por um lado, a reconhecer que, lamentavelmente, não poucas aspirações e vozes deixaram de ser devidamente acolhidas desde o Concílio de Trento até nossos dias. Por outro lado, a mesma abordagem mais serena nos levaria igualmente a reconhecer que Trento não apenas deixou marcas profundas e positivas no passado, como, sob vários aspectos, pode nos ajudar no encontro de caminhos mais definidos para incentivar-nos a desenvolver nosso espírito de acolhida ao que é novo, sem, no entanto, perder a identidade católica e cristã. Isso poderia dar revigoramento à Igreja, a qual está vivendo momentos difíceis sob vários aspectos.

Poderíamos igualmente oferecer ao mundo de hoje uma contribuição indispensável para que todos sejam iluminados e alimentados pelo Evangelho da vida. Por razões metodológicas, neste primeiro dos três passos, faremos uma leitura mais próxima dos que veem a face positiva de Trento. No segundo passo, iremos fazer a leitura dos que consideram Trento um fracasso. E no terceiro passo tentaremos uma espécie de "releitura" em que predomine a moderação.

Compreendendo a ambivalência das hermenêuticas: alguns referenciais

A existência de ao menos três hermenêuticas possíveis sugere a conveniência de sinalizar, ainda que brevemente, alguns dos referenciais dessas possibilidades, todas elas com algum fundamento. Em primeiro lugar convém acenar para o difícil processo da realização do próprio Concílio; em seguida sinalizar o complexo contexto religioso e social dos textos; e finalmente, para entender a ambivalência das hermenêuticas possíveis, não se pode esquecer das concepções de fundo tanto de um ponto de vista teológico quanto pastoral. O que importa neste primeiro passo é perceber o complexo emaranhado de todos e de cada um destes referenciais. Isto significa que os mesmos fatos e argumentos podem ser alocados em qualquer uma das três leituras, dependendo do olhar e do lugar social e eclesial de quem analisa os fatos.

Uma gestação difícil, mas com êxitos

São bem conhecidas as dificuldades encontradas desde a convocação até o início de fato do Concílio. Adiado por 25 anos após a primeira convocação, interrompido duas vezes, só teve seu início propriamente dito em dezembro de 1545, contando com apenas 4 cardeais, arcebispos e 21 bispos. Significativamente nenhum deles provinha da Alemanha, já então fortemente abalada com o movimento provocado por Martinho Lutero. Só no final se manifestou a voz representativa de toda a Igreja, através de 217 Padres Conciliares provindos de 15 nações. Se levarmos em consideração que formalmente falando as sessões se desenvolveram no desenrolar de apenas 3 dos 18 anos abarcados pelo Concílio, não podemos deixar de admirar a amplitude e a profundidade de suas abordagens.[3]

De fato, pode-se dizer, sem receio de errar, que nenhum problema candente deixou de ser devidamente enfocado e que todas as áreas teológicas, pastorais e disciplinares foram contempladas. Como também se pode ainda afirmar, sem medo de errar, que dadas todas as turbulentas situações sob o ponto de vista eclesial, político e social, Trento revela uma eficácia extraordinária ao longo dos tempos e sob todos os pontos de vista. É verdade que os efeitos não foram imediatos, mas progressivos e talvez por isso mesmo tenham ficado marcas tão profundas. Os decretos tridentinos foram a principal referência para toda a reforma interna e atuação evangelizadora da Igreja, bem como a fonte do direito eclesiástico durante quatro séculos, até a promulgação do Código de Direito Canônico de 1917. E através deles foram impressas marcas profundas também na sociedade tensa e esfacelada.[4]

Só que tudo isso ficará mais claro à medida que lembrarmos os contextos que sustentam os textos. A partir deles ficarão evidenciadas também as tomadas de posição teológicas e pastorais, que se constituíram nas colunas mestras tanto da Reforma quanto da Contrarreforma. O resgate do contexto dos textos permitirá que se evidenciem melhor alguns marcos colocados *ad intra* e *ad extra*, que percorreram os séculos subsequentes e que, de alguma forma, se fazem necessários hoje.

---

[3] Giacomo Martina, *La Chiesa nell'Età della Riforma* (Brescia: Morcelliana, 1983), 173-189.

[4] Ver Giuseppe Alberigo, *Storie dei Concilii ecumenici* (Brescia: Queriniana, 1990).

Contexto dos textos

Pretender transmitir em poucas palavras a riqueza de todos os documentos e decretos emanados de Trento é simplesmente impossível e até mesmo desnecessário para o ângulo que nos preocupa: *vozes faltantes*. Mas para situar melhor tanto o contexto dos textos, convém acenar para alguns pontos essenciais de cada uma das três fases. Na primeira (1545-1547) firmam-se os dados tidos como essenciais no tocante às Escrituras e à Tradição, como fontes da fé. Juntamente com os sacramentos, particularmente o do batismo e o da confirmação, são ressaltados o pecado original e os caminhos da justificação. Na segunda fase (1551-1552), ao mesmo tempo em que a Eucaristia vem apresentada como o sacramento que manifesta e confirma a comunhão de todos os fiéis, colocou-se a questão do conciliarismo, de onde emerge a primazia do Bispo de Roma. Na terceira fase (1561-1563) aparecem as medidas destinadas a enfrentar o que se denominou de Contrarreforma, diante das teses de Lutero e outros vultos críticos, ao mesmo tempo em que se colocaram os fundamentos da reforma profunda e abrangente da própria Igreja.

Nas entrelinhas dos textos já emergem os principais traços do contexto histórico, sem os quais Trento não pode ser devidamente compreendido. Novamente uns pequenos acenos para situar o clima reinante. Antes de qualquer coisa, a história não pode ser lida de maneira monolítica e estanque. Por mais que se diga que a Igreja e a sociedade formavam uma unidade, nunca se pode perder de vista a pluralidade de situações nem as naturais diferenças histórico-culturais de cada região. Ademais, cada período retrata um processo, que comporta um *antes*, um *agora* e um *depois*, todos eles repletos de nuances e tensões.[5]

O *antes* de Trento aponta para o humanismo renascentista, que abre largos horizontes em todos os sentidos, mas que, por outro lado, se constitui no ponto de partida da "modernidade". Ora o que se denomina de "modernidade" carrega consigo uma série de desafios, sobretudo para uma Igreja até então detentora de quase todo poder e de quase todo saber. O *antes* remete também para a era dos navegadores que não apenas descobriram novas terras, como também novos povos, cada um com sua originalidade, e todos muito diferentes do pequeno mundo europeu. Ora tudo isso se apresentava como

---

[5] Ver Hubert Jedin, *Kleine Konziliengeschichte: Die Konzilien im Rahmen der Kirchengeschichte* (Freiburg: Herder, 1960).

algo muito difícil de ser avaliado, tendo-se em conta não apenas as dificuldades inerentes às comunicações, mas justamente o choque da novidade dos fatos. O Novo Mundo para uns se apresentava como fascinante, enquanto para outros se apresentava como estranho e ameaçador. Era preciso conquistá-lo.

O *agora e o depois*, por sua vez, trazem à tona um grande número de questões oriundas seja dos primeiros contatos com povos diferentes, seja em decorrência das mudanças econômicas, políticas e sociais daí resultantes. Olhando para a Europa Central, impõe-se como pano de fundo a *Reforma Protestante*, com suas várias fisionomias e seus múltiplos desdobramentos tanto religiosos quanto políticos e sociais. Tudo isso naturalmente invoca todo tipo de tensões, posteriormente transformadas em verdadeiras guerras de origem religiosa, mas com outros componentes histórico-culturais. A Europa considerada em seu todo, ao mesmo tempo em que proclamava sua condição hegemônica, sentia balançar todas as suas concepções antropológicas, religiosas e éticas quando em confronto com as novas civilizações que iam manifestando seu rosto à medida que emergiam dos imensos oceanos, nunca dantes navegados. Toda essa complexa e confusa situação exigia muita lucidez e ao mesmo tempo muita coragem para um posicionamento claro, que naturalmente iria propiciar reações muito diferentes e contrastantes.[6]

Teologia e pastoral: quadro de decadência

Quem se refere ao clima teológico dos séculos que precederam Trento não pode deixar de se referir à Escolástica, com todo o seu esplendor. Importantes universidades iam brotando em muitos lugares e verdadeiros luminares mantinham acesas não apenas as célebres e polêmicas *disputationes*, mas sobretudo as chamas de uma fé vibrante. Filosofia e Teologia se articulavam de maneira harmoniosa, favorecendo uma visão harmônica da Igreja, do mundo e da sociedade. Nesse contexto as várias *Escolas*, cada uma com grandes vultos intelectuais, de um modo ou de outro alimentavam também a fé dos fiéis, até mesmo das massas menos esclarecidas. Pois aquilo que era discutido nas universidades acabava ultrapassando seus limites, embora nem sempre com a mesma densidade e a mesma clareza.[7]

---

[6] Jean Delumeau, *Il cattolicesimo dal XVI al XVIII secolo* (Milano: Mursia, 1983), 33-58.
[7] Ver Hubert Jedin, *Geschichte des Konzils von Trient*, vols. 3-4 (Freiburg: Herder, 1970; 1975).

Acontece que Trento se colocou como uma exigência num período em que a denominada de *Baixa Escolástica*, com tudo o que isso significa, dava a tônica. Enquanto na Alta Idade Média reinava a harmonia entre razão e fé, nos séculos que precederam imediatamente o Concílio de Trento ganhava força a razão, como ciência capaz de responder sozinha às grandes questões da vida pessoal e social. A ruptura entre filosofia e teologia criou as condições propícias para a instalação da *modernidade* com tudo o que ela representava também em termos teológicos e pastorais. As cátedras dos grandes mestres foram sendo assumidas por discípulos dos discípulos e que, com raras exceções, não chegavam nem aos pés dos mestres.

Sobretudo quando se pensa no campo mais específico da moral, fica evidenciado que as grandes intuições teologicamente bem articuladas pela escola tomista e as não menos perspicazes intuições da escola franciscana acabaram se diluindo em *Sumas dos confessores* cada vez mais desvinculadas da teologia sistemática e da Sagrada Escritura. Já então uma minuciosa casuística, posteriormente aprimorada pelos desdobramentos de Trento, começava a dar forma a um frio legalismo, que mais intimidava do que animava os cristãos sequiosos de espiritualidade. Ora, a pouca densidade teológica associada à grande corrupção moral e à pequena capacidade intelectual predominantes no clero simplesmente inviabilizavam qualquer tipo de pastoral mais articulada e eficaz. Toda essa situação clamava por uma verdadeira reforma que reestruturasse tanto a Igreja quanto a sociedade. Foi isso que Trento tentou fazer.[8]

Contribuição histórica e vozes perdidas

Quando falamos de "vozes perdidas", novamente nos deparamos com uma situação ambivalente. É que umas foram perdidas no sentido de não terem sido captadas e assimiladas pelo próprio Concílio; outras foram perdidas no sentido da *receptio*; e outras foram sendo perdidas ao longo dos tempos em decorrência de inúmeros fatores, sejam de ordem religiosa, sejam de ordem sociocultural. Para os admiradores de Trento, as falhas se encontram apenas na *receptio* e na força demolidora dos seguidores de Lutero, Calvino, Wycliff, Zwinglio e de outros hereges que conseguiram contaminar sua época e a dos tempos posteriores.

---

[8] Louis Vereecke, "Théologie Morale et Magistère avant et après le Concile de Trente". *Revue d'éthique et de théologie morale* 177 (1991): 7-22, aqui 13-17.

Já, para os críticos do Concílio de Trento, a Igreja não soube acolher e até rejeitou os sinais dos tempos, manifestados em aspirações teológicas, espirituais, místicas e sociais.

Quem foram os personagens indevidamente denominados de hereges?

Para uma devida compreensão dos personagens que exerceram um papel destacado em qualquer período e em qualquer campo da história, é preciso conhecê-los mais de perto, mas sobretudo colocá-los em seu contexto histórico. Ninguém encarna sozinho uma grande revolução. Mas, por outro lado, as grandes viradas históricas também não aconteceriam se não houvesse uma liderança forte, capaz de assimilar as aspirações mais profundas daquele momento histórico. É por isso que, ao se falar de "vozes perdidas", não se pode ficar apenas com certos personagens, mas eles também não podem ser ignorados.

É assim que, em meio a muitos outros, ao menos quatro se destacam. Em primeiro lugar, *Martinho Lutero*.[9] Sabidamente um monge de profunda espiritualidade e de grande idealismo, mas ao mesmo tempo um homem decidido a assumir todas as consequências quando encontrava barreiras para suas aspirações. Para além de seus problemas pessoais e seus dramas de consciência, que só acirraram os traços de sua personalidade, *Martinho Lutero* sonhava com uma Igreja que, desprendida de suas riquezas e sua prepotência, colocasse nas mãos do Povo de Deus a Bíblia em língua vernácula; que deixasse de lado uma concepção idealista de ser humano e assumisse uma antropologia mais realista, de seres corrompidos pelo pecado de raiz e por outros pecados; que humildemente buscasse não a autojustificação, mas a justificação pela misericórdia divina.

Algo de parecido se deve dizer de John Wycliff, Girolamo Savanarola, Ulrico Zwinglio, João Calvino e muitos outros personagens que exerceram papéis de destaque naquele momento histórico. De uma forma ou de outra, contemporâneos de Lutero, embora vivendo em lugares diferentes, todos eles parecem ter tido um início de vida fervoroso. Inspirados na Bíblia, eles buscavam viver uma vida mais evangélica. Entretanto, todos eles, revoltados com a corrupção generalizada nos quadros da Igreja, partiram para posições radicais que os levaram à ruptura. Em lugares diferentes e com algumas tônicas diferentes, todos

---

[9] Ver Jedin, *Geschichte des Konzils von Trient*, vol. 2 (Freiburg: Herder, 1957).

acabaram por se agarrar ao *sola Gratia, sola Scriptura e sola Fides.* Ou seja, sem abandonar as aspirações de cunho profundamente evangélico, acabaram rompendo com um tipo de estruturação da Igreja e com isso não só abandonaram a Igreja oficial, como a combateram de maneira enérgica.

Apesar de interpretações nesse sentido, ao que tudo indica, com exceção de Henrique VIII da Inglaterra, que está na origem do Anglicanismo, nenhum deles rompeu para justificar suas decisões pessoais. Assim, os sacerdotes não abandonaram a Igreja oficial e fundaram suas Igrejas para justificar, por exemplo, o abandono do celibato, mas esse abandono teria ocorrido num segundo momento e como uma espécie de protesto contra a hipocrisia reinante no alto e baixo clero também no que se referia ao celibato. Num segundo momento, a abolição do celibato passou a fazer parte das reivindicações dos Reformadores.

Para além das revoltas, a procura de algo novo

Como pano de fundo dessas aspirações em termos sociais, convém lembrar as revoltas camponesas e urbanas, com o consequente enfraquecimento do feudalismo. Elas remetem para uma situação de miséria e opressão que se tornavam cada dia mais insuportável. As pestes e as guerras só acentuaram ainda mais o clima de revolta. Tratava-se simplesmente de uma questão de sobrevivência de uma multidão de miseráveis totalmente sob o domínio de uma nobreza decadente, ao mesmo tempo arrogante e prepotente. Mas certamente foram as descobertas de novas terras, com todas as suas inimagináveis riquezas, que não apenas fizeram emergir uma nova divisão de bens, como, sobretudo, uma nova compreensão e divisão de sociedade. Daí um clima propício para rupturas de caráter mais profundo e que, de maneira mais ou menos incisiva, também reforçaram as novas posturas em termos religiosos e morais.

O anseio de aspirações verdadeiramente evangélicas como as que se manifestaram nos muitos movimentos que sonhavam com uma reforma dos costumes, tanto dentro quanto fora da Igreja, assumiu forma bastante concreta nas denominadas ordens mendicantes, a partir do século XIII.[10] Entretanto, em meio aos que partiam para uma espécie de revolta contra a Igreja e o que ela representava, havia um não menos expressivo número de pessoas que ansiavam por novos tempos e, em vão, esperavam por suportes de ordem teológica e pastoral.

---

[10] Ver Marie-Dominique Chenu, *La théologie au XIIe siècle* (Paris: Vrin, 1969).

Ainda que até mesmo os cortes históricos sejam profundos e radicais, uma leitura mais atenta sempre leva a encontrar uma série de nuances e o convívio de várias tendências dentro de uma mesma época e até mesmo dentro das mesmas correntes de pensamento. É assim que, para entender o que se passou no Concílio de Trento, devem ser lidos os séculos XIV e XV e XVI. Ainda que as tônicas sejam as da decadência intelectual, teológica e moral, bem como a das revoltas de cunho igualmente generalizado, não se pode esquecer que todos esses séculos foram marcados pelo Renascimento e por profundas aspirações teológicas, espirituais, místicas e sociais.

O pano de fundo das aspirações de cunho espiritual deve ser buscado igualmente nos séculos anteriores. Por um lado se percebe um crescente declínio da autoridade dos Papas, que atingiu seu ponto culminante no denominado Cisma do Ocidente (1378). Juntamente com a perda da autoridade papal, vai se acentuando a perda da autoridade dos bispos e do alto e baixo clero. No caso do alto clero, a perda da autoridade, para além da decadência moral, remetia para a própria origem das escolhas, mais ligadas à nobreza e à riqueza do que às preocupações religiosas e espirituais. O mundanismo imperava. Já no caso do baixo clero, além dos conhecidos problemas relacionados com o celibato, também a pobreza e o pouco preparo intelectual os impossibilitavam de exercer de maneira adequada seu ministério. Em suma, Trento encontrou uma Igreja decadente. Daí o imperativo sempre mais ouvido sobre a necessidade de uma reforma *in capite et in membris*.[11]

As descobertas de terras e pessoas sem a assimilação da riqueza das diferenças culturais

No tempo do Concílio de Trento, as sucessivas descobertas de novas terras e pessoas eram ainda acontecimentos recentes. Levando-se em conta a lentidão da comunicação e do processo histórico, fica claro perceber que o concílio não podia compreender imediatamente a multifacetada riqueza das novas culturas. A honestidade intelectual obriga-nos a voltar um olhar crítico para o período posterior, em vez de para o próprio concílio. Enfrentava-se uma ampla gama de desafios que faziam tremer o Velho Mundo, tornando impossível que se valorizassem adequadamente os novos desafios de se cruzar o Atlântico.

---

[11] Ver Jedin, *Geschichte des Konzils von Trient*, vol. 4.

Embora haja diferenças sutis na reação dos evangelizadores ao processo de consolidação das conquistas, devemos reconhecer que eles foram lentos em propor uma interpretação que destacasse os valores imanentes às culturas autóctones. Ao contrário, eles deram particular destaque ao então chamado "barbarismo", comum entre os nativos. E foi precisamente graças a essa empobrecida e distorcida visão da realidade que tornou possível a pergunta: os indígenas são ou não pessoas de verdade? Tais questões e interpretações equivocadas poderiam ajudar a justificar não somente a absoluta condenação dos costumes indígenas, mas ainda a escravidão e mesmo a eliminação dos próprios nativos.[12]

Foram poucas vozes – como as do Padre Antônio Vieira e de Bartolomeu de las Casas – e poucas iniciativas concretas que permitiram o processo de evangelização inculturada. Esse cenário fundamental foi tomando forma e consolidando-se ao longo do século XVIII, quando o processo de "romanização" passou a suprimir as escassas iniciativas que haviam permitido uma mais adequada compreensão dos valores culturais.[13] Dessa forma, a padronização litúrgica, acompanhada da imposição de um regime moral repleto de casuísmo legalista, que acentuava a consciência de culpa e de perda de autoestima, introduziu no Novo Mundo a parte mais pobre da teologia e da concepção eclesial de Trento. Isso serviu somente para tornar mais difícil de ver e ler os sinais de Deus no tempo e na história.

Vozes que voltam a interpelar o presente

Como já assinalado, essas vozes e as aspirações por novos tempos para a Igreja e para a sociedade foram perdidas. Para uns por falta de sensibilidade dos Padres Conciliares em perceber os valores da "modernidade" emergente e dos novos ventos que sopravam de todos os lados. Em vez de acolher essas vozes e essas aspirações de caráter profundamente evangélico, ainda que por vezes com uma interpretação radicalizada, o Concílio não só perdeu uma oportunidade histórica única para corresponder aos sinais dos tempos,

---

[12] Ver Riolando Azzi, *A crise da cristandade e o projeto liberal* (São Paulo: Paulinas, 1991); e Riolando Azzi, *O altar unido ao trono: um projeto conservador* (São Paulo: Paulinas, 1992).
[13] Ver Pedro Ribeiro de Oliveira, "Catolicismo popular e romanização do catolicismo brasileiro", *Revista Eclesiástica Brasileira* 141 (mar. 1977): 131-141.

como bloqueou durante séculos a possibilidade de que isso viesse a ocorrer. A pergunta que sobra, e que serve como conclusão, é se essa oportunidade foi perdida para sempre ou pode, de alguma forma, ser resgatada.

A resposta inadequada e violenta para aspirações e interpelações profundas

O clima de tensões, radicalizações e revoltas certamente contribuiu para que também os Padres Conciliares radicalizassem nas posições doutrinais, teológicas e disciplinares. A rigidez com a qual os cânones foram formulados não permite nuances. Eles são categóricos: essa é a verdade e toda a verdade. Quem não aceita a doutrina e as normas assim formuladas é simplesmente considerado herege e excomungado. Não deixa de ser sintomático o número de *anátemas*. Vale até a pena selecioná-los por áreas: Justificação – 33; Sacramento da Penitência – 15; Sacramentos em geral – 13; Matrimônio – 12; Batismo – 14; Sacramentos em geral – 13; Eucaristia –11; Celebração da Eucaristia – 9; Sacramento da Ordem – 8; Unção dos Enfermos – 4; Catequese – 4. Total de anátemas: 126. Ora, ainda que se possa fazer uma interpretação mais benigna da palavra "anátema", não há como fugir da nítida impressão de um espírito movido pelo absolutismo intransigente de quem não é capaz de assimilar novos desafios e distinguir nuances.

Claro que o contexto histórico acima sinalizado, que traduz uma situação extremamente grave e difícil, faz-nos compreender, até certo ponto, a necessidade de formulações claras e precisas. Afinal, tratava-se de salvaguardar o patrimônio doutrinário e dos bons costumes da Igreja. Mas, por outro lado, justamente o contexto histórico e as dificuldades de interpretar as aspirações do tempo deveriam ter servido para a tomada de decisões mais interpeladoras do que condenatórias. É verdade que o diálogo foi tentado, sobretudo com Lutero. Mas, de fato, as aspirações, fundamentações e pontos centrais da posição dos reformistas não deixavam de ser profundamente interpeladoras para uma Igreja que se mostrou incapaz de separar o trigo do joio. Os desdobramentos posteriores, com a criação do Índice dos livros proibidos e com o estabelecimento de um espírito inquisidor, transformado numa das mais sombrias instituições da história da Igreja, só vieram confirmar isso: em vez de conseguir a reconciliação Trento acirrou ainda mais as divisões, com consequências deletérias em todos os campos.

Os méritos de Trento e lições que ficam

Na primeira parte já foram apontados muitos méritos do Concílio de Trento. Apesar de os textos e os decretos poderem ser objetos de interpretações diferentes, não há como negar que Trento fez o que pôde e conseguiu muito. Antes de qualquer coisa, teve a coragem de enfrentar uma situação extremamente complexa sob todos os prismas. Em meio a tensões de ordem política, social e teológica, os Padres Conciliares chegaram a um consenso sobre pontos doutrinários e disciplinares fundamentais para a vida da Igreja, e mesmo com reflexões sobre a vida de uma sociedade completamente sem rumos. Com isso, o Concílio mostrou que é possível enfrentar as crises, por maiores que sejam, e que essa coragem só é possível para quem crê verdadeiramente que a Igreja, em última análise, é sempre a Igreja presidida por Jesus Cristo. Trento foi um ato de fé e de esperança. De acordo com uma nota anônima encontrada na biblioteca da Universidade de Bolonha, quem estuda esse concílio profundamente tem o direito de afirmar que conhece todos os concílios passados, já que encontramos nele uma síntese de todos os outros.[14]

No que se refere a medidas práticas visando ao saneamento *ad intra*, ou seja, de uma Igreja em estado de decadência generalizada, que atingia desde as mais altas autoridades hierárquicas até o mais simples dos fiéis, é necessário destacar as medidas disciplinares.[15] Elas não somente serviram para orientar as práticas pastorais, como também levaram à criação dos seminários e ao empenho na formação do clero. Com isso duas grandes manifestações de decadência do alto e baixo clero foram atacadas de frente: o desregramento e a ignorância.

Talvez não tanto quanto se desejasse, mas Trento abriu uma nova etapa para a história da Igreja. Basta pensar no imenso esforço por evangelizar os povos indígenas. Claro que se pode observar que nem sempre os missionários foram capazes de proceder como hoje entendemos uma evangelização inculturada. Mas o fato é que devemos anotar esforços heroicos no sentido do novo e também do velho mundo. O espírito missionário tomou novo vigor.

---

[14] Ver Luigi Carcereri, *Il Concilio di Trento dalla traslazione a Bologna alla sospensione*, vol. 3 (Collana: Biblioteca Storica Bolognese, 1910).

[15] Ver Pio Paschini, *Il Catechismo Romano del concilio di Trento: Sue origini e sua prima diffusione* (Roma: Pontificio Seminario Romano, 1923); também Paschini, *Cinquecento Romano e riforma cattolica* (Roma: Facultas Theologica Pontificii Athenaei Lateranensis, 1958), 39-91.

Em que termos se pode falar da necessidade de um resgate histórico?

Como vimos, foram perdidas muitas vozes preciosas, não só pela complexidade de todas as situações acima assinaladas, como também porque talvez a Igreja ainda não estivesse madura suficientemente para a percepção e discernimento do que a partir do Vaticano II se denomina de "sinais dos tempos". Foram perdidas muitas vozes, mas convém perguntar pela conveniência e até eventualmente pela necessidade de resgatá-las nos dias de hoje. Claro que o contexto é completamente diferente, mas quem sabe os anseios básicos de cinco séculos atrás sejam semelhantes aos de hoje, apesar de todas as aparências em contrário, dadas as muitas evoluções e revoluções que marcaram estes séculos todos.[16]

Embora a resposta a essa questão já esteja implícita no decorrer destas reflexões, convém fazer ao menos três ressalvas. A primeira se refere à coragem de enfrentar situações de crise. Ora, basta pensar em fatos chocantes e bem recentes, que macularam a imagem da Igreja, para perceber que há fumaça no ar. A segunda trata da necessidade de se estar atento às situações paradoxais, que, embora possam parecer chocantes num primeiro olhar, podem igualmente carregar consigo valores, quando os movimentos e fatos forem analisados com mais cuidado. Este é, por exemplo, o caso dos avanços nas áreas da biogenética e das biotecnologias; ou então na área da informática. É preciso estar atento para não perder o passo da história.

Finalmente, a terceira ressalva diz respeito à maior participação de todos os fiéis no que se poderia denominar ministério sacerdotal dos batizados. Isso significa concretamente uma maior proximidade da hierarquia e do clero em geral ao povo de Deus e uma maior capacitação dos não ordenados em uma série de ministérios, particularmente aquele da evangelização. Um bom preparo teológico, a começar pelo preparo do clero, ampliará em muito a força evangelizadora de todos.

---

[16] Ver Giuseppe Alberigo, "Prospettive nuove sul concilio di Trento", *Critica storica* 5 (1966): 267-282.

AS VOZES FEMININAS AUSENTES

Anne Nasimiyu-Wasike

A história civil e a história eclesiástica apresentam relatos dos indivíduos que contribuíram para a ciência, a economia, a sociologia, a religião e a política, entre outras disciplinas. Poucas dessas pessoas são mencionadas e lembradas, mas há outras cujos nomes não são mencionados e raramente são lembrados, ainda que sua contribuição tenha sido relevante. As pessoas não mencionadas e não lembradas são citadas como vozes ausentes. Todos os complexos culturais têm suas vozes ausentes, dependendo da estrutura social que governa a vida do povo. Talvez o número maior de vozes ausentes ao longo de toda a história tenha sido de vozes femininas.

As sociedades patriarcais, por exemplo, são marcadas pela regra patriarcal e por sistemas legais, sociais, econômicos e políticos que validam e reforçam a soberania do homem, do varão, sobre seus dependentes.[1] O *status* das mulheres nas sociedades patriarcais é, portanto, de subordinação, sem que haja uma base legal para seus próprios direitos. Sendo assim, a subjugação das mulheres inclui sistemas patrilineares, nos quais a linhagem geracional dos filhos é traçada a partir do pai; os meninos são favorecidos em detrimento das meninas; a sexualidade das esposas e a capacidade reprodutiva pertencem a seus maridos; o domínio do marido sobre sua esposa vai a tal ponto que ele tem o direito de espancá-la; e o direito das filhas ou viúvas à propriedade herdada está severamente restrito e, se elas de fato herdam alguma propriedade, esta é administrada pelo homem ou por um tutor.[2]

Além disso, tais sociedades têm quase sempre poucas mulheres com educação e formação. De acordo com as atuais estatísticas populacionais globais, há um bilhão de pobres no mundo, sendo que três quintos deles são mulheres e crianças. Há 960 milhões de adultos analfabetos no mundo e dois terços deles são mulheres. Das 130 milhões de crianças que não frequentam escola no mundo, setenta por cento são meninas.[3]

---

[1] Rosemary Radford Reuther, *Reading Towards a Feminist Theology* (Boston: Beacon Press, 1996), 205.

[2] Ibid.

[3] Elizabeth Abel, ed., *Writing and Sexual Difference* (Brighton, UK: Harvester Press, 2002).

As crianças e os idosos são outros grandes grupos de pessoas cujas vozes estão ausentes dos relatos históricos oficiais. Este ensaio focará a história das mulheres tanto nas tradições religiosas quanto nas seculares, e das mulheres nas sociedades tradicionais africanas, especialmente as do Quênia. Finalmente, considerará brevemente o compromisso e o silêncio de idosos como vozes ausentes, a partir da experiência queniana.

As vozes femininas ausentes na Bíblia

Muito antes de a Bíblia ter sido escrita, ela foi vivida e experienciada pelo povo concreto, pelo povo que leva uma vida real. Conforme Bridget Meehan afirma, as histórias de Sara, Rebeca, Marta e muitas outras não somente refletem um tempo e um lugar particulares, mas elas também deixam fortes mensagens que reverberam através das gerações, que desafiam e que fortalecem as mulheres em suas vidas diárias.[4] Além dessas extraordinárias mulheres, há outras presentes na Bíblia, mas como sem-voz e, frequentemente, inclusive como sem-nome. Por exemplo, na narrativa de Segundo Livro de Samuel 3,7, Resfa está em silêncio, mas suas ações e sua presença posteriores desafiam inclusive o rei Davi (Segundo Livro de Samuel 21,8-11); como resultado, ocorre uma transformação, emergindo uma vida nova.[5]

Há também um número considerável de mulheres no Novo Testamento cujos nomes não são citados – por exemplo, a cananeia que pede a Jesus que este cure sua filha (Mateus 15,21-28) e a mulher que foi curada das hemorragias de que padecia havia doze anos (Marcos 5,21-34). Conforme retratado no Novo Testamento, Jesus foi muito sensível às mulheres em sua pregação. Ele usou exemplos tirados das experiências tanto de mulheres quanto de homens, dando voz a ambos. Ele trouxe uma mensagem de libertação para todos, especialmente para os marginalizados e os desfavorecidos. Tratou igualmente homens e mulheres como filhos de Deus.[6] Contudo, mesmo na Bíblia, muitas vozes femininas continuam ausentes, e a questão de sua ausência é, talvez, mais urgente exatamente por causa do testemunho de Jesus.

---

[4] Ver Bridget Mary Meehan, *Praying with Women of the Bible* (Liguori, MO: Liguori Publications, 1998).
[5] Nyambura Njoroge, "Spirituality of Resistance and Transformation", in *Liberating Eschatology: Essays in Honor of Letty M. Russell* (Louisville, KY: Westminster John Knox Press, 1999), 66-82.
[6] Anne Nasimiyu-Wasike, "Christology and An African Woman's Experience" in *Jesus in African Christianity: Experimentation and Diversity in African Christology*, ed. J. N. K. Mugambi e Laurenti Magesa (Nairobi: Initiatives Ltd., 1989), 126.

AS VOZES FEMININAS AUSENTES
ANNE NASIMIYU-WASIKE

Lynn Bundesen argumenta proveitosamente que a ausência de muitas personagens mulheres na Bíblia não demonstra de modo algum que as mulheres fossem consideradas por Deus como vozes inúteis.[7] Sua ausência é, antes, uma característica das culturas patriarcais que influenciaram na redação da Bíblia. Mas, a despeito do conjunto cultural patriarcal do Novo Testamento, Jesus é retratado como tendo uma atitude revolucionária para com as mulheres. E embora em algumas cartas de Paulo (por exemplo, Primeira Carta aos Coríntios 11,2-16) o Apóstolo dos Gentios aceite, segundo os padrões culturais da época, a submissão da mulher ao homem, nele, contudo, vislumbra-se a crença na igualdade entre mulheres e homens diante de Deus, quando não entre si. Alguns críticos sustentam que Paulo tenha tido uma atitude de "cala boca e senta!" para com as mulheres. No entanto, foi Paulo quem nos deu o importante texto de Gálatas: "Não há mais judeu nem grego, não há mais escravo nem livre, não há mais homem nem mulher, pois todos vós sois um em Cristo Jesus" (Gálatas 3,28).

No entanto, devemos buscar as situações históricas em que a Bíblia foi escrita. O patriarcado, de fato, prevaleceu. As mulheres eram vistas como sendo menos que os homens. Registros seculares nos dizem que no tempo bíblico as mulheres estavam privadas não somente de direitos políticos, como também de credibilidade no domínio público. Segundo o historiador Flávio Josefo, cujos escritos são contemporâneos aos do Novo Testamento, a prática da exclusão das mulheres no governo judeu como testemunha legal ocorria da seguinte maneira: "Não se permita que apenas uma testemunha seja aceita, mas sim três ou duas pelo menos, e aquelas cujo testemunho seja confirmado por sua boa conduta de vida. Não se permita, porém, que o testemunho de mulheres seja aceito, por causa da leviandade e do atrevimento do sexo".[8]

No entanto, os biblistas vétero e neotestamentários argumentam que há muitos exemplos nos quais as mulheres desempenham um importante papel no plano de Deus quando vistas através das lentes dos escritos masculinos.[9] Por exemplo, Miriam, profetisa e líder juntamente com Moisés e Aarão, focou seu ministério nas mulheres de Israel (Êxodo 15,20-21). Débora, também

---

[7] Ver Lynne Bundesen, *Woman's Guide to the Bible* (New York: Crossroad Publishing, 1993).
[8] S. N. Emswiler, *The Ongoing Journey: Women and the Bible* (New York: Women's Division of the United Methodist Church, 1977), 144.
[9] Ver Rosanne Gartner, *Meet Bathsheba: Dramatic Portraits of Biblical Women* (Valley Forge, PA: Judson Press, 2000).

uma profetisa, tornou-se uma juíza nacional em Israel (Juízes 4,4; 5,7). A profetisa Hulda foi consultada pelos chefes de Josias para que ela emitisse sua opinião (Segundo Livro dos Reis 22,14-20). Jael, uma mulher muito respeitada, foi uma prova viva da fraqueza de Barac e de outros homens em Israel (Juízes 4,9), e foi Abigail (Primeiro Livro de Samuel 25) quem persuadiu Davi a não matar Nabal. Além dos papéis desempenhados por mulheres particulares, é notável que no Decálogo o quarto mandamento implique um pedido de honra igual para mãe e para pai. Contudo, no nono mandamento a mulher é relegada ao nível dos bois e dos jumentos (Êxodo 20,2-18); ela não passa de uma parte da propriedade do homem.

As interpretações da Bíblia permitem uma compreensão de sua mensagem central, mas ela é facilmente obscurecida pelas histórias bíblicas que parecem promover a degradação da mulher[10] e pelo silêncio imposto às mulheres pela maioria dos escritos bíblicos. A Bíblia, podemos presumir, teria sido muito diferente se tivesse sido escrita pelas mulheres.

As mulheres como vozes ausentes na história da Igreja

A cultura dominante de qualquer sociedade dita os papéis das pessoas e as estruturas de relacionamento. Por séculos, as vozes do povo simples não foi ouvida, frequentemente porque elas eram iletradas e ninguém se preocupava em descobrir e registrar suas experiências cotidianas. A história oferece relatos de homens ricos e instruídos e de mulheres extraordinárias, mas deixa de lado muitos outros que também contribuíram com a comunidade. Os relatos de mulheres na história são em geral subestimados e subvalorizados tanto econômica quanto socialmente. Isso não significa que as mulheres tenham sido incapazes de, no passado, expressarem-se ou tenham sido inativas, mas suas vidas permanecem ocultas em muitas interpretações históricas. Hoje, contudo, os estudiosos estão tentando retomar uma narrativa mais acurada do papel feminino no passado. Uma breve análise do *status* das mulheres na Idade Média (no Ocidente) é iluminador a respeito disso.

O historiador John Mundy lamenta que as mulheres na Idade Média tenham sido consideradas como mercadorias econômicas.[11] Elas eram vistas como

---

[10] Ver Megan McKenna, *Not Counting Women and Children: Neglected Stories from the Bible* (New York: Orbis Books, 1994).

[11] Ver John H. Mundy, *Europe in the High Middle Ages* (London: Longman Group Ltd., 1980), 207-223.

úteis para a gravidez e para o trabalho manual. Seu *status* era muitas vezes igualado ao das crianças. As condições de suas vidas eram muito frequentemente severas. Elas eram obrigadas a casamentos nos quais tinham de se sujeitar não somente à autoridade de seus maridos, mas também à agressão física como um meio de manter sua subserviência. Sua salvação com frequência dependia de sua habilidade de satisfazer seu marido e de gerar filhos. As mulheres morriam mais cedo que os homens – se não no parto, então por causa do trabalho físico pesado que tinham de desempenhar ou por causa de doenças às quais elas se tornavam vulneráveis por causa das condições de trabalho.

Contudo, há motivos para acreditar que, se ouvíssemos as vozes das mulheres ao longo do tempo, aprenderíamos algo não somente sobre seus fardos, mas também sobre suas forças; não somente sobre sua total subordinação, mas também sobre seu papel produtivo. Visto que as mulheres não foram sequer contadas nos censos nacionais durante a maior parte do tempo, sua verdadeira existência foi silenciada e ocultada para o futuro. No entanto, os historiadores atuais estão encontrando evidências de que pelo menos algumas mulheres na Idade Média foram consideradas como sendo pilares da economia e da sociedade como um todo, bem como pilares de virtude na família.[12]

Vimos, contudo, que, no Ocidente medieval, se uma mulher sobrevivesse, ela devia ser geralmente submissa e paciente. Eis a maior razão para que as vozes femininas tenham sido silenciadas no mundo ocidental tradicional e no mundo onde o patriarcado foi ou é o sistema de vida. As mulheres foram subordinadas aos homens não porque elas desejavam ser assim, mas por causa das orientações culturais da época.

Aqui não é o lugar para traçar de modo aprofundado o papel e o *status* das mulheres na Igreja ou na história secular ou em sociedades e culturas mundiais. Basta afirmar que histórias análogas àquelas histórias bíblicas ou histórias medievais continuaram persistindo ora mais ora menos até o presente momento nos lugares onde o patriarcado continuou sendo o modelo predominante para as relações humanas. Contudo, voltarei agora ao passado e ao presente nas sociedades tradicionais africanas.

---

[12] Ver Carlo M. Cipolla, ed., *The Fontana Economic History of Europe* (Glasgow: William Collins Son & Co., 1981), 44-45, 59, 200, 234, 250, 266.

As vozes ausentes na história tradicional africana

A história das vozes ausentes na África não é diferente da história em outros tempos e em outros lugares. A voz das mulheres esteve amplamente ausente. Embora tenha havido tanto sociedades patriarcais quanto matriarcais na África tradicional, apenas uma minoria foi matriarcal, e mesmo nessas sociedades – nas quais a linhagem é feita maternalmente – eram e são os homens nas famílias maternas que tomaram e tomam as decisões que afetam a família. Como a maioria das sociedades tradicionais africanas, elas são patriarcais, e a quase todos os aspectos da vida é dada uma interpretação masculina. Na maioria das comunidades africanas, as mulheres são consideradas como parte da propriedade do patriarca, e elas não têm voz nos negócios sociais, políticos ou econômicos da comunidade.[13] De uma maneira geral, as mulheres africanas são membros sem-voz da comunidade e são agrupadas com as crianças.[14]

Além de as vozes femininas estarem ausentes na comunidade e em casa, o contexto sociocultural nativo africano legitima a violência contra as mulheres por meio de práticas religioso-culturais.[15] A violência doméstica é hoje um fator que aumenta a vulnerabilidade das mulheres à infecção do HIV. Mesmo quando as mulheres não são sujeitas à violência física, os estudiosos africanos notam que a cultura é universalmente utilizada para a maioria dos homens manter o poder sobre as mulheres e justificar a misoginia. Há na África uma percepção geral de que os homens são superiores e as mulheres inferiores, embora, paradoxalmente, as mulheres sejam consideradas como mais gentis do que os homens, mais moralmente corretas que eles.[16] A persistente desigualdade de poder, contudo, leva à opressão internalizada, na qual as mulheres acreditam em sua inferiori-

---

[13] John S. Akama e Robert Maxon, eds., *Ethnography of the Gusii of Western Kenya: A Vanishing Cultural Heritage* (New York: Edwin Mellen Press, 2006).

[14] J. Fedler e Z. Tanzer, "A World in Denial: International Perspectives on Violence against Women", in *Reclaiming Women's Spaces: New Perspectives on Violence against Women and Sheltering in South Africa*, ed. Y. J. Park, J. Fedler e Z. Dangor (Johannesburg: Nisaa Institute for Women's Development, 2000).

[15] Audrey Mullender e Rebecca Morley, eds., *Children Living with Domestic Violence* (London: Whiting and Birch, 1994).

[16] Ver John Archer e Barbara Lloyd, *Sex and Gender*, 2. ed. (London: Cambridge University Press 2002).

AS VOZES FEMININAS AUSENTES
ANNE NASIMIYU-WASIKE

dade e se comportam de acordo com essa crença.[17] Elas estão dispostas a aceitar menos na vida, inclusive a aceitar o abuso.[18]

As estudiosas africanas, contudo, começaram a escrever as histórias das mulheres africanas que contribuíram para o desenvolvimento da história africana e cujas vozes ainda não foram silenciadas – mulheres como Ma Katilili Wa Mensa do Quênia, que organizou a resistência giriama (povo queniano) contra a intervenção colonialista.[19] Uma dessas autoras, Macere Mugo, refletindo sobre os relatos históricos da luta por liberdade no Quênia, tristemente destaca que as heroínas da história africana têm sido negligenciadas.[20] Ela conta a história de Mary Muthoni Nyanjiru, que morreu a tiros por se opor aos poderes colonialistas, exigindo a libertação de Harry Thuku, o líder dos combatentes pela liberdade. Outra forte e brava mulher africana, Mary Muthoni, provou que as mulheres tomaram parte da luta por libertação dos quenianos quando pondo em ação as multidões. Sua voz não foi silenciada, embora ela tenha em seguida morrido com outras vinte e uma mulheres que foram alvejadas por forças colonialistas.[21]

As vozes ignoradas de mulheres no Quênia

O tratamento das e atitude para com as mulheres em algumas partes do Quênia não são melhores do que das mulheres no Ocidente medieval ou em outras partes da África e do mundo. Apesar das cláusulas da constituição da União Africana e apesar da Organização Mundial contra a Tortura (OMCT) com sede em Genebra,[22] as mulheres no Quênia ainda vivem no

---

[17] Ver Anne E. Hunter e Carie Forden, *Readings in the Psychology of Gender: Exploring Our Differénces and Commonalities* (Boston: Allyn & Bacon, 2002).

[18] Ver Harold I. Kaplan e Benjamin J. Saddock, *Synopsis of Psychiatry: Behavioural Sciences/ Clinical Psychiatry*, 5. ed. (London: William & Wilkins, 1988).

[19] Ver Cynthia Brantley, *The Giriama and Colonial Resistance in Kenya, 1800-1920* (Los Angeles: University of California Press, 1981), 144.

[20] Micere Mugo, "The Role of Women in the Struggle for Freedom", in *The Participation of Women in Kenya Society*, ed. Achola Pala, Thelma Awori e Abigail Krystal (Nairobi: Kenya Literature Bureau, 1978), 213.

[21] Embora Mary Muthoni tenha mobilizado o povo africano e desafiado tanto os homens africanos a lutarem por sua independência quanto os colonialistas a libertarem Harry Thuku, causa tristeza constatar que nos poucos relatos históricos essa brava mulher seja mencionada apenas de passagem.

[22] *Violence against Women and Children* (Geneva: World Organization against Torture, 2008); disponível em http://www.omct.org/files/2005/09/3070/alt_report_on_violence_against_women_children_kenya.pdf.

vale de lágrimas sob a brutalidade de seus companheiros. Ainda que o Quênia tenha um grande grupo de organizações não governamentais que lute pelos direitos das mulheres, estas ainda experimentam todo tipo de tratamento e punição cruel, desumana e degradante. As vozes das mulheres, a despeito de sua relevância, têm sido as mais ignoradas no Quênia. Hoje, contudo, seu silêncio tornou-se visível desde que a mídia local e internacional passou a apresentar histórias de mulheres em áreas rurais e urbanas do Quênia que são cotidianamente brutalizadas.

Outras vozes ausentes no Quênia

A igualdade de respeito por todos é importante em qualquer sociedade, pois ela traz estabilidade, harmonia e desenvolvimento. Toda pessoa deveria ser vista como uma parte importante do desenvolvimento social, econômico, político, religioso e psíquico de qualquer sociedade. É injusto marginalizar alguns membros da comunidade e, assim, desmerecer a importância de suas vozes. É ilógico enfatizar a responsabilidade coletiva no desenvolvimento nacional e ainda ignorar a voz coletiva do povo. Por exemplo, o governo queniano enfatizou a importância da participação de todo o povo na votação pela liderança civil, mas após as eleições os líderes transformaram em sem-voz muitos daqueles que os elegeram.

As vozes ausentes dos anciãos

A terceira idade é com frequência vista como uma fase inevitável, indesejável e problemática da vida que todos somos obrigados a encarar. Mas essa visão da terceira idade é, na verdade, um fenômeno novo no Quênia. No passado queniano, quando a vida era mais simples e havia maior clareza de alguns valores, aqueles que chegavam à terceira idade gozavam de um lugar privilegiado na sociedade e na comunidade; podiam relaxar e aproveitar seus últimos dias seguros na certeza de que receberiam atenção, respeito e afeição. Embora já tivessem vivido seu tempo, tudo o que haviam passado continuava importante – e assim eram considerados pessoas.

Hoje, contudo, os idosos no Quênia estão entre os membros mais negligenciados da sociedade. A negligência, o abuso e a marginalização dos idosos levam-nos a morrer mais cedo, por causa de doenças oportunistas, e seus corpos ficam com frequência mais vulneráveis. A população idosa do Quênia não

AS VOZES FEMININAS AUSENTES
ANNE NASIMIYU-WASIKE

tem atenção médica, financeira ou mesmo espiritual da parte de pessoas que eles criaram e cuidaram. As necessidades básicas humanas são escassamente fornecidas tanto pelo governo quanto pelos membros de suas famílias. Facilmente esquecido é o fato de que em seus anos produtivos os idosos contribuíram com os recursos existentes que geraram bens para os atuais jovens e para a geração laboralmente ativa.

Uma pesquisa levada a cabo em oito países – Argentina, Áustria, Brasil, Canadá, Índia, Quênia, Líbano e Suécia – revelou grandes semelhanças entre os países participantes em três áreas.[23] Primeiro, os idosos comumente experimentam negligência, isolamento, abandono e exclusão social. Segundo, eles têm violados seus direitos médicos, legais e humanos. E, terceiro, eles são privados de poder de decisão, de *status*, de recursos financeiros e de respeito. O levantamento investigou arquivos criminológicos, reportagens e dados sociais, e realizou entrevistas com idosos nesses países. Os dados encontrados são de fácil confirmação, pelo menos no caso do Quênia.

Enfrentar os problemas que assolam a população idosa requer sobretudo que os idosos usem sua voz e que esta seja ouvida. Mas essa voz está muito ausente. Os idosos no Quênia, por exemplo, inclusive não têm consciência da existência de organizações que podem defendê-los. As organizações, de fato, existem, mas – organizações tais como a Organização Mundial da Saúde (OMS) e seu Departamento de Doenças Crônicas e Promoção da Saúde, o Departamento da Prevenção de Violência e de Injúrias, da mesma OMS, a Rede Internacional para a Prevenção de Abuso contra os Idosos e os parceiros de instituições acadêmicas no âmbito dos países.[24]

Todos os seres humanos jovens e idosos são seres sociais. Os idosos no Quênia, por exemplo, sofrem de solidão. Muitos são abandonados nas propriedades rurais, enquanto seus filhos trabalham nos centros urbanos. Alguns filhos que vão aos centros urbanos em busca de trabalho não têm empregos seguros que garantam visitas regulares a seus pais. Os idosos não têm a

---

[23] Ver Organização Mundial da Saúde, *Missing Persons: Views of Older Persons on Elder Abuse* (Geneva: World Health Organization: INPEA 2002). Esse relatório pode ser acessado em http://whqlibdoc.who.int/hq/ 2002/WHO_NMH_VIP_02.1.pdf.

[24] Informações sobre essas organizações podem ser encontradas em "Chronic Diseases and Health Promotion", Organização Mundial da Saúde, http://www.who.int/chp/en/; "Violence and Injury Prevention and Disability (VIP)", Organização Mundial da Saúde, http://www.who.int/violence _injury_prevention/en/; International Network for the Prevention of Elder Abuse, http://www.inpea.net/; e Help Age International, http://www.helpage.org/.

companhia de seus próprios filhos, de seus netos, de seus próximos. Seu dilema socioeconômico gera neles ansiedade, medo do desconhecido e dúvidas sobre sua própria saúde. Ademais, isso enfraquece sua saúde física e mental, fazendo-os sentirem-se insignificantes e merecedores da morte.

Em alguns centros médicos no Quênia, alguns profissionais da saúde consideram o cuidado aos idosos um recurso inútil e insuficiente. Essa opinião se traduz em formas severas de abuso, negligência e exploração. De outro lado, os hospitais quenianos comumente experimentam uma disseminada corrupção e grandes conflitos de interesse. Os idosos podem estar sobrecarregados e estão frequentemente vulneráveis aos caprichos e à vontade do quadro médico.[25] Por causa desses abusos e dessa corrupção, os idosos frequentemente evitam hospitais e apelam a curandeiros da medicina tradicional. Tornam-se, então, presas fáceis de charlatões que só querem tirar vantagem do povo, tirando-lhes os poucos recursos que lhes restam. E, o pior de tudo, alguns idosos – especialmente mulheres em algumas partes do Quênia – são acusados de praticar feitiçaria e, por isso, são queimados vivos.

Conclusão

A história oficial registrada na maioria dos livros é o reflexo da cultura dominante de uma determinada sociedade. As vozes dos marginalizados são geralmente consideradas desimportantes, a menos que sejam pessoas extraordinárias. As mulheres têm sido as mais marginalizadas em todas as sociedades patriarcais, e suas vozes têm sido silenciadas, ignoradas e subestimadas. As pessoas marginalizadas em todos os lugares têm de revindicar seus direitos, defender-se, organizar-se, protestar e lutar por uma sociedade que possa incluir a todos. Visto que todas as pessoas foram feitas à imagem e semelhança de Deus, é importante que todas as vozes sejam igualmente consideradas, de modo que todos contribuam para a história da humanidade. É essencial que as histórias que as mães de amanhã contarem a seus filhos não sejam de sofrimento, de injustiça e de desigualdade, mas de humanidade harmoniosa e de discipulado igual entre mulheres e homens.

Embora a África tradicional tenha reverenciado e venerado seus idosos, isso mudou drasticamente para pior. Hoje, os idosos enfrentam negligência,

---

[25] Organização Mundial da Saúde, *Missing Persons*, 17.

AS VOZES FEMININAS AUSENTES
ANNE NASIMIYU-WASIKE

isolamento, abandono, privação e violação de seus direitos. Há uma premente necessidade de educar a sociedade e de despertar sua consciência sobre os idosos, e estes precisam se familiarizar com seus direitos e com os serviços de que têm direito na sociedade. Toda sociedade deveria dar poder a seus idosos para exercerem seus direitos e defender seus próprios interesses. As relações entre as gerações deveriam ser encorajadas, de modo que a geração jovem respeite a velha, para que juntos possam criar vínculos positivos.

A SISTEMÁTICA EXTINÇÃO DOS CORPOS DE PELE NEGRA NA ÉTICA CATÓLICA

Bryan Massingale

Uma das questões a que me dedico em meu trabalho acadêmico é esta: *O que a ética teológica católica ganharia se levasse seriamente em consideração a experiência negra como uma parceira de diálogo?* Levantar a questão, contudo, é indicar a realidade das vozes ausentes, apagadas e "perdidas". A questão é necessária somente porque na "experiência negra" – a história coletiva da sobrevivência e da realização afro-americana em um ambiente racista, explorador e hostil – os corpos que são sujeitos dessa experiência têm sido todos eles com frequência invisibilizados e, portanto, perdidos na reflexão ética católica nos Estados Unidos.[1]

A omissão histórica do racismo e da justiça racial

Um exemplo ilustra essa invisibilidade, a qual, eu defendo, chega a uma sistemática extinção. Em 1948, o eminente teólogo moralista norte-americano Gerald Kelly analisou a questão sobre se a obrigação dominical da missa cessaria para um negro excluído da "Igreja branca" local.[2] Kelly considerou

---

[1] James Cone, o pioneiro da teologia liberal americana negra, define a "experiência negra" assim: "A experiência negra [nos Estados Unidos] é a atmosfera em que os negros vivem. Trata-se da totalidade da experiência negra em um mundo branco [...], em um sistema de racismo branco [...]. A experiência negra, contudo, é mais do que enfrentar a insanidade branca. Também significa os negros tomando decisões sobre eles próprios [...]. É a experiência de conseguir uma existência em uma sociedade que diz que você não pertence a ela". Ver James Cone, *A Black Theology of Liberation*, 2. ed. (Maryknoll, NY: Orbis Books, 1986), 24-25.

[2] Leitores de fora do contexto norte-americano precisam saber ou lembrar-se de que a segregação racial inflexível foi a política social e legal oficial dos Estados Unidos de 1896 até 1965. Justificada sob a ilusão de promover oportunidades educacionais, sociais e econômicas para brancos e não brancos "separados mas iguais", essa segregação racial foi um meio de avançar a supremacia branca em assuntos políticos, sociais e econômicos. Essa exclusão racial foi, infelizmente, uma realidade na Igreja Católica norte-americana. Os negros e as negras foram completamente excluídos de participarem do sacerdócio e da vida religiosa. As paróquias católicas foram muitas vezes separadas entre "somente para brancos" ou "somente para negros" – especialmente, mas não unicamente, no sul dos Estados Unidos. Para um estudo

ÉTICA TEOLÓGICA CATÓLICA
PASSADO, PRESENTE E FUTURO

que essa discriminação racial era "injusta, ímpia e escandalosa". Ele também expressou tristeza com a injúria dirigida ao "espírito do negro" e com o sentido da participação eclesial. Contudo, Kelly concluiu que essa discriminação na Igreja "em si não o escusava de ouvir a missa. Essa questão deve ser resolvida por causa da dificuldade de conseguir outra Igreja".

Ele de fato reiterou que os católicos brancos tinham o dever de estender a cortesia cotidiana e o respeito aos negros, notando que a recusa em fazer isso era "um pecado contra a caridade".[3] Notem, contudo, que os católicos brancos não eram obrigados a protestar contra o mal social da segregação racial em si, seja na sociedade, seja na Igreja. Também não houve nenhuma obrigação expressa para que os católicos se engajassem proativamente na luta para mudar essa situação pecaminosa. Nem se deu o mínimo de atenção à perspectiva da vítima de pele negra dessa exclusão eclesial.

Uma revisão dos dois maiores periódicos profissionais de teólogos eticistas católicos norte-americanos – ou seja, as dignas de crédito "Notes on Moral Theology" ["Notas sobre teologia moral"] publicadas por *Theological Studies* (1940-1996) e *The Proceedings of the Catholic Theological Society of America* (1946-1996) – confirmou a grande e patente omissão da questão do racismo branco. O passado da teologia moral católica norte-americana revela omissões embaraçosas, pois os eticistas teológicos aparentemente não tiveram consciência dos maiores movimentos sociais que ocorreram a seu redor (como, por exemplo, o Movimento dos Direitos Civis e o Movimento *Black Power* [Força Negra] da década de 1960). É inútil buscar nesses periódicos análises e reflexões sobre a realidade do racismo ou das relações raciais. O Movimento dos Direitos Civis, o catalisador das transformações sociais mais epocais na história dos Estados Unidos e um paradigma para muitas outras lutas globais por justiça, passou despercebido pelos eticistas católicos norte-americanos, os quais foram absorvidos por outros temas – especialmente, as controvérsias

---

fundamental detalhando o conluio e a cumplicidade da Igreja Católica nos Estados Unidos com o mal do racismo, ver Cyprian Davis, *The History of Black Catholics in the United States* (New York: Crossroad Publishing, 1992).

[3] Gerald Kelly, "Notes on Moral Theology", *Theological Studies* 8 (1947): 112-114. Cito esse artigo porque ilustra o tratamento-padrão que o racismo recebia quando era analisado por teólogos eticistas católicos norte-americanos. Poder-se-ia dizer também que, embora seja fácil criticar e inclusive desdenhar as limitações dessa abordagem, pelo menos os eticistas da década de 1940 chamaram a atenção para o tema. Depois de 1963, o tema da justiça racial desapareceu por completo do periódico anual sobre moral *Theological Studies*, retornando somente em 1990.

em torno da moralidade e da contracepção artificial. De fato, se se depende somente dessas fontes para um conhecimento do período, nunca se tomará conhecimento da vida, das contribuições ou mesmo da morte de Martin Luther King Jr., pois os moralistas católicos daquele tempo o evitaram.[4]

Assim, um notável estudioso, refletindo sobre a omissão da justiça racial na ética católica norte-americana, concluiu:

> Historicamente, é impossível negar que, a partir do fim da Guerra Civil até os tempos modernos, um silêncio quase universal sobre questões morais envolvidas com a segregação cobriu a cena eclesiástica. A hierarquia e os teólogos americanos permaneceram mudos, e isso num tempo em que [...] a segregação forçada cresceu e se estendeu mais e mais em todas as áreas da vida.[5]

Não apenas uma omissão "histórica"

A observação de que o silêncio da Experiência Negra e de que a falta de atenção ética quanto à realidade do racismo não é, infelizmente, um assunto da história passada, mas tem se confirmado recentemente. Em outubro de 2008, houve uma conferência na Catholic Theological Union e na DePaul University, em Chicago, com a tarefa de "construir uma teologia social católica para as Américas". Como parte do painel conclusivo encarregado das realizações da conferência e das tarefas remanescentes, observei a omissão de toda e qualquer consideração sobre raça. Por exemplo, embora os participantes da conferência tivessem examinado e lamentado a pobreza causada nos Estados Unidos pelo Furacão Katrina, eles jamais chamaram a atenção para a raça como um fator decisivo para o modo como essa tragédia se desdobrou.[6]

---

[4] Detalho esse triste legado em Bryan Massingale, "The African American Experience and U. S. Roman Catholic Ethics: 'Strangers and Aliens No Longer'?" in *Black and Catholic: The Challenge and Gift of Black Folk: Contributions of African American Experience and World View to Catholic Theology*, ed. Jamie T. Phelps (Milwaukee, WI: Marquette University Press, 1997), 79-101.

[5] Joseph T. Leonard, "Current Theological Questions in Race Relations", *Catholic Theological Society of America Proceedings* 19 (1964): 82.

[6] Para o impacto notável do racismo norte-americano na resposta às vítimas do Furacão Katrina, ver Bryan N. Massingale, "The Scandal of Poverty: 'Cultured Indifference' and the Option for the Poor Post-Katrina", *Journal of Religion and Society*, Supplement Series 4 (2008): 55-72; e Bryan Massingale, "About Katrina: Catastrophe Exposes U.S. Race Reality", *National Catholic Reporter* 43, n. 18 (2007): 10-13.

ÉTICA TEOLÓGICA CATÓLICA
PASSADO, PRESENTE E FUTURO

Os estudiosos reunidos também lamentaram a dificuldade de elaborar uma teologia social comum para as Américas – do Norte e do Sul –, em razão de nossas histórias e origens diferentes. Mas essa observação ignorou nossa história comum de racismo e escravidão – padecida tanto pelos africanos quanto pelos povos indígenas –, que não somente marca ambos nossos continentes mas também tem sido decisiva na formação da identidade latina. *La raza* – a realidade do *metizo/mestizaje* da América Latina – não existiria sem a miscigenação racial que se enraizou a partir da profunda e dolorida, muitas vezes desconhecida, dor da escravidão e da exploração econômica. A escravidão, o colonialismo e a conquista baseados na raça são histórias comuns que são fundacionais não somente para as Américas, mas também para a cultura ocidental como um todo. Isso não pode ser adequadamente entendido sem uma forte relação com a injustiça racial e uma presumida supremacia branca.

A extinção da voz do corpo negro

Além disso, quando os corpos negros dos afro-americanos apareciam no discurso ético católico, eram vistos como objetos da simpatia, da caridade e da assistência branca (uso a palavra "objeto" deliberadamente). Embora os moralistas mais importantes da década de 1950 concordassem que a segregação racial era injusta, a solução defendida era encorajar os brancos a gerar ou conceder direitos aos negros, em vez de encorajar os afro-americanos a pressionarem pelo que lhes era devido.[7] O discurso moral católico tratava os negros como *objeto* do estudo, da análise e da caridade branca – e raramente os considerava *sujeitos* capazes de ação independente ou de iniciativa criativa. Não houve reconhecimento da *iniciativa* negra; os negros normalmente seguiam os atores do discurso moral católico norte-

---

[7] Citando o eminente moralista norte-americano John Ford: "A doutrina de Cristo obriga-nos mais insistentemente a *dar* direitos à justiça comutativa; em nenhum lugar, de fato, Cristo nos encoraja a *lutar* pelo que nos é devido. Seria melhor para os teólogos e para os padres em geral pregar aos brancos que eles deveriam dar os direitos devidos aos negros, em vez de incitar os negros a pressionarem pelos direitos que lhes são devidos. Do contrário, estaremos incitando lutas e violência". Ver C. Luke Salm, "Moral Aspects of Segregation in Education – Digest of the Discussion", *Catholic Theological Society of America Proceedings* 13 (1958): 61; itálicos do original.

-americano.[8] Sua voz e sua iniciativa estão mudas, ausentes e apagadas – e ao mesmo tempo são opostas, temerosas e resistentes.[9] Essas práticas e atitudes só podiam tornar a reflexão ética católica em matéria de raça inadequada e pobre, quando não absolutamente equivocada.

Esse "porão" da história revelado na extinção e na distorção da Experiência Negra na reflexão ética católica é bem retratado por David Tracy:

> Há um porão para tudo o que se falou sobre a história da teologia e da religião modernas. Esse porão foi revelado no silêncio chocante da maioria das teologias sobre a consciência histórica e sobre a historicidade, silêncio esse semelhante ao mal irrompendo na história, nos sofrimentos de todas as pessoas, na destruição da natureza [...]. [Trata-se de] uma história sem compreensão alguma da radical irrupção da história real, sem uma memória do sofrimento histórico, especialmente do sofrimento causado pelas penetrantes, sistemáticas e inconscientes distorções em nossa história – sexismo, racismo, classismo, antissemitismo, homofobia, eurocentrismo.[10]

Por que a evasão do corpo negro?

Contudo, devemos aprofundar nossa inquirição sobre esse "silêncio chocante [...], sobre o sofrimento de todas as pessoas", particularmente das pessoas de pele negra ou escura, e sobre essa parte da ética teológica católica, perguntando-nos *por quê*. Por que, a despeito da "volta ao sujeito" e da adesão à consciência histórica, os eticistas teológicos católicos norte-americanos *não* prestaram atenção ao evidente e endêmico racismo da sociedade americana? Por que a questão moral mais importante na década de 1960 foi a contracepção artificial e não o Movimento dos Direitos Civis ou a violência racial de

---

[8] Conforme notado acima, na ética teológica católica norte-americana, houve pouquíssima análise ou abordagem do Movimento dos Direitos Civis liderado por negros. De fato, em um trabalho anterior, detalho a suspeita da iniciativa negra e o amplo paternalismo branco que marca o comprometimento católico norte-americano com o racismo. Ver meu *Racial Justice and the Catholic Church* (Maryknoll, NY: Orbis Books, 2010), capítulo 2.

[9] John LaFarge, SJ, um proeminente advogado da justiça racial em meados do século XX, contudo, desconfiou e se opôs à iniciativa e à liderança afro-americana na busca por justiça social. Ver David W. Southern, *John LaFarge and the Limits of Catholic Interracialism 1911-1963* (Baton Rouge: Louisiana State University Press, 1996).

[10] David Tracy, "Evil, Suffering, and Hope: The Search for New Forms of Contemporary Theodicy", *CTSA Proceedings* 50 (1995): 29.

ÉTICA TEOLÓGICA CATÓLICA
PASSADO, PRESENTE E FUTURO

1967 e 1968, que dilacerou cidades e ainda tem consequências nos dias de hoje? Por que a "interrupção radical" do corpo negro foi, e ainda é, continuamente desprezada, ignorada e apagada?

Há muitas razões para isso. M. Shawn Copeland sugere que uma razão seja que o corpo negro é o que ela chama de uma "vergonha estrutural",[11] ou seja, uma lembrança desconfortável dos fantasmas da escravidão, da colonização e da supremacia racial – ou seja, do "enriquecimento injusto" através do trabalho explorado[12] – que assombra e paira sobre nossas histórias. Outra razão para a evitação do corpo negro no discurso ético e teológico católico é que um engajamento direto com ele poderia revelar a profunda cumplicidade e conluio do cristianismo ocidental com o sofrimento, o abuso e o horror que estiveram à serviço da expansão colonial europeia e americana.[13] Ou, então, a razão mais profunda para a evitação do corpo negro talvez seja que desafiar sua invisibilidade implicaria tornar os corpos brancos visíveis como "brancos", ou seja, como lugares de domínio e de privilégio reconhecidamente raciais.

Marcar os teólogos brancos como "brancos" significa nomear e encarar os efeitos deformadores da cultura sobre a consciência dos eticistas teológicos europeus e norte-americanos. Significa encarar não somente a possibilidade, mas também a probabilidade de que os eticistas católicos do passado (e frequentemente do presente), (de)formados pela distorção sistemática do racismo ocidental, não olharam e não poderiam ter olhado para os descendentes da África como incluídos entre os "sujeitos" para os quais aqueles primeiros deveriam "ter se voltado".[14]

Essa probabilidade não é nem inútil nem especulativa. Os cientistas sociais têm revelado a realidade daquilo que chamam de "simpatia e indiferença racialmente seletiva", ou seja, "o fracasso *inconsciente* de estender a uma minoria o mesmo reconhecimento de humanidade, e assim a mesma simpatia e cuidado, dado como evidente a seu próprio grupo".[15] É importante sublinhar, contudo, que essa "indiferença seletiva" não é necessariamente um assunto

---

[11] M. Shawn Copeland, *Enfleshing Freedom: Body, Race, and Being* (Minneapolis, MN: Fortress Press, 2009), 3.

[12] Joe R. Feagin, *Systemic Racism: A Theory of Oppression* (New York: Routledge, 2006), 18.

[13] No contexto norte-americano, Malcolm X é, talvez, o crítico mais agudo do conluio do cristianismo ocidental com a opressão racial dos corpos negros. Abordo o pensamento dele em "*Vox Victimarum Vox Dei*: Malcolm X as Neglected 'Classic' for Catholic Theological Reflection", *CTSA Proceedings* 65 (2010): 63-88.

[14] Massingale, "The African American Experience and U. S. Roman Catholic Ethics", 79-101.

[15] Charles R. Lawrence III, "The Id, the Ego, and Equal Protection: Reckoning with Unconscious Racism", *Stanford Law Review* 39 (1987): 317-388, na n. 135.

de decisão consciente ou disposição intencional. Ela resulta dos efeitos não percebidos da socialização em uma cultura de racismo e do corrosivo impacto de um *éthos* racializado a respeito da identidade e da consciência de alguém.

Conforme o historiador Taylor Branch nota: "quase como a cor define a visão em si, a raça molda o olho da cultura – o que notamos e o que não notamos, o alcance da empatia e o alinhamento da resposta".[16] E, por causa desses condicionamentos sociais, certas vidas se tornam mais fáceis de serem ignoradas ou, em outras palavras, certos corpos têm um apelo maior à energia e à atenção da comunidade, inclusive entre eticistas teológicos católicos.[17]

Assim, um comprometimento direto com o corpo negro na ética teológica católica demandaria tornar os eticistas brancos visíveis como "brancos" e confrontar os desafios dessas posturas para a integridade pessoal em um sistema social comprometido. Esses desafios são, contudo, complicados e delicados.

A sistemática extinção e a reflexão ética comprometida

Contudo, as vozes "ausentes" de nossos irmãos e irmãs negros são importantes não somente para a integridade pessoal dos teólogos morais católicos, mas também para a integridade e a adequação da reflexão ética católica.

---

[16] Taylor Branch, *Parting the Waters: America in the King Years, 1954-63* (New York: Simon & Schuster, 1989), citado em Haki R. Madhubuti, *Black Men: Obsolete, Single, Dangerous?* (Chicago: Third World Press, 1990), 264. Madhubuti em seguida declara: "A resposta branca para a maioria das pessoas do mundo, que não são brancas, é de fato baseada na raça. Mais do que qualquer outro fator no contexto eurocêntrico, a *raça* define, categoriza, organiza, destrói e redefine as culturas".

[17] Exploro as realidades do "racismo inconsciente" e "a simpatia e a indiferença racialmente seletiva" em meu *Racial Justice and the Catholic Church*, 26-33. Noto, contudo, ainda outra razão para a invisibilidade do corpo negro como "negro" no discurso moral católico, a saber, o mito do chamado "daltonismo". Conforme o célebre romancista Toni Morrison explica em outro contexto: "Uma provável razão para a escassez de materiais críticos sobre esse amplo e envolvente assunto é que, em termos de raça, o silêncio e a evasão têm historicamente direcionado o discurso literário [...]. Além disso, ele é agravado pelo fato de que o costume de ignorar a raça é entendido como um gesto liberal elegante, inclusive generoso. Notá-lo é reconhecer uma diferença já questionável. Impor a invisibilidade através do silêncio é permitir ao corpo negro uma participação sem sombras no corpo cultural dominante". Ver Toni Morrison, *Playing in the Dark: Whiteness and the Literary Imagination* (New York: Vintage Books, 1993). Esse "daltonismo" oficial marca as políticas públicas de muitos países, incluindo a França e o Uruguai, onde as disparidades econômicas e sociais baseadas na raça entre os grupos sociais são oficialmente "apagadas" através de uma recusa em coletar os dados que poderiam revelá-lo. O problema com o "daltonismo", ainda que bem intencionado, é que em um contexto sociocultural, em que a cor da pele diferente desempenha um papel significativo e até decisivo, não prestar atenção a essa diferença na prática preserva e defende os privilégios sociais estabelecidos.

ÉTICA TEOLÓGICA CATÓLICA
PASSADO, PRESENTE E FUTURO

Por causa desse silêncio e dessa invisibilidade, não há somente vozes que não foram ouvidas, mas há também questões morais que não foram feitas pelos eticistas teológicos católicos de gerações precedentes, como: "O que significa ser um discípulo de Jesus em uma sociedade racista?"; "Em um mundo onde o ‹negro› é um modo ilegítimo ou inferior de ser humano, quais são as implicações sociais de acreditar que os americanos negros são feitos à imagem de Deus?"; "Como fazem os descendentes de africanos para viver eticamente em uma sociedade que nega, questiona e ataca sua humanidade?"; Como nos dirigimos àqueles cuja sociedade ignora, teme e desdenha para dizer-lhes que são filhos e filhas de Deus?" Não levar em consideração essas questões em uma sociedade de racismo endêmico não somente torna um projeto ético inadequado e incompleto, mas também prejudica sua credibilidade.[18]

Além disso, a invisibilidade dos corpos negros e das vozes negras mascara deficiências metodológicas na reflexão ética católica. Destaco, por exemplo, a compreensão da teologia moral católica do pecado e da culpabilidade moral. Seu foco primário sobre os atos óbvios de consciência e de malícia racial voluntária cegam-nos ao mal social mais profundo e sinistro que nos aflige. A questão é que estamos tacitamente enredados em e deformados por uma rede do mal que não podemos sequer nomear satisfatoriamente.

Em um recente trabalho, expressei essa preocupação assim: "Por causa da natureza oculta da transmissão do racismo, seus significados são internalizados sem consciência da origem e são considerados […] normativos".[19] Ou seja, o senso do certo e do errado, a compreensão da moralidade e a consciência ficam enfraquecidos e distorcidos pela socialização em uma cultura de racismo. Não se pode alcançar a consciência da ausência ou da omissão de certas vozes ou perspectivas se não se acredita que essas omissões são "normais" e as coisas devem ser assim mesmo.

Não se trata de mera ignorância culpável. Nem, de fato, acredito que a questão possa ser resolvida satisfatoriamente através de um apelo ao que a tradição chama de "ignorância invencível". Esses apelos conseguem de algum modo lidar com a culpabilidade individual, mas não alcançam a rede mais profunda de injustiça que de fato é "má", mas para a qual os eticistas

---

[18] Massingale, *Racial Justice and the Catholic Church*, 160-161.
[19] Bryan Massingale, "Author's Response: Review Symposium on *Racial Justice and the Catholic Church*", *Horizons* 37 (2010): 138-142.

teológicos católicos não desenvolveram um modo para defini-la, nem a Igreja um fórum próprio para arrependimento e reconciliação.[20]

Sequer basta apelar ao pecado "social" ou "estrutural". Tenho tentado chamar nossa atenção ao "destacado conjunto de significados culturais [...] que estão (re)inscritos em costumes sociais, políticas institucionais e processos políticos".[21] O pecado social ou estrutural dirige-se ao posterior – ou seja, ao modo como as instituições e estruturas sociais são as causas do sofrimento injusto –, mas não ao que forma, ou seja, ao conjunto destacado dos significados e símbolos culturais que as instituições sociais refletem. A cultura anima a ordem social, e nossa teologia moral ainda não desenvolveu as ferramentas para examinar, muito menos definir, essa camada do mal causado pelo ser humano. Apenas chamar de "cultura do racismo" um acúmulo de muitos atos de pecados pessoais (com o devido respeito ao *Catecismo da Igreja Católica*) é insuficiente para fazer justiça à enormidade do mal entranhado na cultura e a seus impactos deletérios. Há um "mal radical" agindo na história humana que o entendimento predominante do pecado como um ato voluntário e consciente não pode nem tratar nem retratar – e de fato ele se agrava.

Assim, a sistemática extinção do corpo negro ou de pele escura na ética teológica católica não somente implica a integridade pessoal do eticista católico, mas também exige nossa habilidade de refletir adequadamente sobre os desafios da vida moral em um mundo multicultural e multirracial. Considerar a Experiência Negra e os corpos escuros como sérios parceiros de diálogo é um desafio assustador que promete ter efeitos profundos, necessários e talvez até desconhecidos sobre a disciplina da ética teológica católica e seus praticantes.

---

[20] David Tracy, por exemplo, afirma que definir os males sociais semelhantes ao racismo como "pecado" pode acabar não fazendo justiça à profundidade e penetração do mal que enfrentamos através de um encontro com o que é sistematicamente silenciado e apagado. Em vez disso, precisamos de uma doutrina mais radical do pecado – e da graça – que faça justiça à enormidade do mal arraigado presente em nossa história e no presente. Ver sua discussão em *Plurality and Ambiguity: Hermeneutics, Religion, and Hope* (Chicago: University of Chicago Press, 1994), 74-75.

[21] Laurie Cassidy, "Review Symposium: *Racial Justice and the Catholic Church*", Horizons 37 (2010): 127-128.

O lamento como um modo de avançar no caminho

O que, então, devemos fazer diante do peso da história e da cumplicidade da ética teológica católica ao silenciar o sofrimento das pessoas? É tentador oferecer uma série de propostas concretas que, se seguidas, levariam os eticistas católicos a uma "terra prometida" intelectual. Mas estou convencido de que o racismo nos compromete tão "visceralmente" que não pode ser tratado somente através da discussão racional. Estou mais ciente dos limites das práticas discursivas e intelectuais isoladas. Por isso, acredito que nós, eticistas católicos, precisamos *lamentar* a ambiguidade e as distorções de nossa história e seus efeitos tragicamente deformadores sobre nós mesmos. Precisamos nos lamentar, prantear e chorar nossa história.[22]

As escrituras nos lembram de que a lamentação é uma expressão de queixa, de dor e de esperança enraizada em uma "confiança contra a confiança" de que Deus ouve o grito do aflito e responde compassivamente a suas necessidades. O lamento mantém juntas a dor e a esperança, de modo a desafiar toda e qualquer compreensão racional simplista. Os lamentos definem de modo sincero e reconhecem de modo franco as circunstâncias dolorosamente distorcidas e ainda proclamam que em meio ao sofrimento há outra palavra para ser ouvida que vem de Deus – uma mensagem de compaixão e de salvação. O lamento, assim, facilita o surgimento de algo novo, seja uma consciência mudada, seja um engajamento renovado para com os acontecimentos externos. É, de fato, um paradoxo entre protesto e aplauso que conduz à nova vida.

Por exemplo, considere-se a canção religiosa afro-americana "Nobody Knows the Trouble I've Seen".[23] Composta por um escravo negro desconhecido cuja família foi aprisionada separadamente para ser vendida para diferentes senhores, a música relata penetrantemente que ninguém poderia compreender ou "entender meu pesar". Contudo, o cantor termina seu lamento com uma nota inesperada, quase incompreensível: "Ninguém sabe o problema que enfrentei. Glória Aleluia!". Através da prática do protesto sin-

---

[22] Trato mais detalhadamente da prática do lamento e seu significado para a práxis da justiça racial em *Racial Justice and the Catholic Church*, 104-114. O leitor tem acesso lá a uma discussão mais profunda.

[23] Bruno Chenu, *The Trouble I've Seen: The Big Book of Negro Spirituals*, trad. Eugene V. Leplante (Valley Forge, PA: Judson Press, 2003), 265; e John Lovell Jr., *Black Song: The Forge and the Flame* (New York: Paragon Publishers, 1972), 122.

cero e do reconhecimento franco, o cantor encontra forças para aguentar e enfrentar a perda inexprimível e as cruéis circunstâncias. A história o aflige, mas não consegue destruí-lo.

Ofereço esse lamento como uma possibilidade para os eticistas teológicos católicos. O lamento tem o poder de desafiar as crenças culturais consolidadas que legitimam o privilégio racial. Ele envolve um nível de consciência humana mais profundo que a razão lógica. O lamento pode nos impelir a novos níveis de busca da verdade e de comprometimento com riscos, pois pranteamos nossa história pregressa e esforçamo-nos em criar um discurso ético que espelhe mais a universalidade de nossa fé católica.

Aproximando-nos dos limites temporais e espaciais dessa reflexão, concluo com essa nota: a extinção sistemática dos corpos de pele escura e o silenciamento das vozes negras em nossa história não dizem respeito somente a um relato adequado do passado. Pois, como o romancista norte-americano William Faulkner notou: "o passado não está morto; aliás, sequer ele é passado".[24] A escravidão, a conquista e o colonialismo baseados na raça são experiências fundacionais comuns – os "pecados originais" que ligam as Américas, a África, a Europa e a Ásia. Não podemos, então, fornecer um relato adequado das controvérsias atuais e das responsabilidades morais – muito menos desenvolver uma ética teológica católica para a Igreja mundial –, se falharmos em prestar atenção às vozes dos corpos negros que pairam sobre e assombram nossas histórias, a despeito de nosso silêncio embaraçoso e esquecimento deliberado.

---

[24] Citado em Tracy, *Plurality and Ambiguity*, 36.

PARTE III

O PRESENTE

Argumentação moral

Em que sentido a teologia moral é racional?
Éric Gaziaux (Bélgica)
Uma estrutura para o discernimento moral
Margaret Farley (Estados Unidos)
Argumentação e metodologia na ética africana
Bénézet Bujo (República Democrática do Congo)

Ética política

A presunção contra a guerra e a violência
Brian Johnstone (Austrália)
Vida urbana, ética urbana
Miguel Ángel Sánchez Carlos (México)
A Doutrina Social Católica em uma encruzilhada
David Kaulemu (Zimbábue)

Questões de saúde

Justiça e equidade no mundo dos cuidados de saúde:
um grito ético na América Latina e no Caribe
Leo Pessini (Brasil)
Questões de saúde: uma perspectiva de gênero
Pushpa Joseph (Índia)
Retrospectiva e prospectiva do HIV/AIDS na África:
casais sorodiscordantes, reinfecções, papel das mulheres e
preservativo
Margaret A. Ogola (Quênia)

Introdução

No terceiro dia, discutimos o presente, focando três assuntos: primeiro, um plenário sobre a argumentação moral e, em seguida, dois plenários paralelos sobre ética política e ética da saúde.

Sobre a argumentação moral, o belga Éric Gaziaux oferece uma esplêndida síntese do assunto à luz do debate que surgiu a partir da década de 1970 entre ética autônoma no contexto da fé e ética da fé. Apresentando-as não como antitéticas, mas sim como diferentes ênfases, Gaziaux considera a primeira como baseada mais em uma teologia da criação e a segunda baseada mais na teologia da redenção. Sua solução do debate proporciona um bom fundamento para a ética teológica contemporânea e naturalmente conduz ao segundo ensaio.

Margaret Farley, dos Estados Unidos, ilumina o sentido do discernimento moral, tanto o realizado sozinho quanto o em grupo, explorando três experiências humanas centrais que tornam o discernimento moral possível e necessário: o dever

ÉTICA TEOLÓGICA CATÓLICA
PASSADO, PRESENTE E FUTURO

moral, a livre escolha e o amor. Propondo uma abordagem africana da argumentação moral, o congolês Bénézet Bujo busca uma compreensão fundamental da antropologia africana que é, no que se refere ao relacionamento, tridimensional: com a comunidade, com os ancestrais e com os que ainda nascerão. Nessa "autocompreensão", o movimento rumo à moralidade normativa se dá através de uma ética discursiva (ou dialógica) comum cosmologicamente consciente.

Sobre a ética política, o redentorista australiano Brian Johnstone tenta dar sentido às interpretações contemporâneas da tradição da guerra justa retomando o pensamento de Tomás de Aquino. Em particular, ele levanta questões sobre a invocação da "tradição" e da chamada reclamação *prima facie* contra o uso da violência. Ele conduz o leitor a Aquino e ao argumento da guerra justa, enquanto destaca a caridade, realçando sua primazia e prioridade no trato com a justiça para promover a concórdia cívica.

O teólogo mexicano Miguel Ángel Sánchez Carlos oferece um ensaio pioneiro, argumentando que a vida urbana não é observada no trabalho da ética teológica católica contemporânea e nos escritos do magistério contemporâneo. Ele argumenta que o Concílio de Trento foi o último concílio da era da cristandade, a qual desde então tem sido substituída por um fenômeno urbano que corrói toda e qualquer noção de ética objetiva, tanto por seu grande anonimato quanto por sua autonomia indiferente.

Do Zimbábue, David Kaulemu oferece um comentário sagaz sobre o papel do laicato na promoção e na "aplicação consistente" da Doutrina Social Católica. Focando o sul da África, ele desafia o episcopado a reconhecer o exercício de fato da autoridade eclesial por líderes leigos na realização e no desenvolvimento das doutrinas sociais.

Sobre os cuidados em saúde, o brasileiro Leo Pessini apresenta um panorama internacional dos desafios à saúde, para depois entrar no contexto latino-americano e tratar dos princípios da justiça e da equidade, considerando-os centrais para as necessidades futuras quanto ao cuidado em saúde. Da Índia, Pushpa Joseph observa as diferenças de gênero e de sexo nos cuidados em saúde na Índia e destaca o amplo leque de desafios e contradições que as mulheres indianas enfrentam atualmente. Do Quênia, Margaret Ogola analisa o mundo do HIV/AIDS tanto internacional quanto localmente. Na qualidade de profissional da saúde, especialmente do HIV/AIDS, ao longo de vinte e cinco anos em Nairóbi, ela oferece uma visão dos desafios atuais para os casais sorodiscordantes, especialmente com relação à reinfecção, às barreiras que as mulheres enfrentam nesses relacionamentos e finalmente à questão da legitimidade ética dos preservativos como parte da solução para evitar que um cônjuge seja infectado por outro. Trata-se de uma apresentação comovente e envolvente.

ARGUMENTAÇÃO MORAL

EM QUE SENTIDO A TEOLOGIA MORAL É RACIONAL?[1]

Éric Gaziaux

Começo minha discussão do papel da argumentação moral na teologia contemporânea esboçando um pano de fundo histórico a partir do Concílio Vaticano II até a atualidade, destacando o *status* da racionalidade no debate entre moralidade autônoma e ética da fé. Depois, examinarei algumas características da racionalidade que operam na argumentação moral.

---

[1] Este ensaio foi traduzido para o inglês por Brian McNeil.

Pano de fundo histórico

O Concílio Vaticano II marcou o fim da teologia moral pós-tridentina e o desaparecimento da antiga teologia moral casuística.[2] Embora os textos conciliares não contenham "uma exposição estruturada da teologia moral cristã", eles, contudo, contêm "indiscutíveis 'aberturas'" com relação à teologia moral.[3] Isso foi confirmado pelo debate pós-conciliar entre moralidade autônoma no contexto cristão e ética da fé. A questão central aqui diz respeito à racionalidade do comportamento cristão.

Em seu desejo de tornar a moralidade cristã plausível em um contexto secularizado, os proponentes da moralidade autônoma enfatizaram a importância de uma interpretação atualizada da lei natural. Eles tentaram estender os caminhos abertos por textos como a *Gaudium et Spes*.[4] Alfons Auer, o pai da moralidade autônoma, considera a ética como comunicável porque baseada na razão humana. A argumentação moral que Auer emprega opera não tanto no nível da especulação abstrata, mas mais naquele da reflexão sobre as experiências humanas que revelam sucessos e fracassos.

A moralidade não consiste tanto na submissão a uma ordem teonômica que se impõe, nem em uma dedução abstrata de deveres que são gerados pela lei natural e estão separados da história. Em vez disso, a moralidade consiste em revelar os deveres que são inerentes à existência humana, e estes são descobertos pela capacidade de compreensão do que significa ser uma pessoa humana. Essa racionalidade depende das ciências humanas e visa a uma integração antropológica. Ela leva a uma intervenção normativa da ética – algo que nunca é fácil e mantém-se sempre um tema em discussão.[5]

---

[2] Ver, por exemplo, Philippe Delhaye, "L'apport de Vatican II à la théologie morale", *Concilium* 75 (1972): 57-64.

[3] Jean-Louis Brugues, *Précis de théologie morale générale*, vol. 1: *Méthodologie* (Paris: Mame, 1994), 155.

[4] Discuti isso em meus seguintes livros e artigos: Éric Gaziaux, *Morale de la foi et morale autonome: Confrontation entre P. Delhaye et J. Fuchs* (Louvain: University Press, 1995); Gaziaux, *L'autonomie en morale: Au croisement de la philosophie et de la théologie* (Louvain: University Press, 1998); Gaziaux, "Morale 'autonome' et éthique 'communautarienne': Quels rapports pour quelle éthique chrétienne?", in *Les communautés chrétiennes et la formation morale des sujets*, ed. Philippe Bordeyne e Alain Thomasset (Paris: Cerf, 2008), 193-215; e Gaziaux, "Le statut de la raison en éthique et le thème de l'autonomie", in *Introduction à l'éthique: Penser, croire, agir*, ed. Jean-Daniel Causse e Denis Müller (Genève: Labor et Fides, 2009), 69-93. A segunda parte do presente ensaio baseia-se neste último trabalho mencionado.

[5] Ver Alfons Auer, *Autonome Moral und christlicher Glaube*, 2. ed. (Düsseldorf: Patmos, 1989), e minha apresentação em *L'autonomie en morale* e "Morale 'autonome'".

EM QUE SENTIDO A TEOLOGIA MORAL É RACIONAL?
ÉRIC GAZIAUX

Outros teólogos interpretam a moralidade autônoma segundo perspectivas diferentes, mas a linha fundamental é sempre a confiança na razão humana com respeito à definição de ética (que é considerada como um bem comum da raça humana) acompanhada pela rejeição de uma moralidade categorial que seria acessível somente aos crentes. A moralidade autônoma diz respeito primeiramente ao nível da intenção ou das motivações de uma pessoa.

A tendência que propõe uma moralidade especificamente cristã na Igreja Católica (ou ética da fé), afirmando a existência de uma moralidade própria aos cristãos, é uma reação contra exatamente essa reivindicação da ética autônoma. A encíclica *Veritatis Splendor* (1993) tentou concluir esse debate chamando a atenção para a ligação intrínseca entre liberdade e confiança, a autoridade de Cristo e do magistério da Igreja em matéria de moral, e a existência de ações intrinsecamente más e de normas morais que não admitem exceções.

Atualmente, há um renovado interesse na discussão da autonomia e, portanto, na racionalidade e na liberdade da ética, graças ao surgimento de tendências "comunitaristas". Isso, por sua vez, leva a um renovado interesse pelo conceito de argumento moral em teologia. O comunitarismo é uma reação contra o projeto da moralidade autônoma, afirmando que esta torna obscura a ligação entre religião e ética.

Alasdair MacIntyre dirige um considerável número de críticas à moralidade gerada pelo Iluminismo.[6] De modo semelhante, Stanley Hauerwas critica severamente o uso que a teologia moral faz da lei natural e o projeto inerente à moralidade autônoma em um contexto cristão. Hauerwas sustenta que a moralidade envolve mais que critérios racionais de avaliação. Ela depende primariamente do modo como a comunidade e as narrativas que ela traz moldam cada indivíduo. Não há, desse modo, uma ética universal; a tarefa é reabilitar a particularidade das convicções pessoais diante de uma universalidade que Hauerwas considera como destrutiva da identidade e inclinada à violência. Ele acusa a moralidade autônoma de enfatizar a continuidade entre os cristãos e sua cultura, mais do que a descontinuidade. Opondo-se ao absolutismo de um discurso dedutivo baseado em princípios universais, Hauerwas se concentra na abordagem narrativa, correndo, com isso, o risco de contrapor racionalidade e narratividade.[7]

---

[6] Ver Alasdair MacIntyre, *Depois da virtude* (Bauru, SP: Edusc, 2001).
[7] Ver Stanley Hauerwas, *The Peaceable Kingdom: A Primer in Christian Ethics* (Notre Dame: University of Notre Dame Press, 1983).

Esse debate, portanto, revela dois conceitos diferentes de racionalidade e de argumentação moral, um que está centrado na continuidade entre moralidade cristã e mundo secularizado e outro mais de ruptura. Um conceito depende mais de uma teologia da criação, e o outro mais de uma teologia da redenção. Embora a moralidade autônoma possa ser vista dando uma posição privilegiada à racionalidade em vez de às tradições narrativas particulares e uma especificidade categorial de comportamento, ela, contudo, tenciona salvaguardar a liberdade e a responsabilidade do agente moral.

A moralidade comunitarista está certa em criticar uma racionalidade que é "vazia" e desvinculada da história. Mas, embora destaque o enraizamento do sujeito em uma comunidade de vida e de sentido, de fato ela não se arrisca a eliminar rapidamente o papel da racionalidade – a qual é também o sinal da liberdade do ser humano. Devemos, portanto, perguntar-nos como conceber uma racionalidade em ética que leve em consideração tanto as exigências da razão quanto o enraizamento particular do sujeito moral.

Aberturas

Uma racionalidade histórica e dinâmica

É claro que ambos os conceitos propostos pela moralidade autônoma e pela crítica de certo tipo de racionalidade pela "ética comunitarista" refutam a ideia da razão absoluta. A razão existe somente como algo real e histórico. Ela pode ser exercida somente com base nos dados que ela recebe, e não independentemente desses dados. No contexto de uma argumentação moral, portanto, é tarefa da razão classificar, avaliar e esclarecer esses dados, e dar-lhes ordem. Esse é, certamente, o núcleo da argumentação moral. De acordo com ele, o argumento moral sempre vive em uma forma de dependência, que chamamos de heteronomia, das tradições de pensamento e de vida que ela própria não se concede, mas sobre a qual deve refletir e trabalhar.

Aliada à racionalidade, a autonomia significa basicamente que os princípios últimos que determinam a ação e a argumentação moral não podem ser as arbitrariedades individuais ou o autoritarismo cego. Agir segundo os impulsos momentâneos sem nenhum motivo senão as inclinações imediatas é comportar-se com a mesma moralidade de alguém que se submete cegamente à tradição ou ao costume social, ou à autoridade simplesmente, porque elas

EM QUE SENTIDO A TEOLOGIA MORAL É RACIONAL?
ÉRIC GAZIAUX

são tradição, costume social ou autoridade. A autonomia não se opõe à tradição ou à comunidade, mas à submissão à arbitrariedade.

O esforço necessário para reabilitar a razão histórica ética não consiste em estabelecer uma antítese entre a razão e a tradição, mas em recorrer tanto à experiência quanto à tradição para descobrir o que é eticamente "razoável", tendo em mente o que é tecnicamente realizável e o que é digno do ser humano. As normas éticas são transmitidas historicamente e são abertas à reavaliação crítica pela razão. Nessa perspectiva, a argumentação ética consiste na discussão das experiências éticas e da tradição moral, utilizando argumentos para examiná-las e abrindo-as a partir do espaço de sua particularidade para uma potencial universalidade (e, portanto, comunicabilidade).

Apelar para a razão em ética não significa apelar para um tipo de substância que paira acima das realidades históricas e contingentes e a partir da qual se podem simplesmente deduzir normas e valores. Pelo contrário. Referir-se à razão e promover uma moralidade fundada na racionalidade aponta para um modo de viver, obriga a uma práxis social e indica um modo de resolver os problemas, de indicar uma disciplina e de desmascarar ídolos. A razão prática, assim, tem uma função crítica de investigar "os mecanismos dissimulados das distorções através dos quais as objetificações legítimas do laço comunitário se tornam alienações intoleráveis".[8]

Uma racionalidade crítica

Uma racionalidade dinâmica sustenta que uma decisão pode ser chamada racional e razoável somente se passou pelo crivo da discussão, da confrontação crítica e da abertura a outros pontos de vista. Isso também se aplica à teologia moral. Segundo essa posição, não podem

> existir normas misteriosas de ação ética que façam uma exigência íntima que não seja positivamente compreensível e claramente identificável [...]. As normas morais fazem exigências objetivas, e é essencial que seu conteúdo seja inteligível. A inteligibilidade quanto ao que deve ser feito é um elemento constitutivo do comportamento responsável entre os seres humanos.[9]

---

[8] Paul Ricoeur, *Du texte à l'action: Essais d'herméneutique*, vol. 2 (Paris: Seuil, 1968), 258; ver também Martin Honecker, *Einführung in die theologische Ethik: Grundlagen und Grundbegriffe* (Berlin/New York: W. de Gruyter, 1990), 201.

[9] Franz Böckle, *Fundamentalmoral*, 5. ed. (München: Kösel Verlag, 1991), 293-294.

ÉTICA TEOLÓGICA CATÓLICA
PASSADO, PRESENTE E FUTURO

Essa concepção leva a duas consequências para a teologia. A primeira envolve levar a sério a racionalidade da ética *humana*, a ponto de que,

> sobre o nível ético e moral, a fé bíblica não acrescenta nada aos predicados "bom" e "obrigatório" quando eles são aplicados à ação. O *ágape* bíblico deriva de uma *economia do dom* que tem um caráter metaético. Isso me leva a afirmar que não existe uma moralidade cristã, exceto no nível da história das mentalidades. Há somente uma moralidade comum [...] que a fé bíblica coloca em uma nova *perspectiva*, na qual o amor é ligado à "nomeação de Deus".[10]

A segunda consequência é a exigência de desmascararmos a tendência de autoabsolutização na moralidade e na racionalidade humanas. "O ato de fé de ouvir pressupõe que se renuncie à autossuficiência; e isso significa que ele pressupõe o conhecimento da Cruz. Mas essa mortificação está longe de aniquilar a razão. Pelo contrário, ela faz a razão atravessar o limiar no qual a verdade habita por meio da audácia de uma transgressão".[11]

Henri Bouillard afirma claramente o que isso significa em termos teológicos:

> Estritamente falando, Deus não manda. Ele estabelece a base do que chamamos de um "mandamento", ou seja, a condição de coerência da conduta humana [...].[12]
> A consciência moral é a condição transcendental da ética cristã [...].[13]
> A existência de Deus é certamente a base da absolutez do dever [...], mas é o ser humano que faz a questão ética e discerne a resposta (mesmo quando é guiado pela luz da revelação). Fazendo isso, ele age não como um pecador, mas sim como uma criatura [...].[14]
> A ética cristã tem, assim, uma dupla fonte. Sua inspiração vem da fé, e sua definição vem da consciência moral [...].[15]
> Quem justifica a tese teológica por meio de uma reflexão desse tipo, ou seja, uma reflexão filosófica, não está autocondenado a subordinar a Palavra de Deus ao juízo da razão humana. O que está fazendo é lembrar que o que se diz sobre a Pala-

---

[10] Paul Ricoeur, *Soi-même comme un autre* (Paris: Seuil, 1990), 37 [ed. bras.: *O si-mesmo como outro* (Campinas, SP: Papirus, 1991)].
[11] Stanislas Breton, *Le Verbe et la Croix* (Paris: Desclée, 1981), 28.
[12] Henri Bouillard, *Karl Barth: Parole de Dieu et existence humaine*, vol. 2 (Paris: Aubier, 1957), 233-234.
[13] Ibid., 234.
[14] Ibid., 235.
[15] Ibid., 238.

> vra de Deus não é idêntico a essa Palavra; e obriga-se a evitar de apresentar como um preceito divino uma obrigação que se deduziu arbitrariamente a partir da Palavra de Deus. Visto que a Palavra de Deus é dirigida ao ser humano em vista de sua salvação, não se pode prescrever em nome de Deus nada que não possa ser justificado a partir da perspectiva do ser humano. Ao mesmo tempo, o ser humano tem uma abertura inata à inspiração a partir do Evangelho, e o teólogo relembra-nos isso. A partir dessa dupla perspectiva, devemos refletir tanto sobre as exigências quanto sobre a abertura da consciência moral.[16]

Uma racionalidade como uma busca pelo sentido

A racionalidade, portanto, apresenta-se como uma busca de sentido. Uma ética que é motivada por uma racionalidade desse tipo busca definir "a coerência dos relacionamentos intersubjetivos" e promover o reconhecimento intersubjetivo da pessoa humana.[17] Um imperativo pode ser moral somente se expressar a lógica da intersubjetividade e da liberdade, pois, de outro modo, seria arbitrário e a obediência seria semelhante à escravidão. Quando essa racionalidade atua, ela não visa eliminar as convicções das pessoas em nome da razão onipotente. Antes, convida essas convicções a aceitar uma análise por meio de argumentos. A mais forte convicção exige o recurso a argumentos – e, nisso, corre o risco de ser refutada. O argumento racional é, portanto, visto como uma voz crítica que opera nas convicções, as quais ele não busca eliminar, mas antes trazer à tona num conjunto de "convicções bem ponderadas" em um equilíbrio que deriva da reflexão, como John Rawls afirma.[18] Isso leva a um julgamento moral que é o fruto de um debate, de um diálogo, de um compartilhamento de convicções, e não o fruto de uma dedução racional baseada em princípios *a priori*.

Uma estreita interação entre teoria e prática é necessária, visto que

> a teoria não deriva da práxis, nem é ela simplesmente uma réplica da práxis. Ela sistematiza a práxis e a retifica, enquanto a própria teoria é, ao mesmo tempo, retificada e desenvolvida através de sua realização na práxis. A teoria é o guia da práxis. A práxis é a crítica incessantemente renovada da teoria. Em outras

---

[16] Ibid., 241.

[17] Ibid., 233.

[18] Ver P. Ricoeur, *Soi-même comme un autre* (Paris, Seuil, 1990), 335 com referência a J. Rawls, *Uma teoria da justiça* (São Paulo: Martins Fontes, 1997).

palavras, o único jeito de compreender a teoria é considerá-la envolvida na práxis; mas a práxis *por si mesma* jamais consegue demonstrar a validade da teoria.[19]

No contexto dessa interação entre teoria e práxis, entre convicção e argumentação, a referência à racionalidade em ética é semelhante à busca pelo sentido constitutivo da existência e da ação humanas. Mas esse sentido ou significado não indica muito

> *aquilo que é* – o *em si* de uma prática, sua essência, sua natureza. Antes, indica a rede de conexões e relações e a estruturação dessas conexões e relações que constituem uma determinada prática.
>
> O que, então, se torna *significativo* é a *lacuna*, a *diferença* entre os elementos de uma prática e essa prática em si, tomada na variedade das situações culturais em que ela ocorre. Isso significa que falar da práxis humanamente significativa jamais equivale a eliminar as diferenças. Pelo contrário, significa reconhecê-las e esclarecer essa rede de conexões e relações. Significa fornecer as condições para a produção da prática, para sua gênese empírica. Significa desmascarar as legitimações que essa prática produz para si, a autocrítica e a heterocrítica que ela exige, e a transcendência que ela implica [...]. Disso deriva que uma prática ética não se torna compreensível ou dá lugar a uma avaliação relevante a menos que tenha seu lugar na complexa rede de elementos que ela inclui e na densidade histórica em que está enraizada.[20]

Quando falamos da práxis que é humanamente significativa, devemos incluir um aspecto da práxis que é gerado pelos chamados e apelos, pelo excesso e pela transcendência – em resumo, por uma vida ética que está associada à ideia de vocação. "A existência humana é chamada a" uma vida de acordo com a razão. "É nessa vida que ela pode encontrar seu sentido, e a realização dessa forma de vida é também a realização da humanidade da pessoa humana. A decisão tomada em favor da razão é a aceitação dessa vocação que define a pessoa humana."[21]

A racionalidade ética está, portanto, intimamente ligada à esperança de sentido. "É a esperança desse sentido que, longe de todo legalismo, permite ao ser racional perseguir em cada caso particular o risco de uma escolha moral

---

[19] Saul Karsz, *Théorie et politique: Louis Althusser* (Paris: Fayard, 1954), 51.

[20] René Simon, *Pour une éthique commune: Réflexions philosophiques et éclairages théologiques (1970-2000): Textes réunis par Eric Gaziaux et Denis Müller* (Paris: Cerf, 2004), 24-25.

[21] Jean Ladrière, *Sens et vérité en théologie: L'articulation du sens*, vol. 3 (Paris: Cerf, 2004), 178.

que não seja arbitrária."[22] Mas o que essa vocação exatamente exige permanece amplamente indefinido. Eis por que o apelo à razão deve ser considerado em termos de um processo e não em termos de respostas já dadas.

Uma ética cristã inspirada por esse modo de compreensão da razão atua junto com o modelo de relacionamento e de responsabilidade em vez de simplesmente junto com o modelo de "particularidade e universalidade" ou "deontologia e teleologia". Esse modelo nos leva a prestar atenção à realidade comunitária e relacional de nossa existência – a salvação de Deus nos vem através da comunidade do povo de Deus – e torna possível tanto evitar o culto do particularismo excessivo ou da universalidade estéril quanto superar a exagerada antítese entre o modelo teleológico e o deontológico. Ao mesmo tempo, preserva a criatividade ao descrevê-la como uma criatividade limitada em um contexto multirrelacional.

Uma racionalidade que contém uma lacuna significativa

O conceito de racionalidade em processo leva-nos a reconhecer a falibilidade e a vulnerabilidade da ética racional, bem como uma lacuna que existe entre o que é e o deve ser. Essa lacuna abre o espaço para a ação e para a práxis moral de discernimento. Nesse sentido, podemos dizer que uma ética racional é uma ética dinâmica que está num estado contínuo de realização. Essa racionalidade busca entender-se "não somente naquilo que ela realiza em termos de sua operação ou em termos conceituais, mas também naquilo que a precede e prepara o caminho para ela, e também em sua relação com o horizonte que lhe revela o futuro de sua instauração".[23] Ela, assim, leva-nos a reconhecer uma distância entre a práxis efetiva e o que deveria ser, e eis por que a ética é às vezes estruturada na forma de um dever ou de um imperativo. Essa lacuna entre o que é e o que deveria ser é exatamente o espaço para a ação e para a práxis moral. A ética deve reduzir essa lacuna. Ao mesmo tempo, a ética jamais pode ser identificada com o cumprimento da lei em si.

O reconhecimento dessa lacuna significa reconhecer a fragilidade do querer ético. Uma vontade santa ou uma razão infalível não dependeria de nenhuma lei ou imperativo. O andar da ética é, na verdade, um andar "claudicante"

---

[22] Bouillard, *Karl Barth*, 258.
[23] Ladrière, *Sens et vérité*, 183.

(Merleau-Ponty); ela pode compreender bem as coisas, mas também pode compreendê-las mal. Uma ética que reconhece a distância que tanto separa quanto une o que é e o que deveria ser dá à liberdade humana um espaço para a imaginação e para a criatividade. Ela também se abre a uma dimensão hermenêutica da ética que está em busca de mundos nos quais podemos viver juntos. A lei é constitutiva da realização e do florescimento da liberdade, mas a liberdade em si está tanto abaixo quanto acima da lei. Uma vez que compreendermos isso, veremos que o comportamento ético deve ser um comportamento livre.

Uma racionalidade influenciada pela teologia

Teologicamente falando, o reconhecimento dessa racionalidade está baseado na crença na criação e na responsabilidade da própria fé. A razão afirma que nada do que é humano é estranho a ela; mas ela não pode obrigar a fé a considerar o que ela diz, uma vez que é responsabilidade da própria fé e faz-se necessária uma decisão. O fundamentalismo pode ser "entendido como uma concepção de compromisso religioso que torna esse engajamento radicalmente autônomo em relação a toda pretensão da racionalidade de se pronunciar sobre o verdadeiro ou o moralmente justo" e corre o risco de dar a impressão de uma incompatibilidade entre a dimensão da crença e aquela da racionalidade.[24]

Mas a razão pertence ao universo que Deus criou e que testemunha o poder de Deus e o próprio Deus. Como parte da obra da criação, a razão pertence à constituição das coisas e é o pressuposto eminente do cerne da revelação, da intervenção de Deus na história e da chegada da salvação em Jesus Cristo. A obra da criação continua na obra da redenção, mas desde que ela seja retomada e assumida nela como o fundamento sobre o qual ela repousa. Não se pode, igualmente, subestimar que na superveniência daquilo que é anunciado na pregação de Jesus Cristo se realiza "uma espécie de ratificação da ordem da razão".[25]

Afirmar, portanto, a liberdade do homem equivale a mostrar como a própria revelação de Deus pressupõe a filosofia autônoma ou a consistência do ser humano. O ato do Deus que abre e revela-se a si mesmo pode ser o ato

---

[24] Ibid., 186-187.
[25] J. Ladrière, *Sens et vérité en théologie: L'articulation du sens*, vol. 3 (Paris: Cerf, 2004), 187.

do amor livre somente para quem se compreende a si mesmo, toma posse do próprio eu, compromete-se de uma maneira autônoma. A revelação não suprime a autonomia do espírito humano. Pelo contrário, o espírito humano requer essa autonomia, pois a revelação é gratuita. Se a revelação fosse suprimir a autonomia, suprimiria o espírito humano; mas, fazendo isso, a revelação suprimir-se-ia a si mesma. A liberdade expressa uma dependência radical e está baseada na passividade, uma vez que o ser humano acolhe a possibilidade de liberdade como um dom que é revelado à criação. Por outro lado, essa mesma liberdade proclama uma sólida independência, uma vez que o ser humano deve pessoalmente manter aberto o caminho ao longo do qual a liberdade pode ser realizada.

A fé é, então, levada a reconhecer a razão em seus próprios poderes: a fé reconhece sua própria criatividade crítica e seu significado positivo na obra da salvação.

> Por outro lado, uma vez que a fé é o assentimento à obra de salvação ou (para usar um termo diferente) à construção do "reino de Deus", é em si uma luz que nos mostra a presença desse reino nos sinais do reino que nos são dados. Ela traz iluminação somente recebendo em seu próprio poder o poder da luz natural que opera no trabalho da razão. Eis por que a fé é, em si, um apelo à compreensão.[26]

A fé não é somente compromisso e decisão. Ela também exige uma dupla clareza: a clareza do labor crítico que busca manter-se próximo ao que é dito na palavra proclamada, e a clareza do processo de esperança que é a espera do conhecido através da visão.

A racionalidade ética nessa tensão dinâmica entre "a criação e a redenção" tende, assim, a mostrar como o comportamento moral é a expressão de nossa resposta a esse destino. Mas, quando dissemos isso, não dissemos certamente tudo, visto que há mais para o ser humano nesse sentido do que a moralidade. Quando a fé busca a moralidade, enfatiza que a ética deve ser libertada de sua alegação de ser em si a origem e o objetivo da existência. A ética é o que Dietrich Bonhoeffer chamou de *das Vorletze*, "a realidade penúltima".[27] A perspectiva teológica, ou seja, a perspectiva da relação com Deus e diante de Deus, relativiza e intensifica a ética. Relativiza a ética porque esta não é o

---

[26] Ladrière, *Sens et vérité*, 187.
[27] D. Bonhoeffer, *Ethique*, trans. L. Jeanneret (Genève: Labor et Fides, 1997), 97.

critério último de nossa existência (que consiste em mais do que a moralidade); ao mesmo tempo, intensifica a ética porque nossa existência ganha um novo significado como o lugar onde nossa relação com um Deus que é criador e redentor se verifica.

Essa intersecção entre teologia e ética – entre uma teologia que encontra sua fonte e seu objetivo em Deus e uma ética que é considerada como permitida por esse movimento teológico – permite-nos encarar a liberdade humana e cristã como uma liberdade que está de acordo com a esperança.[28] Ao mesmo tempo, faz justiça à moralidade cristã, que é constituída pela autonomia da ética (no sentido da racionalidade que é empregada nela) e a uma ortopraxia inspirada pela fé.[29] O Cristo da cruz desmascara a loucura do ser humano – uma loucura que pode encontrar uma de suas maiores expressões na ética – na ressurreição, que é a vitória de uma lógica de vida sobre a lógica letal do pecado. A transição que Cristo opera aqui revela que a dimensão temporal em que nossa conduta e nossa ética estão pode tornar-se a história sensata de uma liberdade na qual a graça misteriosamente se dá.

---

[28] Paul Ricoeur, "La liberté selon l'espérance", in *Le conflit des interpretations: Essais d'herméneutique* (Paris: Seuil, 1969), 393-415.

[29] Dietmar Mieth, "Autonomie: Emploi du terme en morale chrétienne fondamentale", in *Autonomie: Dimensions éthiques de la liberté*, ed. Carlos Josaphat Pinto de Oliveira (Paris: Cerf, 1978), 85-103; e Dieter Mieth, "Theologie und Ethik: Das unterscheidend Christliche", in *Grundbegriffe der christlichen Ethik*, ed. Jean-Pierre Wils e Dietmar Mieth (Paderborn: F. Schöning, 1992), 209-224.

UMA ESTRUTURA PARA O DISCERNIMENTO MORAL

Margaret Farley

Defendi em outro lugar a necessidade de discernimento moral em comum na Igreja, baseada no fato de que todo conhecimento humano é parcial e na convicção de que toda pessoa humana é responsável por buscar discernimento, mas não sozinha.[1] Isso significa que não somente os líderes oficiais da Igreja, e não somente os eticistas teológicos, mas todos os membros da Igreja têm uma tarefa de discernimento moral em suas próprias situações de vida e no mais amplo contexto de uma crença e de uma atuação eclesial. Os líderes da Igreja têm uma importante responsabilidade em discernir e em ensinar, responsabilidade esta que implica também ouvir e aprender. O mesmo vale para os eticistas teológicos, cuja vocação particular é ajudar a Igreja e o mundo quanto ao discernimento moral. Mas todos os crentes também têm um papel no discernimento moral – ouvir, aprender e contribuir com a busca da sabedoria moral dentro e para a Igreja.

Meu objetivo neste ensaio é iluminar o sentido do discernimento moral para os nele envolvidos, quer individual quer comunitariamente. Faço isso, contudo, não delimitando os métodos para o discernimento, mas explorando três experiências humanas básicas que tornam o discernimento moral não só possível, mas também necessário. Trata-se das experiências do dever moral, da livre escolha e do amor.

A experiência do dever moral

Falamos facilmente de regras moralmente "comprometidas", de obrigações moralmente "comprometidas" nos relacionamentos e de conduta "obrigatória" de ação. Refletimos sobre as bases de um dever moral, sobre sua

---

[1] Margaret A. Farley, "Ethics, Ecclesiology, and the Grace of Self-Doubt", in *A Call to Fidelity: On the Moral Theology of Charles E. Curran*, ed. James J. Walter, Timothy E. O'Connell e Thomas A. Shannon (Washington, DC: Georgetown University Press, 2002), 55-75.

ÉTICA TEOLÓGICA CATÓLICA
PASSADO, PRESENTE E FUTURO

gravidade e sobre a possibilidade de seu relaxamento. Esses modos de falar implicam que nós não somente *sabemos que* somos moralmente obrigados de certo modo, mas que *experimentamos* ser moralmente obrigados. O reconhecimento dessa experiência ocorre em toda a filosofia e a teologia moral ocidental, mas poucas tentativas têm sido feitas para entender como essa experiência acontece. Exceções podem ser encontradas na "capacidade de apreensão" da verdade de Platão,[2] em "meu amor é meu fardo" de Agostinho[3] e na suposição de Tomás de Aquino de que os princípios da lei moral natural "penetram na consciência humana" (em minhas palavras, não nas dele), imprimindo-se passivamente, mas despertando ativamente, porque "falamos" da lei recebida de nosso ser para nós mesmos.[4] Exceções completamente diferentes aparecem na teoria dos "sentimentos" morais de David Hume como um disparador afetivo congênito para a experiência do dever moral,[5] e na descrição, feita por Immanuel Kant, da "reverência" diante da lei, bem como da transformação da vontade pelos imperativos categóricos.[6]

Contudo, há relativamente pouca reflexão acumulada, ou mesmo interesse, a respeito de como é que experimentamos o dever moral.[7] Para refletir sobre essa questão, devemos voltar-nos mais cuidadosamente para a própria experiência – a dos outros e a nossa. Temos exemplos clássicos nas narrativas de algumas vidas – como a de Martinho Lutero "eu estou aqui" ou a de Nelson Mandela de lutas visivelmente persistentes contra os horrores do *apartheid*, ou a história de Joana D'Arc "eu não negarei as vozes que ouvi". Temos outros exemplos na vida das pessoas que conhecemos – pais cuidando de seus filhos, filhos cuidando de seus pais idosos, amigos dedicando

---

[2] Platão, *A república* 6, conforme interpretada por Susan F. Parsons, "Concerning Natural Law: The Turn in American Aquinas Scholarship", in *Contemplating Aquinas: On the Varieties of Interpretation*, ed. Fergus Kerr (Notre Dame, IN: University of Notre Dame Press, 2003), 166-167.

[3] Agostinho, *Confissões*, 9,9.

[4] Tomás de Aquino, *Summa Theologiæ* I-II, q. 90, a. 1, ad 1; q. 91, a. 2.

[5] David Hume, *Treatise of Human Nature*, ed. L. A. Selby-Bigge (Oxford: Clarendon Press, 1968), III.2.5.

[6] Immanuel Kant, *Crítica da razão prática*, parte. I, bloco I, capítulo. 3; *Fundamentos da metafísica da moral*, capítulos 1 e 2.

[7] Reflexões teológicas importantes, contudo, podem ser encontradas, por exemplo, em Gerard Gilleman, *The Primacy of Charity in Moral Theology* (Westminster, MD: The Newman Press, 1959), 13-14, 253-279; e Klaus Demmer, *Living the Truth: A Theory of Action*, traduzido por Brian McNeil (Washington, DC: Georgetown University Press, 2010), 118-125. Para uma descrição filosófica, ver Maurice Mandelbaum, *The Phenomenology of Moral Experience* (Glencoe, IL: The Free Press, 1955), 46-51.

suas vidas às necessidades de solidariedade para com os pobres, escritores mostrando sua honestidade intelectual inclusive à custa de sua carreira profissional. Na comunidade dos eticistas teológicos, temos exemplos como Josef Fuchs, que se recusou a voltar atrás de sua nova reflexão (alcançada por ouvir a experiência dos outros) com relação à permissão do uso de contraceptivos. Quase todos podem fazer alusão a experiências de seu próprio, dramático ou mundano dever moral que não pode ser negado, ainda que possa ser refutado.

Nem todos, é claro, experimentam o dever moral do mesmo modo. Uma experiência particular é moldada por um apelo particular, pelo que a gera e pelo nível de capacidade que o indivíduo tem de reconhecê-la. Podemos experimentá-la em um mandamento de Deus, ou através de um modo de acreditar ou de viver moldado pelo seguimento de Jesus Cristo, ou nos novos apelos de um grande amor que desabrocha, ou através de uma compreensão puramente lógica de um princípio moral que nos convence em um contexto concreto. Dependendo das circunstâncias, da história pessoal, da perspectiva ou de um acontecimento particular, as pessoas podem experimentar deveres morais que estão em desacordo com as experiências dos outros. Em uma determinada situação, por exemplo, uma pessoa pode experimentar um dever de opor-se a uma ação violenta, e outra pode experimentar um dever de tomar parte nela. Ou, diante de questões morais particulares, não podemos somente discordar com relação às políticas sobre, por exemplo, pesquisas com células-tronco, casamento de pessoas do mesmo sexo ou pena de morte; nossa discordância pode estar baseada em experiências profundamente diferentes do dever moral. Essas possibilidades mostram um pouco a necessidade do discernimento moral, mas também a necessidade de pelo menos um respeito inicial pela diversidade das percepções e sensibilidades morais. Essa diversidade de consciência, é necessário que se diga, não cede lugar inevitavelmente a um relativismo, mas pode – por muitas razões – dar espaço a um verdadeiro pluralismo.

Às vezes, uma experiência do dever moral precede e prepara o discernimento moral. Tudo quanto ocasiona e gera a experiência deve frequentemente ser provado – para verificar sua autenticidade, para entender seu conteúdo, para discernir sua gravidade, para deliberar sobre como devemos ou não responder. Às vezes, a experiência do dever moral não surge no início, mas sim no fim em uma busca de compreensão do que deve ser feito ou não, ou que tipo de pessoa devemos tentar ser; quando se trata disso, o discernimento moral leva a e produz uma experiência de dever moral.

ÉTICA TEOLÓGICA CATÓLICA
PASSADO, PRESENTE E FUTURO

Mas o que constitui uma experiência que possa ser chamada de experiência de "dever moral"? Ela pode, penso eu, ser descrita em cinco elementos:[8] (1) Trata-se de uma experiência de um *apelo* endereçado a nós, de uma demanda feita a nós. Mas (2) o pedido em si é experimentado como *dirigido a nossa liberdade*. Mesmo se teorizamos que não há a liberdade humana de escolha em si, experimentamos esse tipo de pedido como algo ao qual podemos responder ou não.[9] (3) Como um pedido moral, ele é experimentado e percebido como *incondicional*.[10] Não se trata de um tema do tipo "se eu quero evitar punição, devo fazer X" ou mesmo "se eu quero alcançar o céu, devo fazer X", mas trata-se simplesmente (embora com razões) de um tema do tipo "devo fazer X".

Em uma situação particular em que o dever está em tensão com um apelo concorrente, aquele pode ou não continuar a ser experimentado como incondicional. Por exemplo, um pai experimenta um apelo incondicional de amor e de cuidado para com cada um de seus filhos, mas as circunstâncias (especialmente necessidade ou possibilidade) podem fazer com que ele dedique mais tempo a um do que a outro. Esse último apelo, então, pode tornar-se um apelo incondicional no centro de uma experiência particular de dever moral. Além disso, (4) o apelo deve pelo menos parecer ser *justificável*, e, por isso, legítimo. Se, com base na reflexão ou em informação adicional, concluo que o apelo não pode ser justificado – por ser um falso apelo, ou injusto, ou fruto de meu superego fugidio ou um apelo que é relativizado porque está subjugado a um apelo concorrente –, então ele deixa de ser experimentado como um apelo "moral". Por exemplo, posso experimentar um dever moral ao participar no

---

[8] Reconheço que não há aqui uma total originalidade nesta análise descritiva. Partes dela podem ser encontradas em outras teorias. Uma primeira influência em minhas próprias tentativas de articular isso advém de ideias compartilhadas comigo pelo último Jules J. Toner – ideias que não foram publicadas até sua morte.

[9] Obviamente, se o apelo é profundo o suficiente, e suficientemente de acordo com quem somos, nossa liberdade pode já ser moldada de um modo que, como Lutero, possamos dizer não somente "Aqui estou", mas também "Não posso agir de outro jeito". Nesse caso, eu argumentaria que a totalidade da resposta está marcada pela liberdade – livres escolhas prévias, e agora uma condição do eu que é frequentemente citada como "liberdade de espírito". É também possível que experimentemos o dever moral em uma situação na qual parece que não somos livres para responder positivamente a ela (como em uma incapacidade do viciado em face de uma patente obrigação de romper com certas atividades). Esse elemento na experiência do dever moral precisa, por isso, ser cuidadosamente nuançado; mas nossas experiências gerais sinalizam sua presença virtualmente universal.

[10] Dizer que o apelo é incondicional não significa que não existam condições que devam caracterizar uma situação fora da qual o apelo é gerado. Nem significa que o apelo seja necessariamente absoluto. Aqui, novamente, há nuanças importantes para identificar ao longo deste ensaio.

UMA ESTRUTURA PARA O DISCERNIMENTO MORAL
MARGARET FARLEY

que julgo ser uma guerra justa, até que, quando realmente tomo parte nessa guerra, descubro que ela não tem legitimidade moral; nesse caso, minha experiência do dever moral se evapora, ou talvez se transforme em uma experiência de dever de não abandonar meus companheiros, ou ela se converta em um patente apelo de opor-se à guerra.

(5) Finalmente, um apelo moral é experimentado tanto como uma *exigência obrigatória* quanto como um *apelo libertador*. Ele não é apenas uma exigência sentida para manter-se como inocente. Ele é um apelo libertador porque, mesmo quando uma resposta a ele parece extremamente difícil, é, contudo, experimentado não como uma imposição externa, mas como um modo de ser "verdadeiro comigo mesmo". Contudo, não é simplesmente um desejo meu (ainda que possa estar de acordo com pelo menos alguns de meus desejos); em vez disso, aparece como "mais amplo" do que eu mesmo ou do que meus próprios desejos. Exige algo *de* mim. É uma forma de mandamento e inclusive um chamado.

O que esse tipo de descrição da experiência do dever moral fornece é um olhar de relance em direção ao que está em jogo na vida moral – as fontes da motivação e da ação, a determinação do que alguém será e fará, o sentido da vida de alguém. Ele também ilumina o significado total do discernimento moral na exploração e identificação do dever moral genuíno. Nos limites deste ensaio, a descrição que ofereci é, porém, um breve esboço de elementos-chave na experiência do dever moral. Esclarecer mais isso exigiria pelo menos duas considerações adicionais: primeiro, distinguir o dever moral (ou obrigação ou imperativo) de outros tipos de deveres ou obrigações – como obrigações intelectuais, pragmáticas e estéticas; e, segundo, fazer essa descrição da experiência moral em relação às teorias do desenvolvimento moral (como as de Lawrence Kohlberg, Carol Gilligan ou Søren Kierkegaard, sobre esse assunto).[11] A chave para uma compreensão diferenciada do dever "moral" reside primariamente na incondicionalidade do apelo e em uma completa explicação de cada elemento experiencial que o caracteriza. Embora essa análise precise ser feita, não é possível fazê-la aqui.

---

[11] Ver, por exemplo, Lawrence Kohlberg, *The Philosophy of Moral Development* (New York: Harper & Row, 1981) e Carol Gilligan, *Uma voz diferente* (Rio de Janeiro: Rosa dos Tempos, 1990), e as incontáveis publicações de ambos os autores desde a década de 1980. Quanto a Kierkegaard, ver sua abordagem dos estágios estético, ético e religioso em dois grandes textos como *Post Scriptum final não científico às "migalhas filosóficas"* e *Migalhas filosóficas*.

A utilidade das teorias do desenvolvimento moral é evidente quando se verifica a luz que elas lançam sobre as bases e graus do dever moral. A experiência de um bebê não é capaz de incluir o tipo de experiência do dever moral que há pouco descrevi. Embora o termo "moral" seja frequentemente usado para o comportamento e suas motivações em teorias do desenvolvimento em cada um de seus estágios, a maioria desses estágios descreve mais acuradamente uma capacidade de deveres pragmáticos – deveres baseados no medo de punição ou no desejo de aprovação ou ganho. O tipo de experiência do dever moral que tentei descrever parece surgir somente nos estágios maduros do desenvolvimento moral. O que isso significa para o discernimento moral é, sem sombra de dúvida, importante, mas é outra análise que não pode ser feita aqui.

Livre escolha

Em busca da compreensão do significado do discernimento moral, tentarei agora outro breve esboço de uma segunda experiência humana profundamente importante: a livre escolha. Esta é uma capacidade e uma ação cujo poder é o de autodeterminação. Ela aparece de muitos modos na vida humana, mas talvez em nenhum outro lugar mais significativamente do que (conforme vimos) como a determinadora de resposta a um apelo moral no cerne da experiência do dever moral. Ela é, obviamente, não um instrumento na "máquina" da pessoa humana, mas sim a pessoa humana em si como agente moral ou, pelo menos, como potencial agente moral. Meu objetivo aqui não é demonstrar que possuímos uma capacidade de livre escolha, mas sim explorar qual pelo menos parece ser nossa experiência dela. Conforme Samuel Johnson afirmou, "toda teoria é contra a liberdade da vontade; toda experiência, a favor dela".[12] Um ponto vantajoso para essa exploração emerge se considerarmos a pergunta: "O que escolhemos quando escolhemos?"[13] Seguir essa pergunta leva-nos mais uma vez a níveis do eu humano que são centrais para o sentido de nossas vidas.

---

[12] James Boswell, *Life of Samuel Johnson*, ed. John Wilson Croker (Boston: Carter Hendee & Co, 1832), 169.

[13] Para uma tentativa anterior de minha parte de analisar a experiência da livre escolha, ver Farley, *Personal Commitments: Beginning, Keeping, Changing* (San Francisco: Harper & Row Publishers, 1986), 25-29.

UMA ESTRUTURA PARA O DISCERNIMENTO MORAL
MARGARET FARLEY

Comumente, pensamos que o que escolhemos (quando fazemos uma livre escolha) seja uma coisa, uma pessoa, um caminho ou um compromisso particular. Escolhemos entre alternativas – como na escolha, por exemplo, entre um café e um chá, entre este ou aquele trabalho, entre esta ou aquela diversão. E, embora seja verdade que podemos escolher entre certas situações, ou entre objetos ou pessoas específicas, a livre escolha de fato significa que nossa escolha é uma ação propriamente nossa em relação a esta ou aquela opção concorrente. Nada "acontece", nada é afetado ou mesmo tentado, em relação ao café ou ao chá, a menos que escolhamos tomar (ou comprar, ou fazer, ou vender) café ou chá; nada "acontece" em escolhas ligadas às pessoas a menos que escolhamos acompanhar (ou ser amigos, ou ajudar, ou amar, ou usar etc.) essa pessoa ou outra; nada acontece em relação a trabalhos potencialmente alternativos a menos que escolhamos aceitar uma oferta de (ou uma entrevista para, ou um curso preparatório a) um trabalho em detrimento a outro. Sem a escolha de uma ação propriamente nossa (interna ou externa) em relação às alternativas concorrentes, não há de modo algum escolha. Reconhecer isso, na experiência da livre escolha, é descobrir uma complexa estrutura de afeições e julgamentos que fazem parte do que escolhemos quando escolhemos.

Se toda escolha é uma escolha de uma ação propriamente nossa, não é qualquer tipo de ação, inclusive propriamente nossa, que pode ser uma opção de escolha. Há evidências importantes de que, por exemplo, para uma ação ser uma opção "viável", ela deve ser uma ação no presente e uma ação que pelo menos nos pareça ser possível. Nossas escolhas podem afetar nossas ações futuras, mas elas de fato fazem isso através de ações no presente – ações como compromissos, decisões, propósitos, planejamentos, preparações. E às vezes escolhemos ações que parecem impossíveis para nós, mas fazemos isso por escolher "tentar" realizá-las – supondo que "a tentativa" pareça possível, ainda que esperemos acabar falhando.

De maneira significativa, o único tipo de ação que é uma candidata a nossa escolha é aquela que de certo modo queremos ou desejamos fazer. Isso parece desafiar nossas experiências ocasionais de escolha de fazer algo que, de fato, não queremos fazer. Mas, é claro, nossas afeições e julgamentos podem ser ambivalentes, ambíguos, erráticos, aparentemente confundidos em caminhos complicados. De certo ponto de vista, podemos querer e mesmo não querer escolher uma ação particular. Temos desejos contrários por ações alternativas contrárias em relação a objetos de escolha contrários.

Contudo, não podemos escolher uma ação à qual somos cotidianamente indiferentes ou totalmente adversos. Um exemplo trivial pode mostrar isso. Suponha que eu tenha na mão um pedaço de bolo e eu esteja hesitando sobre

ÉTICA TEOLÓGICA CATÓLICA
PASSADO, PRESENTE E FUTURO

o que farei com ele. Posso escolher comê-lo ou guardá-lo para outra hora, ou dá-lo a um amigo, ou mesmo enterrá-lo no chão. Desejo comê-lo, pois estou com fome; desejo também guardá-lo para depois, quando estarei ainda mais faminto; e posso desejar dá-lo a meu amigo que está mais faminto do que eu. É improvável, contudo, que eu sinta algum desejo de enterrá-lo no chão. Se este for o caso, então somente as primeiras três opções são opções "reais"; a quarta não pode ser escolhida por mim porque não há desejo em mim para realizá-la.

Em um exemplo mais sério, suponha que eu esteja diante de possibilidades alternativas de ação em relação a uma situação em que a segurança pessoal esteja em jogo – em que minha segurança conflite com meu amor por um amigo que está em perigo. Minhas alternativas são manter-me firme em uma situação dolorosa e perigosa ou fugir dela. Quero, desejo, manter-me firme (porque, permitam-me dizer, vejo isso como meu dever ou porque o amigo que amo e que precisa de mim faria o mesmo), e também quero, desejo, fugir da situação (porque temo por minha vida ou porque sei que minha vida é importante para outras pessoas). Ambos os caminhos desejados de ação são alternativas reais de escolha. Mas se estou tão assustado a ponto de não ter nenhuma vontade de ser corajoso (ou seja, se estou tão tomado pelo medo ou se tenho tão pouca consideração pelo outro em perigo que a opção de realizar meu dever ou de ser fiel a meu amigo não suscita nenhum apelo naquele momento), então não há alternativa desejada e não há possibilidade de uma escolha real.[14]

O desejo é, portanto, um qualificador das ações alternativas a serem escolhidas (e o modo do desejo pode variar – de, por exemplo, um desejo por satisfação pessoal a um desejo para um bem-estar do amigo, a um desejo de ser responsável no uso de um bem, a um desejo de realizar a vontade de Deus). Desde que essa seja uma descrição acurada dos elementos de nossa experiência de escolha, algo ainda mais importante emerge. Exatamente porque uma escolha nunca recai meramente sobre coisas ou pessoas, mas antes sobre as próprias ações do agente (com relação a coisas, pessoas e situações), assim também a livre escolha está, mais intimamente, ligada aos desejos espontâneos e livres do próprio agente quanto a essas ações – desejos que surgem da disposição

---

[14] Para entender como a escolha é possível ou impossível em situações mais complexas do que esta, ver a análise que ofereço em um ensaio anterior, "Freedom and Desire", in *The Papers of the Henry Luce III Fellows in Theology*, vol. 3, ed. Matthew Zyniewicz (Atlanta: Scholars Press, 1999), 57-73.

de seu ser e que a expressam. Repetindo, então: as ações a serem tomadas são alternativas para a livre escolha somente quando elas são realmente desejadas (de um modo ou de outro). Portanto, quando escolhemos (entre alternativas) uma ação propriamente nossa que é desejada por nós, realmente escolhemos não somente a ação, mas também o desejo. Enquanto as ações desejadas a serem tomadas são, antes da escolha, somente possibilidades, os desejos por essas ações já são, antes mesmo da escolha, reais. A escolha é, essencialmente, embora parcialmente, a ratificação do desejo e da renúncia, ou pelo menos o adiamento, do(s) outro(s).

Há, contudo, algo mais sobre o que escolhemos do que isso. Uma razão para isso ser assim é que nenhum desejo é autoexplicativo. Reconhecemos amplamente os tipos de fatores que inconscientemente moldam a história pessoal de cada indivíduo – os fatores biológicos, genéticos, sociais, familiares, ambientais, psicológicos e neurológicos que suscitam e moldam nossos desejos. Mas há outro modo mediante o qual os desejos não são autoexplicativos – não por causa de sua etiologia pregressa, mas por causa de sua atual dependência de uma forma enraizada de afetividade da qual podemos estar conscientemente cientes. O desejo é uma tendência afetiva, uma inclinação, que surge de uma atividade afetiva mais fundamental. Podemos desejar uma coisa por causa do outro, em uma longa cadeia de desejos, cada um surgindo de seu antecedente (como, por exemplo: desejo X porque desejo Y porque desejo Z). Mesmo assim, a cadeia completa não é autoexplicativa; sua inteligibilidade provém, em última instância, de uma atividade afetiva mais radical, que chamamos de amor.[15] Isso significa que a escolha é não somente de possíveis ações alternativas e de desejos que têm essas ações como seus objetos. A livre escolha é mais profundamente uma escolha entre as fontes implicitamente conscientes de nossos desejos – ou seja, nossos amores.[16]

Conforme deveria ter ficado óbvio até aqui, as afecções do desejo humano e o amor têm em si um elemento cognitivo. Eles são moldados por razões. Podemos chegar a entendê-las (mais ou menos), a acessá-las, a avaliá-las, a identificar-nos com elas ou a negá-las. A livre escolha, então, tem como seu objeto não somente uma ação externa (e seu objeto), mas também desejos,

---

[15] Para uma análise mais completa, ver Farley, "Freedom and Desire", 68-69.
[16] Para voltar aos exemplos que descrevi anteriormente, deveríamos dizer: "Desejo comer ou ficar com meu bolo porque desejo matar minha fome"; não dizemos: "Desejo matar minha fome porque me desejo"; dizemos: "Desejo matar minha fome porque me amo".

ÉTICA TEOLÓGICA CATÓLICA
PASSADO, PRESENTE E FUTURO

amores, razões, avaliações, julgamentos e mesmo julgamentos morais complexos, juntamente com os critérios verdadeiros por meio dos quais esses julgamentos são feitos. Tudo isso é, ou pode ser, apresentado a nossa liberdade para ser ratificado, deferido ou negado, e para ser outorgado (ou não) na ação para qual isso conduz. Eis por que a livre escolha nos determina, em regiões profundas de nosso ser. Eis por que o discernimento moral é importante quanto ao que fazemos e a quem nos tornamos – individual ou conjuntamente.

Amor

O amor é a terceira experiência humana central que é importante para nossa compreensão da função do discernimento moral. Há muitas definições de amor, algumas objetivando ser normativas, outras descritivas. Igualmente às experiências do dever moral e da livre escolha, podemos explorar a experiência do amor – buscando nele, também, elementos constitutivos consistentes. Esboço aqui a análise descritiva da experiência do amor oferecida por Jules J. Toner, SJ.[17]

De acordo com Toner, o amor humano é em primeiro lugar uma *resposta* ao que é amável – ao valor, ao ser, ao belo ou em proveito de tudo o que é amado. Essa resposta é, em si, unitiva; o amor é uma *união* entre o amante e o amado – ainda que o amante seja desconhecido ao amado. O amado está no que ama, e o amante no que é amado. Mas o amor é responsivo e unitivo precisamente como uma *afirmação afetiva* do que é amado. Esses elementos na experiência do amor humano são constitutivos de todo tipo de amor humano – seja de coisas ou de pessoas, seja de meios ou de fins, seja de amor de si ou de amor centrado em outro.

Embora o amor humano seja uma afirmação responsiva, unitiva e afetiva do que é amado, sabemos que há amores bons e maus, amores sábios e tolos, amores justos e injustos. O amor pode estar equivocado ou distorcido em sua resposta ao amado e em sua afirmação dele. Se, por exemplo, uma mãe amar seu filho quando ele tem trinta anos exatamente do modo que ela o amou quando ele tinha três, o amor dela está em certo sentido equivocado e pode ser nocivo. Se um proprietário

---

[17] Jules J. Toner, *The Experience of Love* (Washington, DC: Corpus Books, 1968), reeditado em Toner, *Love and Friendship* (Milwaukee, WI: Marquette University Press, 2003), 13-175. Qualquer pessoa familiarizada com a análise cuidadosa de Toner reconhecerá quão limitada pelo espaço é minha interpretação dela – em linhas gerais. Essa interpretação significa, também, que infelizmente ofereço como afirmações o que Jules Toner demonstra mediante uma análise e uma argumentação persuasiva.

UMA ESTRUTURA PARA O DISCERNIMENTO MORAL
MARGARET FARLEY

de uma fábrica ama seus empregados do mesmo modo que ama seu extraordinário equipamento, ele os ama inadequadamente, inclusive falsamente – visto que eles são pessoas, não máquinas. Começa a ficar claro, então, que o critério, a norma para um amor certo, bom e adequado é a realidade concreta do amado – de tudo o que e de todos os que são amados. Exatamente como o conhecimento pode ser verdadeiro em termos de exatidão e de adequação, ou pode ser corrompido pela ignorância, pelo erro e inclusive pela mentira, assim também o amor pode estar certo e ser justo, ou pode ser distorcido, estar errado e inclusive ser mentiroso.[18]

Se a norma de um amor justo e verdadeiro é a realidade concreta do amado, tudo dependerá de como interpretamos essa realidade. A realidade a ser interpretada envolve tanto os seres pessoais quando os impessoais – e as realidades complexas de suas relações, histórias, contextos, ações, capacidades, *teloi*. Essa interpretação está no cerne do discernimento moral, que está a serviço do dever moral, da livre escolha, do amor, do desejo e da ação. Nesse discernimento, precisamos saber não somente para onde olhar – ou seja, para as realidades concretas e para as formas de amor correto nas relações conosco mesmos, com nossos vizinhos distantes ou próximos, com o mundo e o universo em torno de nós e com Deus. Precisamos também dos métodos e das fontes que iluminam o que vemos – as análises contextuais, o exame histórico-crítico, os princípios e as narrativas; e através das lentes da escritura, da sabedoria comum, de muitas ciências e conhecimentos humanos e da experiência de pessoas particulares ou de grupos. Precisamos explicitamente ancorar e expandir o que vimos a respeito do dever moral, da livre escolha, do amor, do desejo e da ação em uma perspectiva teológica. Pois um mais completo sentido do que sugeri neste ensaio não pode ser provado separadamente de nossas compreensões e crenças a respeito de Deus, das pessoas humanas, do universo, da criação e redenção, da graça e salvação e da última integração de nossos amores em relação ao que amamos acima de tudo.

O discernimento moral que se estende por todo o caminho de nossos amores, desejos, julgamentos e experiências do dever moral estende-se por fim aos objetos de nossos amores, desejos, julgamentos e experiências do dever moral. Faz parte do processo de nossa autodeterminação relacional – parte, portanto, do processo de nos tornarmos quem somos, centrado em e além de nós mesmos. Comecei este ensaio afirmando a importância do discernimento moral comunitário e individual. Cheguei apenas até o umbral dessa tarefa compartilhada.

---

[18] Para uma análise melhor dessas afirmações, ver Farley, *Just Love: A Framework for Christian Sexual Ethics* (New York: Continuum International Publishing Group, 2006), capítulo 5.

ARGUMENTAÇÃO E METODOLOGIA NA ÉTICA AFRICANA[1]

Bénézet Bujo

Estamos familiarizados com o debate em ética sobre a universalidade das normas e do etos mundial conforme ele é concebido por um teólogo como Hans Küng. Essa questão é importante quando comparamos o conceito de ética que é fruto da filosofia ocidental com o conceito que se funda em uma esfera cultural diferente. Esse foi o principal problema quando os missionários cristãos se depararam com, entre outros, os costumes na África subsaariana. Essa questão está longe de ser resolvida. O ensinamento do magistério e o movimento de globalização mostram que ela ainda ressoa atualmente. Para ser cristão, deve-se ter paz, viver democraticamente etc., conformar-se aos ditames de certo tipo de cristianismo culturalmente situado ou de certa filosofia baseada em um contexto diferente no tempo e no espaço? As reflexões a seguir pretendem dar uma resposta a essas perguntas.

Qual o fundamento da ética cristã?

A única forma de compreender a pergunta básica sobre o comportamento moral africano é fazer referência à antropologia, a qual é, por assim dizer, o motor de tudo. Pode-se dizer que tudo gravita em torno da vida, a qual se articula na comunidade e compreende a comunidade com Deus, sem se esquecer da unidade cósmica.

A comunidade tridimensional como lugar da constituição da pessoa

Antes de avançar, é apropriado destacar que a comunidade na África negra sempre tem uma dimensão tripartite, ou seja, os vivos, os mortos e os ainda não nascidos. E tudo, em última instância, repousa em Deus, que é a verdadeira matriz da comunidade assim entendida. Não preciso falar muito sobre

---

[1] Texto traduzido para o inglês por Brian McNeil.

ÉTICA TEOLÓGICA CATÓLICA
PASSADO, PRESENTE E FUTURO

essa afirmação relativa ao lugar de Deus na vida dos africanos, uma vez que, a despeito de algumas opiniões que não podem ser consideradas seriamente, a existência de um Ser Supremo do qual tudo depende deve ser considerada uma evidência para a maioria dos africanos.[2] Em vez disso, quero mostrar como a ética africana, embora não faça sempre uma menção explícita a Deus, é articulada na vida cotidiana. É nesse contexto que mencionei a concepção tridimensional da comunidade.

A característica essencial e típica dessa comunidade é a vida, que é preservada e cultivada por meio de relações interpessoais. Em primeiro lugar, os membros da comunidade parcial dos vivos podem sobreviver somente através do fortalecimento da vida uns dos outros. Isso significa que alguém existe somente graças aos outros; ou melhor, que alguém se torna uma "pessoa humana" graças aos outros. Os sotho da África do Sul expressam essa ideia quando dizem: "*Motho ke motho ka batho ba babang*", ou "*Umuntu ngu muntu nga Bantu*".[3] Os burundienses enfatizam: "*Umuntu ni uwundi*" (a pessoa humana é constituída pelo outro). No Congo-Kinshasa, alguém poderia falar aqui de "*bisoïté*", uma palavra francesa derivada da palavra lingala "*biso*" (nós). De modo semelhante, temos os substantivos franceses derivados do suaíli: "*sisi-logie*" e "*mimi-logie*", de "*sisi*" (nós) e "*mimi*" (eu). Isso significa que o "eu" ("*mimi*") inclui o "nós" ("*sisi*") e vice-versa.

Todas essas expressões africanas afirmam que, para existir, deve-se pertencer a uma comunidade na qual se sinta aceito e onde também se aceitem os outros, e se compartilha de seu desenvolvimento integral. Em outras palavras, a pessoa não é definida na África por meio do princípio cartesiano do *cogito ergo sum* baseado na performance intelectual. O fator determinante são as ligações parentais: "Eu sou parente, eis por que existo para os outros, por que os outros existem para mim e por que finalmente nós existimos uns para os outros".

Por parente, entende-se não apenas o parente de sangue, mas também a pertença étnica, clânica ou familiar, mas na África é possível tornar-se parente sem passar pela origem puramente biológica. As diferentes alianças (por

---

[2] Remeto o leitor ao que escrevi em outro lugar: Bénézet Bujo, *Die ethische Dimension der Gemeinschaft: Das afrikanische Modell im Nord-Süd-Dialog* (Freiburg: Universitätsverlag, 1993), 21-23; B. Bujo, *Introduction à la théologie africaine* (Fribourg: Academic Press, 2008), 128-130.
[3] Ver o comentário de Musa W. Dube, "'I Am Because We Are': Giving Primacy to African Indigenous Values in HIV/AIDS Prevention", in *African Ethics: An Anthology of Comparative and Applied Ethics*, ed. M. F. Murove (Scottsville, South Africa: University of KwaZulu Natal Press, 2009), 188-217, aqui 212.

exemplo, o pacto de sangue, o grupo de iniciação etc.) são momentos constitutivos para esses parentes. Finalmente, se se pensa o ideal africano de maneira consequente, o laço de parentesco não se limita aos grupos que são enumerados, mas inclui todo o gênero humano. É isso que destacam os baluba de Kasayi na República Democrática do Congo falando de *Muntu-wa-Bende--wa-Mulopo*, ou seja, "todo homem é de Bende, o qual é de Mulopo", sendo Bende o primeiro homem, enquanto Mulopo, Deus. Como concepção ética, esse princípio significa que se deve sempre procurar descobrir e promover em toda pessoa que se encontra um reflexo de Deus, sem levar em conta em momento algum sua origem familiar, clânica, étnica, racial.[4]

O mesmo raciocínio pode ser observado nos banyarwanda sobre "*Ubupfura*", que é a qualidade fundamental para caracterizar toda pessoa no sentido de "nobreza de coração". Trata-se de um ideal que todo membro da comunidade deve ter a fim de enriquecer os demais. No Burundi, fala-se sobretudo de "*Ubushingantahe*", que une magnificamente o "*Ubupfura*", porque em ambos os casos se trata de estar impregnado de uma tal humanidade (*Ubumuntu/ubuntu/bumuntu*) que se faz tudo a todos.[5] Além disso, a palavra *ubumuntu/ubuntu* ou *bumuntu* é muito difundida em diversos grupos étnicos na África negra.

Conforme se pode entender, o sentido último é sempre que uma comunidade não pode gozar de uma vida digna desse nome a menos que cada membro faça do outro um outro si mesmo. De um modo mais concreto, trata-se de dar vida ao outro, de forma a se dar à luz mutuamente. Esse "dar à luz" toma forma através de tudo isso que faço para desenvolver o outro, a fim de o fazer crescer na vida em todos os níveis. Nesse sentido, depois do nascimento biológico da criança, os pais continuam o trabalho de dá-la à luz, exatamente como a criança, através de seus atos de *ubumuntu*, dá à luz seus próprios pais, irmãos, irmãos etc.[6]

---

[4] Sobre esse assunto, ver o estudo de Tshiamalenga-Ntumba, "Afrikanische Philosophie: Zum originären Vertrauen des afrikanischen Menschen", in *Eglise et droits de la société africaine*, ed. A. Mutombo-Mwana e E.-R. Mbaya (Mbujimayi: Cilowa, 1995), 109-120.

[5] Para um estudo muito iluminador desses conceitos, ver I. Consolateur, *La conception du pouvoir traditionnel dans la sagesse rwandaise: Tradition et foi chrétienne pour un monde meilleur* (Dissertação, Universidade de Friburgo, 2007), 45-55; M. A. Niyirora, *Pour une éducation à la paix au Rwanda: Une réflexion morale et catéchétique* (Dissertação, Universidade de Friburgo, 2009), 59-61.

[6] Ver M. Kayoya, *Sur les traces de mon père* (Bujumbura, Burundi: Presses Lavigerie, 1971), 26p. Ver a elaboração mais detalhada desse conceito em B. Bujo, "Für eine Spiritualität des Lebens in Schwarzafrika", in *Christliches Ethos und Lebenskultur*, ed. G. Augustin et al. (Paderborn: Bonifatius Druckere, 2009), 625-635.

ÉTICA TEOLÓGICA CATÓLICA
PASSADO, PRESENTE E FUTURO

As relações interpessoais não se limitam à comunidade terrestre, que não passa de uma parte do todo, mas os vivos deste mundo estão em contínua interação com os falecidos que John S. Mbiti chama de "os mortos vivos".[7] A comunhão com os mortos se efetua na permanência nos atos *anamnésicos* que têm por objetivo fazer crescer a vida nas duas comunidades "parciais". Com efeito, para ser feliz e continuar a crescer em sua personalidade, os mortos necessitam do apoio de seus membros da família que ficaram no mundo. Assim, convém-lhes continuar rodeando-os de respeito e afeição, lembrando seus atos heroicos e o lugar onde foram sepultados, oferecendo-lhes as primícias de nossas colheitas ou associando-os a todas as nossas celebrações familiares.[8]

Por sua vez, os vivos desta terra dependem, para o crescimento de sua personalidade, do apoio de seus mortos. Graças às intervenções destes últimos, os "terrestres" poderão levar uma vida sã sem acidentes, doenças, fome etc. A esterilidade não atingirá mais as famílias, mas a primogenitura será garantida para sempre. Aqui também se deve destacar o ato de *dar à luz perpetuamente* que vai dos vivos até os mortos e retorna destes últimos e vai aos primeiros.

Contudo, os vivos e os mortos só podem manter-se assim graças aos ainda não nascidos, os quais não se identificam necessariamente com as crianças no ventre da mãe. Trata-se de todas as crianças que, mesmo antes de sua presença biológica no ventre da mãe,[9] constituem desde já de maneira futurível a esperança dos vivos e dos mortos e existem de maneira anterior a este mundo no pensamento de Deus.

Os vivos e os mortos sabem que essas são suas crianças que devem continuar-lhes assegurando o crescimento da vida mais tarde e contribuindo com o futuro jamais acabado de seu ser enquanto pessoas. Ou seja, trata-se de dizer desde logo que os ainda não nascidos não são seres futuríveis neutros, mas são desde já incluídos nas relações entre vivos e mortos: eles são, portanto, desde já e dentro da racionalidade africana, pessoas às quais convém legar um mundo novo e atualizado. É importante ressaltar também que na racionalidade africana as crianças ainda não nascidas não são simplesmente "recebedoras" passivas da vida, mas, de seu jeito, elas *contribuem* para sua presença e para sua

---

[7] Ver J. S. Mbiti, *African Religions and Philosophy* (London: Heinemann, 1992), 25p., 50, 53.

[8] Sobre essa questão da relação entre o morto e o vivo, ver B. Bujo, "Esquisse d'une eschatologie africaine et chrétienne", in B. Bujo, *Introduction à la théologie africaine*, 120-126.

[9] Eis por que expressões como "não nascido", "*unborn*", "*Nicht-Geborene*" etc. não são exatas na teologia africana. Deve-se realçar sobretudo o caráter dinâmico da comunidade futurível por expressões como "ainda não nascido", "*not-yet-born*", "*Noch-nicht-Gerorene*" etc.

futura missão fornecendo a *esperança de sobrevivência* aos mortos e aos vivos, e, por isso, são construtoras eminentemente ativas do futuro e do bem comum da humanidade. Com efeito, os vivos não poderiam subsistir senão graças a essas crianças que um dia serão seus dignos sucessores, e, quanto aos mortos-vivos, a *anamnese* que os mantém vivos e faz deles continuamente pessoas somente será possível graças a este mundo dos ainda não nascidos que *dá à luz* seus antepassados para uma vida nova.

Essa concepção africana da comunidade tridimensional se situa, como chamou a atenção Anita Zocchi Fischer,[10] no nível da justiça contributiva (*iustitia contributiva*), da qual se começa a ver hoje a importância no desenvolvimento social e cultural. O bem comum mais importante para a manutenção e o crescimento ao qual todo membro da comunidade deve mobilizar-se é exatamente a vida em todas as suas ramificações e multicolorismo.

O papel do cosmo nos processos da constituição da pessoa

Ainda que se trate de um ponto que não foi muito desenvolvido na ética africana, o cosmo desempenha um papel muito importante na salvaguarda da identidade da pessoa humana. No mundo, o homem e o restante da criação vivem em uma relação tão íntima que o que acontece a um repercute ao mesmo tempo no outro. Nesse sentido, o homem não é somente uma parte do cosmo, mas ele é, pode-se dizer, o resumo da totalidade. Eis o que destaca com razão Engelbert Mveng, bem como alguns outros teólogos antes dele.[11] Entre o homem e o cosmo, há um fluxo vital, de modo que existe uma verdadeira solidariedade na criação que em última instância liga tudo ao Ser Supremo que é Deus.

Muitas narrativas e lendas ilustram esse fato. Mas essa realidade se verifica de modo particular no domínio da medicina tradicional. Quem já assistiu a certas cenas de curas tradicionais talvez tenha constatado que às vezes o médico que administra o medicamento o acompanha com minerais, pedaços de madeira seca, ossadas de animais etc., para o aplicar ao paciente. Um observador superficial ou alheio a essas práticas as considerará, sem dúvida, irracionais. Mas, para a racionalidade africana, esses elementos da natureza, ainda

---

[10] Ver A. Zocchi Fischer, *Beteiligungsgerechtigkeit als Struktur- und Verhaltensnorm: Rechte und Pflichten angesichts von Marginalisierung und Exklusion* (tese doutoral, Universidade de Friburgo, 2009), 294-310.

[11] E. Mveng, *L'Afrique dans l'Eglise: Paroles d'un croyant* (Paris: L'Harmattan, 1985), 12s.

que aparentemente impessoais e inanimados, são repletos paradoxalmente de vida e comunicam a abundância dessa vida. O fato de tocar um elemento da natureza ou de sentir, por exemplo, o odor de uma planta cria harmonia com todo o cosmo e restabelece a saúde de modo holístico. O homem não está, portanto, no universo para explorar a natureza ou mostrar-lhe sua superioridade pela razão, mas ele quer ser um aliado que só pode existir se o todo subsiste. Nesse contexto cósmico, também se verifica o adágio "sou parente, logo existimos" (*cognatus sum, ergo sumus*). O ser humano e os elementos do cosmo não são átomos isolados, mas vivem em interação contínua graças à qual ambos subsistem.

Em diversos meios tradicionais, as pessoas se dão conta ainda hoje de que certas florestas ou certas espécies de árvores são protegidas. Certas montanhas ou partes de território são consideradas sagradas, e, para as preservar do uso abusivo, são invocados tabus. Mas a ideia fundamental é salvar a criação, que é vital para o humano. Entre os bahema do nordeste do Congo, encontra-se, por exemplo, o *ficus*, que é uma árvore que convida ao respeito, pois ele encarna a ideia anamnésica. Ele é, nesse sentido, uma árvore que é reservada principalmente ao plantio sobre os túmulos para representar a vida dos defuntos, que perduram. Não se permite, então, arrancá-lo quando plantado sobre um túmulo, pois incorpora a pessoa que repousa nesse lugar.

O que se afirma sobre os bahema pode ser encontrado igualmente em qualquer outro grupo étnico, como os gikuyu e os maasai do Quênia, para os quais certas árvores são sagradas ou simbolizam a presença de Deus ou então as folhas são utilizadas para exprimir o perdão.[12]

A concepção dos elementos do cosmo tal como a descrevemos não se encontra somente entre os povos sobre os quais falamos, mas ela aparece muito frequentemente ao longo da África. Citemos ainda o exemplo da etnia achewa, do Malawi. Na tradição achewa, a floresta virgem é um lugar onde abunda a vida. Contudo, essa floresta sagrada não é geradora da vida unicamente para as plantas, os insetos, os animais, mas ela diz respeito também à vida do próprio homem. É por isso que tradicionalmente o chefe prepara uma cabana sacrificial na floresta, onde ele oferece os dons em nome de todo o povo e reza

---

[12] A esse respeito, ler, sobretudo, S. K. Gitau, *The Environmental Crisis: A Challenge for African Christianity* (Nairobi: Acton, 2000). Ver também P. N. Wachege, *Jesus Christ Our Muthamaki (Ideal Elder): An African Christological Study Based on the Agikuyu Understanding of Elder* (Nairobi: Phoenix Publishers, 1992), 48-55.

ARGUMENTAÇÃO E METODOLOGIA NA ÉTICA AFRICANA
BÉNÉZET BUJO

pela chuva, pela fecundidade e pelo fortalecimento da vida de todos. Isso significa finalmente que a floresta é de fato o lugar onde Deus doa a vida tanto ao homem quanto aos animais e às plantas.[13] O chefe tradicional achewa está bem atento ao fato de que, sem a preservação da floresta, não pode haver chuva nem nenhum animal ou planta e de que isso significaria ao mesmo tempo o fim do ser humano na face da terra.

A unidade cósmica parece aqui também sem ambiguidade alguma, uma unidade da qual o africano está consciente justamente nos diferentes ritos. Falando da medicina, já mencionamos alguns exemplos. Os exemplos mais claros ainda podem ser encontrados nas celebrações litúrgicas que se revestem frequentemente de um caráter cósmico. Assim, são associados sempre elementos da natureza como as peles, os pelos, os dentes... dos animais, as penas de pássaros ou de galináceos, as plantas, os minerais etc. A própria terra não fica de fora, ainda que somente por meio do caulim ou de outros gêneros de argila com que se unta.[14]

Percorrendo rapidamente a tradição africana em matéria cósmica, percebe-se uma grande dinâmica que impacta sobre a espiritualidade e sobre a ética da criação. A unidade cósmica que está presente na concepção africana nos remete ao ensinamento de São Paulo em Romanos 8,19-22, segundo o qual a criação ansiosa aguarda a revelação dos filhos de Deus. Ela geme junto conosco e, como nós, ela espera pela redenção. Por outro lado, o homem é frequentemente aquele que destrói a harmonia na natureza e a submete à escravidão sem pensar que por meio desse ato ele contribui para sua própria destruição.[15]

Mas, questionar-se-á, o africano moderno ainda mantém essa concepção da natureza que, a seus olhos, pode parecer ultrapassada? Para começar, não se tem certeza de que o africano moderno não tenha de modo algum o sentido da tradição de seus antepassados. Sabe-se da tendência de muitos africanos considerados modernos e in-

---

[13] Ver B. Bujo, "Ökologie und ethische Verantwortung aus afrikanischer Perspektive", in B. Bujo, *Die ethische Dimension der Gemeinschaft*, 197-214, aqui 199-200.

[14] Ver Mufuta-Kabemba, "L'art dans la célébration cosmique", in *Méditations africaines du sacré: Célébrations créatrices et langage religieux*, Atas do Terceiro Simpósio Internacional do CERA, Kinshasa, 16-22 de fevereiro de 1986 (Kinshasa, Congo: FTC Publishing, 1987), 193-207, aqui 203-205. Ver também Mudiji-Malamba-Gilombe, "Liturgie cosmique et langage religieux: Pour une conciliation universelle par la prière liturgique", in ibid., 241-249, aqui 245-249.

[15] Para um comentário exegético, ver por exemplo U. Wilckens, *Der Brief an die Römer*, vol. 2, Evangelisch-katholischer Kommentar zum Neuen Testament, no. 6 (Zurich: Benzinger, 1980), 156: A. Ganoczy, *Aus seiner Fülle haben wir alle empfangen: Grundriss der Gnadenlehre* (Dusseldorf: Patmos, 1989), 77-79.

ÉTICA TEOLÓGICA CATÓLICA
PASSADO, PRESENTE E FUTURO

telectuais pelas práticas de sua tradição, tendência essa que parece acompanhá-los de um modo latente e paciente, para usar a expressão do sociólogo congolês G. Bukasa Tulu Kia Mpansu.[16] Um recente estudo confirmou a visão de que mesmo os africanos modernos são profundamente permeados pelo mundo invisível que influencia tanto sua fé cristã quanto seu comportamento social, econômico e político.[17]

O último Sínodo Africano (outubro de 2009) vai para a mesma direção quando constata o recrudescimento da fé na feitiçaria em quase toda a África subsaariana. Falando desse fenômeno, os Padres sinodais a qualificam como "flagelo" do qual os africanos devem se libertar.[18] Tudo isso nos adverte de um julgamento apressado que nos dissuadiria de continuar a prestar atenção à tradição africana sob o pretexto de que ela já teria sido suplantada pela modernidade. Contudo, ainda que seja verdade que os africanos não compartilhem mais da riqueza cultural de seus ancestrais, isso deveria impedir-nos hoje de recordar e adotar elementos positivos dessa riqueza para receber vigor renovado quando enfrentamos o desafio apresentado por alguns desacordos em nossa própria sociedade, que está em contato com outras culturas que não são necessariamente benéficas em todos os aspectos?

A questão é perguntar-se por que o africano deveria ser iniciado de preferência, por exemplo, nas tradições ocidentais mais exteriores a suas raízes, embora seja privado daquilo que lhe está mais próximo e que ele pode assimilar mais facilmente. É nesse nível que o Sínodo supracitado propõe que "a Religião Tradicional Africana e as culturas sejam objeto de estudos científicos aprofundados, sancionados por diplomas, nas universidades católicas da África e nas faculdades das universidades Pontifícias em Roma".[19] Ou seja, à medida que os africanos forem solidamente formados em sua tradição e bem-informados tanto sobre o positivo quanto sobre o negativo de sua cultura, serão capazes de viver sua própria identidade e de desenvolver uma ética que não será algo vindo de fora, sem relação com o ambiente no qual eles estão profundamente inseridos.

---

[16] Ver Buakasa T. K. M., "L'impact de la religion africaine sur l'Afrique d'aujourd'hui: Latence et patience", in *Religions africaines et Christianisme*, Simpósio Internacional de Kinshasa, 9-14 de janeiro de 1978 (Kinshasa: FTC Publishing, 1979), 20-32.

[17] Ver G. ter Haar, *How God Became African: African Spirituality and Western Secular Thought* (Philadelphia: University of Pennsylvania Press, 2009). Ver também o artigo de B. Bujo, "Ce que l'on pourrait attendre du Deuxième Synod pour l'Afrique", *Hekima Review* 41 (2009): 19-29.

[18] Ver "Synode des Evêques: Liste finale des propositions", *Synodus Episcoporum Bulletin*, Bureau de Presse, proposição 13. Esse texto pode ser acessado em http://eucharistiemisericor.free.fr/fichier_livres/091208_propositions_synode.pdf.

[19] Ibid.

Em matéria de ética ecológica, por exemplo, reportar-se ao respeito à natureza tal qual os anciãos o praticavam será benéfico não somente à África, mas poderá constituir uma contribuição universal para salvaguardar a criação.

Chegados a este ponto, deveríamos perguntar-nos como concretamente o africano articula as normas éticas sem se contentar com o *status quo* tal qual se encontra em sua tradição.

A articulação das normas e da vida moral

Considerando que a comunidade e as relações interpessoais são capitais para o agir moral dos africanos, é bem normal e consequente que a constituição e a articulação das normas se realizem no mesmo contexto. A esse respeito, dois momentos parecem ser colocados em evidência. Trata-se, primeiramente, de destacar o lugar que ocupa a palavra falada nessa comunidade e seu impacto sobre as relações interpessoais. Em um segundo momento, deve-se perguntar como essa palavra funciona no seio da comunidade para que o agir moral de cada membro contribua para a promoção do bem comunitário no sentido africano, ou seja, encoraja a vida em sua tridimensionalidade de vivos, mortos e ainda não nascidos, segundo o sentido indicado anteriormente. Trata-se da problemática da palavra como um discurso comunitário que se ocupa de constituir, discutir, fundar as normas e acompanhar os indivíduos na aplicação concreta das palavras fundadoras do agir moral. Poderíamos, então, ver um pouco mais claramente a diferença entre certas teorias éticas de proveniência ocidental para as quais a responsabilidade e a liberdade individual parecem frequentemente opostas à intervenção da comunidade que é frequentemente posta em relação com a opressão do indivíduo na qualidade de pessoa com direitos inalienáveis.[20]

Função da palavra na ética africana

Se o antropocentrismo africano, sem excluir o teocentrismo, está baseado nas relações interpessoais, estas últimas supõem a comunicação entre os diferentes membros que constituem a comunidade no sentido indicado. Mas um dos

---

[20] Não podemos discutir os detalhes dessa questão aqui. Ver B. Bujo, *Wider den Universalanspruch westlicher Moral: Grundlagen afrikanischer Ethik*, Questiones disputatæ 182) (Freiburg: Herder, 2000), 70-104. A tradução para o inglês desse texto é *Foundations of an African Ethic* (New York: Herder & Herder, 2001), 75-106. Ver também B. Bujo, *Die ethische Dimension der Gemeinschaft*, 53-82.

ÉTICA TEOLÓGICA CATÓLICA
PASSADO, PRESENTE E FUTURO

elementos essenciais da comunicação é, sem dúvida, a *palavra*. E esta última funda a comunidade, mantendo a coesão, mas ela também a pode destruir. Na África, a palavra é poderosa no sentido bíblico do termo, pois ela produz o que lhe foi destinado (Isaías 55,10-11). Se no Ocidente se pode dizer *scripta manent, verba volant* ["palavras ditas se vão, palavras escritas permanecem"], na África as palavras não desaparecem, mas podem ter mais força que o escrito.

Portanto, é muito importante desenvolver o sentido da escuta sem se contentar com uma cultura de *visualização*. É por esse motivo também que o africano tradicional atribui uma grande importância à arte de falar, que ele precisa aprender em companhia dos sábios, o que significa de novo que, para adquirir essa arte, ele precisa aguçar a *escuta*. A escuta não é somente o fato de estar atento, mas trata-se de comer a palavra, mastigá-la e digeri-la.

Era comum em certas tradições – e ainda ocorre em muitos lugares – que uma pessoa idosa convidasse uma mais jovem a compartilhar com ela uma refeição ou uma bebida. Enquanto a mais jovem comia ou bebia, seu anfitrião começava a narrar, entre outras coisas, toda a sabedoria do clã. A criança ou a pessoa mais jovem comia e bebia também a palavra, ou seja, a sabedoria com alimentação e bebida. Para se tornar sábia, essa palavra devia ser bem mastigada e digerida.

Era graças à companhia dos sábios que se adquiria a arte de fazer a sabedoria passar para a carne e para o sangue. Em outras palavras, é graças à companhia dos sábios que se adquirem os instrumentos necessários capazes de formar a *consciência*. A palavra comida e bebida é sempre em vista do serviço comunitário; ela deve vir do interior para criar relações com os outros e não para prejudicar. Ela não pode, portanto, ser privatizada, mas está destinada a gerar outras vidas de modo a passar do estado de *mônada* ao de *díade*, *tríade* e *multidão*.[21] Para alcançar esse objetivo, o orador deve sempre se perguntar se sua palavra é uma interpretação correta da palavra dos sábios, visto que ela tem o poder somente se baseada na palavra fundacional do ancestral que se supõe ter legado a palavra de vida e não a de morte. Somente um tal exercício é capaz de promover a reconciliação, a justiça e a paz na comunidade humana.

Esse breve esboço sobre o papel da palavra falada na África mostra suficientemente a responsabilidade que têm os meios de comunicação, como o rádio, a televisão e outros instrumentos na África negra. Pode-se facilmente abusar

---

[21] Para esses termos, ver E. Mveng, *L'art d'Afrique noire: Liturgie cosmique et langage religieux* (Paris: Mame, 1964), 75-85; E. Mveng, "Essai d'anthropologie négro-africaine", *Bulletin de Théologie Africaine* 1 (1979): 229-239.

da palavra entendida como "poderosa" e dominar todo um povo. É isso que acontece frequentemente nos meios políticos quando certos responsáveis pelas nações se servem de meios de comunicação oral para manipular as opiniões, em particular nos meios analfabetos, nos quais frequentemente a autoridade da palavra transmitida pelo rádio é indiscutível. Os autores dessa palavra não prestam atenção à população, a qual supõe que o que é dito pelo chefe reflete o bem comum que os ancestrais desejavam. É verdade que a palavra pronunciada por nossos líderes políticos de hoje não negligencia a referência superior, porém ela tem o assentimento não dos verdadeiros ancestrais, mas sim dos falsos que estão doravante no mundo dos grandes poderes internacionais. Trata-se, portanto, da palavra que está privada de sua dimensão anamnésica tradicional, cujo caráter próprio é sempre ativar a memória vivificante dos anciãos e dos antepassados.[22]

Em relação com essa função capital da palavra, convém destacar mais uma vez o lugar da escuta na tradição africana. Hoje os meios modernos de comunicação, como a televisão, a internet etc., impõem-se pelas imagens, de sorte que é a cultura da surdez que parece espalhar-se em benefício daquela da *visão*. Não se tem mais tempo para escutar, mas a credibilidade de um fato só se impõe na maior parte do tempo por meio de imagens. Ou, seguindo São Paulo, que fala de *fides ex auditu* (Romanos 10,17: *pistis ex akoēs*), o africano pode falar da "sabedoria da escuta" (em latim, *sapientia ex auditu*; em grego, *sophia ex akoēs*). Do contrário, chega-se a uma cultura superficial na qual as pessoas não se ouvem entre si e o diálogo torna-se impossível. Contudo, o diálogo sozinho não é suficiente.

Conforme afirmei, a escuta pode realmente produzir frutos somente à medida que tudo o que alguém ouve seja bem mastigado e digerido. Acontece que esse trabalho não pode ser feito privadamente, mas se aperfeiçoa na, com e para a comunidade. Daí a necessidade da palavra (*lo, baraza, gacaca*).

Mastigação e digestão da palavra em comunidade

A ética africana não pensa que a validade das normas éticas e a aplicação delas sejam uma responsabilidade que cabe unicamente ao indivíduo "atomizado". Com efeito, um indivíduo isolado pode ter mastigado mal e digerido

---

[22] Ver B. Bujo, *Die ethische Dimension der Gemeinschaft*, 65s.

ÉTICA TEOLÓGICA CATÓLICA

mal a palavra recebida. É assim que a conversação é o lugar por excelência para testar a eficácia da palavra, a fim de que ela contribua não para a destruição, mas sim para a edificação da comunidade. Esse teste consiste em que a palavra seja reexaminada, de modo que, em caso de uma mastigação ruim e de uma digestão insuficiente, ela seja remastigada e digerida novamente em uma boca e em um estômago comunitários. Trata-se do momento da *ruminatio* em comum. Embora cada indivíduo por definição seja um ruminante da palavra entendida, esse momento consiste em uma tarefa árdua que não está sempre ao alcance do indivíduo como tal. A tarefa da conversação é de tomar consciência de que a sabedoria contida na palavra tenha sido bem assimilada e de que ela servirá para tecer as relações interpessoais que engrandecem a vida na comunidade.

Quanto à conversação, ela é de diferentes tipos: terapêutica, familiar, suprafamiliar e administrativa. Dentro de cada gênero, pode-se ainda distinguir a conversação irênica ou agonística, caso seja conflitante ou não conflitante. Qualquer que seja seu tipo, a conversação é o lugar por excelência onde se elaboram, se fundam e se fixam as normas éticas.

O objeto de uma conversação pode ser muito diversificado, pois o todo é centralizado na vida que deve ser engrandecida em sua totalidade. Isso quer dizer que a conversação, ao se preocupar com as normas éticas, desejaria promover a pessoa humana de modo holístico, considerando ao mesmo tempo seu bem-estar moral, espiritual e físico. Visto que ela se ocupa principalmente da vida, e não de princípios abstratos, a ética baseada na conversação é, sobretudo, *sapiencial.*

Ou seja, diferentemente, por exemplo, da ética da discussão de Jürgen Habermas e de Karl-Otto Apel,[23] ela não se contenta com argumentos puramente racionais. Se na ética procedural conforme concebida por esses dois autores só se pode discutir com pessoas capazes de argumentar racionalmente, ocorre de modo diferente com a conversação, que não está restrita apenas aos especialistas imersos na vida intelectual e capazes de entender as nuanças racionais.

Os gestos, os símbolos, os provérbios, os cantos etc. podem desempenhar um papel importante no curso da conversação. Pode-se, portanto, dizer que a conversação inclui todos os membros da comunidade, e é por isso que ela implica também a intervenção dos ancestrais que pertencem ao mundo in-

---

[23] Ver J. Habermas, *Moralbewusstsein und kommunikatives Handeln* (Frankfurt: Suhrkamp, 1983); K.-O. Apel, *Diskurs und Verantwortung: Das Problem des Übergangs zur postkonventionellen Moral* (Frankfurt: Suhrkamp, 1988). Para um comentário, ver B. Bujo, *Wider den Universalanspruch westlicher Moral*, 82-104 (*Foundations of an African Ethic*, 54-71).

visível. Além disso, uma conversão não é de fato eficaz e promotora do bem comum se ela não implica igualmente os ainda não nascidos, pelo menos implicitamente, uma vez que decisões devem ser tomadas em vista de um mundo melhor no futuro para as gerações vindouras, que no presente estão esperando para tomar o lugar dos vivos (que amanhã pertencerão ao mundo invisível). A inclusão dos ancestrais e dos ainda não nascidos no processo da conversação significa que devemos mencionar o lugar do cosmo. As decisões tomadas pela comunidade devem estar em harmonia com o todo da natureza, visto que o ser humano – que é um "microcosmo" dentro do "macrocosmo", para usar uma bela expressão cunhada por E. Mveng[24] – pode realizar-se de fato somente associando-se ao cosmo.

O procedimento da conversação tal qual é descrito nos remete novamente àquilo que dissemos sobre a justiça contributiva na concepção africana. A participação no discurso em forma de conversação é um processo que interpela cada membro que é convidado a dar sua contribuição a fim de que a comunidade encontre uma boa solução para o crescimento da vida, bem como o bem comum de grande importância. Aqui não se trata nem somente de receber, nem somente de dar, mas há uma interação entre dar e receber que diz respeito a cada um. Com efeito, quem participa ativamente da elucidação dos problemas debatidos se esforça por propor as vias capazes de facilitar a solução para os outros, mas ao mesmo tempo ele se permite aprender com os outros, de modo que ele é ao mesmo tempo um beneficiário a quem os cointerlocutores facilitam o caminho rumo a uma melhor compreensão e decisão.

Essa concepção da justiça contributiva diz respeito também aos mortos e aos ainda não nascidos que, na racionalidade africana, não são considerados como seres passivos dentro da conversação. A comunidade dos mortos é explicitamente consultada e deve dar sua contribuição para que os vivos sejam capazes de viver na paz e na harmonia, a fim de assegurar a sobrevivência dos mortos. Os ainda não nascidos, mesmo quando não são invocados explicitamente, não podem ter sua contribuição esquecida, pois eles estão profundamente situados nos vínculos relacionais por meio dos quais eles *despertam a esperança* da comunidade para uma vida futura melhor. Eles dão, assim, impulso aos vivos e aos mortos para tomar as decisões certas para que a vida não seja interrompida. Enfim, isso significa que os ainda não nascidos não são

---

[24] E. Mveng, "Essai d'anthropologie négro-africaine", 234.

somente seres futuríveis para quem se faz tudo sem receber nada em troca, mas eles mesmos participam da preparação de seu futuro influenciando no processo e nas decisões da conversação.

Essa consideração sobre a *iustitia contributiva* nos mostra ao mesmo tempo outra diferença importante com relação à ética da discussão, notadamente porque a discussão não se preocupa somente em estabelecer ou em fundar os princípios do agir moral de um modo *formalista*, mas a ética baseada na conversação se ocupa igualmente do *conteúdo* próprio das normas. Em outros termos, ela se preocupa ao mesmo tempo com a aplicação concreta dessas normas sem se contentar com a retidão dos princípios. As normas preexistentes frequentemente baseadas nas palavras e nos gestos dos ancestrais e anciãos são colocadas em questão dentro da conversação exatamente para que sua aplicabilidade e sua efetividade sejam postas em dúvida pela comunidade naquilo que diz respeito ao crescimento da vida.

Uma vez que essa dúvida é superada, a comunidade não se contenta com estabelecer um novo princípio, mas se preocupa igualmente em acompanhar os indivíduos na aplicação e na realização da norma encontrada. Isso marca ao mesmo tempo a diferença com respeito à comunidade comunitarista, que com razão se insurge contra a atomização do indivíduo, mas não se pensa que a comunidade deva intervir na aplicação concreta de princípios morais pelos indivíduos. A comunidade impregna o indivíduo, mas a decisão do agir moral é individual. A ética africana toma outro caminho, pois, para ela, o indivíduo não está somente impregnado pela comunidade, mas ela deve acompanhá-lo *antes, durante e depois* da decisão sobre aquilo que é considerado vital para todos.

Com essa observação, tocamos no problema da liberdade, que não podemos discutir aqui.[25] O essencial pode ser resumido nestas poucas palavras. Vimos que a concepção fundamental na África negra consiste não somente em que alguém se torna pessoa pelas relações interpessoais, mas inclusive em que se dá à luz ou se gera mutuamente para que a vida seja forte e intensa. Isso também diz respeito à liberdade. Com efeito, não se é livre sozinho, mas torna-se livre "graças a", "com" e "para" os outros. A liberdade é, portanto, uma partilha de vida com os outros, de tal maneira que não se vive somente para si mesmo, mas com e para os outros, a fim de ser para eles e eles para cada

---

[25] Ver meus primeiros estudos: B. Bujo, *Wider den Universalanspruch westlicher Moral*, 149-181 (*Foundations of an African Ethic*, 107-130); e B. Bujo, *Introduction à la théologie africaine*, 141-145.

um. Assim, o indivíduo tem como missão dar à luz a liberdade dos outros, bem como os outros têm como tarefa dar à luz a liberdade do indivíduo. É nessa interação que se dá à luz mutuamente e se torna a comunidade livre. O "eu" não pode considerar-se livre até que o "nós" não esteja livre e vice-versa. O indivíduo deve estar com a comunidade para que todos estejam com cada um. Isso significa, além disso, que a liberdade não consiste somente em "ser livre de", mas ela é ao mesmo tempo "ser livre graças a, para e com". A liberdade, na perspectiva africana, inclui, portanto, uma dimensão contributiva que não é somente receptiva ou egocêntrica, mas participativa e preocupada com a vida dos vivos, dos mortos e dos ainda não nascidos.

Conclusão

A racionalidade africana conforme tentamos expor levanta algumas questões com relação à ética ocidental clássica baseada em outra maneira de filosofar. Pensamos aqui, por exemplo, no discurso fundado sobre a lei natural, embora a ética africana coloque a comunidade e as relações interpessoais no centro. Diferentemente da teologia católica ocidental, ela desconhece a separação entre natural e sobrenatural, entre sagrado e profano etc. A criação de Deus é uma e é, portanto, como um todo que ela manifesta Deus e volta a ele. Podemos ver a diferença que tal concepção opera no modelo de relação entre Igreja e Estado. O sentido não é que se deve praticar um fundamentalismo religioso, mas antes que se deve propor um modelo no qual a vida humana genuína como desejada por Deus existe somente na unidade da pessoa humana. Como isso deve realizar-se concretamente é justamente a tarefa da conversação tradicional.

No mesmo sentido, convém mencionar o ensinamento sobre a consciência individual na qualidade de última instância. Conforme a lógica da conversação, não pode ser uma absolutização da vontade do indivíduo. A palavra comida que forma a consciência deve ser confrontada com as opiniões dos outros e ser depositada também tanto na boca quanto no estômago comunitários, para que sua inocência seja experimentada. Esse procedimento elimina as tendências fundamentalistas que, seguindo o exemplo da ética, poderiam subjugar a comunidade a um tipo de ditadura.

Dito isso, a ética africana com sua racionalidade não é uma ética impermeável aos outros modelos. Pelo contrário, ela conhece os princípios acessíveis que podem sem hesitação ser chamados de universais. Aqui, basta remeter ao princípio luba do *Muntu-wa-Bende-wa-Mulopo* citado acima; e sabemos que muitos provérbios africanos oferecem-nos um ensinamento que não está limitado a um grupo ou região, mas abrange o todo da humanidade. Fiel a sua prática da conversação, a racionalidade africana quer ser uma parceira para outras racionalidades, de modo que a raça humana possa ser enriquecida por um diálogo paciente e fraternal e possa, assim, refletir as diversidades com que o Criador a dotou.

ÉTICA POLÍTICA

A PRESUNÇÃO CONTRA A GUERRA E A VIOLÊNCIA

Brian V. Johnstone

"A presunção contra a guerra", invocada pelos bispos norte-americanos em sua carta pastoral *O desafio da paz* (3 de maio de 1983),[1] tornou-se um elemento fundamental na literatura católica sobre o tema da guerra e da paz.[2] Ela está ligada a uma "preocupação

---

[1] Ver *The Challenge of Peace – God's Promise and Our Response: A Pastoral Letter on War and Peace by the National Conference of Catholic Bishops* (Washington, D.C.: United States Catholic Conference, 1983), 93.
[2] Lisa Sowle Cahill, *Love Your Enemies: Discipleship, Pacificism, and Just War Theory* (Minneapolis, MN: Fortress Press, 1994), 3. Ver também Richard B. Miller, "Aquinas and the Presumption against Killing and War", *The Journal of Religion* 82, n. 2 (2002): 173-204.

ÉTICA TEOLÓGICA CATÓLICA
PASSADO, PRESENTE E FUTURO

comum de evitar a violência"[3] a partir da qual, afirma-se, surgem tanto a doutrina da guerra justa quanto o pacifismo. Conforme entendo a discussão, a presunção contra a violência é mais fundamental; a presunção contra a guerra é uma especificação da presunção contra a violência.

Minha opinião é de que as noções de "presunção contra a violência" e de "presunção contra a guerra", tomadas em si, são contribuições úteis ao desenvolvimento da tradição da guerra justa. Mas meu argumento não implica aceitar a crítica dessas noções conforme proposta por George Weigel e James Johnson.[4] A mais conhecida contestação à tese de Weigel é aquela do arcebispo de Cantuária Rowan Williams.[5] Contudo, Williams continua empregando as expressões "presunção contra a violência" e "deveres *prima facie*", que, conforme tentarei mostrar, são inadequadamente fundamentadas.

Minha primeira crítica é que Weigel, apelando para "a tradição clássica",[6] não explica o que constitui a "tradição". Nem explica ele por que a tradição deveria ser moralmente obrigatória, por que essa tradição particular é moralmente obrigatória, como o conteúdo da tradição é selecionado, quem seleciona esse conteúdo, com base em que critérios a seleção é feita, ou quem decide se novos desenvolvimentos podem ser aceitos na tradição. De fato, é Weigel mesmo quem decide quanto às respostas a essas questões. A tradição da guerra justa não pode ser subordinada aos fins de uma "política", conforme Weigel argumenta; trata-se de uma limitação arbitrária da tradição.

A principal crítica de Paul Griffiths é de que Weigel não explica onde está o ônus da prova.[7] Griffiths argumenta, acertadamente em minha opinião, que, para a tradição católica sobre a guerra justa, o ônus da prova cabe àqueles que buscariam justificar a guerra. De acordo com Griffiths, na lógica da doutrina da guerra justa, as análises exigidas por aquela doutrina têm de ser realizadas antes

---

[3] Cahill, *Love Your Enemies*, 1.

[4] Para uma recente apresentação das visões de Weigel, ver George Weigel, "The Just War Tradition", National Review Online, December 12, 2009, http://article.nationalreview.com/417745/the-just-war-tradition/george-weigel. Para uma crítica, ver Christ Eberle, "The 'presumption against war': Eberle critiques Weigel", Mirror of Justice: A Blog Dedicated to the Development of Catholic Legal Theory ["Espelho de justiça: um blog dedicado ao desenvolvimento da teoria jurídica católica"], 15 de dezembro de 2009, http://mirrorofjustice.blogs.com/mirrorofjustice/2009/12/the-presumption-against-war-eberle-critiques-weigel.html.

[5] Rowan Williams e George Weigel, "War and Statecraft: An Exchange", *First Things* 141 (March 2004): 14-28, aqui 15.

[6] Ver Miller, "Aquinas and the Presumption against Killing and War".

[7] George Weigel, "Just War: An Exchange. Debate with Paul J. Griffiths", *First Things* 122 (April, 2002): 31-36.

que a presunção contra a guerra possa ser derrotada. Concordo que o ônus da prova seja a chave. Mas é necessário explicar por que o ônus foi colocado no lugar onde está. Além disso, as análises da doutrina da guerra justa têm de ser realizadas para que a guerra seja justificada. Mas por que essas análises são exigidas e por que a realização delas justifica moralmente uma guerra? Esses pontos não são explicados. Para fornecer uma explicação para isso, precisamos de uma estrutura moral mais fundamental. Espero fornecer um esboço dessa estrutura.

A tradição, conforme a entendo aqui, significa mais que a discussão de MacIntyre sobre os bens da tradição ao longo do tempo.[8] Tradição, aqui, significa um processo teleológico, ou orientado a um objetivo, que é organizado pelas intenções com as quais a comunidade está comprometida e envolvida nas práticas que expressam suas intenções.[9] Nós nos ocupamos aqui da tradição católica. Uma primeira pergunta é: O que constitui as intenções fundamentais dessa tradição, a justiça ou o amor? A posição de Weigel parece presumir a primazia da justiça e, além disso, ele parece ver a justiça como envolvida, sobretudo, com a violação da justiça com relação a uma nação em particular. Em vez disso, eu argumentaria que a justiça não ocupa o primeiro lugar; a primazia pertence à caridade, que requer a justiça, a fim de proteger as relações básicas de caridade entre os indivíduos, os grupos e as nações.

Se a justiça não atinge um alcance universal pela caridade, ela corre o risco de se tornar a justificação das guerras de um Estado particular em favor de seus próprios interesses. Poderíamos lembrar aqui o comentário feito por Leroy Walters de que todos os teólogos cujas teorias ele discutiu acabam justificando as guerras de suas próprias nações.[10]

---

[8] Ver Alasdair MacIntyre, *After Virtue*, 3. ed. (Notre Dame, IN: University of Notre Dame Press, 2007), 222 [ed. bras.: *Depois da virtude* (Bauru, SP: Edusc, 2001)]. A definição completa é: "Uma definição viva, então, é uma discussão que se prolonga na história, que é socialmente construída, e uma discussão em parte sobre os bens que constituem essa tradição".

[9] Brian V. Johnstone, "Moral Experience in the Test of History", *Église et Théologie* 16 (1985): 319-338; Brian V. Johnstone, "Can Tradition be a Source of Moral Truth? A Reply to Karl-Wilhelm Merks", *Studia Moralia* (1999): 431-451; Brian V. Johnstone, "¿Qué es la tradición?", in *La ética cristiana hoy: Horizontes de sentido: Homenaje a Marciano Vidal*, ed. Miguel Rubio, Vicente Garcia e Vicente Gómez Mier (Madrid: Instituto Superior de Ciencias Morales, 2000); e Brian V. Johnstone, "The Argument from Tradition in Roman Catholic (Moral) Theology", *Irish Theological Quarterly* 69 (2004): 139-155.

[10] Leroy Walters, "Historical Applications of the Just War Theory: Four Case Studies in Normative Ethics", in *Love and Society: Essays in the Ethics of Paul Ramsey*, ed. James Johnson e David Smith (Missoula, MT: Scholars Press, 1974), 136. Os autores em questão são Francisco de Vitória († 1546), Hugo Grócio († 1645), Balthazar Ayala († 1548), Alberico Gentili († 1608) e Paulus Vla-

ÉTICA TEOLÓGICA CATÓLICA
PASSADO, PRESENTE E FUTURO

Há a questão adicional da interpretação de Santo Tomás, especialmente da *Summa Theologiæ*, II-II, q. 40, a. 1, para a qual ambos os lados do debate apelam.[11] Herbert McCabe interpreta Santo Tomás como segue. No uso moderno, a palavra "caridade" frequentemente transmite a ideia de uma bondade individual manifestada na ajuda ao necessitado, e isso torna difícil para nós apreciar o lugar central que Santo Tomás dá à caridade em seu pensamento sobre a guerra e a paz. A caridade, aqui, significa caridade política. Santo Tomás adota e expande a noção política de Aristóteles da *philia* (*amiciticia*, ou "amizade") como seu modelo para a *caritas* que é o fundamento da comunidade da família humana não somente como criaturas, mas também como filhos de Deus. A cidade-Estado ou *pólis*, para Aristóteles, tem sua base na *philia*. Isso significa não tanto a amizade em nosso sentido moderno, mas mais o "companheirismo com confiança".[12] Na concepção ampliada de Santo Tomás, a caridade política significa o companheirismo em um projeto compartilhado para criar juntos não somente uma *pólis*, mas uma família humana inclusiva.[13]

Esse elemento da caridade foi preservado no desenvolvimento seguinte da tradição, entre outros, por Suarez († 1617),[14] e mesmo por Grócio († 1645).[15] Em seguida, contudo, foi perdido de vista, mesmo nos relatos católicos padrão da doutrina, e o acanhado conceito de justiça entre as nações tornou-se o critério norteador para a interpretação da doutrina da guerra justa. Sugiro que na tradição católica a caridade tenha a primazia e que a caridade como amizade ou como "companheirismo com confiança" guie as relações sociais.

---

dimiri († 1435). Em um estudo histórico da aplicação da doutrina a situações particulares por alguns desses "clássicos" proponentes, Leroy Walters nota que esses autores desenvolveram suas versões da doutrina, em boa medida, para defender as políticas bélicas de seus próprios países. Ele escreve: "O preponderante pensamento dos teóricos do passado sobre o uso da guerra justa como um instrumento apologético pode ser visto como um aviso – uma advertência contra a possibilidade de autoengano na reflexão moral quando assuntos de crucial importância para a nação do teórico estão em jogo". Assim, onde uma aplicação da "doutrina da guerra justa" funciona como uma apologia à política bélica de uma nação particular, cabe muito bem uma "hermenêutica da suspeita". Os argumentos a favor da guerra devem ser analisados com cuidado.

[11] Aquinas, *Summa Theologiæ* II-II, q. 40. a. 1, lida com a questão de se é sempre pecaminoso realizar a guerra.

[12] Herbert McCabe, "Manuals and Rule Books", in *Understanding Veritatis Splendor*, ed. John Wilkins (London: SPCK, 1994), 64.

[13] Talvez se esteja aqui exagerando na interpretação de Santo Tomás. Uma interpretação da tradição católica voltada à constituição de uma única família humana pode ser encontrada em Joseph Joblin, *L'église et la guerre: Conscience, violence, pouvoir* (Paris: Desclée de Brouwer, 1988), 300.

[14] Francisco Suarez, SJ, *De Charitate*, disp. 13, sec. 1. Ver *Omnia Opera*, vol. 12 (Paris: Vivès, 1858), 737.

[15] Timothy M. Renick, "Charity Lost: The Secularization of the Principle of Double Effect in the Just-War Tradition", *The Thomist* 58 (1994): 458.

A PRESUNÇÃO CONTRA A GUERRA E A VIOLÊNCIA
BRIAN V. JOHNSTONE

Na esfera política, contudo, precisamos de uma noção adicional para expressar o trabalho conjunto entre a caridade e a justiça; essa noção é a "concórdia cívica". Conforme Reichberg nota, ocasionalmente encontramos Tomás de Aquino tirando implicações práticas da visão de que a concórdia cívica deriva mais formalmente da *caritas* do que da *justitia*.[16] O amor da amizade não pode moldar adequadamente as complexas relações da sociedade humana nem lidar com os conflitos que inevitavelmente surgem. Para lidar com essas características da sociedade humana, a caridade requer a justiça, de modo a proteger as relações mais fundamentais de amizade. A justiça, então, exige que estabeleçamos as estruturas sociais, legais e políticas necessárias para sustentar, nutrir e proteger as relações mais fundamentais de amizade. Defendo aqui uma visão da relação entre a caridade e a justiça. Segundo essa visão, a justiça não é fundamental nem é "aperfeiçoada" pela caridade. Em vez disso, a caridade é fundamental e ela requer a justiça, tanto a virtude da justiça quanto as estruturas sociais, políticas e legais que incorporam a justiça. A caridade sem a justiça seria ineficaz e inadequada para promover, historicamente, o desenvolvimento de toda a família humana.

Ao construir a estrutura moral, identifiquei quatro estruturas:

(1) a tradição história, orientada a um objetivo e direcionada à unificação de toda a família humana;

(2) o dinamismo na tradição da caridade, expresso como companheirismo com confiança ampliado de maneira universal;

(3) a caridade, trabalhando com a justiça, para promover a concórdia cívica; e

(4) a concórdia cívica, guiada pela caridade universal, estendida à concórdia entre as nações.

Agora chego ao nível mais particular de determinar onde o ônus da prova está e como as análises tradicionais devem ser aplicadas. Nesse contexto, argumentarei que há uma dificuldade na "presunção contra a violência".[17] Childress argumentou que, "porque é *prima facie* errado ferir ou matar os outros, esses atos demandam justificação". Na teoria da guerra justa, a função dos vários critérios é providenciar essa justificação ou, como Childress também apresenta, "rejeitar" o dever *prima facie*. O que se entende por deveres *prima facie*?

---

[16] Gregory Reichberg, "Is There a 'Presumption against War,' In Aquinas's Ethics?" *The Thomist* 66, n. 3 (2002): 335.

[17] James E. Childress, "Just-War Theories", *Theological Studies* 39 (1978): 427-445.

A noção de deveres *prima facie* foi esclarecida, quando não inventada, na obra *The Right and the Good* ["O direito e o bem"], de W. D. Ross. O autor propôs que há muitas "relações moralmente significantes" naquilo que vivemos. Cada uma dessas relações é o fundamento de um dever *prima facie*, que são "mais ou menos de nossa competência", "segundo as circunstâncias do caso".[18] Em uma situação particular, posso formar uma "suposta opinião" de que um desses deveres é mais de nossa competência do que outro. Sendo assim, "estou certo em pensar que cumprir o dever *prima facie* é meu dever, sem rodeios, na situação". A teoria ética aqui parece ser de algum tipo de intuicionismo. Considero ambos os conceitos de "presunção contra a violência" e de "deveres *prima facie*", pelo menos como explicados por Ross e Childress, como insatisfatórios.

Proponho que seja somente dentro de uma tradição que podemos explicar os fundamentos para uma presunção desse tipo e providenciar uma estrutura para explicar como a presunção pode ser razoavelmente superada. Conforme usado aqui, o conceito de tradição tem três níveis. Primeiro, refere-se a uma intenção básica, guiada pela caridade que opera com a justiça, para buscar o objetivo de uma família humana unida. Segundo, refere-se à incorporação histórica dessa intenção na prática da comunidade da Igreja que persegue esse fim através do engajamento nas estruturas sociais e políticas existentes. Terceiro, refere-se à subtradição particular que passou a ser chamada de tradição da "guerra justa". A função dessa teoria foi proporcionar uma estrutura para avaliar tanto "a" guerra quanto as guerras em particular como expressões coerentes ou não das intenções mais elevadas que guiaram a tradição.

É nessa estrutura que podemos mais significativamente elaborar perguntas sobre a prática da guerra. Aquelas pessoas que estão comprometidas com a tradição, ou seja, que ordenam suas intenções pessoais de acordo com as intenções da tradição, têm de se perguntar se a prática da guerra pode ser uma encarnação daquelas intenções. Parece que a guerra não possa ser aceita como tal, uma vez que ela significa a morte de pessoas humanas e divide a família humana. Visto que as intenções básicas são dirigidas à promoção da paz, o ônus da prova recai sobre aqueles que argumentam que a guerra não é contrária àquelas intenções, mas pode-se demonstrar que seja ordenada para os objetivos daquelas intenções. A questão, então, é: a prática da guerra pode ser ordenada e limitada de tal modo que pode encarnar as intenções que guiam aqueles que se comprometeram com essa tradição?

---

[18] W. D. Ross, *The Right and the Good* (Indianapolis, IN: Hackett, 1988), 19.

A PRESUNÇÃO CONTRA A GUERRA E A VIOLÊNCIA
BRIAN V. JOHNSTONE

As análises oferecidas pela teoria da guerra justa foram propostas como guias na resposta dessa pergunta. A primeira análise é se a intenção que guia os engajados em uma guerra particular está coerente com as intenções básicas da tradição; a exigência foi de que essa intenção fosse dirigida para a "paz". Isso, argumento eu, não somente significa paz entre nações adversárias, mas paz global, o que chamei de unidade da família humana. Eis o que significa "intenção reta".[19]

Movemo-nos, pois, da intenção de promover a unidade, ou seja, da esfera da caridade, para a esfera da justiça – ou seja, as estruturas que promovem e protegem o projeto histórico visavam em última instância à unidade da família humana. Aqui, levantamos questões sobre as estruturas sociais e políticas. Novamente, seguindo a lógica de nossas intenções básicas, perguntamo-nos se houve uma violação das estruturas de modo que uma nação, incluindo nossa própria e as demais nações, pode em curto prazo realizar sua tarefa de proteger e promover a paz. Se houve tal violação, então a justiça, guiada por nossas intenções básicas, pode requerer de nós uma intervenção para conter a violação. Isso significaria resistir à agressão armada contra nossa nação ou contra outras nações ou grupos por meio de força armada. Eis a questão da "causa justa".

Em seguida vem a questão da autoridade competente. Somente uma pessoa ou um grupo com a capacidade de ordenar as atividades de força da comunidade, normalmente a nação, de acordo com as intenções básicas da tradição, ou seja, a paz pode iniciar a guerra. A capacidade de ordenar as atividades da comunidade reside em primeiro lugar nos membros dessa comunidade. Mas a ordenança efetiva será normalmente tarefa de alguém que foi designado para liderar a comunidade. Essa pessoa será normalmente alguém que foi designado mediante um justo processo para ordenar as atividades da comunidade ou da nação, de acordo com intenções destas últimas – ou seja, um líder político.

Somente aquelas ações de força que repelem a agressão, mediante o contra-ataque ou mediante a remoção da capacidade do agressor de atacar, podem ser reconhecidas como sendo coerentes com as intenções da tradição. Essas

---

[19] Devemos reconhecer que uma nação particular tem o direito de continuar a existir e a viver em paz, pois somente assim pode ela participar efetivamente do processo compartilhado rumo à unidade de toda a família humana e assim cumprir seu propósito. Nós próprios temos boas razões para confiar nossa lealdade a uma determinada nação, visto que estamos comprometidos em contribuir com essa unidade de toda a família humana e essa nação particular é capaz de dar uma tal contribuição. Aderir a uma nação particular somente porque ela nos protege não parece ser uma razão justa.

ações poderiam, então, ser consideradas proporcionais aos devidos fins como estabelecidos na tradição. Note que o que se requer é que o ato seja proporcional ao fim particular de repelir um ato particular de agressão e, assim, capacitar ou não a comunidade sob ataque a retomar sua contribuição à unidade da família humana. Somente desse jeito o ato de resistência armada pode ser proporcional ao fim principal da comunidade e da tradição – ou seja, a paz. A proporção aqui é a proporção do ato com relação a seu fim, e *não* a "proporção" entre os efeitos nocivos e os efeitos benéficos de um ato de guerra.[20]

Se a noção de uma presunção contra a violência e a guerra não é viável, o que, então, proporcionaria uma visão compartilhada dentro de uma tradição única entre os pensadores da guerra justa e os pacifistas? Sugiro que eles devam concordar que estão ambos comprometidos com uma intenção fundamental, na caridade, de buscar a família humana universal, mas que eles diferem quanto ao tipo de processo histórico que poderia dar corpo a essa intenção. Os teóricos da guerra justa argumentam que a guerra pode ser ordenada e limitada de tal forma que ela poderia, pelo menos teoricamente, ser a realização daquela intenção fundamental. Os pacifistas estão convencidos de que não. Os teóricos da guerra justa teriam de reconhecer o papel dos pacifistas dentro da tradição em obrigá-los a analisar cuidadosamente essa teoria. A rejeição pacifista de toda guerra é também um testemunho da condição de paz que seria a expressão histórica mais coerente da intenção fundamental da tradição. Sua presença na tradição é também uma recordação contínua de que todas as afirmações de que qualquer forma de guerra pode ser uma expressão coerente daquela intenção são historicamente condicionadas e imperfeitas.

---

[20] Para a noção de um ato ser proporcional a seu fim, ver Tomás de Aquino *Summa Theologiæ* II-II, q. 64, a. 7.

VIDA URBANA, ÉTICA URBANA[1]

Miguel Ángel Sánchez Carlos

A ética e a cidade

A *vida urbana* ou a *ética urbana*, ou seja, o sentido e a orientação de todo comportamento humano condicionado pelos diversos fatores que formam o fenômeno social chamado urbe, é um tema que apenas começa a abrir caminho, tanto no âmbito sociocultural como no da ética cristã. No entanto, parece-nos que uma reflexão atual sobre o tema requer aproximação às características próprias do que chamamos *o modo de ser urbano*.[2]

A cidade moderna é diversa e única em seus principais elementos e em sua diversidade cultural, a qual pode considerar-se uma derivação evoluída da cidade mercantil do final do século XI, quando se começou a forjar uma nova identidade do ser humano ligada ao urbano. Nessa identidade medieval urbana se encontra a origem do que atualmente se denomina ética civil, já que as disposições que regulavam a convivência social, cultural e mercantil – como a Carta de Arras de 1194, que indicava que um forasteiro podia ser burguês e beneficiar-se da lei da cidade depois de viver nela um ano e um dia sem oposição – foram paulatinamente separando-se dos fatores religiosos ou culturais que regulamentavam a convivência humana.[3]

Entretanto, essa diversidade foi sempre afetada por interesses de classe social ou por fatores ideológicos, pois era negada pela burguesia liberal – branca, masculina e cristã; e foi a partir da segunda metade do século XX que tal diversidade se fez notar e abriu caminho, principalmente na Europa e nos Estados Unidos, por meio de uma nova noção de *público* e de uma

---

[1] Traduzido para o inglês por Margaret D. Wilde.

[2] Partimos da consideração de que todo ser humano possui em suas estruturas antropológicas a capacidade de orientar sua existência em um projeto que paulatinamente descobre e assume, e no qual a revelação cristã aparece como um convite iluminador que acompanha e fortalece tal projeto, cujo principal paradigma é a pessoa e a missão de Jesus Cristo. Ver E. López Azpitarte, *Hacia una nueva visión de la ética cristiana* (Sal Terræ: Santander, 2003), 14.

[3] Livingston Crawfor e Pamela Flores, "América Latina: La ciudad negada", *Investigación e desarrollo* 14, n. 1 (2006): 226-239, aqui 228.

ética citadina.[4] A dimensão cultural de tal diversidade é uma dentre tantos elementos produzidos pelas cidades contemporâneas, e é o fator que nos interessa tratar agora para reflexão e discussão.

Do exposto acima, conclui-se que a cidade é ambivalente: ela é o laboratório da cultura produtiva, mas também exclui a quem não se enquadra nessa produção. Tal ambivalência tem sido permanente na história das cidades. Na América Latina, por exemplo, o projeto urbano hispânico associou-se ao poder político e excluiu os povos originários que ali viviam, os grupos indígenas, relegados ao rural, além de *outros* expulsos do espaço público. Uma exceção transitória aconteceu durante as guerras de independência, quando o rural se incorporou momentaneamente à cena urbana.[5] O mesmo aconteceu entre as cidades europeias e as latino-americanas que, em meados do século XIX, se incorporaram ao espaço público mediante a cópia do desenvolvimento urbanístico europeu nas cidades do novo mundo, criando também seus universos simbólicos, ao recriar sua própria gramática urbana, reproduzindo a seu modo o individualismo e a disputa de interesse individual sobre o coletivo, como consequência ética do processo de urbanização.[6]

A cidade moderna secularizada

Dado nosso propósito, parece pertinente considerar que, como diz o *Documento de Aparecida*, da V Conferência Geral do Episcopado Latino-americano, "as grandes cidades são laboratórios dessa cultura contemporânea complexa e plural",[7] e que, "no mundo urbano, acontecem complexas transformações socioeconômicas, culturais, políticas e religiosas que causam impacto em todas as dimensões da vida".[8] De tal maneira que a cidade grande é o grande laboratório cultural atual, o lugar real e simbólico de grupos e movimentos de onde se materializam e projetam diversos valores éticos. Então é possível dizer que a cidade é o mais destacado areópago da cultura moderna.[9]

---

[4] Ibid.

[5] Ibid., p. 230.

[6] Ibid., 232.

[7] *Documento de Aparecida*, 509.

[8] *Documento de Aparecida*, 511.

[9] *Documento de Aparecida*, 491. A cidade tem sido também frequentemente chamada de "um espaço simbólico/institucional de pluralidade, mobilidade e sincretismo, cujas condições de plausibilidade têm sido indubitavelmente um fenômeno da modernidade". Ver J. Legorreta, "La ciudad latinoamericana: Aproximaciones sociológicas" in J. Legorreta, ed., *10 palabras clave en pastoral urbana* (Estella: Verbo Divino, 2007), 20.

VIDA URBANA, ÉTICA URBANA
MIGUEL ÁNGEL SÁNCHEZ CARLOS

No entanto, consideramos conveniente precisar que a ética urbana de que falamos não se identifica totalmente com a ética civil, a não ser se a considerarmos o primeiro passo desta última, já que não é, em primeiro lugar, uma reflexão sobre os critérios básicos ou mínimos que podem reger o comportamento de uma sociedade atual, mas, de fato, essa *ética urbana é a prática comprometida de sujeitos sociais, pessoas ou grupos que vivem e promovem a vida digna*, em meio às contradições resultantes das promessas não cumpridas pela cidade. A urbe latino-americana "promete" progresso, educação e diversão, porém somente uma minoria social logra obtê-los.

Tais sujeitos éticos são organizações sociais que trabalham pela democracia representativa ou participativa, grupos de mulheres que lutam contra a violência intrafamiliar ou que apoiam os migrantes em seu caminho em direção aos Estados Unidos; ou grupos que defendem e promovem os direitos de vulneráveis (como crianças de rua ou pessoas que exercem trabalho sexual), ou pequenas empresas de economia solidária que resistem a submeter-se à lógica hegemônica do mercado neoliberal; ou ainda grupos que trabalham para reconstruir o tecido social em cidades isoladas pela violência delinquencial ou pelo narcotráfico e pela corrupção governamental, como Chihuahua, Ciudad Juárez, Nova Laredo ou Monterrey, no México.

Esses sujeitos éticos vivem aquilo que podemos chamar de *ecumenismo social*,[10] ou seja, o trabalho de articulação de mulheres e homens, com ou sem religião, que defendem *a vida digna* como valor indispensável para que a casa comum, a *ecumene*, seja humanamente habitável. Essa ética urbana pode ser sistematizada pela ética cristã para logo se articular com a chamada ética civil, desenvolvida nos últimos anos.

Um aspecto que nos parece importante dessa descrição é que "a cultura urbana é híbrida, dinâmica e mutável, pois reúne múltiplas formas, valores e estilos de vida, além de afetar a todas as coletividades".[11] Esse fenômeno representa um autêntico desafio para a ética cristã, pois, como assinala o *Documento de Aparecida*, "o cristão de hoje não se encontra mais na primeira linha da produção cultural, mas recebe sua influência e seus impactos".[12]

---

[10] O ecumenismo social pode também ser compreendido como macroecumenismo, que transpõe o fator religioso ou crente e se concebe como a atividade de construir com outros a casa comum para se habitar a terra dignamente. Ver M. A. Sánchez, "Macroecumenismo-ecumenismo" in *Cien palabras clave para evangelizar la ciudad* (Ciudad de México: Dabar, 2004), 53-54.
[11] Ibid., 58.
[12] *Documento de Aparecida*, 509.

Sendo assim, dada a condição híbrida e plural da cultura urbana, o que não significa que seja indiferenciada, parece-nos evidente que não há outra perspectiva viável, senão colaborar com a proposta e formulação de uma ética plural, em que as questões mais importantes, a nosso ver, não são a reconquista moral da sociedade urbana nem o estabelecimento de normas e códigos morais que a qualifiquem – tarefas muito áridas e praticamente impossíveis hoje –, mas sim nos perguntarmos seriamente pelo grau de qualidade de vida em nossas cidades e como colaborar com outros que, a partir de diversas místicas ou lógicas, trabalham para a construção de cidades mais humanas, especialmente para as maiorias empobrecidas ou excluídas ao redor delas.

Do exposto, conclui-se que não se pode aceitar de maneira acrítica uma normatividade que venha de fora, mesmo se proceda de uma revelação religiosa ou de uma autoridade moral. A normatividade deve ser justificada por uma argumentação racional clara e convincente.

A perspectiva ético-cristã e o pluralismo urbano

Duas condições nos parecem fundamentais nessa busca de compromisso ético com a vida urbana. Em primeiro lugar, ter presente que, dado que a cidade é "um território simbólico, em permanente construção e expansão, que excede os limites físicos do que tradicionalmente é considerado como cidade",[13] temos de recorrer a análises de seus rituais e expressões simbólicas, tanto confessionais como seculares.[14] Nesse sentido, o rito urbano, que geralmente é um cruzamento entre o religioso e o secular, coloca o ser humano em relação com alguma forma de transcendência e permite reordenar o ambiente ou criar um cosmo dentro do caos citadino, que ressignifica a existência e fortalece a identidade de um grupo, geralmente submetido a diversos níveis de exclusão social ou cultural.[15]

---

[13] Ver A. Silva, "Ciudades imaginadas. Sevilla". Seminario taller imaginarios urbanos: hecho público. Disponível em: www.unia.es/artpen/ezine/ezine03_2005/jun00imp.html.
[14] É o caso do futebol: "Gostemos ou não, o futebol oferece experiências substitutivas que vão além da vida cotidiana, promovendo caminhos de solução a problemas diariamente enfrentados. [Outro aspecto que] é de grande valia: o futebol proporciona modelos de conduta e de relações sociais associados a um conjunto de valores, emoções e, por que não dizer, de novos heróis populares". Ver Andrés Fábregas. *Lo sagrado del rebaño. El fútbol como integrador de identidades* (Ciudad de México: El Colegio de Jalisco, 2001), 24.
[15] Benjamin Bravo, "Rito" in *Cien palabras claves para evangelizar la ciudad*, 85-86.

VIDA URBANA, ÉTICA URBANA
MIGUEL ÁNGEL SÁNCHEZ CARLOS

Ao mesmo tempo, é necessário analisar as "cidades invisíveis" e os valores éticos e cristão que nelas se manifestam. Nesse sentido, as cidades invisíveis são constituídas por grupos urbanos homogêneos que vivem ou trabalham dispersos em uma grande cidade, para quem o fator que determina a homogeneidade é a forma em que respondem aos diversos estímulos que a vida lhes remete, como o tempo, o trabalho, o ócio, a divindade, a cultura, entre outros.[16] Desse modo, em uma grande cidade vivem múltiplas cidades, das quais é conveniente acercar-se e conhecer através daquilo que não é perceptível à primeira vista, o invisível, qual seja, seus imaginários ou suas manifestações rituais ou simbólicas. Do contrário, não é possível ter uma aproximação adequada da realidade.[17]

Uma maneira completa de aproximar-se da cidade como fenômeno é através do imaginário urbano, ou seja, pela compreensão das formas mentais pelas quais as pessoas apreendem a cidade, veem-se dentro dela e como se constroem com sua existência. O modo mais comum de perceber esse imaginário urbano que nos afeta é mediante seus rituais e suas expressões simbólicas; ocupa lugar muito importante nesse âmbito a religiosidade, tanto secular como confessional. Portanto, "urbanizar é muito mais que povoar o mundo de cidades",[18] já que, graças à tecnologia, cada vez é menos necessário ajudar fisicamente a cidade, pois podemos realizar de maneira virtual "encontros" com pessoas ou grupos (em *chats* de encontros) e acesso a serviços administrativos, burocráticos e financeiros (pela internet).

Nesse sentido, é importante compreender que a cidade moderna permite suprir, de maneira real ou imaginária, dimensões que antes eram vividas somente a partir da religião, como, por exemplo, a onisciência, a onipotência, a ubiquidade etc., o que revela como essas dimensões têm participado também no processo de secularização, afastando as religiões do monopólio da transcendência.

Em segundo lugar, é indispensável recordar que o pluralismo ético não é somente produto da interação social (coexistência) entre diferentes grupos, com paz cidadã, dentro de uma única sociedade.[19] Um elemento-chave

---

[16] Benjamin Bravo, "Ciudad invisible", in *Cien palabras claves para evangelizar la ciudad*, 19-20.

[17] "Às vezes, cidades diferentes se sucedem sobre o mesmo solo e sob o mesmo nome, e nascem e morrem sem ter-se conhecido, incomunicáveis entre si". Ver Calvino, *Ciudades invisibles* (Madrid: Siruela, 1999), 43.

[18] A. Silva, "Ciudades imaginadas: Sevilla". Disponível em: http://uayp06.tripod.com/mundo/mundo02/proy_1_imag.htm.

[19] Peter Berger, "La secularización e el pluralismo" in *Una gloria lejana: La búsqueda de la fe en época de credulidad* (Barcelona: Herder, 1994), 53.

do pluralismo moderno é o que Peter Berger chama de "contaminação cognitiva",[20] processo no qual o sujeito se vê convidado a abrir sua cosmovisão ao perceber que cosmovisões diferentes da sua têm também elementos positivos ou acertos; desse modo, as certezas e convicções adquirem um valor muito pessoal e se aceita que sejam relativizadas por outras; então, é factível para o sujeito levar em conta outras concepções diferentes de mundo. Esse processo leva geralmente a uma recomposição, mais ou menos constante, de diferentes crenças, valores e estilos de vida por parte do sujeito urbano. No entanto, esse processo social sempre existiu na humanidade, mas, como afirma Berger, "as cidades se tornaram um lugar favorável para tal situação".[21]

Portanto, assim como urbanizar não é somente criar cidades, do mesmo modo o pluralismo não é apenas produto da interação física entre pessoas, mas, sobretudo, um fenômeno mental, resultado do contato, ou contágio, entre culturas e cosmovisões diferentes, sem que as pessoas tenham de se locomover de sua residência, graças aos meios de comunicação social. Do mesmo modo que a cidade fornece formas ou modelos mentais para perceber e conceber a realidade urbana, também se produzem formas de comportamento que vão alterando ou criando consensos, ou normas sociais de relação ao longo do tempo.

A necessidade de mudança

O acima exposto está requerendo, especialmente da ética católica, uma mudança do paradigma moral monista pré-moderno para o contexto cultural urbano próprio da modernidade, em que se destaca a subjetividade autônoma do indivíduo. No mundo secular de hoje, as bases religiosas sobre as quais a Igreja fundamenta seus ensinamentos éticos têm perdido sustentação e, portanto, ela deve tornar compreensível e razoável seu projeto ético, se deseja comunicar-se com quem não compartilha de sua fé. A recusa e o medo do pluralismo incapacitam quem pretende colaborar com o fortalecimento ético na sociedade atual.[22] Do mesmo modo, a cidade pode ser o lugar cultural do caos ético ou da anomia, resultado do que Marciano Vidal chama de "a perda do lar ético" ou de "a corrosão da estima moral".[23]

---

[20] Ibid., 56.

[21] Ibid., 55.

[22] Azpitarte, *Hacia una nueva visión de la ética cristiana*, 72-73.

[23] Marciano Vidal, *Moral de actitudes*, vol. 1: *Moral fundamental* (Madrid: Editorial PS, 1990), 45-49.

VIDA URBANA, ÉTICA URBANA
MIGUEL ÁNGEL SÁNCHEZ CARLOS

No entanto, consideramos importante demonstrar a necessidade de manter um equilíbrio na noção de pluralismo ético, já que este não se traduz pela opinião da maioria, por um lado, mas tampouco é conveniente formular ou estabelecer uma ética que não leve em consideração a maneira de pensar da população e as mudanças que nela acontecem.

Comumente se afirma que a ética não é elaborada através de consensos. Contudo, cremos que na realidade concreta isso é parcialmente certo. Para demonstrá-lo, basta que nos perguntemos como eram determinados costumes cotidianos há alguns anos e como o são hoje. Por exemplo, o namoro. Em muitos lugares da América Latina, há cinquenta anos não era aceitável no transporte público que uma jovem sentasse no colo de seu namorado ou que um casal de namorados se beijasse apaixonadamente. Na verdade, não havia uma convenção ética sobre o namoro a qual se teria de abandonar para mudar o modo de vivê-lo. Entretanto, na vida cotidiana está acontecendo certa mudança de mentalidade que obedece a uma remodelação na maneira de valorizar o comportamento. Como já dissemos, nem todo comportamento é aceito porque a maioria o segue, tampouco podemos pensar em uma ética elaborada conceitualmente *às costas* de nossa prática, principalmente nas cidades modernas. Há também uma espécie de *seleção natural* nas formas de comportamento.

Do exposto, podemos afirmar que os imaginários urbanos são plurais e polissêmicos, exigindo que o modo de abordá-los, especialmente desse ponto de vista ético, seja concreto (teórico-prático), flexível e multidisciplinar. Essa realidade representa um grande desafio à ética cristã, pois, em geral, tem sido custoso para o cristianismo aceitar esse pluralismo e, todavia, encontrar uma posição adequada para realizar sua missão dentro da realidade urbana.[24]

A cidade atual proporciona a possibilidade de se ter acesso a muita informação e comunicação, especialmente de ideias e de formas de viver, ao abrir um leque de opções de vida e de comportamento. No entanto, ao mesmo tempo em que uma das riquezas da cidade é a variedade de formas de viver, existe o extremo de considerar que *as outras* formas de viver são algo totalmente próprio de cada um, e isso não é da conta de ninguém. Tal situação tem levado, em muitos casos, à absoluta indiferença entre os citadinos. Então, no terreno da ética, essa diversidade se reflete em uma variedade de comportamentos, de valores, e em formas distintas de considerar tais valores.

---

[24] Ver Conferência Episcopal Mexicana, *Del encuentro con Jesucristo a la solidaridad con todos* (Ciudad de México: CEM, 2002), 174-175.

Contudo, consideramos que, assim como existe a ambiguidade entre a riqueza de formas de viver na cidade e a indiferença que provoca a massificação e o individualismo, há também a tendência de não haver preocupação em humanizar a cidade, o que, em alguns aspectos, pode levar-nos à anomia, ao desinteresse em viver os ordenamentos éticos reguladores de nossa convivência, e, em certos casos, ao estabelecimento da lei do mais forte. Embora o mais comum seja que, mesmo não faltando normas éticas, se viva como se estas não existissem. Quer dizer, o pluralismo ético não é sempre *o viveiro* das diversas opções éticas, uma vez que, ante a fragmentação que pode gerar, não raro termina sendo um desintegrador da ética. Tendo cuidado para não cair no pessimismo, esse extremo da ambiguidade tem outro resultado quando se leva em conta a aproximação à questão ética nas cidades.

Divergência católica. Cisma silencioso?

Portanto, através da aproximação à macrourbe temos constatado que o pluralismo ético não se encontra só na cultura urbana secular atual, uma vez que, a despeito de sermos católicos, somos citadinos, vivemos esse pluralismo e obviamente o experimentamos em nossas opções de vida no interior da Igreja, com não poucas dificuldades. Ainda que seja óbvio que qualquer ser humano está de alguma maneira condicionado pelo contexto sociocultural em que vive, é necessário ressaltar que o cristão urbano não é exceção. De fato, o cristianismo atual não existe senão através da vida concreta que o cristão vive dia a dia, em nosso caso, no contexto urbano. Claro que o cristianismo é formado por uma dimensão transcendente, uma mística, uma espiritualidade, uma doutrina, porém, estas só são viáveis à medida que se encarnam na vida cotidiana das pessoas, quando fazem parte do sentido orientador de sua vida e de suas opções; se não fosse assim, o cristianismo se reduziria a um fenômeno encontrado somente na história das doutrinas ou das ideias. Ao fim dessas afirmações, conclui-se que, se no contexto urbano se vive um enorme pluralismo ético, os cristãos urbanos vivem, com uma valoração diversificada, de acordo com sua mentalidade esse mesmo pluralismo.

No entanto, no caso do México, é notório o fato de que as opiniões da maioria dos católicos em questões de ética concreta, especialmente em relação à sexualidade e à ética de vida, divergem notavelmente das posturas oficiais da hierarquia católica. Em referência a estudos de opinião entre os católicos mexicanos:[25]

---

[25] Ver o estudo realizado por Ipsos Bimsa, "Encuesta de opinión pública sobre el aborto" [Questionário de opinião pública sobre o aborto 2006] (Ciudad de México: Ipsos Bimsa, 2006). Note-se que este

VIDA URBANA, ÉTICA URBANA
MIGUEL ÁNGEL SÁNCHEZ CARLOS

- 73% aprovam sempre ou em algumas ocasiões o uso de métodos anti-concepcionais.
- 52% aprovam sempre ou em algumas ocasiões as relações sexuais pré-matrimoniais.
- 53% aprovam sempre ou em ocasiões especiais a homossexualidade.
- 62% aprovam sempre ou em algumas ocasiões o divórcio.
- 72% aprovam que os divorciados voltem a se casar.
- 32% aprovam o aborto em algumas ocasiões.
- E entre 42% e 59% dos católicos creem que a opinião dos sacerdotes os influencia pouco ou nada em relação aos temas indicados acima.

O que nos interessa ressaltar nessa amostra de opinião não é a valoração ética desses temas concretos, senão o fato de que, sendo o catolicismo a religião majoritária no México e também majoritariamente tradicional, os católicos vivem o pluralismo urbano de maneira natural, mesmo sabendo que suas opiniões e práticas diferem das indicações dadas pela hierarquia eclesiástica.

Essa sondagem coincide com outro estudo de opinião publicado recentemente, aplicado aos católicos da Cidade do México, que afirma o seguinte:[26]

% Aceitação das indicações oficiais da Igreja a respeito de:			
	Aceito totalmente	Aceito parcialmente	Rejeito totalmente	Sou indiferente
Preferências ou opiniões políticas	7,5	39	25	27,8
Teorias e ensaios científicos	8,1	42,3	24,8	24,8
Teorias econômicas e sociais	10,6	49,2	17,8	22,4
Arte	24,7	41,5	12,3	21,5
Leituras, filmes, espetáculos	16,7	43,9	20,1	19,3
Vida familiar	46	34,9	10,1	8,7
Vida sexual	15,8	39,2	28,4	16,4

---

questionário foi solicitado e publicado por uma empresa privada, de linha católica tradicional. Ainda que se tenha de confrontá-lo com outros de tipo mais progressista, revela que mesmo os círculos mais tradicionais católicos reconhecem o fenômeno do pluralismo ético no interior do catolicismo.
[26] José Legorreta, *Identidades eclesiales en disputa: Aproximación "socioteológica" a los habitantes de la ciudad de México* (Ciudad de México, 2006), 90-94.

Como o próprio autor deste estudo o expressa, as indicações oficiais da Igreja Católica não são aceitas em conjunto. A saber, para os católicos da Cidade do México existe uma distinção de âmbitos, com uma divergência total entre os aspectos mais discutíveis e os mais privados (as preferências ou opções políticas e a sexualidade). É suficiente por hora apontar que o pluralismo próprio das sociedades urbanas modernas é evidente também no interior da mesma Igreja Católica. Por outro lado, é importante assinalar que temas pendentes a serem desenvolvidos na ética cristã são os do *sensus fidelium* e o da *recepção eclesial em questões de moral.*[27]

Com base no exposto, parece-nos que existem elementos suficientes para nos perguntarmos se não se está produzindo um cisma ético no interior do catolicismo; um cisma silencioso, já que os fiéis católicos, inconformados com a ética oficial, não se pronunciam publicamente, apenas simplesmente tomam decisões pessoais, nas quais não consideram as posturas oficiais do magistério eclesiástico. Do mesmo modo podemos nos perguntar se isso não é sinal de um pluralismo prático que se vive no interior do catolicismo, tal como acontece na sociedade urbana atual.

Ética cristã urbana e compromisso social

É preciso ainda assinalar que, assim como existe uma ambivalência na realidade urbana, em razão de as cidades, particularmente as do terceiro mundo, serem também lugar de grandes assimetrias e iniquidades sociais e culturais, resultam em empobrecimento e exclusão, com a consequente destruição do tecido social. De um lado há a magnificência de zonas residenciais, empresariais e comerciais, que são pequenas cidades rodeadas de muros e protegidas com cercas elétricas e guardas particulares; as mesmas que manifestam uma escandalosa opulência em comparação com as ainda maiores zonas habitacionais periféricas, com quase nenhum serviço de urbanização. Essas assimetrias projetam a exclusão social em que vive a maioria da população urbana. Por outro lado, aparecem os graves problemas de insegurança, desemprego ou subemprego, que destroem o tecido social, dificultando a interação dos

---

[27] Ver B. Sesboüé, "El *sensus fidelium* en moral. Un ejemplo: El préstamo con interés" in *El magisterio a examen. Autoridad, verdad e libertad en la Iglesia* (Bilbao: Mensajero, 2004).

habitantes. Ao mesmo tempo se revela a agressividade entre as pessoas pela prioridade de circular tanto nos automóveis como no transporte público, ante a pressa para chegar ao trabalho. Essas situações vão pouco a pouco dificultando a trama do tecido social e às vezes a destroem.

A partir da experiencia vital do caos e do conflito urbano, constata-se que a grande maioria dos citadinos não são contemplados nas três aspirações vitais que a macrourbe promete: plenitude de vida, superação e diversão. Essa realidade assimétrica, causada por estruturas políticas e econômicas – e levaria muito tempo analisá-las aqui –, faz com que muitas vezes a cidade se converta em uma verdadeira panela de pressão, na qual as pessoas encontram diversas formas de escape: seja por uma atitude solidária, que promove iniciativas libertadoras, a partir das lógicas populares, seja pela saída pela porta falsa que agrava a problemática, a qual se manifesta naqueles que se refugiam na delinquência, no álcool e nas drogas.[28]

Conclusão

Chegando a este ponto, consideramos ser possível apontar as seguintes linhas conclusivas:

O principal não é ver a *cidade* como um objeto a estudar ou a debater, mas sim considerá-la como *algo* que criamos e que a seu modo nos recria; ou seja, apropriar-se dela como produto de cristãos contemporâneos que lhe dão vida e incidem nela a partir de uma vocação própria.[29] Nesse sentido, existem diversas abordagens teológicas ou teologais da cidade.

É necessário assimilar que os tempos de *cristandade* se foram para não mais voltar e que a urbe contemporânea nos apresenta o desafio e a oportunidade de ressignificar a ética cristã. O teólogo e historiador Evangelista Vilanova afirma que os padres do Concílio de Trento, o último concílio da cristandade, mantiveram-se nas zonas sacras que a religião delimita e deixaram de dirigir seu olhar e suas exortações para as manifestações em que surgiam

---

[28] Dolores Villagómez et al., "Fenomenología de la urbe" in *La ciudad: Desafío a la evangelización* (Ciudad de México: Dabar, 2002), 65-100.

[29] Nesse sentido, existem abordagens interessantes da cidade como lugar teológico ou teologal em João Batista Libanio, "La experiencia urbana como lugar teologal" in *10 palabras clave en pastoral urbana*, 217-256.

um homem novo e uma sociedade nova no interior das transformações econômicas, sociais e culturais.[30] Às vezes, temos a impressão de que a maioria do magistério eclesiástico e da hierarquia católica não sabe ler os sinais dos tempos na cultura urbana emergente e, portanto, não é capaz de relacionar-se com ela, tampouco de abordá-la nem teológica nem pastoralmente.

É um aspecto-chave promover, em um pluralismo são, a elaboração de uma ética civil a partir dos sujeitos urbanos, como uma das alternativas que nos oferece e nos exige a cidade moderna. Para isso, podemos aproveitar as correntes existentes no interior da ética cristã e católica, em que pesem todas as tensões que essa situação provoca.

Finalmente, não esqueçamos que o objetivo fundamental e viável da ética cristã dentro da vida urbana não é a reconquista moral da cidade nem o regresso à cidade de cristandade, mas sim *colaborar na reconstrução de nosso lar ético a partir da atitude cristã*, ou seja, *a construção ou reconstrução de cidades mais humanas e, portanto, cristãs.*

---

[30] Evangelista Vilanova, *Historia de la teología cristiana*, vol. 2 (Barcelona: Herder, 1989), 565.

A DOUTRINA SOCIAL CATÓLICA EM UMA ENCRUZILHADA

David Kaulemu

Considero a Doutrina Social Católica, segundo o ponto de vista de um leigo católico engajado que trabalhou *na* Igreja, *para a* Igreja e *com a* Igreja. Se faz sentido para um cristão trabalhar *fora da* Igreja, também fiz isso. Inspirado pela doutrina eclesial sobre a justiça social, tive oportunidades incríveis de trabalhar na, para a, com a e fora da Igreja, reunindo-me com leigos cristãos profundamente dedicados e comprometidos, especialmente católicos. Houve também momentos desafiantes e desencorajadores.

O trabalho do fiel leigo normalmente não é levado a sério nas estruturas "oficiais" da Igreja Católica, a menos que ele derive de instruções dadas por padres e bispos; do contrário, ele não é considerado parte do trabalho da Igreja. Conforme o *Decreto sobre o Apostolado dos Leigos* esclarece: "No entanto, nenhuma iniciativa apostólica pode ser chamada de católica se não tiver a aprovação da legítima autoridade eclesiástica".[1] Descrevendo a "ação católica", os Padres do Vaticano II explicam esse ponto assim: "Os leigos, quer se ofereçam espontaneamente, quer sejam convidados à ação e direta colaboração com o apostolado hierárquico, trabalham sob a superior orientação da mesma Hierarquia, a qual pode sancionar essa cooperação com um mandato explícito".[2]

Os leigos católicos sempre tiveram de trabalhar duro para provar que suas intenções são as mesmas da Igreja. Não se confiou neles a ponto de serem reconhecidos como representantes eclesiais legítimos naquelas áreas em que padres, bispos e outros membros "oficiais" da Igreja não podem atuar. Em outras palavras, o fiel leigo, no que lhe é próprio, não é um membro "oficial" da Igreja e, portanto, não representa automaticamente a Igreja, mesmo quando ele atua inspirado pela Doutrina Social da Igreja, pelos valores evangélicos e pelas tradições da Igreja.

---

[1] *Apostolicam Actuositatem* (Decreto sobre o Apostolado dos Leigos), 24. Ver *Vatican Council II: The Conciliar and Post Conciliar Documents*, rev. ed., Austin Flannery, O.P. (Grand Rapids, MI: Eerdmans, 1992).

[2] Ibid., 20.

ÉTICA TEOLÓGICA CATÓLICA
PASSADO, PRESENTE E FUTURO

Mas, como cada vez mais o fiel leigo se torna mais socialmente consciente e ativo no uso da Doutrina Social Católica e no entendimento das tradições eclesiais, estamos atentos ao fato de que o laicato exigirá seu direito de ser representante "oficial" da Igreja? É o que acontece especialmente nos contextos em que cada vez mais os representantes "oficiais" da Igreja estão desvirtuando os valores, as tradições e as instituições eclesiais.

Diversos casos parecem apontar nessa direção. Por exemplo, a Doutrina Social Católica é especialmente significativa ao inspirar o fiel e as pessoas consideradas "de boa vontade" a atuarem de modo específico na esfera social. O Papa João Paulo II encorajou "a preparação dos leigos para desempenharem plenamente seu papel de animação cristã da ordem temporal (política, cultural, econômica, social), que é empenho característico da vocação secular do laicado".[3] Quando os leigos seguem plenamente esse encorajamento, são às vezes desencorajados pelos representantes oficiais da Igreja, que os retardam e são relutantes em permitir que as instituições da Igreja "oficial" se envolvam com a ordem temporal, e opõem-se aos leigos que esperam que a Igreja faça isso.

Alcançamos um estágio em que alguns fiéis leigos começaram a pressionar os representantes "oficiais" da Igreja a inspirar a ordem temporal com os princípios cristãos. No Quênia, Zimbábue e outros países, os fiéis leigos têm lutado para encorajar suas respectivas conferências episcopais católicas a apoiar as populações empobrecidas e a fazer declarações públicas contra a injustiça social e contra a má gestão pública.

O Papa João Paulo II enfatizou que,

> em todos os setores da vida eclesial, tem capital importância a formação. De fato, ninguém poderá conhecer realmente as verdades da fé que nunca teve oportunidade de aprender, nem será capaz de realizar atos para os quais nunca foi iniciado. Eis por que "a comunidade inteira precisa ser preparada, motivada e reforçada em vista da evangelização, cada qual segundo a sua função específica no seio da Igreja. Isso aplica-se aos bispos, aos presbíteros, aos membros dos Institutos de Vida Consagrada e das Sociedades de Vida Apostólica, aos membros dos Institutos Seculares e a todos os fiéis leigos.[4]

---

[3] *Ecclesia in Africa* (Exortação Pós-Sinodal do Santo Padre João Paulo II) (Nairobi: Paulines Publications Africa, 1995), 75.

[4] Ibid., citando a *Relatio Ante Disceptationem* (O Evangelho, a inculturação e o diálogo), 8.

A DOUTRINA SOCIAL CATÓLICA EM UMA ENCRUZILHADA
DAVID KAULEMU

A pergunta, contudo, é quem ensina a quem? O laicato pode ensinar aos padres da Igreja questões de justiça social? Se sim, como? Quais são os procedimentos? A hierarquia eclesial pode aceitar determinadas ideias que inspiram a ordem social por meio de princípios cristãos? Parece que estamos indo a essa direção. Contudo, ainda temos um longo caminho a percorrer. É frustrante e desencorajador para os leigos serem inspirados pela Doutrina Social Católica e, mesmo assim, não terem o reconhecimento ou o apoio das estruturas eclesiais "oficiais".

A Doutrina Social Católica é, portanto, ambivalente sobre o *status* e a contribuição dos fiéis leigos na Igreja e no mundo em geral. O Concílio Vaticano II reconheceu como a Igreja pode ganhar com o mundo:

> Para aumentar este intercâmbio (entre a Igreja e o povo no mundo), necessita especialmente a Igreja – sobretudo hoje, em que tudo muda tão rapidamente e os modos de pensar variam tanto – da ajuda daqueles que, vivendo no mundo, conhecem bem o espírito e o conteúdo das várias instituições e disciplinas, sejam eles crentes ou não.[5]

Esse "passo à frente" é mais necessário hoje do que o foi no passado. Contudo, o conhecimento, as experiências, o profissionalismo e a *expertise* do laicato católico ainda são considerados irrelevantes à Doutrina Social Católica e a seu desenvolvimento. Às vezes, os representantes "oficiais" da Igreja resistem ativamente às ideias e às reflexões dos fiéis leigos que poderiam aprofundar a doutrina da Igreja. As conferências episcopais católicas têm assumido, às vezes, posições sobre questões com pouca consulta ao laicato. Em alguns países, os católicos veem suas expectativas serem frustradas por suas conferências episcopais quando estas fecham os olhos a, ou então são cúmplices com, governos nacionais maus, corrupção e injustiça social. No Zimbábue, alguns católicos fazem parte da Aliança Cristã, um grupo de cristãos engajados que procuram insistir em uma Igreja mais politicamente ativa no país.[6]

Contudo, em geral, a maioria dos leigos católicos ainda estabelece pouca relação entre seus compromissos de fé e sua vida privada e profissional. Parece ser mais seguro trilhar esse caminho. Os políticos católicos, os homens de negócio, os funcionários públicos, por exemplo, normalmente não consideram

---

[5] *Gaudium et Spes* (Constituição Pastoral sobre a Igreja no Mundo de Hoje), 44.

[6] Jonah Gokova, "Political Participation in Zimbabwe: An Ecumenical Perspective", in *Political Participation in Zimbabwe*, ed. David Kaulemu (Harare: African Forum for Catholic Social Teaching (AFCAST), 2010), 109-110.

ÉTICA TEOLÓGICA CATÓLICA
PASSADO, PRESENTE E FUTURO

que suas atividades estejam ligadas aos compromissos de fé. Os documentos que descrevem a Doutrina Social da Igreja ainda são considerados muito abstratos, genéricos e distantes das realidades sociais, políticas e econômicas mais concretas dos fiéis leigos. Nos casos em que esses documentos e afirmações tentam aproximar-se da vida das pessoas, parecem estar distantes das "alegrias e esperanças, sofrimentos e angústias" do povo.[7]

A Doutrina Social da Igreja parece ser paradoxalmente tanto muito restritiva e imperceptível aos pensamentos e sentimentos do povo, quanto distante e abstrata. Por exemplo, quanto à conduta sexual pessoal, a doutrina da Igreja parece determinada a seguir e dirigir o laicato, inclusive em seus quartos, enfermarias e ruas. A justificativa são os valores evangélicos do respeito pela vida, pela dignidade da pessoa humana e pelo amor. Contudo, os mesmos valores devem inspirar-nos a proteger todos os seres humanos para que não sejam mortos pela fome, por processos políticos, pela exploração econômica, pela opressão cultural e pela crueldade social.

Para ser coerente, a doutrina da Igreja não deveria acompanhar os políticos, os homens de negócio e os profissionais católicos nos parlamentos, nas salas de reunião e nas frentes de batalha? Por que ditadores cruéis e corruptos e exploradores econômicos são aceitos como parte da comunidade católica, enquanto pobres mulheres e homens envolvidos em complexas relações sociais e culturais são proibidos de receber o Santo Sacramento porque são considerados maus? Em nome da preservação da santidade do matrimônio, muitas mulheres e crianças têm sido abusadas de tal modo que acabam desenvolvendo uma disfunção social ou então morrem. Os homens e as mulheres política e economicamente poderosos que criam condições que condenam o povo pobre à violência, ao sofrimento e à morte são geralmente tratados com respeito pela hierarquia "oficial" da Igreja. E aqueles que precisam de sua ajuda são rejeitados e condenados.

Recentemente, participei de uma conferência internacional sobre a encíclica *Caritas in Veritate*, do Papa Bento XVI, no contexto africano. Essa conferência apresentou leigos e religiosos construindo na Igreja Católica estruturas sobre questões de justiça e paz na África. Os leigos têm profunda experiência das questões sociais que assolam o continente – sociais, políticas, econômicas e religiosas. Contudo, no fim, a questão que acabou tornando-se a principal foi a ligada ao aborto. Por meio de um direcionamento insidioso a partir de

---

[7] *Gaudium et Spes*, 1.

A DOUTRINA SOCIAL CATÓLICA EM UMA ENCRUZILHADA
DAVID KAULEMU

um acadêmico alemão que reivindicava salvaguardar a Doutrina Social Católica, os participantes foram levados a produzir uma afirmação que submergiu suas prioridades sociais sob a resposta eclesial à questão do aborto.[8]

A pobreza na África é um assunto de vida ou morte – mais do que a questão do aborto. Na maioria das sociedades africanas, o aborto não é um assunto de liberdade de escolha. Ele consiste, em essência, em uma das consequências da pobreza. Nossas respostas aos desafios da pobreza na África devem inspirar o modo como lidamos com os desafios do aborto – e não o contrário.

No Quênia, a Igreja Católica "oficial" parece não ter considerado seriamente as experiências dos leigos quanto à vida social e política quando lhes pediu que rejeitassem um projeto discutido em 2010 de emenda constitucional. Contudo, muitos católicos engajados sentiram que o projeto havia sintetizado o essencial de suas aspirações naquele momento da história nacional. Aqui, a questão do aborto influenciou a posição "oficial" da Igreja. A maioria dos leigos quenianos sabia que, se seguisse as recomendações da Igreja Católica queniana oficial de votar contra o projeto constitucional, a Igreja mesma não estaria em condições de fornecer-lhes um Quênia melhor e mais justo. Votando a favor da emenda constitucional, a despeito da recomendação eclesial "oficial", os fiéis leigos católicos ganhariam mais confiança ao interpretarem ativamente a Doutrina Social Católica e ao comprometerem-se com as posições eclesiais "oficiais"?

Desde a independência política do Zimbábue em 1980, a Igreja Católica no país considerou mais importante trabalhar com o governo do que ser solidária com os cidadãos marginalizados e empobrecidos. Mesmo quando mais de vinte mil de seus cidadãos foram massacrados em Midlands e Matabelenland, em meados da década de 1980,[9] e mesmo quando sua própria Comissão para a Justiça e a Paz teve total evidência do massacre, a Conferência Episcopal Católica continuou sustentando que era melhor manter as discussões no nível dos princípios. Quaisquer que sejam as justificativas para o silêncio a respeito disso, é difícil acreditar que a Igreja oficial seja coerente em sua preocupação com a santidade da vida e que a visão dos leigos seja considerada com o mesmo respeito.

---

[8] O Pontifício Conselho para a Justiça e a Paz organizou um Seminário Pan-Africano sobre o tema "Caritas in Veritate: a Doutrina Social da Igreja como um Fermento do Desenvolvimento Integral" no Instituto Ganês de Administração Púlbica, Achimota, Acra, Gana, de 24 a 29 de setembro de 2010.

[9] Ver Catholic Commission for Justice and Peace, *Breaking the Silence: Building True Peace – A Report on the Disturbances in Matabeleland and the Midlands 1980-1988* (Harare: Catholic Commission for Justice and Peace, 1997).

A Doutrina Social Católica em três níveis

A Doutrina Social Católica tem funcionado em três diferentes níveis. Ela tem sido entendida como lidando com e ensinando *valores e princípios gerais*. Trata-se dos valores e princípios evangélicos da dignidade das pessoas, do bem comum, da solidariedade, da participação etc. Esse nível dos princípios gerais impede a Igreja de fazer escolhas políticas específicas, mas permite que ela doutrine sobre a natureza geral do desenvolvimento integral, a administração da criação, a boa gestão pública, as responsabilidades dos cidadãos e a natureza da virtude pública. Muitas cartas pastorais continuam nesse nível: elas geralmente condenam a injustiça, mas hesitam em identificá-la no mundo concreto; elas definem o mal social, mas recusam-se a nomeá-lo. Eis por que a corrupção, a injustiça, a pobreza e a doença continuam a se desenvolver junto com a condenação eclesial delas. Nos lugares onde a Igreja levantou sua voz para condenar o mal em geral, essa condenação não afetou necessariamente aqueles males sociais e políticos.

No Zimbábue, a corrupção realmente cresceu a partir de 2001. Trata-se da data na qual a Igreja Católica zimbabuana intensificou a popularização de sua doutrina social. Em 2006, os bispos católicos zimbabuanos colaboraram com o Conselho Zimbabuano de Igrejas e com a Associação Evangélica do Zimbábue para produzir um documento conjunto para a discussão.[10] Esse esforço representou um projeto colaborativo histórico que combinou o apoio dos principais membros do episcopado cristão do Zimbábue. O esforço pode ser lido como uma tentativa da parte da Igreja zimbabuana de responder à crise política e econômica no país por meio da doutrina social cristã. É fato, no entanto, que a crise zimbabuana intensificou-se e aprofundou-se após esse esforço operado pela Igreja. Parte do problema foi a hesitação da Igreja em dar nomes e em pressionar os líderes corruptos a assumirem a responsabilidade total por suas ações. Contudo, alguns fiéis leigos, inspirados pelos princípios gerais da Igreja, não hesitaram em nomear e em desafiar as autoridades políticas corruptas. Contudo, a maioria das autoridades eclesiais ficou irritada com seus membros que quiseram se manifestar. Esses fiéis leigos, por seu engajamento ativo, levantaram uma importante pergunta: "Quem é a Igreja?".

---

[10] Ver *The Zimbabwe We Want: Towards a National Vision for Zimbabwe* (Conferência Episcopal Católica Zimbabuana, Associação Evangélica do Zimbábue, Conselho Zimbabuano de Igrejas, 2006). Esse documento, também conhecido como Documento Nacional da Discussão e da Visão sobre o Zimbábue, pode ser acessado em http:// www.kubatana.net/docs /relig/ zim_churches_national_zim_vision_060918.pdf.

A DOUTRINA SOCIAL CATÓLICA EM UMA ENCRUZILHADA
DAVID KAULEMU

Trabalhando no nível dos princípios gerais da Doutrina Social da Igreja, a Conferência Episcopal Católica Zimbabuana e a Comissão Católica para a Justiça e a Paz do Zimbábue emitiu declarações públicas e cartas pastorais incisivas entre 2005 e 2009. Essas declarações censuraram a crescente violência política, a má gestão pública e o sofrimento dos pobres e marginalizados. Esse período, especialmente 2007 e 2008, é agora reconhecido como aquele durante o qual os zimbabuanos experimentaram a pior violência política jamais experimentada, um quase completo colapso da administração civil e as piores formas de marginalização social e de pobreza da história do país.

Essa tendência também foi experimentada em outros países da África.[11] Na África do Sul, o *apartheid* cresceu diante da Doutrina Social da Igreja. Em países como Angola, Moçambique, República Democrática do Congo, Uganda, Ruanda, Burundi e recentemente Quênia e Zimbábue, a doutrina geral da Igreja não foi capaz de deter a violência e os males sociais, muitos dos quais perpetrados por fiéis leigos que continuaram a participar da Santa Missa aos domingos.

Parece haver uma desconexão entre a doutrina geral da Igreja e a vida concreta dos fiéis leigos. Contudo, a Igreja também foi, algumas vezes, além da exposição dos princípios gerais rumo ao segundo nível, ao defender o *envolvimento pessoal nos debates sociais e políticos*. Ao fazer isso, a Igreja tentou revelar seus valores gerais mostrando seu significado no desenvolvimento político concreto, no monitoramento político e nos processos de avaliação. Esse papel significou uma relação direta com o Estado e com o governo em áreas como educação, saúde políticas sociais. Algumas vezes, essa relação foi positiva, mas ela também resultou em confrontos negativos com o Estado. Diante disso, muitos líderes da Igreja Católica retrocederam dessa abordagem por temerem represálias da parte do governo.

Terceiro, a Igreja foi algumas vezes até mesmo além do engajamento político, *testemunhando os valores cristãos*. Ela lançou programas de desenvolvimento, organizações e atividades para restaurar a justiça e promover a vida das pessoas. Em muitos países da África onde as estruturas estatais são fracas, quando não inexistentes, as escolas, os hospitais e as organizações humanitárias da Igreja mantêm a vida das pessoas.

---

[11] Elisee Rutagambwa, S.J., "The Rwandan Church: The Challenge of Reconciliation", in *The Catholic Church and the Nation-State: Comparative Perspectives*, ed. Paul Christopher et al. (Washington D.C.: Georgetown University Press, 2006), 181.

Todos esses níveis da Doutrina Social Católica foram implementados pela Igreja em diferentes contextos. Contudo, o desafio é se a Igreja, fazendo uso dessas diferentes abordagens, apresentou uma mensagem consistente em todos os níveis – e se as lições tiradas da experiência de testemunho cristão de uma política pública de ensino, desenvolvimento e implementação infundiu a compreensão eclesial de valores e princípios gerais. Já vimos declarações de que os valores e os princípios da Doutrina Social Católica jamais mudam. Costumamos dizer que as declarações da Doutrina Social Católica crescem, mas jamais contradizem o que veio antes. Contudo, sabemos da história da Doutrina Social Católica que o conceito de direitos humanos já foi olhado com suspeita, quando não com antipatia. Os bispos do Concílio Vaticano II falaram de como "abrem(-se) novos caminhos para a verdade"[12] mediante trocas com o mundo. Com uma maior participação dos fiéis leigos no trabalho da Igreja e com uma maior visibilidade da Doutrina Social Católica, há uma maior pressão para a Doutrina Social Católica desenvolver-se em suas intuições e linguagem e tornar-se mais relevante para as realidades concretas das pessoas. Isso é certamente verdade no contexto africano, em que a experiência colonial nem sempre beneficiou o modo como a Igreja e suas práticas foram vistas, inclusive pelos fiéis leigos.

Em minha opinião, a Doutrina Social Católica está em uma encruzilhada. Ela deve lidar com as várias ambivalências e ambiguidades criadas pelo desenvolvimento da doutrina social em três diferentes níveis já identificados. Se a Doutrina Social Católica opera no nível geral dos valores e princípios, continuará a ser dominada por preocupações com a coerência lógica e a consistência, que podem impedi-la de tornar-se uma força transformadora. Mas, se, por outro lado, ela se aventurar em um maior engajamento direto com o mundo através de um desenvolvimento político e um testemunho de ação, ela pode gerar um maior impacto social, mas em detrimento da unidade lógica e da consistência.

Se a doutrina social se desenvolver segundo a última direção, conforme a *Ecclesia in Africa* aponta, "a Igreja estará consciente de que sua doutrina social ganhará credibilidade mais a partir do testemunho de ação do que como um resultado de sua lógica e consistência internas".[13] Para a doutrina social desen-

---

[12] *Gaudium et Spes*, 44.
[13] *Ecclesia in Africa*, 21.

A DOUTRINA SOCIAL CATÓLICA EM UMA ENCRUZILHADA
DAVID KAULEMU

volver-se nessa direção, o "testemunho de ação" da Igreja precisará reconhecer mais formalmente e aprender do testemunho de ação dos fiéis leigos. Mais reflexão será necessária para esclarecer não somente os objetivos da Doutrina Social Católica, mas também os papéis dos vários atores e dos instrumentos envolvidos na "transformação da humanidade a partir de dentro e em sua renovação".[14] Obviamente, o desenvolvimento da Doutrina Social Católica demanda um reexame das instituições e das organizações católicas, bem como dos respectivos papéis e relações dos católicos e daqueles que atuam com eles. A Igreja deve, portanto, lidar com diversos tipos de ambivalência na Doutrina Social Católica que envolvem o papel dos fiéis leigos, incluindo os seguintes desafios.

(1) O nível da responsabilidade social que é dado ao laicato com uma mão parece ser tirado com a outra. Por exemplo, o reconhecimento feito do sacerdócio do laicato[15] e do papel e relacionamento especial que o laicato tem com o mundo. Contudo, os acordos institucionais e organizacionais na Igreja não facilitam um reconhecimento concreto desse papel e responsabilidade. Efetivamente, a Doutrina Social Católica é transmitida pelos bispos aos fiéis leigos, dos quais se espera que implementem e vivam a doutrina. Enquanto os fiéis leigos são encorajados a serem criativos e a tomarem iniciativa na colaboração com os outros na sociedade,[16] as experiências leigas não parecem acrescentar muito à compreensão geral e ao aprofundamento da Doutrina Social Católica. Há sinais de que alguns profissionais católicos estão começando a enfrentar essa questão.

(2) A Doutrina Social Católica encoraja os fiéis leigos a trazer "para a comunidade eclesial seus próprios problemas, seus problemas mundanos e questões relativas à salvação do homem, para examiná-los juntos e resolvê-los por meio da discussão geral".[17] Embora eu consiga imaginar casos em que problemas sociais específicos poderiam ser resolvidos "por meio da discussão geral", muitas situações precisam de respostas específicas, que a Igreja "oficial" às vezes seletivamente hesita em dar. Vimos isso na inabilidade da Igreja em usar

---

[14] Ibid., 55.
[15] *Apostolicam Actuositatem*, 4.
[16] Ibid.
[17] Ibid., 10.

a doutrina social para lidar diretamente com o racismo, o tribalismo, as desigualdades de classe, a pobreza, o meio ambiente, a educação, a saúde e o desenvolvimento comunitário. Parte do problema é que a própria Igreja está implicada nesses vícios sociais. Por isso, a Igreja não está institucionalmente organizada de modo que os fiéis leigos possam viver plenamente, sem ambiguidades, algumas dessas instruções da Doutrina Social Católica.

(3) A Doutrina Social Católica encoraja a colaboração com "todas as pessoas de boa vontade" nacional, regional e internacionalmente. Ao fazer isso, devemos ser testemunhas de nossa fé e dos valores evangélicos. Contudo, ao fazer isso, ficamos expostos a situações de aprendizado e crescimento a partir dos outros. É preciso dizer mais sobre como podemos positivamente aprender dos outros e crescer espiritualmente a partir de nossa interação com outras fés, cientistas e outros cristãos.

(4) A Doutrina Social Católica é apresentada de modos diferentes. Às vezes, ela é apresentada como *princípios a serem seguidos*. Os exemplos incluem os princípios da dignidade das pessoas, a participação, a subsidiariedade, o bem comum, a solidariedade e a opção pelos pobres. Esses princípios podem ser usados para chegar até as situações de justiça social e para sugerir critérios para eliminar a injustiça. Contudo, a Doutrina Social Católica tem sido apresentada em termos de *virtudes a serem cultivadas* nas pessoas, nas sociedades e nas instituições. Além disso, os princípios do bem comum, da solidariedade, da participação e da administração da criação também têm sido apresentados como *objetivos ideais a serem buscados*.

Conforme notado anteriormente, essas três abordagens não são sempre coerentes uma com a outra, e suas consequências sociais não são sempre coerentes. Não está claro qual doutrina nós, leigos, podemos ou devemos usar nas situações específicas que requerem orientação. Por exemplo, os católicos têm sido divididos conforme eles lidam com questões sociais, políticas e econômicas específicas, tal como má gestão, práticas culturais tradicionais, reforma agrária e reformas econômicas. Certamente, mais e mais leigos católicos estão começando a rejeitar a ideia de que eles têm de esperar pelas autoridades eclesiásticas para providenciar soluções-padrão para seus problemas. Algumas tentativas de providenciar essas soluções têm encontrado resistência – às vezes diretamente, mas na maior parte do tempo tacitamente. Não é segredo que muitos leigos católicos nem sempre seguem a doutrina da Igreja. Houve um tempo em que era mais fácil para a Igreja ignorar seus fiéis leigos do que o fiel ignorar a autoridade eclesiástica. Esse tempo parece ser superado quando a autoridade eclesiástica tradicional é desafiada, de um lado, quando sua autoridade é ignorada pelo laicato e, do outro, quando os leigos começam a assumir a responsabilidade eclesial.

Conclusão

A Doutrina Social Católica tem o potencial de transformar a ordem temporal. Mas isso pode se dar somente se houver a plena participação de todo o povo da fé e se as estruturas e os processos eclesiais facilitarem sem ambiguidade sua participação. A partir de 2001, o Fórum Africano para a Doutrina Social Católica, que coordenei, tem criado espaço para e facilitado a discussão sobre o significado dos valores e princípios da doutrina social no contexto africano. Descobrimos muitas ambiguidades e ambivalências na compreensão e na prática da Doutrina Social Católica. O que, por exemplo, significa solidariedade no contexto da reforma agrária no Zimbábue, violência eleitoral no Quênia ou xenofobia na África do Sul? Os católicos, e mesmo os líderes católicos, têm diferentes visões sobre essas questões, e as conferências episcopais têm assumido diferentes posições.

Esses desafios não podem ser resolvidos tentando bani-los a partir do topo ou alegando que não existam. Os fiéis leigos não têm de abandonar a Igreja, nem é necessário declarar guerra contra as autoridades eclesiásticas. A Doutrina Social Católica é um lugar fecundo para o engajamento respeitoso e o aprofundamento da fé. Seus princípios poderiam ser debatidos enquanto ainda guiam o clero e o laicato a respeito de como construir uma Igreja e uma sociedade mais viáveis. Devemos aprender a cultivar novas virtudes que facilitarão uma maior participação do laicato na autoridade da Igreja e promovam o bem comum. Contudo, está claro que o laicato não deveria "esperar que a hierarquia entregue o poder ao laicato nem por iniciativa própria, nem em resposta às demandas".[18]

---

[18] O Pontifício Conselho para a Justiça e a Paz organizou um Seminário Pan-Africano sobre o tema "Caritas in Veritate: a Doutrina Social da Igreja como um Fermento do Desenvolvimento Integral" no Instituto Ganês de Administração Púlbica, Achimota, Acra, Gana, de 24 a 29 de setembro de 2010.

Para a Doutrina Social da Igreja se sentir autêntica e relevante para a vida do povo, precisa ter um maior reconhecimento do papel do laicato na assistência ao desenvolvimento da doutrina social. A menos que os fiéis leigos, em colaboração com todos os demais membros da Igreja, assumam plena responsabilidade pela doutrina social, os documentos da Igreja continuarão a ser escritos, mas somente em parte transformarão as esferas social, política, econômica e cultural. É preciso que se faça mais do que isso.

QUESTÕES DE SAÚDE

JUSTIÇA E EQUIDADE NO MUNDO DOS CUIDADOS DE SAÚDE: UM GRITO ÉTICO NA AMÉRICA LATINA E NO CARIBE

Leo Pessini

Juntamente com o desejo de ser amado e de ter vida longa (ou eterna!), a saúde é uma das metas essenciais que o coração humano busca. É um ponto vital construir um futuro para a humanidade, para as novas e próximas gerações, que a proveja de qualidade de vida além da mera sobrevivência. Esse campo se transformou hoje numa questão de salvação (possibilidade de viver mais e com qualidade de vida) ou condenação (morte prematura) para milhões de pessoas no mundo.

ÉTICA TEOLÓGICA CATÓLICA
PASSADO, PRESENTE E FUTURO

Para além da clássica definição de "saúde" da Organização Mundial da Saúde: *"completo bem-estar físico, mental e social e não somente a ausência de enfermidades... "*,[1] ela é resultado de alguns ingredientes bem simples da nossa realidade, tais como educação, recursos econômicos, ocupação/trabalho, terra para cultivar, ambiente saudável, ar e água puros, entre outros. A saúde é pré-requisito para o desenvolvimento pessoal e comunitário e articula-se com nutrição, educação, emprego, remuneração, promoção da mulher e da criança, ecologia, meio ambiente, entre outros.

É essencial promover e proteger a vida humana e a saúde, não somente cuidando de necessidades individuais imediatas, das comunidades e de relações interpessoais, mas também em vista da construção de políticas públicas e projetos de desenvolvimento de abrangência nacional, regional e local, dentro de uma estrutura marcada por valores e referenciais éticos de solidariedade, justiça e equidade. As políticas e projetos podem capacitar os pobres a participarem como concidadãos. Essa concepção socioecológica da saúde nos ajuda a entender não somente as causas físicas, mentais e espirituais das doenças, mas também as causas político-sociais que provocam, além de moléstias, injustiças nessa área. Os mais carentes de cuidados com a saúde são simplesmente excluídos. Essa realidade iníqua não deixa de ser uma injustiça que clama aos céus!

A área da saúde transformou-se num gigante complexo industrial e tecnológico com investimentos astronômicos de recursos para pesquisas, equipamentos e treinamentos de profissionais especializados, gastando-se trilhões de dólares. Contudo, devemos perguntar-nos que valores são priorizados: valores cristãos ou apenas o livre comércio?

Os sistemas de saúde das nações mais desenvolvidas do mundo estão em crise: os recursos econômicos não são suficientes para suprir todas as necessidades relacionadas à saúde das pessoas! Tem havido duros debates políticos acerca desse assunto, mais recentemente nos Estados Unidos. A prestação de serviço de saúde hoje é caracterizada por grandes injustiças, desigualdades e iniquidades, em que pessoas pobres são frequentemente excluídas e facilmente esquecidas. Caberá à ética buscar por justiça e equidade? De fato, tem-se dito que o século XXI colocará a ética na linha de frente de qualquer tipo de atividade – do contrário, simplesmente desapareceremos!

---

[1] Organização Mundial da Saúde (OMS), *Documentos básicos* (Genebra: OMS, 1966), 1.

Este texto começa com uma discussão acerca da saúde das populações na América Latina e no Caribe, focando nos problemas básicos e desafios. Em seguida, retomaremos uma reflexão ético-teológica sobre justiça e equidade no setor da saúde.

A visão apresentada da situação do sistema de saúde na América Latina e no Caribe está sob uma perspectiva privilegiada, formada por um grupo de trabalho de pastoral da ajuda do Departamento de Justiça e Solidariedade, do Conselho Episcopal Latino-Americano (CELAM), do qual participo desde 1994, como especialista em ética e saúde. Depois de muitos anos de encontros em diversos países da região, esse grupo recentemente divulgou um importante documento aprovado pelo CELAM, intitulado *Discípulos Missionários no Mundo da Saúde: Guia para a Pastoral da Saúde na América Latina e no Caribe*.[2]

A realidade da saúde na América Latina e no Caribe [3]

Aspectos econômicos

Em 2007, a população da América Latina e do Caribe era de cerca de 565 milhões de habitantes, com quase 209 milhões deles vivendo abaixo da linha da pobreza e outros tantos milhões sofrendo de extrema pobreza.[4] A distância entre ricos e pobres, a qual está em constante crescimento, resulta de causas estruturais. Desigualdade aumentada devido às políticas de ajuste neoliberal aplicadas em quase todos os países dessa região, para promover a inserção da América Latina e do Caribe no cada vez mais globalizado e interdependente mundo em que grandes potências decidem o destino do planeta.

Hoje, a quase 200 milhões de pessoas falta acesso regular e apropriado aos serviços de saúde, devido a sua situação geográfica, a barreiras econômicas ou à carência de instalações de saúde acessíveis. Cinquenta e três milhões de indivíduos não possuem sistema de tratamento de água, 127 milhões care-

---

[2] Ver CELAM, *Discípulos Missionários no Mundo da Saúde: Guia para a Pastoral da Saúde na América Latina e no Caribe* (São Paulo: Centro Universitário São Camilo, 2010).

[3] Os dados mencionados nesta seção foram extraídos de *Saúde nas Américas: A Região*, vol. 1, da Organização Pan-Americana de Saúde (Brasília, DF: OPS/OMS, 2007). São apresentados números e estatísticas enviados por autoridades de saúde e governos de cada país. Disponível em: <http://www2.paho.org>.

[4] Ibid.

cem de sistemas sanitários básicos e 100 milhões não têm acesso à coleta de lixo segura.[5] Milhões de pessoas que sofrem os danos da crise e dos ajustes econômicos não recebem apoio estatal; além do mais, a solidariedade social é insuficiente em comparação com a grandeza dos problemas socioeconômicos.

Aspectos demográficos

Na América Latina e no Caribe, a pirâmide demográfica está invertida, como consequência tanto de um decréscimo nas taxas de natalidade, quanto do aumento da expectativa de vida. Há ainda um enorme movimento migratório entre países e o deslocamento interno forçado da população, devido tanto à violência quanto à busca de melhores condições de vida. O que resulta frequentemente na migração para centros urbanos, criando traumas com sérias consequências para a saúde da população.

É importante refletir sobre isso e denunciar a concepção do primeiro mundo de que a explosão demográfica seja a causa exclusiva da pobreza, uma vez que essa perspectiva não considera pobreza como resultado de injustiça, corrupção e de má distribuição de recursos. É fato que, embora as taxas de fertilidade e natalidade tenham declinado na América Latina e no Caribe, os indicadores de qualidade de vida não melhoraram. Ao contrário, há um aumento da pobreza, gerando mais e mais doenças e morte.

Aspectos sociais

No *Documento de Aparecida*,[6] a Igreja menciona os "rostos sofredores de Cristo" na América Latina e no Caribe:

> Entre eles, estão as comunidades indígenas e afro-americanas que, em muitas ocasiões, não são tratadas com dignidade e igualdade de condições; muitas mulheres são excluídas, em razão de seu sexo, raça ou situação socioeconômica; jovens que recebem uma educação de baixa qualidade e não têm oportunidades de progredir em seus estudos nem de entrar no mercado de trabalho para se desenvolver e constituir uma família; muitos pobres, desempregados, migrantes, deslocados, agricultores sem terra,

---

[5] Ibid.

[6] *Documento de Aparecida*, 65. Ver CELAM, *Documento de Aparecida: Texto conclusivo da V Conferência Geral do Episcopado Latino-Americano e do Caribe* (São Paulo: Paulinas/Paulus, 2007).

> aqueles que procuram sobreviver na economia informal; meninos e meninas submetidos à prostituição infantil, ligada muitas vezes ao turismo sexual; também as crianças vítimas do aborto. Milhões de pessoas e famílias vivem na miséria e inclusive passam fome. Preocupam-nos também os dependentes das drogas, as pessoas com limitações físicas, os portadores e vítimas de enfermidades graves como a malária, a tuberculose e o HIV/AIDS, que sofrem a solidão e se veem excluídos da convivência familiar e social. Não esquecemos também os sequestrados e os que são vítimas da violência, do terrorismo, de conflitos armados e da insegurança na cidade. Também os idosos que, além de se sentirem excluídos do sistema produtivo, veem-se muitas vezes recusados por sua família como pessoas incômodas e inúteis. Sentimos as dores, enfim, da situação desumana em que vive a grande maioria dos presos, que também necessitam de nossa presença solidária e de nossa ajuda fraterna. Uma globalização sem solidariedade afeta negativamente os setores mais pobres.[7]

A falta de atenção integral e a situação de abandono a idosos são motivo de preocupação, assim como a questão das doenças mentais, dos doentes terminais e de pessoas com deficiências. O *Documento de Aparecida* clama por uma atenção especial a cinco situações: às pessoas vivendo nas ruas, aos imigrantes, aos deficientes, aos dependentes químicos e aos presidiários.[8]

É essencial considerar os fatores que causam doenças e morte. Em termos de longevidade, os maiores resultados incluem hábitos de vida (53%), meio ambiente e sua influência sobre as pessoas (20%), genética (17%) e o sistema de saúde, a principal preocupação aqui, somente com 10%.

Dados da Organização Pan-Americana de Saúde (OPS) indicam que aproximadamente 700 mil mortes na região das Américas devem-se a causas que poderiam ser evitadas, ao se empregar adequados conhecimentos e recursos disponíveis. Incluem-se aí as infecções provocadas pela diarreia, responsáveis por uma elevada porcentagem de mortes de crianças.

Estima-se que quatro milhões de latino-americanos vivam em regiões de moderado e alto risco de transmissão da malária e mais de um milhão de pessoas, na maioria crianças menores de cinco anos, morrem por ano em decorrência dessa doença. Em anos anteriores, houve também um aumento nos casos de dengue, cerca de 430 mil em 2005; isso requer uma séria supervisão das autoridades responsáveis pela população, além de estatísticas de saúde.

---

[7] Ibid., 65.

[8] Ibid.

Do mesmo modo, a tuberculose atinge mais de 350 mil pessoas e mata 50 mil por ano. Tal situação tem sido agravada pela coinfecção tuberculose--HIV/AIDS, em razão da dificuldade de combinar a tuberculose com outros tratamentos. Chamadas de doenças tropicais, estão diretamente associadas à pobreza, à desnutrição, à baixa escolaridade e ao desemprego.

Quase todos os países da América Latina e do Caribe têm experimentado um processo de transição epidemiológica, em que doenças crônicas e degenerativas têm substituído infecções e doenças contagiosas transmissíveis como as maiores causas de morbosidade e mortalidade. O Haiti é exceção, permanecendo com as doenças transmissíveis na liderança da questão da mortalidade, num total estimado de 351,2 mortes por 100 mil habitantes; doenças circulatórias vêm logo a seguir, com taxa de mortalidade de 227,9 por 100 mil habitantes.

A desnutrição é um problema de saúde que afeta pelo menos 10% da população da região: 52 milhões de pessoas em 2003 (não há relatórios oficiais recentes) e cerca de 7 milhões de crianças menores de cinco anos morrem devido a uma nutrição inadequada. Em alguns países, a situação é mais delicada, com taxas de desnutrição de 28%. Embora em geral a mortalidade infantil tenha decrescido, a taxa de mortalidade perinatal é ainda considerável.

HIV/AIDS: um grande desafio às políticas públicas de saúde

Em 2006, uma análise da morbidade nas Américas indicou que as principais causas de morte, em termos de menor expectativa de vida entre homens, são diabetes, HIV/AIDS e homicídios. De acordo com estimativas da Organização Mundial de Saúde (OMS) e da Joint United Nations Programme on HIV/AIDS (UNAIDS), no final de 2005 havia aproximadamente 3,23 milhões de pessoas com o HIV/AIDS nas Américas, das quais 1,94 milhões eram da América Latina e do Caribe. Em 2005, 220 mil novos casos haviam sido diagnosticados, incluindo 30.690 crianças e adolescentes menores de 15 anos de idade. Estima-se que esses números estejam muito abaixo da realidade, uma vez que nem todos os casos são registrados, sem mencionar atrasos na comunicação das doenças. Em 2005, 30% dos adultos que tinham o HIV/AIDS nas Américas eram mulheres, sendo 25% na América do Norte, 31% na América Latina e 51% no Caribe. Os casos reportados são crescentes, especialmente de mulheres. No entanto, calcula-se que 104 mil pessoas morrem anualmente de infecções do HIV/AIDS nas Américas, o que representa 211 mortes por dia.[9]

---

[9] OPS, *Saúde nas Américas*.

Aspectos ecológicos

Os riscos atuais para o meio ambiente na América Latina e no Caribe são abundantes: desmatamento, poluição da água e do ar, erosão do solo, desertificação, chuva ácida, danos na camada de ozônio, aquecimento global e tantos outros. Desastres naturais continuam a ter impacto em vários países, os quais, infelizmente, carecem de uma cultura de prevenção e de uma ação sistemática de cuidado às populações afetadas:

> A natureza foi e continua sendo agredida. A terra foi depredada. As águas estão sendo tratadas como se fossem mercadoria negociável pelas empresas, além de terem sido transformadas num bem disputado pelas grandes potências. Exemplo muito importante nessa situação é a Amazônia.[10]

Devemos estar atentos ao efeito devastador da industrialização e da urbanização descontrolada, as quais têm assumido proporções preocupantes, com o esgotamento dos recursos naturais e a contaminação do meio ambiente. Setenta e sete por cento da população (473 milhões de pessoas) vive nas cidades, e a tendência atual é que esse número continue a crescer.[11]

Depois dessa visão geral das difíceis condições de saúde na América Latina e no Caribe, que são similares às de muitos países da África, passemos agora para uma reflexão ético-teológica sobre a equidade e a justiça no campo dos sistemas de saúde. As diretrizes do pensamento ético apresentadas a seguir baseiam-se em trabalho do qual sou coautor, juntamente com James Drane: *Bioética, medicina e tecnologia: desafios éticos na fronteira do conhecimento humano*.[12]

Igualdade e equidade nos sistemas de saúde

No contexto dos sistemas de saúde, a equidade refere-se a questões de distribuição e acesso. Concretamente, funciona na forma como os pacientes são tratados nas instituições de saúde.

---

[10] *Documento de Aparecida*, 84.
[11] Ibid., 126.
[12] Ver James Drane e Leo Pessini, *Bioética, medicina e tecnologia: desafios éticos na fronteira do conhecimento humano* (São Paulo: Centro Universitário São Camilo, 2005).

ÉTICA TEOLÓGICA CATÓLICA
PASSADO, PRESENTE E FUTURO

A medicina científica de alta tecnologia está mais preparada do que nunca para curar e prevenir doenças, mas a maioria das pessoas físicas, as empresas e até mesmo o governo não podem arcar com os custos crescentes. Pacientes ricos podem experienciar o êxtase de se recuperarem de uma doença com risco de vida, mas um número crescente de menos afortunados sente raiva e frustração ao ser deixado à beira da morte. A lacuna entre os ricos com acesso a tais serviços e os pobres que carecem deles é uma questão potencialmente explosiva em países em que as instituições de saúde estão predominantemente atreladas ao livre mercado, no qual a maioria é gerida pelo governo.

Qualquer solução para a questão da justiça e da desigualdade nos sistemas de saúde estará repleta de ambiguidades e incertezas, e componentes éticos básicos da relação entre médico e paciente não podem ser violados sem sérias repercussões. A perspectiva cristã, mais do que qualquer outro conjunto de crenças, fornece sólida fundamentação para a construção de um sistema de saúde baseado na solidariedade, fraternidade, igualdade e justiça social; um sistema de saúde que abarque todos, ricos e pobres, deficientes mentais e sãos, emocionalmente fracos e emocionalmente fortes, felizes e infelizes.

Nós intuitivamente reconhecemos que valores bioéticos básicos estão sendo transgredidos quando os ricos ou pessoas de certas raças ou lugares têm acesso a tratamentos de saúde essenciais e sobrevivem, enquanto os pobres ou pessoas de outras raças ou lugares não recebem nenhuma assistência e morrem. Equidade e justiça estão sendo violadas; e, sempre que isso acontece, o ser humano percebe tais situações de imoralidade, sente raiva e fica frustrado. Se iniciativas políticas para remediar essa imoralidade e frustração fracassam, pode haver uma revolução. Os valores éticos de igualdade e justiça podem ser abstratos e teóricos, mas existem potencialmente sérias consequências se eles são ignorados ou falham ao ser implementados.

De fato, a equidade exige que bens e serviços essenciais fornecidos a algumas pessoas em uma sociedade devem estar disponíveis para outras com necessidades similares e que compartilhem a mesma dignidade. O cuidado essencial com a saúde não deve estar disponível somente para alguns. Se mesmo bens e serviços essenciais são tão escassos ou tão caros que não podem ser oferecidos a todos, então, de acordo com a teoria, eles deveriam ser disponibilizados na forma de sorteio. Se se reivindica um valor igualitário a todas as pessoas, então ele deveria ser garantido.

A lógica de tal conceitualização é admirável, mas oferecer cuidados essências às necessidades humanas de forma igualitária é tão complexo que a lógica não funciona na prática. A lógica é simples, mas as diferentes realidades são complexas. A equidade impõe obrigações, mas por si só, mesmo se aplicada sem favoritismo por meio de sorteio, não resolve os problemas da distribuição dos cuidados de saúde. Esquemas extremamente simples como este para viabilizar a equidade simplesmente não ajudam.

Para a equidade funcionar na prática, a economia também deve funcionar, e muitos outros princípios e referenciais éticos precisam ser praticados. A autonomia, por exemplo, não pode ser ignorada, bem como a dignidade do ser humano. Sem compaixão, a equidade não pode nem determinar a necessidade do cuidado de saúde nem oferecer os serviços necessários. Primeiro, a equidade tem de ser claramente definida e então relacionada à economia e a outros princípios éticos. Estes são desafios incertos a vencer.[13]

Entendendo a equidade

A equidade e a justiça estão estreitamente vinculadas. A justiça estabelece os padrões para a distribuição dos bens, e a equidade é um desses padrões. A justiça distributiva refere-se à alocação de bens e serviços limitados. A distribuição dos bens e serviços para todos na mesma base é um dos significados tanto para a justiça quanto para a equidade. Idealmente, a justiça se esforçaria por tornar, na realidade concreta da vida, todos os seres humanos o mais semelhantes possível.

Justiça, equanimidade, imparcialidade, equidade – estas são, no mínimo, categorias comparáveis. Representam modos diferentes de expressar os mesmos ideais e objetivos da lei natural.

Mensurando a equidade

Qual a eficiência de um sistema de saúde ao fornecer bens e serviços básicos para todos? A resposta para essa pergunta depende de como os bens e serviços básicos são identificados, mensurados.

Cada sociedade organiza, financia e fornece serviços de saúde de maneira diferente. As organizações de saúde tentam oferecer esse benefício dentro dos limites dos recursos disponíveis e perspectivas políticas predominantes. Comparar um sistema de saúde com outro é difícil, pois a própria definição

---

[13] Daniel Callahan, "Equity, Quality and Patient Rights: Can They Be Reconciled?", in Fernando Lolas Stepke e Lorenzo Agar, ed., *Interfaces between Bioethics and the Empirical Social Sciences* (Chile: World Health Organization, 1992).

de cuidados de saúde pode diferir consideravelmente de uma cultura para outra: em algumas culturas, como a nossa, pode ser sinônimo de curar doenças específicas; e em outras pode significar prevenir doenças. O julgamento de equidade e iniquidade não pode ser separado de todas as metáforas e crenças socioculturais reinantes nessa área.

As pessoas em geral concordam que o referencial ético da equidade é importante e que esta deve ser buscada e implementada. Mas também é verdade que elas têm outras crenças a respeito dessa questão. Muitos norte-americanos, por exemplo, acreditam no livre mercado em vez de no governo como fornecedor e distribuidor de bens, benefícios e serviços de saúde. Em outros países, as pessoas pensam que o sistema de saúde é responsabilidade do governo. Dadas as diferentes crenças, a variedade de sistemas de saúde, a diversidade de valores culturais, os distintos sistemas econômicos e os diferentes níveis de cuidados, a equidade se torna um valor difícil de ser mensurado e mais ainda de ser implantado.

Uma teoria socialista de justiça mede o desempenho do sistema de saúde de uma maneira, e uma teoria libertária faz isso diferentemente. Uma perspectiva socialista não leva em consideração a liberdade individual nem o trabalho duro, enquanto uma visão libertária não considera a influência de fatores como genética e meio ambiente. Enquanto a teoria socialista prioriza o acesso, a teoria libertária maximiza a responsabilidade pessoal. Os libertários podem considerar a intervenção do Estado para proporcionar tratamento igualitário uma violação de direitos pessoais e de justiça. Uma visão socialista pode relevar a ambição e o trabalho duro. O liberalismo tende a subverter o significado de comunidade e benefícios compartilhados, e o socialismo tende a criar uma prosperidade irreal, a fim de promover um aceitável sistema de saúde.

Equidade e o conceito de direitos humanos

O seguro-saúde foi inserido como forma de proteger trabalhadores assalariados que se tornam vulneráveis ao adoecer. Os trabalhadores, com uma apólice de plano de saúde básico, conseguiram certo grau de igualdade no serviço de saúde. Mais tarde, os governos interferiram para expandir a cobertura básica para outros grupos mais vulneráveis, entre outros idosos e pobres. O sistema de saúde amplamente entendido deu vida à ideia de equidade como um direito básico. O conceito de direitos humanos motivou os donos de empresas e os políticos a implantar programas de saúde para os necessitados.

O conceito de direitos humanos está ligado à equidade no sistema de saúde tanto histórica quanto filosoficamente. Equidade é um conceito antigo, mas recentemente, apenas no final século XX e início deste, foi proposto como um direito humano universal. A equidade refere-se a necessidades básicas para uma vida humana digna, como libertação da escravidão, da tortura e da prisão arbitrária. Está no mesmo nível que liberdade de expressão, de reunião e de religião. A equidade no sistema de saúde inclui-se no conceito geral do direito a tratamento igualitário perante a lei. A inclusão do referencial ético da equidade entre os direitos humanos mais básicos certamente coloca em terra firme nossa busca contínua pela igualdade no sistema de saúde.[14]

O direito à equidade nos cuidados de saúde

Uma vez que a equidade como direito traduz-se na igualdade nos cuidados de saúde, significa também que precisa ser protegida contra sérias ameaças à saúde e ao acesso a certos benefícios básicos de assistência. Os direitos aos cuidados de saúde dizem respeito à moral, apoiada por argumentos éticos e por uma visão de lei natural da vida humana. Só depois os direitos humanos são legalizados, ou seja, tornam-se direitos legais. Esses direitos legais de acesso aos cuidados de saúde tentam colocar em prática a declaração moral, e programas de assistência à saúde buscam dar forma concreta para a visão ética de qualidade, baseada na assistência à saúde para todos.

Ameaças à equidade e aos direitos básicos

O problema é que, não importa o tamanho do esforço e quão limitados os recursos em investimentos para estender os cuidados de saúde a todos, esse ideal está ainda longe de ser alcançado. Consequentemente, alguns simplesmente desistiram e substituíram autonomia por equidade. A autonomia individual, aliada ao capitalismo do livre mercado, cria uma situação em que os cuidados de saúde são pagos do próprio bolso de cada pessoa. Porém, nessa

---

[14] Ver Paulo Antônio de Carvalho Fortes, "Bioética, equidade e políticas públicas", *O Mundo da Saúde* 1 (2002): 143-147; Paulo Antônio de Carvalho Fortes e Elma Lourdes Campos Pavone Zoboli (eds.). *Bioética e Saúde Pública* (São Paulo: Centro Universitário São Camilo, 2003); e Paulo Antônio de Carvalho Fortes, "Orientações bioéticas de justiça distributiva aplicada às ações e aos sistemas de saúde", *Revista Bioética* 1 (2008): 25-39.

visão ninguém deve pagar pelo outro. Se a equidade é vista no sentido de que cada pessoa tem direito à proteção e aos cuidados de saúde, não pode, assim, ser alcançada, e consequentemente qualquer tentativa de se aproximar de tal ideal está fadada ao fracasso. Aí está um exemplo clássico de um bebê sendo jogado fora com a água do banho.

Paradoxalmente, o mesmo conceito de direitos que já ajudou a propulsar iniciativas de equidade de cuidados com a saúde desafia os avanços conseguidos com muito custo. As pessoas se preocupam com direitos, mas o conceito de direitos ampliou-se. Para além de pacientes reivindicando um direito de acesso aos cuidados de saúde, temos os médicos que também reivindicam o direito de decidir quem irão tratar. A empresa de planos de saúde e instituições de saúde também reivindicam o direito de satisfazer os interesses financeiros de seus acionistas. Industriais e empresários reivindicam o direito de competir mundo afora e não ficarem em desvantagem por terem que pagar por benefícios de saúde para seus funcionários. As empresas farmacêuticas reivindicam o direito de lucrar com os produtos de sua pesquisa e assim cobrar valores exorbitantes por sua medicação. Todas essas reivindicações estão no sentido contrário da viabilização do direito ao acesso igualitário à saúde básica para todos.

Respondendo às ameaças

Como os provedores de cuidados de saúde enfrentam esse desafio? Uma forma de abordar a desigualdade seria minimizar o conceito de direitos para promover um conceito de justiça que equilibre igualdade e autonomia; em outras palavras, examinar os detalhes concretos do sistema de cuidados de saúde que possam contrabalançar microalocação com macroalocação, cuidados primários com medicina curativa, intervenções terapêuticas agudas com medidas de saúde pública e igualdade com autonomia.

A implementação de um sistema de racionamento de serviços de assistência à saúde é outro modo de responder a tal desafio. Contudo, o racionamento sozinho não alcança a igualdade. Os custos com saúde sempre parecem ultrapassar as necessidades do paciente por bens e serviços de assistência. Não importa quanto racionamento seja decretado, os benefícios de saúde não garantem igualdade para todas as pessoas. O rico, o socialmente bem integrado, as celebridades, o criativo, o persistente e o menos honesto sempre procuram certo modo de driblar o racionamento, não importa quão fortemente o sistema tente promover a igualdade.

Qualquer sistema de racionamento é baseado em um conceito de necessidade: o racionamento busca atender às necessidades essenciais de cuidados de saúde de todos os cidadãos. Entretanto, como se podem definir "necessidades"? Qualquer benefício é uma necessidade? Quais benefícios restabelecem um funcionamento normal? "Necessidades" podem correlacionar-se com benefícios de saúde "significativos"? Apesar do conceito de necessidade reduzir-se ao básico, essencial ou mínimo, permanece a dificuldade de defini-lo e de satisfazê-lo. Qual é o significado de termos como "básico", "adequado", "essencial", ou "mínimo", quanto às necessidades de cuidados de saúde?

E há outras necessidades que reivindicam os mesmos recursos limitados: comida, educação, proteção, transporte, segurança, prevenção contra as drogas, suprimento de água etc. Estes elementos não são considerados necessidades de saúde, mas têm um importante impacto nela. Recursos limitados tornam a igualdade nos cuidados de saúde um desafio que nunca pode ser perfeitamente solucionado. No entanto, trata-se de uma possibilidade que nos confronta, que pode gerar iniciativas criativas, além de provocar melhorias graduais no sistema de assistência à saúde.[15]

Desafios específicos para equidade na área da saúde

Falamos anteriormente da equidade como um ideal a ser perseguido mesmo se a assistência à saúde restringir-se aos cuidados primários e preventivos. É possível imaginar que uma comunidade chegue a um consenso sobre cuidados primários, preventivos e agudos com a saúde? Se esse consenso for alcançado, o que mais os cuidados essenciais, básicos ou adequados cobrem? A que mais todas as pessoas deveriam ter acesso: plano odontológico, serviços de reabilitação para vício do álcool e drogas, de enfermagem domiciliar, de planejamento familiar, pré-natal e medicamentos? Tornar os cuidados básicos, adequados ou essenciais iguais e acessíveis a todos não é impossível, mas requer um esforço contínuo. A equidade deve, porém, manter um objetivo moral que impulsiona os esforços para mudança. Vejamos rapidamente algumas circunstâncias que criam desafios para a equidade no sistema de saúde e que devem ser enfrentadas:

---

[15] Ver Norman Daniels, "Why Justice Is Good for Our Health", in Fernando Lolas Stepke e Lorenzo Agar, ed., *Interfaces between Bioethics and the Empirical Social Sciences* (Chile: World Health Organization, 1992).

(1) A necessidade de manter cobertura básica universal para todos em face dos crescimentos estáveis em populações imigrantes. Muitos grupos humanos migram apenas por motivos de saúde.

(2) O problema de custos administrativos (burocráticos) que podem consumir rapidamente os parcos recursos destinados à saúde.

(3) O microgerenciamento das decisões médicas, vistas como uma necessidade para os gestores e uma intrusão pelos médicos.

(4) As despesas astronômicas relacionadas às práticas ilícitas e, como consequência, práticas médicas defensivas e devastadoras.

(5) A política de saúde orçamentária limitadora dos recursos necessários à saúde ante os custos crescentes.

(6) O tratamento de pacientes de alto risco.

(7) A pressão econômica dos fornecedores de equipamentos médicos e produtos farmacêuticos.

(8) A expansão das categorias de doença mental e pagamento por um sistema de saúde sem diminuir a necessidade e importância do cuidado com os que estão mentalmente doentes.

(9) O combate à fraude e corrupção no âmbito da saúde com valores que chegam a 100 bilhões de dólares por ano nos Estados Unidos.

(10) A eliminação em nosso país da distância entre o nível teórico, isto é, o que é constitucional e garantido por lei em termos de SUS (que não deixa de ser uma grande conquista pela Constituição de 1988), e a dramática realidade da vida concreta do povo, um verdadeiro caos, com recorrentes tragédias humanas que poderiam ser perfeitamente evitáveis, negando-se o direito à saúde.

A responsabilidade pública pela saúde, principalmente dos menos favorecidos, leva-nos a pensar que, quanto mais uma sociedade é baseada nos valores de justiça e equidade entre seres humanos, mais ela deve rejeitar desigualdades sociais injustas e evitáveis.[16] Uma sociedade justa e igualitária deve continuamente estimular a solidariedade coletiva que tem como objetivo promover o bem-estar de todos, sem distinção de origem, raça, sexo, cor, idade e outras formas de discriminação.

---

[16] Ver Margaret White, *The Concepts and Principles of Equity and Health* (Copenhagen: World Health Organization, 1991).

Olhando para o futuro: alguns desafios

A fim de avançar em nossos métodos atuais de provimento da saúde, é essencial que o governo e as autoridades civis avaliem as necessidades de sua população. Especialistas em ética cristã e teólogos, além de pessoas comprometidas com a fé, devem ter as seguintes metas, antes mesmo dos políticos e de seus líderes civis:

- Nutrir a "utopia", um horizonte de significado (o conceito evangélico de "Reino de Deus"), para que se torne o guia de todas as nossas ações, escolhas, investimentos, buscas e pesquisas, pensamentos e sonhos nessa área, em busca do "Reino da saúde".

- Esforçar-se para a implementação de políticas sociais orientadas pelos referenciais éticos de justiça, equidade e solidariedade. Nosso grande objetivo é *construir uma sociedade justa e igualitária*, que permanentemente estimule uma solidariedade coletiva voltada para a proteção do bem para todos sem preconceitos de qualquer tipo, seja de origem, raça, gênero, cor, religião, idade e nacionalidade.

- Mudar o *conceito de saúde*: de "caridade" para "direito". Hoje, esse direito está sendo *transformado em um "negócio"*, em um mercado livre sem coração! A necessidade de empoderamento dos pobres em termos de reivindicação (cidadania) para se fazer algo concreto e forçar o direito básico à saúde, garantida por constituições de muitos países (controle social do Estado pela sociedade civil), ainda é um "direito teórico e meramente virtual" na maioria dos países da América Latina e na região do Caribe. Em teoria, tudo é perfeito! Mas tudo é perfeito em retórica legal, já que, na realidade, as coisas são injustas.

- Ter ciência de que a mudança que todos esperamos e buscamos não vem de cima, mas da base. Aqui o papel da pastoral da saúde é vital! Além de cuidar dos doentes (*dimensão samaritana*), deve trabalhar para mudar estruturas político-sociais desiguais, além de preservar a identidade cristã das Instituições de saúde mantidas pela Igreja e congregações religiosas, zelando pelos valores cristãos na formação dos futuros profissionais da área da saúde.[17]

---

[17] Ver Leo Pessini, Christian de Paul de Barchifontaine e Fernando Lolas Stepke, ed., *Ibero-American Bioethics: History and Perspectives* (London: Springer, 2010); e Leo Pessini e Christian de Paul de Barchifontaine, "What Kind of Future Awaits Us? Some Challenging Questions for the Future of Bioethics in Ibero-America", in *Ibero-American Bioethics: History and Perspectives*, 369-375.

Em resumo, nos países da América Latina e no Caribe a disponibilização de sistemas de saúde requer a ética teológica dos 4 "Ps": *promoção* da saúde; *prevenção* de doenças; *proteção* dos vulneráveis; e *precaução*. O princípio da precaução é essencial, tendo em vista a interferência do desenvolvimento biotecnológico em algumas questões pessoais, incluindo tecnologias como as dos Organismos Geneticamente Modificados (OGM), entre outras.

Nós, cristãos, que vemos a saúde como dom de Deus, temos a responsabilidade de zelar por esse presente. Cuidar da saúde dos pobres é a verdadeira prioridade e o dever da prática evangélica à qual somos todos chamados. Concluindo, recordo um ditado popular da América Latina: "Quando se sonha sozinho, é apenas um sonho (e não raro ele volta como pesadelo); quando se sonha junto, é o começo da realidade". Não podemos esquecer que qualquer questão relacionada à saúde inclui uma nostálgica e algumas vezes inconsciente busca por salvação!

QUESTÕES DE SAÚDE:
UMA PERSPECTIVA DE GÊNERO

Pushpa Joseph

Sexo e gênero são ambos importantes determinantes da saúde. O sexo biológico e o gênero socialmente construído interagem para produzir riscos diferenciais e vulnerabilidades para problemas de saúde. A despeito do amplo reconhecimento dessas diferenças, a pesquisa em saúde tem até agora, com muita frequência, falhado em abordar de modo adequado sexo e gênero. Na Índia, como em muitas partes do mundo, uma perspectiva de gênero focaliza muitas questões de saúde pública que a atual Índia urbana e rural enfrenta.

O cenário da saúde na Índia

Há cerca de dois ou três milhões de casos de câncer e entre 700 e 900 mil novos casos são diagnosticados todo ano. De acordo com um estudo da Agência Internacional de Pesquisa sobre o Câncer, haverá aproximadamente 250 mil novos casos de câncer de mama na Índia em 2015. No presente, a Índia tem cerca de 100 mil novos casos anualmente. O câncer de mama se tornará uma epidemia na Índia nos próximos dez anos se o país não colocar em ação vigorosos mecanismos para a detecção precoce e a conscientização. A esse respeito, o Programa Nacional de Controle do Câncer propôs um plano promovido de modo centralizado.

A Índia totaliza 10 por cento dos casos globais do HIV. Cerca de 4,58 milhões de homens, mulheres e crianças viviam com o HIV/AIDS no país no final de 2008, com uma taxa de adultos (de 15 a 49 anos) de 0,8 por cento.

Outras modalidades importantes de doenças incluem a dengue (hemorrágica). Essa moléstia viral fatal, causada pela fêmea do mosquito *Aedes aegypti*, foi relatada por primeiro em Déli em 1996 com 10.252 infectados e 423 mortos. Em 2009, 3.188 casos foram relatados, havendo 53 mortes. Agora se alastrou para novas áreas. Essas e outras doenças matam mais pessoas a cada ano do que os conflitos.

Desafios e contradições

Uma análise de gênero do cenário da saúde na Índia apresenta-nos muitas contradições e desafios.

Cuidado invertido

As pessoas com mais meios – cujas necessidades de cuidados de saúde são em geral menos frequentes e menos sérias – fazem uso do maior cuidado, ao passo que aqueles com menos meios e com maiores problemas de saúde utilizam menos. O gasto público em saúde geralmente beneficia os ricos mais que os pobres. Quando adultas, as mulheres na Índia recebem menos cuidados de saúde do que os homens: elas tendem a ser menos propensas a admitir que estão doentes e esperarão até que sua doença progrida antes de buscar ajuda. Estudos sobre o atendimento em centros rurais de atendimento primário revelam que mais homens que mulheres são tratados em quase todas as partes do país, com diferenças maiores nos hospitais do norte do que nos do sul, o que aponta para diferenças regionais no lugar atribuído à mulher. Constrangimentos adicionais às mulheres quanto a seu recebimento de cuidado adequado de saúde incluem sua tolerância cultural e social do sofrimento e sua relutância em serem examinadas por homens.

Cuidado empobrecedor

As pessoas que não têm proteção social e que precisam pagar para ter cuidado médico podem acabar tendo gastos exorbitantes. Em âmbito global, mais de 100 milhões de pessoas anualmente empobrecem porque têm de pagar por tratamentos de saúde. A Índia, com uma população de mais de um bilhão, é o segundo país mais populoso do mundo. Esse número inclui 120 milhões de mulheres que vivem na pobreza. Mais de 70 por cento da população da Índia obtêm seu sustento diário de recursos naturais (sobretudo da agricultura) e 84 por cento dessa população consistem em mulheres economicamente ativas.

Cuidado fragmentado e fragmentador

A excessiva especialização dos profissionais da saúde e a abordagem estreita de muitos programas de controle de doenças desestimulam uma abordagem holística dos indivíduos e de suas famílias e frequentemente não resultam em nenhuma continuidade no cuidado. Os serviços de saúde para os grupos pobres e marginalizados são muito fragmentados e contam com recursos insuficientes, e o apoio ao desenvolvimento frequentemente aumenta a fragmentação. Por exemplo, a tecnologia da mamografia e os equipamentos afins estão disponíveis somente nas metrópoles, enquanto mulheres que vivem em áreas rurais e suburbanas não têm acesso a essas facilidades. O rendimento anual médio das mulheres indianas é cerca de 11.500 rupias (285 dólares), embora o custo de uma consulta médica, uma mamografia e uma coleta para biópsia custe cerca de 50 dólares, o que é impossível para a maioria das mulheres indianas.

Além disso, estima-se que 200 milhões de mulheres na Índia sejam analfabetas, e mesmo a maioria das mulheres alfabetizadas não conhece os sintomas do câncer de mama. Muitas mulheres também evitam médicos, temendo constrangimentos sociais. Em milhares de vilas e aldeias da Índia, as mulheres com câncer de mama são desprezadas por seus maridos, famílias e amigos.

Cuidado arriscado

Os sistemas indianos de cuidado da saúde apresentam projetos e regulamentações inadequados. Instalações incapazes de garantir padrões de higiene resultam em altas taxas de infecção hospitalar, erros quanto à medicação e outros problemas evitáveis que são causas subestimadas de morte e de problemas de saúde.

Cuidado mal-orientado

A alocação cara de recursos para serviços terapêuticos negligencia o cuidado preventivo primário e a promoção da saúde por meio da educação, que pode, em tese, prevenir mais de 70 por cento da necessidade de serviços terapêuticos. Ao mesmo tempo, o setor da saúde carece de *expertise* para mitigar os efeitos adversos à saúde derivados de outros setores (por exemplo, pesticidas usados na agricultura) e para fazer o máximo para que esses outros setores possam contribuir para um bem-estar geral.

O cuidado da saúde na Índia

A desigualdade em saúde, muito comum na Índia, frequentemente resulta do uso inapropriado dos fundos existentes. A pobreza é um dos maiores problemas. As facilidades em saúde melhoraram consideravelmente nas

ÉTICA TEOLÓGICA CATÓLICA
PASSADO, PRESENTE E FUTURO

cidades cosmopolitas indianas, criando uma divisão em saúde na qual aqueles que dispõem de recursos recebem boa qualidade de cuidado de saúde. As diferenças em saúde normalmente refletem as diferenças econômicas. A corrupção é também um problema sempre presente. Ela não somente exacerba o problema, mas algumas políticas inclusive a encorajam, quando há falta de recursos.

Outra questão que aflige a Índia é a "evasão de cérebros", de cabeças pensantes. Os países pobres educam parte de sua população para funções-chave, como na área médica, só que esta é atraída por países ricos e para lá se muda a fim de exercer sua profissão. Como resultado, o número de profissionais da saúde, como médicos e enfermeiras, torna-se insuficiente para a população; em muitas localidades rurais, é muito difícil ter acesso aos serviços de saúde.

A tendência de gênero quanto à saúde na Índia

Nos últimos anos, o governo da Índia lançou a Missão Nacional de Saúde Rural para corrigir desigualdades rurais em matéria de saúde. Ele buscou integrar os serviços de saúde com outros serviços essenciais para a saúde, como saneamento, higiene, água potável e boa nutrição. A maioria dos projetos e dos programas iniciados pelo governo parece bom, mas normalmente falha na fase de implementação. Embora haja poucos erros na infraestrutura planejada para que se alcance um cuidado rural em saúde, os centros e subcentros em saúde primária estão em frangalhos. Implementações ineficientes estão muito presentes em praticamente todos os planos e programas de bem-estar da população.

As mulheres, desde crianças até idosas, recebem uma parte injusta no que se refere à saúde. Ao longo de todas as gerações, as mulheres estão condicionadas a colocarem-se em último lugar na família, mesmo realizando trabalhos sem remuneração alguma. Assim, sua saúde acaba tendo pouca prioridade. As próprias mulheres aguentam dores e desconfortos em silêncio por longos períodos sem buscar assistência.

A proporção sexual da Índia permite perceber a importância dada às mulheres no país. Elas são discriminadas no tratamento de doenças e de problemas médicos. Se um homem e uma mulher têm o mesmo problema que requer um tratamento caro, invariavelmente o homem será tratado antes e frequentemente apenas ele receberá tratamento. Todos os tratamentos possíveis serão utilizados para um homem que está doente, mas a situação é totalmente diferente para uma mulher. Essa alocação de recursos e presença inerente do homem é real não somente para os pobres. Famílias abastadas tendem igualmente à mesma postura, e pais geralmente gastam mais em cuidados sanitários com meninos que com meninas. São essas atitudes as responsáveis por níveis inadequados de cuidado em saúde oferecidos a mulheres e meninas indianas.

RETROSPECTIVA E PROSPECTIVA DO HIV/AIDS NA ÁFRICA: CASAIS SORODISCORDANTES, REINFECÇÕES, PAPEL DAS MULHERES E PRESERVATIVO

Margaret A. Ogola

Vinte e cinco anos atrás, aproximadamente há um quarto de século, o primeiro caso do HIV foi diagnosticado. Pouco tempo depois, em 1984, eu não tinha ideia de que estava começando minha caminhada pela pandemia do HIV. Seria a batalha da qual eu participaria com meus maiores esforços produtivos. Naquela época, não sabia o que sei agora: tal jornada iria ajudar a definir minha fé como católica e como médica. Esta tem sido uma caminhada e tanto, quando considero que estamos no início do século XXI, e o que compartilho com vocês são pensamentos percebidos ao longo dessa batalha. Gostaria de centrar a questão da discordância e da reinfecção, bem como os desafios de assistência e prevenção do HIV, hoje.

Permitam-me apenas explicar algumas definições para que entremos em sintonia. *Discordância* é o fenômeno pelo qual um casal está vivendo junto e envolvido em uma atividade sexual regular de modo convencional; porém, um parceiro está infectado e o outro não. No Quênia, cerca de metade dos casais que fazem o teste do HIV enquadram-se nessa categoria. Muitos deles vivem juntos há anos e têm filhos. O segundo fenômeno é a *reinfecção*, pela qual uma pessoa é infectada uma segunda vez pela exposição ao vírus de seu parceiro regular ou de algum outro.

A natureza desse vírus é tal que muda suas características; então, estamos falando de diferentes categorias. Um indivíduo pode começar a jornada do HIV em uma categoria e terminá-la em outra diferente. Essa situação particular é chamada *coinfecção* com diferentes categorias e pode acontecer não importando se há ou não fidelidade ao parceiro. Vai depender se outra categoria do vírus HIV foi introduzida naquele relacionamento; em outras palavras, uma pessoa pode ser infectada por diferentes populações de vírus.

Nos últimos anos, a maior ocorrência no panorama do HIV/AIDS foi a introdução massiva de programas de ação social: O Plano de Emergência do Presidente dos EUA para Alívio da AIDS (PEPFAR) e o Fundo Global de

Luta Contra a AIDS, Tuberculose e Malária.[1] Ambos representam grandes esforços em prol de reverter a epidemia, ao oferecer terapias antirretrovirais às populações necessitadas, a maioria delas vivendo na África. Graças a esses programas, nós, africanos, paramos de enterrar centenas de milhares de jovens.

Contudo, o principal problema que segue de perto os esforços generalizados para fornecer a terapia antirretroviral (TARV) é o advento de vírus resistentes a drogas e o perigo da reinfecção por esses vírus. Por exemplo, cinco anos atrás, no Quênia, tínhamos somente cerca de cinco mil pacientes utilizando essa terapia; atualmente houve um aumento de duzentos mil pacientes da TARV. Esta é, aliás, uma das histórias de sucesso do PEPFAR e do Fundo Global. O Estado, as ONGs e a Igreja têm sido os maiores contribuintes nesse esforço de aumentar a disponibilidade da TARV. Por muitos anos, orientei os trabalhos dos hospitais missionários nesse sentido, com a Igreja Católica sendo a maior provedora de assistência à saúde no mundo em desenvolvimento, e representamos uma parte vital dessa escalada de cuidado e suporte de pessoas portadoras do HIV.

No entanto, como muitos pacientes enfrentam desafios como a toxidade das drogas – tornando-se difícil para eles cumprir os horários –, a falta de alimento, de abrigo, e a prisão arbitrária dos pobres, eles deixam de tomar seus medicamentos regularmente ou todos os necessários. Com isso, agora estamos diante de um problema maior de resistência aos regimes de primeira linha e, às vezes, dos de segunda linha da TARV. Pessoalmente, tive um paciente resistente a todos os medicamentos conhecidos no Quênia.

A emergência de categorias resistentes a drogas contra o HIV torna os problemas de coinfecção e reinfecção um pesadelo muito real. Isso significa que, se uma pessoa é infectada com um vírus resistente, temos de começar o tratamento em um nível mais elevado – com drogas de segunda linha ou até terceira linha. Lembrando que o Quênia foi um país que, durante vários anos, não teve recursos para tratar muitas pessoas com o HIV. Podíamos contar somente com a provisão de financiamentos maciços de doadores como o PEPFAR e o Fundo Global.

Ter de iniciar um grande número de pacientes no tratamento com drogas caras é um enorme problema de saúde pública. E é a partir desse contexto que compartilho estes pensamentos com vocês. Nas décadas de 1980 e 1990, a taxa de mortalidade do HIV/AIDS era extremamente alta. Entretanto, não

---

[1] Para mais informações, cf. o Plano de Emergência do Presidente dos EUA para Alívio da AIDS: <http://www.pepfar.gov/>; e o Fundo Global de Luta Contra AIDS, Tuberculose e Malária: <http://www.theglobalfund.org/en/>.

RETROSPECTIVA E PROSPECTIVA DO HIV/AIDS NA ÁFRICA
MARGARET A. OGOLA

tínhamos problemas de reinfecção, porque as pessoas morriam bem rapidamente após o diagnóstico, de modo que não era preciso pensar muito sobre a ética de transmissão e prevenção. Não sou nem eticista nem teóloga, mas dirijo-me a vocês na linha de frente de uma batalha na qual tenho estado engajada desde o início.

Como referido acima, a maioria dos pacientes ficava muito doente ou morria tão depressa que não se angustiava de poder infectar alguém, de ter de abster-se ou usar preservativos, porque eles se debilitavam bastante no processo de morte e, então, morriam. O HIV é uma doença de desenvolvimento rápido entre os pobres, devido à subalimentação, que baixa seus níveis de resistência.

No início de minha carreira médica, costumava-se enterrar sob escolta policial pessoas suspeitas de terem morrido de AIDS. Isso era muito difícil, porque a maioria das comunidades africanas gosta de lamentar seus mortos cerimoniosamente e de perto. Na situação mencionada, os lamentos eram feitos de longe, sendo este um modo terrível de morrer. Agora, tudo isso mudou e as pessoas estão vivendo mais.

Com a terapia antirretroviral, as pessoas prolongam sua vida. Também a doença está sendo mais bem entendida e muitos programas específicos de TARV são igualmente concedidos, oferecendo serviços de nutrição em que as pessoas podem desenvolver sua imunidade. As drogas sozinhas não podem fazer isso. Com a redução do estigma, é possível a alguém admitir que seu cônjuge morreu de HIV ou que ambos têm HIV. Antigamente era um absoluto anátema; ninguém falava sobre a doença.

Não obstante esse sucesso, têm surgido novas preocupações:

(1) Há ainda um número inaceitável de novas infecções.

(2) Como antigos grupos de risco aprenderam a cuidar melhor de si mesmos, novos grupos de risco têm emergido. Por exemplo, anteriormente a maior taxa de infecção era entre mulheres jovens com idade entre 15 e 24 anos. Agora, as mulheres provavelmente serão infectadas mesmo vivendo relações estáveis como o casamento.

(3) Como mais pessoas usam terapias antirretrovirais com diferentes graus de conformidade, surge o problema dos vírus resistentes a drogas, necessitando de tratamentos com drogas bem onerosas. Considerando que os países mais afetados da África precisam de maciça ajuda internacional para comprar as drogas, essa escalada dos custos é questão de grande urgência.

ÉTICA TEOLÓGICA CATÓLICA
PASSADO, PRESENTE E FUTURO

(4) À medida que o vírus torna-se resistente, o risco de infecção, reinfecção e coinfecção com vírus multirresistentes a drogas passa a ser um pesadelo de saúde pública para os administradores.

Similarmente, o problema da sorodiscordância tem-se tornado mais presente. Em muitos países da África, mais da metade dos casais que vivem uma relação conjugal regular é sorodiscordante. Quanto mais os casais sorodiscordantes vivem juntos, maior é a probabilidade e, de fato, a inevitabilidade de que todos os não infetados se infectem. E, ainda que ambos os membros do casal estejam infectados, a reinfecção e a coinfecção cedo ou tarde vão ocorrer. Repetindo: é inevitável que, quanto mais você exponha uma pessoa, especialmente se confrontada com as várias categorias a que tenho me referido, mais provável se torna seu contágio.

Quando a reinfecção ocorre em lugares onde um número significativo de pessoas que vivem com HIV está usando, abusando ou subutilizando a terapia antirretroviral, o perigo de serem infectadas com variantes de vírus resistentes a drogas contra o HIV é extremamente elevado. Isso cria uma situação de pesadelo para os administradores da saúde pública e cria um enorme problema para os países que dependem do financiamento de doadores. Se o PEPFAR ou o Fundo Global, por exemplo, interrompessem seus financiamentos, um país como o Quênia poderia não ser capaz de tratar dessas duzentas mil pessoas e a maioria estaria morta dentro de um ano ou dois.

Levando em conta tal situação, particularmente a questão da transmissão no casamento necessita de uma consideração cuidadosa. Há alguns anos, as estatísticas têm mostrado que há bastante tempo as maiores taxas de infecção são entre jovens de 15 a 24 anos. E as mulheres neste grupo de idade são três vezes mais suscetíveis de infecção porque também são pobres. As mulheres na África têm pouco ou mesmo nenhum direito sexual, particularmente as casadas, que são condicionadas socialmente a ceder às exigências sexuais. Sessenta por cento de todos os casos de HIV são de mulheres.

Possivelmente devido aos esforços maciços em educação, as últimas estatísticas têm indicado que a situação dos jovens na faixa etária entre 15 e 24 tem melhorado, não se infectando com a frequência de antes. Para eles é mais fácil mudar: usam o "google" e o Facebook para conseguir informação e conscientizam-se. Porém, as mulheres casadas estão em situação diferente, porque todas elas se constituem numa propriedade; em grande parte da África, o dote que os homens pagam quando se casam representa um preço de compra.

RETROSPECTIVA E PROSPECTIVA DO HIV/AIDS NA ÁFRICA
MARGARET A. OGOLA

A mulher na África, particularmente no Quênia (eu não poderia falar de todos os países africanos), tem pouco ou nenhum acesso à terra ou direitos sobre o que se produz. Depois que se casa, ela trabalha na terra, mas não pode possuí-la de verdade ou ter qualquer influência real sobre o que é produzido. Se uma mulher abandona seu marido, ela não tem para onde ir. Entretanto, o ex-marido pode querer de volta as vacas e ovelhas que ofereceu como dote, uma vez que pode casar-se com outra mulher. Dessa forma, uma mulher separada ou divorciada não é bem-vinda na casa de seus pais e tem pouca escolha, a não ser se manter no casamento, por mais difícil que seja.

Portanto, acredito que a Igreja necessite de coragem e honestidade para verificar se os casais contaminados devem ser deixados à própria sorte, especialmente aqueles vulneráveis a ser infectados e reinfectados por seus parceiros, levando em consideração o fato de que na África a mulher tem poucos direitos sexuais, ou nenhum.

Essa jornada tem-me conduzido por vinte e cinco anos. Devo confessar que há vinte cinco anos eu estava na vanguarda da rejeição aos preservativos, o que revela a caminhada que tive de realizar para poder dar este depoimento hoje: pelo fato de as pessoas estarem vivendo mais tempo, repensar o preservativo como um preventivo é inevitável. Nós, como Igreja, temos de olhar para essa questão com maior clareza.

Trabalhei com padres quenianos por mais de dez anos e tenho ajudado a escrever cartas pastorais e planos estratégicos. Contudo, estamos ainda discutindo sobre a questão, deixando prestadores de serviço, que estão atualmente trabalhando com pacientes na linha de frente, em um limbo difuso sobre o que fazer com casais que procuram por conselho, orientação e suporte. Como as pessoas e os casais estão vivendo mais tempo, eles não podem ser abandonados ao próprio destino. Métodos de barreira como o preservativo e as geleias virucidas, os quais estão sendo testados atualmente na África do Sul, são mais do que nunca necessários para o controle e prevenção da infecção e reinfecção. Estatísticas mostram que as geleias dão uma taxa de proteção de 50%. Os preservativos, com tudo que tem sido dito contra eles, fornecem um índice de proteção de 80 a 90%. Em minha opinião, ambos, preservativos e geleias, podem proteger as mulheres africanas de suas vulnerabilidades ao HIV e à AIDS.

Conclusão

A prevenção de novas infecções é essencial para o controle do HIV, mas igualmente importante é a necessidade de evitar a dispersão generalizada de vírus resistentes às drogas. Além disso, permanece o problema da contínua vulnerabilidade da mulher casada, a qual é condicionada a uma falsa sensação de segurança pelo fato de estar casada, ou também simplesmente de não ser seu dever argumentar com seu parceiro que adota um comportamento de risco. As mulheres africanas são com frequência pobres e cidadãs secundárias à mercê do forte sistema patriarcal. Em geral, não há lugar ao qual elas possam recorrer, tendo em vista o modo como a sociedade é estruturada. É também considerado aceitável que a vida da mulher seja desprezada particularmente enquanto envolvida nos deveres conjugais ou no nascimento do bebê. Tal pensamento parece encontrar aprovação na doutrina da Igreja, em que "o martírio" da mulher é considerado muito meritório. Contudo, a morte da mãe tem graves consequências psicológicas para qualquer criança deixada para trás. As expectativas de sobrevivência da criança, especialmente para as mais novas, são bastante diminuídas quando a criação passa para uma parente. A mãe pode ir para o céu, mas a criança permanece no inferno.

Nessa perspectiva, todas as modalidades de prevenção devem ser repensadas sem a interferência de ideologias prévias anteriormente alegadas sob o domínio de agentes de contracepção. O argumento deve estar no nível da profilaxia, e ser honesto, sem qualquer tipo de furtividade. A santidade não é alcançada pela recusa de pensar sobre o problema, empurrando para debaixo do tapete ou negando-se a reconhecer que isso existe, mesmo que seja uma verdade incômoda que ninguém quer admitir.

Os passos seguintes podem ajudar no sentido de manter baixa a taxa de infecção.

(1) A abstinência é quase um método infalível, embora a infecção acidental possa ocorrer quando o cônjuge esteja cuidando do parceiro infectado sem proteção adequada. A borracha – usada em luvas ou preservativos – reduz as infecções. Embora haja muitas afirmações de que o vírus atravessa o preservativo, não existem tais testemunhos em relação às luvas de látex. Ninguém deseja assustar os profissionais de saúde, claro. Pacientes poderiam ser abandonados em massa. A abstinência foi atrativa na era pré-antirretroviral, quando pessoas infectadas rapidamente enfraqueciam e morriam. Contudo, com casais tendo vidas longas e saudáveis, e muitos deles sorodiscordantes, a atividade sexual é inevitável.

RETROSPECTIVA E PROSPECTIVA DO HIV/AIDS NA ÁFRICA
MARGARET A. OGOLA

(2) O estrito cumprimento das regras do tratamento é crucial e precisa ficar numa média acima de 97 por cento. Um elevado nível de cumprimento leva a um baixo nível viral e de menor resistência. A infecção de um parceiro depende da carga viral. A diminuição da carga viral reduz a chance de infecção. Entretanto, no contexto de pacientes com poucos recursos, esse nível de cumprimento é, não raro, impossível. Meus pacientes têm perdido o tratamento porque não se alimentam, não há ônibus próximo para trazê-los à clínica, bem como porque foram despejados por não pagarem aluguel, por terem sido presos pela polícia, depois de serem encontrados perambulando no centro da cidade de Nairóbi, e por vários outros infortúnios.

(3) A Igreja tem tentado duramente deixar de lado o preservativo. Em minha opinião – tendo estado na linha de frente da guerra contra o HIV/AIDS durante um quarto de século, como médica, como partidária e como defensora da doutrina eclesial –, isso é impossível. O preservativo é simplesmente o mais acessível e efetivo modo de manter a infecção em níveis baixos. Praticamente não tem efeitos colaterais e quem desejar conceber pode simplesmente parar de usá-lo – assim, dificilmente ele pode ser acusado de ser antivida. Tem mais de 90 por cento de efetividade e, se combinado com o uso de um antirretroviral apropriado, reduz efetivamente a infecção.

(4) No que se refere aos géis virucidas, muitos esforços têm sido feitos na esperança de que possam ser usados por quem rejeita o uso do preservativo a seu critério. Finalmente, existe atualmente um produto virucida que é 40 a 50 por cento efetivo. Porém, alguns géis virucidas também têm propriedades espermicidas, tornando-os ainda mais antivida do que o preservativo; então, é difícil compreender como a Igreja pode considerar os géis uma opção melhor, a menos que haja outras razões não relacionadas à fé e à moral.

A epidemia do HIV/AIDS é uma batalha que talvez venhamos a vencer, mas nunca existirá uma solução milagrosa para ela. Uma das coisas que o HIV/AIDS tem feito à humanidade é tirar-nos de nossa zona de conforto e de dogmas impensados. O humano é um ser pensante; não pode sufocar o pensamento e ainda ser plenamente humano. A não ser que se deseje continuar nos níveis aceitáveis da casuística, a inevitável conclusão é que a borracha de látex salva vidas.

Ainda que seja verdade que todos estejamos numa jornada épica para a eternidade, a eternidade inicia-se nesta vida. Não podemos afirmar o valor da vida eterna enquanto considerarmos a vida dos outros tão banal em nossa jornada aqui na terra. Cada momento que vivemos mais é uma eternidade no microcosmo.

PARTE IV

O FUTURO

Identidade, reciprocidade e relações familiares
Uma visão do matrimônio para os cristãos do século XXI: intimidade, reciprocidade e identidade
Julie Hanlon Rubio (Estados Unidos)
Vulnerabilidade, reciprocidade e cuidado nas relações familiares: uma contribuição socioética
Christa Schnabl (Áustria)
O abuso de poder na Igreja: seu impacto na identidade, na reciprocidade e nas relações familiares
Aloysius Cartagenas (Filipinas)

Desafios da pressão social mundial
A economia que leva em conta as pessoas
Peter Henriot (Zâmbia)
Sustentabilidade: uma perspectiva ético-teológica
Simone Morandini (Itália)
Cidadania
Myroslav Marynovych (Ucrânia)

Ética teológica no futuro
Uma perspectiva arcebispal sobre o futuro da ética teológica
Cardeal Reinhard Marx (Alemanha)
Gênero e teologia moral: um projeto compartilhado
Julie Clague (Escócia)
Contexto e futuro da ética teológica: a tarefa de construir pontes
Shaji George Kochuthara (Índia)
Racialização e racismo na ética teológica
María Teresa Dávila (Porto Rico)

INTRODUÇÃO

O dia final da conferência começou com dois plenários paralelos, seguidos por um discurso do Cardeal Reinhard Marx, e então um plenário sobre o futuro da ética teológica como visto pelos "mais novos" estudiosos.

O primeiro paralelo focou nossas expectativas sobre os modos como nos relacionaremos no futuro. Em vez das abordagens tradicionais do matrimônio católico como procriador, permanente, exclusivo e complementar, Julie Hanlon Rubio, dos Estados Unidos, oferece três outros conceitos-chave: intimidade, reciprocidade e identidade, dentro do contexto de matrimônio com companheirismo. Ela amplia: uma *intimidade* que cresce com o tempo dentro de uma promessa de fidelidade ao longo da vida no contexto de comunidade, uma *reciprocidade* que não permite violação da justiça e uma *identidade* marcada pelo discipulado que nos impele para entrar no mundo, decidida a assumir uma missão inclusive mais ampla que o amor.

A austríaca Christa Schnabl apresenta uma reflexão marcadamente sensível sobre o fornecimento de cuidado para crianças e idosos integrando simultaneamente tanto reciprocidade e autonomia quanto uma ética de cuidado e uma ética de justiça. Aloysius Cartagenas, das Filipinas, oferece um texto muito profético a respeito dos efeitos da crise do abuso sexual sobre a habilidade de a Igreja promover crivelmente relações honestas e duradouras. Seu evidente amor pela Igreja, naquilo que ela oferece e naquilo que ela pode oferecer, mas também nos pecados dentro dela, recorda-nos de como precisamos ver a Igreja como não somente "a noiva de Cristo", mas também como necessitando reconciliação e reforma, ambas local e universalmente.

O segundo plenário paralelo aborda três questões sobre o horizonte do mundo da Igreja: economia, sustentabilidade, migração e cidadania. Da Zâmbia, Peter Henriot considera três das principais encíclicas papais, *Populorum Progressio*, de Paulo VI, *Sollicitudo Rei Socialis*, de João Paulo II, e *Caritas in Veritate*, de Bento XVI, a fim de identificar critérios a partir da tradição da justiça social católica que pode animar uma abordagem da ética que guie a economia a promover a dignidade humana.

Da Itália, Simone Morandini desenvolve os fundamentos teológicos para uma ética do meio ambiente e insiste que a sustentabilidade aponta para um sujeito que é vulnerável e bem consciente da relacionalidade sobre a qual sua vida está baseada. Ele conclui oferecendo princípios básicos e virtudes para realizar essa ética na vida diária.

Por causa de um protesto de um ano contra as políticas dos países do Acordo do Visto de Schengen, Myroslav Marynovych apresenta seu artigo por meio de uma transmissão de sua Ucrânia. Marynovych levanta duas questões: as razões para seu protesto contra o modo como outras nações recebem migrantes e as responsabilidades de nações que preparam seus cidadãos a irem além de suas fronteiras em busca de trabalho. Seu contexto ucraniano serve como um microcosmo para questões de migração e cidadania pelo mundo.

O Cardeal alemão Marx motivou os participantes, em uma apresentação imparcialmente direta, a fazerem perguntas sobre a teoria universal das asserções da ética teológica. Atento à autonomia das culturas particulares, ele nos desafia a encontrar modos engajados e críticos para oferecer de novo uma lei natural que seja normativa e universal enquanto capaz de apreciar as necessidades do local em um mundo globalizado. Ele concluiu exortando-nos a ajudar a Igreja na formação moral de seus membros.

INTRODUÇÃO
PARTE 4

O plenário final foi dedicado às novas vozes atuais quando olhamos para o futuro da ética teológica. Da Escócia, Julie Clague introduziu o encontro entre ética teológica e gênero. Ela nos ajudou a apreciar como, embora a categoria "gênero" pareça nova, ela sempre esteve presente em qualquer antropologia. Clague nos convida a ver como de muitos modos o gênero captura o desenvolvimento da ética teológica em seu passado, presente e futuro. Enfrentando o futuro, ela sugere que, à medida que formos fiéis ao gênero, desenvolveremos uma ética teológica integral e viável para o futuro. Ela finaliza seu ensaio com um esboço ficcional de uma agradável festa de aniversário de quinze anos entre a ética teológica e o gênero na Trento contemporânea.

A indiana Shaji George Kochuthara examina o contexto e destaca os desafios do discurso quando todas as pessoas parecem ter seu próprio conjunto de pressuposições sobre o que constitui a "moral"; quando as asserções seculares buscam reduzir as asserções das pessoas religiosas; e quando mais pessoas fundamentalistas tentam reduzir a complexidade da lógica religiosa a um *slogan*. No mesmo sentido, a globalização oferece uma autonomia radicalmente redutora como sua mundivisão da ética. Kochuthara adverte-nos a voltarmos a nossos contextos reais, mas não como se não tivéssemos já aprendido as lições dos outros em necessidade. De muitos modos, seu ensaio captura o desafio do Cardeal Marx.

Finalmente, em um *tour de force*, Maria Teresa Dávila, de Porto Rico, escreve que "a ética teológica deve encontrar um modo de reconhecer o histórico 'pecado do mundo', o ar que respiramos e o pecado incluído nele, a fim de destacar o prejuízo em que continuamos a participar e do qual somos cúmplices em virtude de nossas inadequadas tentativas de resistência". Ela conclui que, com "respeito ao pecado do racismo, a ética teológica errou o alvo"; ela estimula "a união dos teólogos e eticistas, a partir de uma variedade de grupos historicamente racializados, a juntos levantarem as difíceis questões do privilégio, da violência institucional, da racialização do outro, da desumanização de grupos inteiros e da essencialização do branco ou do europeu como paradigmaticamente humanos". Convenientemente, após quatro dias de questões lidando com justiça, migração, economia e identidade, o tópico do racismo, levantado anteriormente por outros, como Magesa e Massingale, tornou-se o tópico final de nossa atenção.

IDENTIDADE, RECIPROCIDADE E RELAÇÕES FAMILIARES

UMA VISÃO DO MATRIMÔNIO PARA OS CRISTÃOS DO SÉCULO XXI: INTIMIDADE, RECIPROCIDADE E IDENTIDADE

Julie Hanlon Rubio

Em 2009, após muitos esboços e muita controvérsia, os bispos católicos norte-americanos lançaram uma carta pastoral sobre o matrimônio na qual identificam quatro ameaças: a contracepção, o divórcio, a coabitação e o casamento de pessoas do mesmo sexo. Cada uma dessas práticas é descrita como diminuidoras de algo fundamental ao matrimônio cristão. De acordo com os bispos, a contracepção separa o sentido

ÉTICA TEOLÓGICA CATÓLICA
PASSADO, PRESENTE E FUTURO

unitivo e procriador da sexualidade e considera os filhos mais como uma escolha do estilo de vida do que como um dom; a coabitação envolve a reivindicação dos benefícios do matrimônio antes de estabelecer um compromisso de exclusividade; o divórcio rompe a promessa de fidelidade por toda a vida; e o casamento entre pessoas do mesmo sexo nega a centralidade da complementaridade de gênero para o amor casado.[1] Os bispos ficaram "incomodados com o fato de que muitas pessoas não entendem o que significa dizer que o matrimônio – tanto como uma instituição natural quanto como um sacramento cristão – é uma bênção e um dom de Deus".[2]

Em resposta, os bispos defenderam uma compreensão tradicional do matrimônio como *procriador, permanente, exclusivo* e *complementar*.[3] Embora o documento inclua algo da linguagem bonita e personalista que caracteriza o trabalho do Papa João Paulo II (como, por exemplo, "dom total de si mesmo", "comunhão de pessoas", "tornar-se o que se é"), é dominado por uma linguagem mais doutrinal (como, por exemplo, as frequentes referências ao "plano de Deus para o matrimônio", uma insistência em que o matrimônio envolve "a união de um homem e de uma mulher" e as descrições do matrimônio como "um sinal sacramental de salvação").[4] Claramente, os bispos sentem a necessidade de definir o matrimônio, a fim de atenuar redefinições mais culturais e enfatizar a estrutura e a proposta do matrimônio como têm sido tradicionalmente entendidas, em vez de focar em seus benefícios intrínsecos ou relacionais.

Nos Estados Unidos e em todo o mundo industrializado, contudo, muitos começaram a questionar essa visão tradicional. A maioria dos historiadores e dos cientistas sociais que estudam o casamento caracteriza nosso tempo como de grande transição.[5] Enquanto a história do casamento é marcada por diversidade, certas características têm sido comuns na maioria das cul-

---

[1] United States Catholic Conference of Bishops, *Marriage: Love and Life in the Divine Plan* (Washington, D.C.: USCCB Publishing, 2009). As ameaças ao casamento são destacadas na introdução, 3, e depois desenvolvidas no corpo do documento, 17-27.

[2] USCCB, *Marriage*, 2-3.

[3] Ibid., 7-8, 32-37.

[4] As referências a João Paulo II podem ser encontradas em USCCB, *Marriage*, 33, 12 e 45. A linguagem doutrinal domina a introdução (3-4) e o documento como um todo.

[5] Paul Amato et al., *Alone Together: How Marriage in America Is Changing* (Cambridge: Harvard University Press, 2007). Os autores situam a maioria dos estudiosos seja no campo do "declínio conjugal" (crise), seja no da "resiliência conjugal" (transição), em vez de tentar conseguir algum espaço no meio (4-6).

turas: união heterossexual, autoridade masculina, trabalho compartilhado, inclusão de parentes e empregados na família e residência comum.[6] Trata-se do casamento tradicional ou institucional. O tipo de casamento que se tornou comum nos tempos modernos (envolvendo relações românticas entre esposos; limitação da família aos pais e filhos; uma divisão entre trabalho e casa, envolvendo o predomínio das mulheres nos trabalhos domésticos e na educação dos filhos; e o trabalho dos homens fora de casa) surgiu na segunda metade do século XVIII.[7]

As mudanças contemporâneas centrais para o modelo do casamento com companheirismo incluem taxas decrescentes de nascimentos e de casamentos, taxas crescentes de coabitação e divórcio, equidade de gênero crescente e defesa dos direitos dos casais de mesmo sexo.[8] Em vista dessas mudanças, muitos identificam um movimento mundial de distanciamento do casamento institucional (apoiado e controlado pela família, pela comunidade e pelo Estado) e de aproximação do casamento com companheirismo, no qual a relação entre os esposos é mais importante do que as preocupações da família ampliada e vai além da criação dos filhos.[9] Alguns veem mais: um desenvolvimento problemático rumo a um casamento individualista no qual o foco na realização pessoal exclui a possibilidade de sacrifício por causa do cônjuge, dos filhos ou da comunidade.[10]

A Igreja poderia responder a essas mudanças identificando ameaças e reafirmando sua doutrina tradicional. Certamente, é importante criticar um individualismo excessivo que enfraquece as famílias e comunidades e também trunca a missão da família cristã de ser um fermento do bem no mundo. Além disso,

---

[6] Stephanie Coontz, "The Evolution of American Families", 30-47, in *Families as They Really Are*, ed. Barbara J. Risman (New York: W. W. Norton & Company, 2010), 33. Coontz enfatiza a diversidade das famílias na história e nas culturas.

[7] Coontz, "Evolution of American Families", 39-40.

[8] Stephanie Coontz, *Marriage: A History from Obedience to Intimacy or How Love Conquered Marriage* (New York: Viking, 2006).

Como a maioria das mulheres trabalha fora de casa, as mulheres e os homens estão compartilhando as responsabilidades do trabalho remunerado, do trabalho doméstico e das decisões em casa. Os papéis tradicionais estão sendo reformulados com mais equivalência e menos distinções. Ver Scott Coltrane e Michelle Adams, *Gender and Families*, 2. ed. (Lanham, MD: Rowman & Littlefield, 2008).

[9] Amato et al., *Alone Together*, 246.

[10] Ibid., 235-236. A evidência para essa perspectiva inclui a declinante interação conjugal e a participação dos esposos casados em relações sociais de trabalho compartilhadas, resultando em vidas mais separadas.

décadas de pesquisa em ciência social estabeleceram que a coabitação está ligada a altas taxas de divórcio e que o divórcio está associado a menores níveis de bem-estar para as crianças e os adultos.[11] É bom que os bispos chamem a atenção para esses problemas, que são principalmente críticos nos Estados Unidos.

Contudo, ao enfatizar o negativo e reafirmar o tradicional, podemos perder a chance de comemorar mudanças positivas e de apresentar uma visão convincente do casamento que os homens e as mulheres comuns possam reconhecer como valiosa e digna de seus esforços. Retrocedendo para a linguagem tradicional, que considera o casamento como procriador, exclusivo, permanente e complementar, e dirigindo condenações, não é uma resposta adequada às realidades em andamento do casamento, nem capta o todo da tradição católica contemporânea. Para o futuro, por causa do casamento e das famílias, precisamos de uma mensagem mais convidativa.

Em seu cerne, o casamento tem a ver com o amor autodoado, conforme os casais casados bem o sabem. Neste ensaio, sugiro que um casamento no amor encarna os valores da *intimidade*, da *reciprocidade* e da *identidade*. Esses são valores que os casais casados constroem através de práticas que marcam suas vidas diárias. A intimidade é a partilhada com o outro, a reciprocidade é a manutenção de um equilíbrio entre dar e receber, e a identidade, entendida aqui como identidade cristã, constitui um compromisso compartilhado e concreto com o bem comum, cujas raízes derivam do discipulado de Cristo. Hoje, embora poucos liguem o casamento com o bem comum, o crescimento da intimidade e da reciprocidade é universal. Uma convidativa teologia cristã contemporânea do casamento trará alegria e inspirará os casais a assumirem uma visão ainda mais rica da vida de casado.

---

[11] Sobre a "coabitação", ver Amato's analysis, in *Alone Together*, 21-22. Estudos mais recentes diferenciam entre coabitação pré-conjugal e arranjos menos estáveis e menos sérios, mas a associação entre coabitação e divórcio não diminuiu. Para uma visão abrangente da literatura sobre os efeitos do divórcio nas crianças, ver Paul Amato, "Children of Divorce in the 1990s: An Update of the Amato and Keith (1991) Meta-analysis", *Journal of Family Psychology* 15 (2001): 355-370. Mais recente é Robert E. Emery, Christopher Beam e Jenna Rowen, "Adolescents' Experiences of Parental Divorce", in *Encyclopedia of Adolescence*, ed. B. Brown e M. Prinstein (New York: Academic Press, 2011).

Intimidade

Pelo mundo, o desejo de intimidade está crescendo e o casamento com companheirismo está em alta.[12] No Ocidente industrializado, é a paixão que leva as pessoas ao casamento. Visto que as famílias e as comunidades anteriores desempenhavam um importante papel na escolha dos parceiros de vida, e o prazer e a alegria do casal eram um bônus bem-vindo, mas muitas vezes inesperado, hoje a maioria das pessoas vê o amor romântico no centro da escolha para o casamento; elas também consideram sua falta como um séria deficiência. Sem negar as importantes e contínuas variações culturais, a maioria dos estudiosos do casamento concordaria que "a noção de livre escolha e de casamento por amor [que] triunfou como um ideal cultural" na Europa ocidental e nos Estados Unidos, em meados do século XVIII, espalhou-se para países desenvolvidos no sul e no leste do planeta.[13]

Enquanto os casamentos institucionais requerem uma maior participação da família estendida e da comunidade, não ocorre o mesmo no casamento com companheirismo. Neste último, o próprio casal é reconhecido como o centro do casamento. Embora muitos busquem a bênção da família e planejem participar da família mais ampla, isso não é exigido. Os filhos são uma parte importante do casamento e frequentemente a motivação para ele, mas de longe não são a única razão para casar. A maioria dos casais ainda se casa na expectativa de botarem crianças no mundo, adotarem-nas ou apadrinharem aquelas já existentes, mas seu casamento frequentemente (embora nem sempre) precede os filhos e a maioria compartilhará longos anos juntos depois que seus filhos se forem. Sua parceria de vida e de amor é o cerne de seu casamento, e não seu desejo ou seu dever de procriar.

Nos Estados Unidos, talvez o epicentro do movimento a favor do casamento com companheirismo, os jovens adultos em sua esmagadora maioria dizem que gostariam de casar-se com sua "alma gêmea".[14] Somente uma pequena mi-

---

[12] Jennifer S. Hirsh, *A Courtship after Marriage: Sexuality and Love in Mexican Transnational Families* (Berkeley: University of California Press, 2007), 175-179, cita estudos mostrando a difusão dessa tendência desde o Ocidente industrializado até países tão diferentes, como Nigéria, Papua Nova Guiné, Brasil, Espanha e China. Esse movimento é também documentado Coontz, *Marriage*, e assumido pela vasta maioria dos historiadores e cientistas sociais que escrevem sobre o casamento.

[13] Coontz, *Marriage*, 7.

[14] Barbara Dafoe Whitehead e David Popenoe, *"Who Wants to Marry a Soulmate?" The State of Our Unions* (New Brunswick, NJ: The National Marriage Project, 2001).

ÉTICA TEOLÓGICA CATÓLICA
PASSADO, PRESENTE E FUTURO

noria pensa que o casamento seja em primeiro lugar ter e criar filhos.[15] "Aceitar" alguém porque tem potencial para ser um bom provedor e parceiro seria, para a maioria dos americanos, negar algo fundamental ao casamento. Em vez disso, eles buscam o que o sociólogo Andrew Cherlin chama de "um super-relacionamento, uma união intensamente espiritualizada e privada, combinando fidelidade sexual, amor romântico, intimidade emocional e intimidade familiar".[16] A despeito de seu conhecimento da fragilidade do casamento, a vasta maioria continua a casar-se e manter-se casado pelo resto da vida.

Contudo, sem as estruturas institucionais, as normas sociais e as pressões familiares que mantinham o casal unido no passado, a separação conjugal tornou-se muito difundida. Se se incluem separações de casamentos e relações de coabitação, "a vida familiar nos Estados Unidos tem mais transições do que em qualquer outro lugar".[17] As consequências negativas dessa instabilidade para as crianças são bem documentadas.[18] A maioria dos americanos acredita que o casamento deve ser uma união permanente e vê o divórcio como o último recurso.[19] Entretanto, a alta taxa de enfraquecimento conjugal é um resultado não surpreendente da reviravolta rumo a um modelo de casamento com companheirismo. Quando as expectativas por intimidade crescem, é comum o desapontamento, e mais separações são inevitáveis.[20] Os sentimentos que levam as pessoas ao casamento e permitem-lhes ter casamentos mais felizes são os mesmos que fazem com que seus casamentos sejam menos estáveis.

Na Europa ocidental, o casamento com companheirismo parece estar em declínio, embora ainda se acredite nas relações com companheirismo. Hoje, a coabitação é muito mais proeminente como uma alternativa ao casamento.[21] Menos casais casam no civil ou na Igreja, e a Europa pode ter passado para uma sociedade na qual o casamento é uma escolha, mas não mais valiosa que

---

[15] Andrew Cherlin, *The Marriage Go-Round: The State of Marriage and Family in America Today* (New York: Alfred Knopf, 2009), 139.

[16] Ibid., 140.

[17] Ibid., 9.

[18] Ibid., 20.

[19] Ibid., 26.

[20] Ibid., 188.

[21] Adrian Thatcher, "Living Together before Marriage: The Theological and Pastoral Opportunities", in *Celebrating Christian Marriage*, ed. Adrian Thatcher (Edinburgh: T & T Clark, 2001), 56. Na década de 1990, 70 por cento dos casais no Reino Unido coabitavam antes de seu primeiro casamento.

a coabitação, inclusive para casais com filhos.[22] Contudo, as uniões europeias são realmente mais estáveis que as americanas. Os europeus têm uma média mais alta de idade no primeiro casamento, menores taxas de natalidade e menores taxas de divórcio.[23] Enquanto há diferenças regionais notáveis, o movimento geral vai rumo à aceitação de muitos tipos diferentes de casamento duradouro com companheirismo.[24] O crescimento do desejo por intimidade está ligado a um menor entusiasmo pelo casamento como instituição, mas o compromisso e a fidelidade estão longe da extinção.

Embora a popularidade do modelo de casamento com companheirismo esteja crescendo, é menos comum no mundo em desenvolvimento. Em alguns países latinos e sul-americanos, o casamento está em acentuado declínio. Muitos casais escolhem ficar "juntos" em vez de casar no civil e na Igreja.[25] Em outros países, como o México, o casamento continua a ser a norma.[26] Tradicionalmente, muitas mulheres latino-americanas esperavam de seus companheiros pouco mais que respeito e dinheiro para sustentar seus filhos, enquanto muitos homens não viam nada de errado na infidelidade. Contudo, o desejo por um casamento com companheirismo está tornando-se mais comum. Jennifer Hirsch mostra que casais mexicanos mais jovens em ambos os lados da fronteira com os Estados Unidos estão rejeitando as normas tradicionais dos antigos e exigindo mais satisfação do casamento.[27] Enquanto um casamento marcado pelo respeito mútuo era aceitável para as gerações antigas, os adultos jovens buscam diferenciar-se de seus antepassados, aderindo mais às ideias modernas, incluindo a de que o amor é central para o casamento.[28]

No México, a intimidade sexual e a proximidade emocional são muito importantes; a igualdade ainda está emergindo e os pais desempenham um papel mais central do que nas versões europeias e norte-americanas do casamento

---

[22] Cherlin, *The Marriage Go-Round*, 17. Coontz, *Marriage*, 272.

[23] Cherlin, *The Marriage Go-Round*, 272.

[24] O casamento é mais importante para os italianos e espanhóis do que para as culturas do Norte da Europa (Cherlin, *The Marriage Go-Round*, 33).

[25] Em 2008, 29 por cento dos salvadorenhos definiram-se como solteiros, 25 por cento como casados, 29 por cento como *en junto* ["ajuntados"]. Nas comunidades rurais, as taxas de casamento são menores, talvez 10 por cento. Ver National Reproductive Health Surveys, www.cdc.gov/reproductivehealth/surveys/SurveyCountries.htm#Latin%20America%20&%20Caribbean%20(y%20en%20Español.

[26] Bron B. Ingoldsby, "Families in Latin America", 274-290, in *Families in Global and Multicultural Perspective*, 2. ed., ed. Bron B. Ingoldsby e Suzanna D. Smith (Thousand Oaks, CA: Sage Publications, 2006), 280. Noventa e cinco por cento se casam até atingirem os cinquenta anos.

[27] Hirsch, *A Courtship after Marriage*, 16.

[28] Ibid., 9.

ÉTICA TEOLÓGICA CATÓLICA
PASSADO, PRESENTE E FUTURO

com companheirismo.[29] Contudo, a crescente importância do amor é evidente mesmo na linguagem usada pelas mulheres para descrever o sexo. Enquanto no passado a expressão "quando ele me usa" era frequentemente empregada, hoje é mais comum ouvir "fazer amor".[30] Embora as mulheres estejam à frente dos homens na adesão a novas ideias, os homens não estão muito atrás quanto ao desejo de maior aproximação do que gerações anteriores poderiam ter imaginado.[31] Na América Latina, como nos Estados Unidos e na Europa, as pessoas estão encarando o casamento com expectativas de amor e intimidade. Embora casais pelo mundo reconheçam a fragilidade de vínculos escolhidos em vez de impostos, poucos desejam voltar aos costumes anteriores.

Os cristãos devem alegrar-se com esse desenvolvimento, pois a teologia cristã contemporânea passou cada vez mais a apreciar a centralidade da relação íntima no casamento. Teólogos casados têm sido muito bons em descrever como o casamento pode ser "uma parceria íntima de vida e de amor", embora poucos usem seja a linguagem da noiva e do noivado, às vezes favorecida na teologia tradicional, seja a linguagem hiperbólica da cultura popular.[32] Em vez disso, falam dos esposos como melhores amigos que se pertencem, de amantes que se regozijam no envolvimento recíproco, de companheiros que compartilham a boa vontade de voltar-se para o outro e ser mudado por ele. Através de momentos de graça e de sofrimento no casamento, afirmam os teólogos, tornamo-nos quem devemos ser: pessoas capazes de amar nos bons e nos maus momentos.[33]

Contudo, os cristãos estão muito conscientes de que o casamento com companheirismo é mais frágil do que o casamento tradicional. Alguns críticos sociais afirmam que os pais rejeitam a busca contínua por intimidade e ficam juntos por causa de seus filhos.[34] Eles enaltecem aqueles que estão "dispostos a sacrificar a alegria de uma carta de amor pela melhoria de seus filhos".[35]

---

[29] Ibid., 178.

[30] Ibid., 214.

[31] Ibid., 154, 174.

[32] *Gaudium et Spes*, 48.

[33] O grupo dos melhores teólogos que escrevem sobre o casamento inclui Richard Gaillardetz, *A Daring Promise: A Spirituality of Christian Marriage* (New York: Crossroad, 2002); David Matkzo McCarthy, *Sex and Love in the Home*, nova edição (London: SCM Press, 2004); e John Grabowski, *Sex and Virtue: An Introduction to Sexual Ethics* (Washington, D.C.: Catholic University Press of America, 2003).

[34] Ver, por exemplo, as publicações do Instituto para os Valores Americanos, incluindo o relatório anual *The State of Our Unions* (www.americanvalues.org.).

[35] Caitlin Flanagan, "Is There Hope for the American Marriage?" *Time* (2 de julho de 2009), www.time.com/time/nation/article/0,8599,1908243,00.html.

Afirmam que o casamento é em primeiro lugar criar a nova geração. Em resumo, eles buscam um ressurgimento do casamento tradicional. Contudo, os críticos tradicionalistas minam a força de seu argumento ao assumir que o divórcio necessariamente leva à maior felicidade. Ironicamente, eles se parecem muito com os pensadores mais radicais que sugerem que os adultos deveriam abandonar o casamento por completo.[36] Ambos, defensores e críticos do casamento, têm baixas expectativas para o casamento.

A tradição católica contemporânea pode oferecer algo mais rico ao afirmar a importância da intimidade *e* a centralidade do compromisso. Ela aceita o predomínio do casamento com companheirismo, mas insiste que o juramento para sempre oferece a estrutura que leva em consideração a vulnerabilidade e a maturidade.[37] A promessa de ficar junto nos momentos difíceis permite que os casais cresçam tanto individualmente quanto em conjunto. Segundo a perspectiva cristã, o casamento é muito mais que um romance entre almas gêmeas que se esforçam por permanecerem apaixonadas. É um caminho de vida estruturado pelos votos que oferece uma oportunidade maior de experimentar e praticar o amor do que qualquer outra relação breve poderia fazê-lo.

Para os cristãos, o contexto da intimidade dos votos é a comunidade. David Matzko McCarthy escreve que o casamento na Igreja "é um testemunho de fé. Essa grande alegria é nossa porque não estamos sozinhos; somos parte de um povo, um corpo e uma contrassociedade que se autoimpõe a tarefa de viver à luz do amor de Deus que se autodoa [...]. As promessas de amor autodoado não pertencem somente a nós, mas são compartilhadas no culto e na atuação da Igreja".[38] As promessas humanas, embora frágeis, são suscitadas por Deus e apoiadas pela fé da comunidade.[39] A comunidade não é um fardo imposto de fora, mas sim uma fonte de apoio e o contexto para a vida cristã.

---

[36] Cherlin, *The Marriage-Go-Round*, 192-199, aconselha os casais a "irem com calma" por causa de seus filhos, o que ele considera algo mais realista do que buscar reviver o casamento.

[37] David Cloutier, *Love, Reason, and God's Story: An Introduction to Catholic Sexual Ethics* (Winona, MN: St. Mary's Press, 2008), 174-175.

[38] Ibid.

[39] Sobre esse tema, ver também Jo McGowan, "Marriage versus Living Together", in *Perspectives on Marriage: A Reader*, 2. ed., ed. Kieran Scott e Michael Warren (New York: Oxford University Press, 2001): 83-87. Obviamente, há limites para o sofrimento que pode ser solicitado aos seres humanos; ver David P. Gushee, *Getting Marriage Right: Realistic Counsel for Saving & Strengthening Relationships* (Grand Rapids, MI: Baker Books, 2004), 103, 167.

O matrimônio é um sacramento não separado do, mas através do companheirismo íntimo. Ou seja, "o matrimônio é uma afirmação contra o isolamento do mundo. Essa união é para dar poder às pessoas de viverem mais plenamente, conectarem-se e agirem em conjunto".[40] O casamento de duas pessoas que se encontraram e decidiram unir seus futuros, sabendo das dificuldades que inevitavelmente enfrentarão, pode ser um símbolo profético para as demais.[41] Um casal casado bem unido simboliza esperança, porque ambos se comprometem em cuidar um do outro e em permanecer juntos mesmo quando seria mais fácil não fazê-lo. "Para um mundo que pede por reconciliação e comunidade", seu contínuo empenho por uma relação melhor e mais profunda pode ser uma inspiração.[42] Se eles conseguem superar suas diferenças e permanecer juntos, o que mais pode ser superado? Seu companheirismo dedicado e íntimo, vivido não separado, mas sim em meio à comunidade, é um sinal tangível do amor duradouro de Deus pela humanidade.

Reciprocidade

Afirmando a centralidade do amor ao casar, os cristãos insistem que ele tem de ser recíproco para ser real. Em *Caritas in Veritate*, Bento XVI usa a reciprocidade como um sinônimo para a gratuidade ao descrever uma ética relacional na qual damos e recebemos com respeito às pessoas em vez de sempre tentar obter o máximo que podemos sem atenção ao bem-estar de mais ninguém.[43] No pensamento feminista, a reciprocidade é entendida como exigência de respeito e comprometimento, ou seja, ser o que se é permitindo que a outra pessoa seja ela mesma.[44] Lisa Sowle Cahill considera a reciprocidade como um dos valores centrais da ética familiar cristã moderna. Ela nota que não podemos falar de "autodoação mútua" sem reconhecer a iniquidade social

---

[40] James L. Empereur, S. J. e Christopher G. Kiesling, O.P., *The Liturgy That Does Justice* (Collegeville, MD: Liturgical Press, 1990), 183.

[41] Michael G. Lawler, "Marriage in the Bible", in *Perspectives on Marriage: A Reader*, 2. ed., ed. Kieran Scott and Michael Warren (New York: Oxford University Press, 2001), 11-12.

[42] Empereur e Kiesling, *The Liturgy That Does Justice*, 185.

[43] Bento XVI, *Caritas in Veritate*, 39.

[44] Toinette Eugene et al., "Appropriation and Reciprocity in Womanist/Mujerista/Feminist Work", 88-117, in *Feminist Theological Ethics: A Reader*, ed. Lois Daly (Louisville, KY: Westminster Press, 1994), 95.

que torna essa mutualidade praticamente impossível.[45] A reciprocidade implica igualdade entre homens e mulheres, significando que ambos os parceiros dão e recebem.[46] Conforme David Cloutier afirma, o casamento é uma promessa "de dar-se à outra pessoa de modo que a vida fique em suas mãos", e esse tipo de promessa tem de ser recíproco para ser justo.[47]

Conforme acontece com a intimidade, a reciprocidade no casamento está crescendo. Nos Estados Unidos, visto que as mulheres estão trabalhando cada vez mais fora de casa, mais mulheres e homens estão dividindo o trabalho assalariado, os afazeres domésticos e a tomada de decisões.[48] Os papéis tradicionais estão sendo reformulados com mais igualdade, com menos diferença. O poder está sendo distribuído mais uniformemente. A maioria dos americanos agora entende o casamento como uma parceria igualitária e somente a minoria considera problemáticas as mudanças nos papéis dos gêneros, embora persistam vestígios de separação entre as esferas.[49]

Embora a difusão da igualdade de gênero seja um tanto quanto irregular, os papéis dos gêneros estão mudando em todos os lugares. Em economias em desenvolvimento, as mudanças estão frequentemente ligadas à migração. Em países que enviam muitas mulheres para trabalharem fora, os homens estão aprendendo a realizar os afazeres domésticos e, por meio de sua experiência, passando a ver esse trabalho cada vez menos como vinculado a um gênero.[50] Nas comunidades mexicanas e mexicano-americanas, as mulheres estão ganhando novo poder como trabalhadoras ou chefes de família, e isso está transformando seus casamentos.[51] As mulheres estão considerando que o trabalho fora de casa é, com frequência, acompanhado pelo poder de to-

---

[45] Lisa Sowle Cahill, *Sex, Gender, and Christian Ethics* (Cambridge: Cambridge University Press, 1996), 119.

[46] Cahill nota que a doutrina magisterial às vezes está comprometida, porque a autodoação mútua é recomendada sem que se dê a devida atenção à igualdade social (*Sex, Gender, and Christian Ethics*, 205).

[47] Cloutier, *Love, Reason, and God's Story*, 174.

[48] Amato et al., *Alone Together*, 28.

[49] Oitenta e cinco por cento dos americanos concorda que as mulheres devam trabalhar e 81 por cento aprova o trabalho feminino mesmo que ele não seja necessário (Cherlin, *The Marriage Go-Round*, 125). Uma maior igualdade de gênero nas tomadas de decisão, nos afazeres domésticos, no cuidado dos filhos e na política também é aprovada pela maioria dos americanos (Scott Coltrane e Michele Adams, *Gender and Families*, 2. ed. [Lanham, MD: Rowman & Littlefield, 2008], 331).

[50] Hirsch, *A Courtship after Marriage*, 152.

[51] Ibid., 149-150.

mar decisões em casa e estão ganhando liberdade para agir livremente fora de casa.[52] Enquanto esposas tradicionais não retrucam a seus maridos, os casais modernos ouvem-se e conversam entre si.[53] Hirsch declara que "compartilhar o poder, o mando, é uma ruptura com a ideologia das esferas separadas" e com o desequilíbrio de poder que a acompanha.[54] Embora a mudança esteja ainda surgindo, uma maior reciprocidade pode ser vista tanto nas nações desenvolvidas quanto nas em desenvolvimento.

Os cristãos deveriam alegrar-se com o crescimento da reciprocidade, pois uma maior reciprocidade significa casamentos melhores. Com maior equilíbrio entre esposos, a compreensão mútua cresce, abrindo espaço para uma maior intimidade. Os sociólogos consideram que papéis compartilhados trazem uma maior compreensão e proximidade.[55] O crescimento da reciprocidade está associado ao crescimento da intimidade e da estabilidade conjugal, tanto em economias desenvolvidas quanto naquelas em desenvolvimento.[56] Há evidência de que uma maior fluidez nos papéis permite a adaptação criativa e a flexibilidade que pode ser crucial para sobreviver aos tempos mais difíceis do casamento.[57] Alguns argumentam que enfatizar a diferença de cada gênero e os modos em que eles se completam é importante para um casamento bem-sucedido.[58] Contudo, a reciprocidade no casamento não precisa ser temida. A felicidade conjugal é associada a altos níveis de igualdade de gênero.[59] Embora os conflitos possam crescer com uma maior igualdade dos

---

[52] Ibid., 149.

[53] Ibid., 132.

[54] Ibid., 134.

[55] Amato et al., *Alone Together*, 31, considera que o igualitarismo está associado a uma maior proximidade e à estabilidade conjugal.

[56] Hirsch, *A Courtship after Marriage*, 126-127, nota que os casamentos tradicionais mexicanos eram caracterizados pelo respeito (mas permitindo a infidelidade), enquanto nos casamentos modernos a proximidade é mais valorizada e mais comum.

[57] Amato et al., *Alone Together*, 27, 261-262.

[58] Bradford W. Wilcox e Steven L. Nock, "What's Love Got to Do with It? Equality, Equity, Commitment and Women's Marital Quality", *Social Forces* 84, n. 3 (March 2006): 1321-1345.

[59] Amato et al., *Alone Together*, 212, considera que o que contribui para um casamento com qualidade é semelhante para homens e mulheres, a despeito da ampla literatura sobre as diferenças de gênero. O declínio nas atitudes tradicionais de gênero está positivamente associado à felicidade conjugal (215). Ver também Kristen W. Springer, "Research or Rhetoric? A Response to Wilcox and Nock", *Sociological Forum* 22, n. 1 (March 2007): 111-116, que argumenta que a maioria das atuais pesquisas mostra que a igualdade no lar e o investimento emocional estão ligados à felicidade conjugal, não à complementaridade de gênero.

UMA VISÃO DO MATRIMÔNIO PARA OS CRISTÃOS DO SÉCULO XXI
JULIE HANLON RUBIO

papéis, eles na verdade diminuíram na última década.[60] Além disso, os papéis reforçados não são o único caminho para garantir um senso de propósito ou de estabilidade conjugal. As mulheres e os homens cristãos podem ser chamados a um equilíbrio entre dar e receber que fortalecerá sua intimidade e firmará seu compromisso de ficar juntos.

Embora um progresso significativo tenha sido feito, o valor da reciprocidade ainda é violado em todo lugar. Embora as distâncias estejam diminuindo, as disparidades tanto em tempo gasto nos afazeres domésticos quanto no poder de decisão ainda precisam ser eliminadas.[61] Ainda que menos preocupante, nos Estados Unidos, uma em cada quatro mulheres será abusada em algum momento.[62] Em outras partes do mundo, essas taxas são tragicamente maiores, e muitas mulheres ainda acreditam que, por causa dos filhos, devam permanecer com os maridos que abusam delas.[63] Entre os mexicano-americanos, ainda que os jovens casais estejam compartilhando o poder, os homens frequentemente mantêm o privilégio de usar de violência para manter as mulheres em seus lugares.[64] Os desequilíbrios de poder exemplificados na carga desigual de trabalho estão na raiz da violência doméstica, ainda que a discussão de ambos permaneça marginal para a maioria das abordagens teológicas do casamento.[65]

O adultério é ainda outra violação da reciprocidade que está curiosamente ausente na maioria das discussões teológicas sobre o casamento. A infidelidade é desaprovada pela vasta maioria das pessoas nos Estados Unidos, mas admitida por 15 por cento das mulheres e 25 por cento dos homens. A oposição à infidelidade é menor na Europa e na América Latina, e é mais comum entre

---

[60] Amato et al., *Alone Together*, 217.

[61] Ibid., 27-28. Amato et al. notam que mais casais estão dividindo os afazeres domésticos e a tomada de decisões, mas, visto que as mulheres estão progredindo mais depressa que os homens, as disparidades e os conflitos continuam comuns.

[62] Patricia Tjaden e Nancy Thoennes, National Institute of Justice and the Centers of Disease Control and Prevention, "Prevalence, Incidence, and Consequences of Violence against Women", www.ncjrs.gov/txtfiles1/nij/183781.txt.

[63] As porcentagens de mulheres que já experimentaram violência doméstica vão desde os 13 por cento no Japão até os 70 por cento no Peru e na Etiópia. Ver o estudo da Organização Mundial da Saúde: www.who.int/gender/violence/who_multicountry_study/en/index.html.

[64] Hirsch, *A Courtship after Marriage*, 135-139.

[65] USCCB, *Marriage*, 24. Os bispos não citaram o abuso como uma ameaça ao casamento e oferecem somente um breve parágrafo sobre o assunto.

ÉTICA TEOLÓGICA CATÓLICA
PASSADO, PRESENTE E FUTURO

homens.[66] Margaret Farley nota que na África há mais assimetria do que reciprocidade em 30 ou 40 por cento dos casamentos que são polígamos, pois "os corpos das mulheres pertencem a seus maridos", ao passo que "os corpos dos maridos podem ser compartilhados".[67] A infidelidade e a poligamia permanecem imutáveis, porque as alegações subjacentes – a necessidade masculina de sexo e o papel feminino de satisfazê-la – ainda são fortes.[68]

As teólogas feministas de todos os países reivindicam maior reciprocidade na família, um equilíbrio entre dar e receber sem o qual a intimidade não pode florescer, o fim do abuso e da infidelidade. Nos Estados Unidos, Cahill escreve que "a tarefa de uma ética social cristã do sexo é imbuir o comportamento sexual e reprodutivo de qualidades como respeito, empatia, reciprocidade e fidelidade mútua, as quais permitiriam ao amor sexual e parental ser transformador de agentes na sociedade em geral".[69] De acordo com Ada María Isasi-Díaz, muitas mulheres latinas não pretendem permanecer muito tempo "casadas e/ou vivendo com homens que nos oprimem e, inclusive, nos maltratam".[70] Do Quênia, Anne Nasimiyu-Wasike argumenta que "a mutualidade significa entrar na experiência do outro e tentar caminhar junto rumo à transformação e à mudança nas relações humanas igualitárias. É necessário haver justiça para que isso aconteça".[71] Embora legitimamente preocupada com as tentativas ocidentais de julgar a Religião Tradicional Africana, Nasimiyu-Wasike, como a maioria das teólogas africanas, afirma "uma necessidade global de libertação das mulheres".[72]

---

[66] Adrian J. Blow e Kelley Hartnett, "Adultery in Committed Relationships II: A Substantive Review", *Journal of Marital and Family Therapy* 31, n. 2 (2005): 221. Nos Estados Unidos, 80 por cento dos pesquisados dizem que o adultério está sempre errado, mas em outros países os números dos que desaprovam são bem menores: 67 por cento na Grã-Bretanha e Itália, 36 por cento na Rússia, 58 por cento no Japão, e mais menores ainda na América Latina e na África; ver Judith Treas, "Infidelity", in *International Encyclopedia of Marriage and Family Relationships*, vol. 4, 2. ed., ed. James J. Ponzeti (New York: Macmillan Reference USA, 2000): 299-308. Hirsch, *A Courtship after Marriage*, 116-117, relata que muitos homens mexicanos tradicionais se sentem no direito de buscar satisfação em outro lugar se suas esposas não correspondem a suas exigências por sexo. A infidelidade não é necessariamente vista como desrespeitosa para com as esposas, desde que não seja flagrante.

[67] Margaret A. Farley, *Just Love: A Framework for Christian Sexual Ethics* (New York: Continuum, 2006), 85.

[68] Ibid., 81.

[69] Cahill, *Sex, Gender, and Christian Ethics*, 119.

[70] Ada María Isasi-Díaz, *Mujerista Theology: A Theology for the 21st Century* (Maryknoll, NY: Orbis Books, 2001), 137.

[71] Anne Nasimiyu-Wasike, "Is Mutuality Possible? An African Response", *Missiology 29*, n. 1 (January 2001): 48. "Reciprocidade" é usada como sinônimo de mutualidade (45).

[72] Ibid., 51.

UMA VISÃO DO MATRIMÔNIO PARA OS CRISTÃOS DO SÉCULO XXI
JULIE HANLON RUBIO

Os cristãos necessitam afirmar a reciprocidade seja aonde for.[73] Tentativas de retomar a linguagem tradicional da complementaridade de gênero são simplesmente inadequadas à situação contemporânea em que a flexibilidade nos papéis de gênero está associada à alta qualidade conjugal, e a inflexibilidade é associada ao desequilíbrio de poder, ao abuso, ao adultério e à infidelidade. Violações de reciprocidade – especialmente as mais flagrantes – deveriam ser citadas como pecados contra a justiça. Mais que enfatizar a ideologia de gênero do passado, os cristãos deveriam afirmar a maior fluidez nos papéis de gênero que está associada à intimidade e à satisfação conjugal. Conforme *Caritas in Veritate* afirmou, tanto homens quanto mulheres são chamados a dar-se no amor.[74] A reciprocidade é o fundamento da verdadeira intimidade no casamento.

Identidade

Contudo, se uma teologia do casamento quer ser cristã, deve ser sobre algo mais que a intimidade e a reciprocidade; ela deverá chamar as pessoas casadas a irem além do microcosmo da família, passando para o mundo mais amplo. A teologia católica tradicional tem buscado dar ao casamento uma identidade cristã diferencial fazendo referência a Gênesis 1,26-28 e 2,18-24, Mateus 19,6, Efésios 5,21-25 e João 2,1-11.[75] A carta pastoral dos bispos norte-americanos segue essa tendência com sua ilustração de capa das bodas de Caná, "quando Cristo proclamou a grandeza do casamento".[76] Embora essas narrativas tenham ocupado um lugar central na doutrina da Igreja, elas não capturam completamente as diferenças da identidade cristã quanto ao matrimônio.

As narrativas da criação no Gênesis falam da excelência do companheirismo entre homem e mulher, caracterizando sua união como "uma só carne". A excelência dessa união é afirmada por Jesus no Evangelho de Mateus e por Paulo na Carta aos Efésios, embora pouco se diga sobre como a vida de casado deva ser vivida. A narrativa das bodas de Caná tem sido a fonte da doutrina católica

---

[73] O cristianismo é associado ao crescimento do casamento com companheirismo em alguns países em desenvolvimento (Hirsch, *A Courtship after Marriage*, 178-179).

[74] Bento XVI, *Caritas in Veritate*, 53-54. Bento afirma que ser humano é viver em relação com os outros, em "verdadeira abertura" e "profunda compenetração".

[75] USCCB, *Marriage*, 55, 8-12.

[76] Ibid., 55.

ÉTICA TEOLÓGICA CATÓLICA
PASSADO, PRESENTE E FUTURO

sobre a sacramentalidade do casamento/matrimônio, embora os biblistas, tanto católicos quanto protestantes, interpretem o lugar das bodas como simbolizando o futuro banquete messiânico e raramente comentam sobre a relevância da passagem para o casamento.[77] Embora o casamento seja certamente visto como natural e positivo na Escritura, essas passagens nos falam pouco sobre como os cristãos casados devem enfrentar diariamente a vida.

Por outro lado, nos escritos dos teólogos leigos, a identidade cristã é entendida como discipulado, e o discipulado implica uma preocupação com os menores ligada à fé em Cristo. Essa realidade modifica e revigora a relação entre duas pessoas, dando-lhe um propósito mais elevado. Para entender o que Jesus pensava sobre o casamento, precisamos olhar para além de Caná e ouvir suas duras palavras.[78] Nessas palavras frequentemente chocantes, Jesus falou da capacidade de o casamento afastar as pessoas de viverem de acordo com sua fé, pedindo a seus seguidores que deixassem suas famílias (Lucas 9,57-62) e inclusive dizendo que eles deveriam odiar suas famílias (Lucas 14,26-27) por amor a ele e a sua missão.

Conforme Lisa Cahill nota, embora essas palavras possam parecer desconcertantes, elas se tornam claras quando vistas no contexto do ministério público de Jesus aos marginalizados, pois "a lealdade a seu próprio grupo e a dedicação ao *status* daquele grupo sobre os demais e à custa de qualquer um que esteja no caminho são incompatíveis com uma vida de misericórdia, de serviço e de compaixão pelo próximo necessitado ou pelo excluído social e pobre".[79] Se Jesus prega que a devoção à família pode ser perigosa para a pessoa que quer viver uma

---

[77] Ver, por exemplo, Raymond Brown, *The Gospel According to John: I-XII: The Anchor Bible* (New York: Doubleday, 1966), que escreve: "A ação dramática é colocada no contexto de um casamento; no Antigo Testamento (Isaías 54,4-8; 62,4-5) ele é usado para simbolizar os dias messiânicos, e tanto o casamento quanto o banquete são símbolos aos quais Jesus recorreu (Mateus 8,11; 22,1-14; Lucas 22,16-18) 104-105; e Francis J. Maloney, S.D.B., *The Gospel of John: Sacra Pagina*, vol. 4 (Collegeville: Liturgical Press, 1998), que afirma: "O cenário de uma festa de casamento também reúne imagens bíblicas da era messiânica e cumprimento messiânico, marcado pelo vinho e pela abundância de comida fina (cf. Oseias 2,19-20; Isaías 25,6-8; Jeremias 2,2; Cântico dos Cânticos)" (66).

[78] Ver, por exemplo, David Matzko McCarthy, *The Good Life: Genuine Christianity for the Middle Class* (Grand Rapids, MI: Brazos Press, 2006); 49-57; Lisa Sowle Cahill, *Family: A Christian Social Perspective* (Minneapolis: Fortress Press, 2000), 28-32, 44-47; Julie Hanlon Rubio, *A Christian Theology of Marriage and Family* (New York: Paulist Press, 2003), 26-43; Susan Calef, "The Radicalism of Jesus the Prophet", in Todd A. Salzman, Thomas M. Kelly, and John J. O'Keefe, *Marriage in the Catholic Tradition: Scripture, Tradition, and Experience* (New York: Crossroad, 2004): 53-65.

[79] Cahill, *Family*, 29.

vida santa marcada pela compaixão, a implicação é que seus discípulos que casam e se tornam pais devem resistir à tentação de fazer do cuidado à família sua única missão na vida. O testemunho e a mensagem de Jesus deveriam inspirar os cristãos atuais não a desistir do casamento, mas sim a revê-lo.

O casamento cristão começa com o amor no lar, mas se estende para o amor pelo mundo. A maioria dos casais ajudará o mundo dando à luz filhos. Na mais profética das doutrinas da Igreja sobre o casamento, *Familiaris Consortio*, João Paulo II chama de "serviço para a vida" a tarefa social mais essencial e insubstituível da família.[80] Contudo, esse serviço inclui "fecundidade espiritual" no serviço aos outros e a educação dos filhos na fé cristã, que envolve ensiná-los sobre o valor de toda a vida, incluindo aquela do pobre e do marginalizado.[81] Nem todo casamento cristão envolve filhos, embora a maioria sim, e o cuidado dos pais como esposos cristãos significa tentar formar os filhos como pessoas amorosas tanto dentro do lar como no mundo.

Porque as famílias estão "por natureza e vocação abertas às outras famílias e à sociedade", elas devem assumir seu papel apropriado nos campos social e político.[82] Os casais cristãos precisam imaginar como suas vidas podem ser de serviço àqueles que Jesus apresentou no juízo final de Mateus 25,31-46. Nessa parábola, Jesus dá exemplos específicos de como respondermos às necessidades de nossos "irmãos", e, assim fazendo, aproximar-se de Deus.[83] Essa parábola oferece um bom contraponto às duras palavras, pois, mesmo quando Jesus desafia seus ouvintes a se questionarem se os laços familiares atrapalham o serviço a Deus, ele também oferece uma prática alternativa que cria novas relações familiares que até então não eram possíveis. Embora as famílias possam começar saciando a fome em suas mesas de jantar, o discipulado requer de nós que olhemos para fora de nossas portas para outros que talvez estejam passando por necessidades maiores de nutrição e que repensemos nossas ideias sobre quem é nossa mãe, nosso pai, nosso irmão e nossa irmã.

Uma identidade cristã modelará o casamento de um modo profundamente contracultural. Ninguém tem de ser cristão para assumir uma missão social pelas famílias, mas esse tipo de foco é incomum fora da Igreja. Pode ser incomum dentro da Igreja também, pois as famílias cristãs são tão vulneráveis

---

[80] João Paulo II, *Familiaris Consortio*, 28.
[81] Ibid., 37, 41.
[82] Ibid., 42-44.
[83] Cahill, *Family*, 130.

quanto as outras quando estreitam seu foco unicamente em si mesmas. Mas, se nos conformamos com isso, ainda que com grande intimidade e reciprocidade, falhamos em aderir às implicações sociais do sacramento do matrimônio conforme ele é transformado pelo encontro com a vida de Jesus de Nazaré, que curou, alimentou e levantou o pobre.

Conclusão: para além das ameaças rumo aos convites

A vida familiar é uma transição. Os homens e as mulheres desejam ardentemente um casamento com companheirismo, marcado pela intimidade e pela reciprocidade. Esse foco crescente no amor e na igualdade pode ser afirmado pelos cristãos como estando mais em harmonia com o crescimento humano do que o casamento tradicional. Mas também podemos convidar as pessoas a algo mais: a uma *intimidade* que cresce através do tempo em uma promessa de fidelidade perpétua no contexto da comunidade, uma *reciprocidade* que não permite violações de justiça e uma *identidade* marcada pelo discipulado que nos lança ao mundo, fortalecidos para assumir uma missão mais ampla que o amor conjugal.

VULNERABILIDADE, RECIPROCIDADE E CUIDADO NAS RELAÇÕES FAMILIARES: UMA CONTRIBUIÇÃO SOCIOÉTICA

Christa Schnabl

Este ensaio foca as relações familiares a partir da perspectiva do cuidado. Quais são os mais prementes desafios com relação às famílias a partir de um ponto de vista explicitamente socioético? Primeiro, menciono um pouco dos mais importantes desenvolvimentos que caracterizam a situação social das famílias a partir da perspectiva de uma eticista teológica europeia que olha para as famílias, particularmente para os planos que elas têm a respeito do cuidado. Segundo, explico alguns elementos característicos que fazem com que os planos de cuidado funcionem de um modo certo. Resumo as consequências éticas e teológicas na terceira seção.

Desafios sociais a partir da perspectiva das relações de cuidado

Além do companheirismo conjugal, a proteção (criação) dos filhos e a organização do cuidado aos idosos são duas importantes responsabilidades das famílias. Em toda a história, as mulheres têm sido as principais responsáveis por esse tipo de cuidado. Contudo, pelo menos desde o período pós-guerra, as crescentes taxas de participação feminina na educação e no mercado de trabalho aumentaram as oportunidades de as mulheres poderem escolher.

De fato, um grande número de mulheres quer contribuir em ambos os campos: emprego e cuidado na família. Elas tentam evitar escolher somente uma das duas esferas de responsabilidade. Esse desejo de participar em ambas as esferas leva a múltiplas responsabilidades e frequentemente a múltiplas obrigações, e alguns dos problemas familiares e conflitos entre parceiros têm sua origem nessa reorganização. Um crescente número de pais e maridos possui igualmente deveres familiares no campo do cuidado. Hoje, eles gastam mais tempo cuidando de seus filhos do que as gerações anteriores.

No entanto, desde que as mulheres engressaram no mercado de trabalho, a contribuição dos pais e maridos no cuidado familiar não tem sido suficiente para compensar a quantidade de tempo que as mulheres dedicam formalmente a esse cuidado.[1]

As mudanças nos papéis de gênero nas famílias ao longo das últimas décadas levantam uma enorme questão: quem, no futuro, se responsabilizará pelas pessoas que necessitam de cuidado, visto que as mulheres têm crescentemente optado por não fazer esse tipo de trabalho que não é remunerado e exige dedicação em tempo integral, trabalho esse que as torna frequentemente dependentes?

Esse tópico é crucial para as sociedades modernas, particularmente porque a cooperação intergeracional faz com que esse futuro seja possível. As sociedades dependem do serviço de cuidado, da responsabilidade de pessoas prontas a assumirem a educação dos filhos e o cuidado dos idosos. Conforme Martha Nussbaum enfatiza, as sociedades não podem desprezar o fato de que as pessoas podem desenvolver e cultivar sentimentos de cuidado e de simpatia.[2] Entretanto, as sociedades do Ocidente e do Norte sofrem de uma falta de prestação de cuidados, particularmente em famílias e instituições de cuidado. As mulheres jovens estão conscientes do risco de incerteza e de dependência financeira e social após se tornarem mães, o que constitui uma das principais razões da baixa taxa de natalidade de muitos países europeus.

A causa de muitos dos atuais desafios políticos e sociais na Europa é o fracasso em prover cuidado para crianças e idosos. Esse fracasso é causado por mudanças demográficas, pela natureza precária dos diferentes sistemas europeus de previdência social e pela situação do "cuidado emergencial". Esses importantes tópicos são parte do debate político em muitos países europeus. Se você olhar de modo mais aprofundado, perceberá claramente que esses tópicos têm um ponto em comum: quem cuida de quem e que nível de cuidado é adequado, justo e viável. Um número imenso de sociedades modernas sofre da chamada "falta de serviço de cuidado" como uma consequência do movimento de igualdade de gênero.

---

[1] Ver também Rüdiger Peuckert, *Familienformen im sozialen Wandel*, especialmente o capítulo 8: "Der soziale Wandel der Rolle der Frau in Familie und Beruf" (Wiesbaden: Verlag für Sozialwissenschaften, 2008).

[2] Martha C. Nussbaum, *Konstruktion der Liebe, des Begehrens und der Fürsorge: Drei philosophische Aufsätze* (Stuttgart: Reclam, 2002), 12.

VULNERABILIDADE, RECIPROCIDADE E CUIDADO NAS RELAÇÕES FAMILIARES - CHRISTA SCHNABL

Dado nosso contexto de globalização, uma possível resposta são as redes globais de cuidado que se estabeleceram em todo o mundo nas últimas décadas.[3] Mulheres provenientes das Filipinas cuidam de crianças nos Estados Unidos, e mulheres provenientes da Europa do Leste cuidam dos idosos da Europa do Oeste. Diferenças de salário e de renda entre Sul e Norte e entre Leste e Oeste levam as pessoas a se mudarem de uma região para outra, na esperança de uma melhora em sua situação financeira e social.

Contudo, esses tipos de redes de cuidado fornecem um serviço de cuidado a partir de pessoas de classes sociais mais baixas, fazendo com que o valor de tal serviço se degrade cada vez mais. Joan Tronto, uma eticista que escreve sobre as políticas de cuidado, afirma que

> o cuidado é frequentemente constituído socialmente de um modo que transforma um serviço de cuidado no serviço dos menos favorecidos da sociedade. É difícil saber se os menos favorecidos o são porque cuidam e o cuidado é desvalorizado, ou porque, para desvalorizar as pessoas, elas são forçadas a realizar o trabalho de cuidado [...]. O cuidado é desvalorizado e as pessoas que cuidam são desvalorizadas.[4]

Por isso, temos de repensar a relevância do cuidado tanto na vida social quanto na familiar. A crescente demanda por cuidado não pode ser provida somente pelas mulheres das famílias ou pelo trabalho de migrantes que frequentemente são ilegais. No passado, o cuidado era delegado, sobretudo, às mulheres. As responsabilidades pelo cuidado eram incorporadas na estrutura familiar de acordo com o tradicional modelo da mulher como dona de casa e do homem como provedor. Esse modelo valorizava a dependência e a injustiça de gênero. Essa tendência a delegar automaticamente o cuidado às mulheres precisa ser superada. As circunstâncias atuais oferecem a oportunidade de redefinir a posição do cuidador e as necessidades da pessoa cuidada em nossas sociedades como uma demanda que não pode ser definida somente como algo privado ou familiar. Na qualidade de uma parte importante das responsabilidades sociais e políticas compartilhadas, o cuidado precisaria ser oferecido de

---

[3] Arlie Russel Hochschild, "Global Care Chains and Emotional Surplus Value", in *On the Edge: Living with Global Capitalism*, ed. Will Hutton e Anthony Giddens (London: Vintage Books, 2001), 130-146.

[4] Joan Tronto, *Moral Boundaries: A Political Argument for an Ethic of Care* (New York: Routledge Chapman & Hall, 1994), 112-113.

modos diferentes que favoreçam tanto quem é cuidado quanto quem cuida. Precisamos olhar com atenção para o campo do cuidado como uma área de responsabilidade social e politicamente comum.

Essa proposta foi destacada mais de dez anos atrás no relatório de 1999 do Programa de Desenvolvimento das Nações Unidas:

> Os estudos da globalização e de seus impactos sobre as pessoas focam a renda, o emprego, a educação e outras oportunidades. Menos visível, e frequentemente negligenciado, é o impacto sobre o cuidado e o trabalho de cuidado – a tarefa de tratar dos dependentes, das crianças, dos doentes, dos idosos e (não esquecendo) de todos aqueles dentre nós que estão exauridos pelas demandas da vida diária. O desenvolvimento humano é nutrido não somente pela renda ampliada, pela escolarização, pela saúde, pelo empoderamento e por um meio ambiente limpo, mas também pelo cuidado. E a essência do cuidado está nos laços humanos que se estabelecem e se mantêm. O cuidado, às vezes citado como reprodução social, é também essencial para a sustentabilidade econômica.[5]

Como podemos melhorar o reconhecimento da importância do cuidado e como podemos reorganizar a redistribuição de cuidado de um modo justo? Para responder a essas perguntas, devemos analisar a forma característica do trabalho de cuidado e alguns dos elementos particulares das situações de cuidado. O que caracteriza o cuidado? Quais são os elementos típicos do cuidado com relação a sua dimensão antropológica e convicções éticas?

Reflexões sobre o cuidado

A ética feminista e a ética do cuidado consideram o *cuidado* como um tópico proeminente e há mais de trinta anos têm enfatizado a relevância do cuidado para a teoria ética. A discussão começou após Carol Gilligan publicar seu livro *Uma voz diferente*, que descreve um tipo diferente de juízo moral realizado principalmente por mulheres.[6] Na qualidade de psicóloga do desen-

---

[5] United Nations Development Programme, *Human Development Report 1999* (New York and Oxford: Oxford University Press, 1999), 77. Todo um capítulo trata desse importante tópico: "The Invisible Heart – Care and the Global Economy" [O coração invisível – o cuidado e a economia global"].

[6] Ver Carol Gilligan, *Uma voz diferente* (Rio de Janeiro: Rosa dos Tempos, 1990).

VULNERABILIDADE, RECIPROCIDADE E CUIDADO NAS RELAÇÕES FAMILIARES - CHRISTA SCHNABL

volvimento, ela criticou a perspectiva predominantemente masculina de Lawrence Kohlberg. Gilligan chamou esse tipo de juízo feminino de "orientação com cuidado". A manutenção das relações humanas, a habilidade de julgar as intenções de outra pessoa e a inclusão das emoções e de situações específicas são alguns dos elementos da chamada ética do cuidado elaborada por Gilligan. As reações ao livro de Gilligan foram muito intensas e controvertidas. A despeito das controvérsias, essa crítica remodelou o debate, que continuará ao longo dos próximos anos.

Esse debate foi o ponto de partida de uma nova disciplina chamada "ética feminista". A partir da perspectiva do cuidado, as diferentes condições humanas tornaram-se cruciais: a vulnerabilidade dos humanos, a assimetria como uma parte essencial das relações humanas, as realidades de necessidade e a assistência e como isso poderia ser integrado, bem como as condições de liberdade, autonomia e justiça.

O "cuidado" assumiu uma importante função como uma categoria abrangente, resumindo diferentes aspectos humanos e éticos. O significado e o uso do cuidado foram ampliados: laços humanos, responsabilidade, apoio aos outros, emoções como compaixão, simpatia, empatia, aproximação etc. Quem quer que tenha contribuído para o debate usou a categoria "cuidado" de modo diferente, e poucos definiram de modo exato e detalhado a compreensão que tinham dessa categoria.

Pretendo focar particularmente a dimensão laborativa do cuidado, que é parte do ponto de vista socioético. A despeito das ligações entre ambas as perspectivas, o cuidado como uma atitude pessoal ou como virtude *não é meu interesse primordial neste ensaio. Meu foco é o cuidado na prática, necessário a várias pessoas por causa de seu estado de dependência* e, segundo, o cuidado como um valor ético que deve ser integrado de modo novo em nossas teorias éticas.

Quando focamos o cuidado como uma necessidade das pessoas dependentes, torna-se claro que as famílias são instituições de cuidado/para o cuidado não somente dos filhos e dos pais idosos, mas também daqueles que estão doentes. Obviamente, as famílias não precisam ser os únicos atores nesse campo, mas de fato elas permanecem as principais instituições no mundo moderno para prover apoio, ajuda e cuidado.

Isso nos leva aos principais elementos das relações de cuidado, que podem ser chamadas de atividades de cuidado em vez de atividades familiares, para que possamos destacar as tarefas que são *sistematicamente* relevantes e que vão além das simples preocupações pessoais. As relações de cuidado consistem em dois elementos: pessoas que precisam de ajuda e outras que proporcionam essa ajuda. Essa situação é caracterizada por uma forma de relação entre os dois "parceiros" que é estruturalmente assimétrica por causa da assimetria de necessidade de um lado e da ajuda do outro. As ações (não as atitudes) que os cuidadores demonstram quando almejam ajudar as pessoas são importantes. Eu definiria, portanto, o cuidado como uma atividade interpessoal, reconhecendo a irredutível vulnerabilidade e dependência dos seres humanos. Falando genericamente, o cuidado é um ato assimétrico, voltado ao bem-estar e ao apoio dos dependentes.

Podemos diferenciar as atividades de cuidado entre adultos com o mesmo nível de capacidades (entre parceiros ou amigos)[7] e as atividades de cuidado que lidam com diferentes formas de capacidade e dependência. Chamo as *últimas de relações* típicas de cuidado; ambas são importantes para nossa vida social. As relações típicas de cuidado são mais importantes para nosso tópico, por causa de sua assimetria radical.

As atividades típicas de cuidado *são ações unilaterais. Aqueles que proporcionam ajuda não esperam recebê-la em troca da pessoa* necessitada. Algumas formas de reciprocidade podem ocorrer (gratidão); mas a reciprocidade não é essencial. Ela pode estar presente ou ser feita, mas não é obrigatória.

Às vezes, a reciprocidade e a simetria são usadas como sinônimos. Para ser exata, tenho de mostrar uma diferença: agir reciprocamente significa reagir ou responder a uma atividade de algum modo. Uma atividade simétrica requer uma resposta no mesmo nível e dada do mesmo modo que a própria ação. Em situações típicas de cuidado, dar e receber cuidado não são intercambiáveis por causa dos diferentes níveis de capacidade dos cuidadores e dos recebedores de cuidados.

De um ponto de vista social, dever-se-ia notar que os cuidadores podem com frequência se tornar dependentes. Visto que eles são obrigados a cuidar do bem-estar da pessoa dependente, em comparação com as pessoas que são capazes de alcançar seus próprios objetivos, suas oportunidades são restritas. Particularmente nos contextos privados em que a prestação de cuidado é um trabalho não remunerado, os cuidadores às vezes precisam de ajuda para realizar seus próprios objetivos. Eles podem tornar-se dependentes em um nível secundário.[8]

---

[7] Ver, por exemplo, as considerações ético-feministas de Helga Nagl-Docekal, "Ist Fürsorglichkeit mit Gleichbehandlung vereinbar?" in *Deutsche Zeitschrift für Philosophie* 42 (6/1994): 1045-1050.
[8] Eva Feder Kittay, *Love's Labor: Essays on Women, Equality, and Dependency* (London: Routledge, 1998), 45.

Diferentemente das pessoas autônomas, que estão frequentemente empregadas em tempo total e são economicamente independentes, os cuidadores estão frequentemente empregados somente em parte do tempo e têm disponibilidade limitada por causa de suas responsabilidades decorrentes da relação de dependência. Assim, eles com frequência dependem economicamente de outros (por exemplo, maridos) para seu sustento e para o sustento da pessoa por quem são responsáveis. Esse conjunto de coisas torna os cuidadores vulneráveis e os coloca – em relação aos provedores – em uma posição inferior. Como Eva Feder Kittay escreve:

> Enquanto o trabalhador dependente precisar contar com um provedor para
> (1) suas próprias necessidades;
> (2) as necessidades de seu encargo (que na autocompreensão do trabalhador dependente são consideradas como – mesmo quando em tensão – suas próprias necessidades);
> (3) os recursos exigidos para manter a relação de dependência, a posição de barganha do trabalhador dependente será pior do que a do provedor.[9]

A consequência dessa situação é uma organização assimétrica do poder entre a posição do "trabalhador dependente" e a posição do "provedor". Essa assimetria de poder que resulta dos pré-requisitos da situação pode facilmente se transformar em dominação e subordinação por causa do contexto estrutural implícito na organização do cuidado. Ao destacar a diferença no uso da categoria de assimetria, desejo enfatizar que a dependência dos dependentes resulta das diferenças relacionadas a suas capacidades, enquanto a assimetria entre cuidadores e provedores resulta da diferença de posição conforme suas responsabilidades e atividades.

Quando observamos as teorias políticas e sociais que dominam o debate científico e analisam o reconhecimento dos trabalhadores dependentes usando as teorias de igualdade, autonomia e justiça, podemos ver que a maioria delas ignora a relação assimétrica experimentada pelos trabalhadores do cuidado. Por exemplo, a igualdade é baseada na ideia de um indivíduo que é livre e autônomo e que não é obrigado a cuidar dos dependentes. Para os cuidadores, essa assimetria contribui para e aumenta seu nível de vulnerabilidade, discriminação estrutural e exploração. Para evitar e reduzir o risco de exploração estrutural, Kittay enfatiza as obrigações morais e políticas

---

[9] Ibid., 45.

das pessoas não diretamente envolvidas com os trabalhadores do cuidado: "As características morais do trabalho dependente, então, incluem tanto as responsabilidades morais do trabalhador dependente para com seu encargo, quanto a obrigação moral daqueles que estão fora da relação de dependência de apoiar essa relação".[10]

Após ter descrito os elementos-chave da fenomenologia das relações (assimétricas) de cuidado, permitam-nos examinar o significado normativo que resulta das relações assimétricas de cuidado. Qual o desafio mais importante para a ética social hoje?

Consequências para a ética social[11]

Primeiro, considerarei as consequências que tratam da natureza humana. Como lidamos com a vulnerabilidade e a dependência, visto que a condição humana é uma das mais importantes questões éticas que podemos levantar? Por causa da condição humana, os seres humanos são vulneráveis em um nível existencial e dependentes em um nível social. Na maioria de nossas teorias éticas, a dependência é um termo com conotações, sobretudo, negativas. Contudo, a dependência foi e obviamente será uma parte do todo de nossas vidas:

> A dependência pode ser longa ou curta, como, por exemplo, a dependência longa da primeira infância ou a doença temporariamente incapacitante. As dependências podem ser atenuadas ou agravadas pelas práticas e preconceitos culturais, mas, em razão dos fatos imutáveis do comportamento humano, da doença, do envelhecimento, nenhuma cultura que resiste além de uma geração pode estar segura contra os apelos da dependência humana.[12]

Portanto, devemos superar o sentido negativo da dependência. Nem todas as formas de dependência são evitáveis. A independência completa é uma ilusão antropológica. Contudo, como a ideia de autonomia molda nossa autocompreensão ética e prática, precisamos ter consciência da realidade de uma dependência que não pode ser evitada.

---

[10] Ibid., 50.

[11] Para um exame socioético mais detalhado sobre "o cuidado de um modo justo", ver Christa Schnabl, *Gerecht sorgen: Grundlagen einer sozialethischen Theorie der Fürsorge* (Freiburg/Schweiz: Herder, 2005).

[12] Kittay, *Love's Labor*, 1.

VULNERABILIDADE, RECIPROCIDADE E CUIDADO NAS RELAÇÕES FAMILIARES - CHRISTA SCHNABL

A maioria de nossas teorias do senso comum não diferencia entre dependências evitáveis e inevitáveis. Isso leva ao fato de que quase todo tipo de dependência é negativo ou problemático. Somente a independência parece ser valorizada. Por outro lado, uma antropologia da dependência reconhecida ajudaria a fornecer consciência suficiente sobre as formas de dependência inevitável, que de fato seria aceita em um nível ético. Uma importante consequência dessa compreensão é que as ações baseadas nessa realidade ganham maior aceitação e reconhecimento e fazem mais sentido. O trabalho de cuidado é não somente estafante e explorador, mas também constitui uma fonte de relações cheias de sentido entre as pessoas.

Selma Severhuijsen, uma teórica holandesa do cuidado, chama a atenção para a falta de consciência do cuidado em teorias de tendências socioliberais. O cuidado, conforme apresentado nessas teorias, reflete mais um fardo, e o cuidado parece descrever um aspecto de heteronomia e alienação das mulheres. Por isso, as mulheres que são designadas para o cuidado de seus filhos ou para o cuidado de seus pais idosos, desistindo da oportunidade de ter uma carreira, são frequentemente vistas como ultrapassadas e tradicionais em um sentido negativo. Pode ser que a tendência negativa no juízo do cuidado cause dificuldades no reconhecimento das mulheres nas teorias socioliberais. Com base nas teorias socioliberais, não se encontra um motivo racional para legitimar a decisão pelo cuidado como sensível. Selma Severhuijsen explica que essas atividades refletem uma falsa "consciência", e o cuidado carece de uma apreciação positiva.[13]

A filósofa Cornelia Klinger sugere que deveríamos reconhecer ambos os aspectos de nossas atividades de cuidado, os positivos e os negativos:

> A atração que é atribuída à abordagem conservadora a despeito de seu estabelecimento mais ou menos descarado dos tradicionais e injustos papéis de gênero deveria antes ser entendida como uma indicação de um defeito em parte das teorias políticas, as quais prometem às mulheres mudança e melhoria, sem, contudo, levar em consideração os aspectos positivos *e* negativos da esfera privada familiar e, por conseguinte, a situação em que mui-

---

[13] Ver Selma Sevenhuijsen, "Feministische Überlegungen zum Thema Care und Staatsbürgerschaft", in *Globale Gerechtigkeit? Feministische Debatte zur Krise des Sozialstaats*, ed. Helga Braun e Dörthe Jung (Hamburg: Konkret-Literatur Verlag, 1997), 74-95. Ver também a tradução para o inglês de seu livro holandês: *Citizenship and the Ethics of Care: Feminist Considerations on Justice, Morality and Politics* (London: Routledge, 1998).

tas mulheres realmente se encontram. Essas teorias prometem às mulheres libertação, mas somente a um alto custo: o abandono de suas "correntes", as quais por tanto tempo representaram seu lugar, sua identidade e seu propósito.[14]

Baseados na percepção de que todos nós podemos tornar-nos dependentes, o trabalho de cuidado deveria ser respeitado e valorizado. Por isso, esse forte apreço social deveria ser articulado em nossa prática de apoio aos cuidadores. Estes últimos não deveriam ser considerados nem dependentes, nem pessoas de segunda classe. Seu cuidado engajado deveria ser reconhecido pelas estruturas políticas e sociais que ajudam os trabalhadores do cuidado a realizarem seus deveres de cuidado:

> Questões sobre quem assume a responsabilidade do cuidado, quem transmite o cuidado, quem presta atenção se o cuidado está sendo bem realizado e quem oferece o apoio para a relação de cuidado e para ambas as partes da relação de cuidado – essas são questões sociais e políticas. São questões de responsabilidade social e vontade política. O modo como essas questões são respondidas determinará se os fatos da dependência humana podem ser compatibilizados com a igualdade completa de todos os cidadãos – ou seja, se a cidadania plena pode ser estendida a todos.[15]

É interessante perceber que a ética teológica é mais sensível que a ética filosófica no reconhecimento da dependência e no fornecimento de uma resposta a ela. Aqui, estou referindo-me à longa e ampla tradição cristã da *caritas* e da *diakonia* na teoria e na prática. A ajuda diaconal, que fundamentalmente caracteriza a ética cristã, descreve uma atividade essencial da Igreja.[16] Ao descrever a Igreja, o cuidado é um dos mais importantes aspectos que dominam as discussões eclesiais atuais, como também o foi nos séculos anteriores.[17] Organizações como a Cáritas católico-romana na Europa ou a

---

[14] Cornelia Klinger, "Zwischen allen Stühlen: Die politische Theoriediskussion der Gegenwart in einer feministischen Perspektive", in *Feministische Politikwissenschaft*, ed. Erna Appelt e Gerda Neyer (Vienna: Verlag für Gesellschaftskritik, 1994), 119-143, aqui 127. Itálico meu.

[15] Kittay, *Love's Labor*, 1.

[16] Muitas publicações teológicas e enciclopédias tratam da tradição da *caritas* na Igreja. Ver, por exemplo, o ensaio de Konrad Hilperts *Caritas und Sozialethik: Elemente einer theologischen Ethik des Helfens* (Paderborn: Verlag, 1997), especialmente 17-32, 54-67.

[17] A *diakonia* é um dos três principais trabalhos da Igreja Católica Romana: *liturgia*, *martyria* e *diakonia*.

Diakonie germano-protestante atuam em múltiplos níveis, proporcionando apoio em situações individuais, de um lado, e criticando injustiças estruturais, do outro.[18]

Desde o início dos tempos modernos no século XIX, a Igreja Católica passou a mudar fundamentalmente seu pensamento sobre a oferta e organização de ajuda. Durante a Idade Média, o apoio aos pobres e aos necessitados de ajuda era considerado um trabalho de caridade dos ricos e prósperos. Donativos e esmolas eram a principal forma de assistência.[19]

A Idade Moderna trouxe um processo de repensamento que mudou o modo como a ajuda é definida e praticada. Essa mudança de mentalidade trouxe à tona as estruturas de injustiça que produziam a pobreza. Assim, a prática diaconal efetiva teve de mudar essas estruturas também, estruturas que resultavam em pobreza. A Diakonia e a Cáritas, portanto, tentaram mudar a compreensão das causas (sociais) da pobreza. Como tal, a crítica da sociedade tornou-se um importante aspecto da assistência oferecida: "Se a Cáritas se tornasse apenas uma ajuda às pessoas em tempo de necessidade, ela passaria a fazer parte do sistema. Fazendo isso, a Igreja trairia a missão de Jesus Cristo, que afirma que os cristãos têm de protestar contra todas as formas de opressão social".[20]

Os motivos teológicos mais importantes para prover ajuda foram historicamente a necessidade de demonstrar a misericórdia e a graça da caridade. Desde os inícios da Idade Moderna, uma tradição de solidariedade se desenvolveu, e desde a última parte do século XIX a solidariedade se tornou um dos valores mais importantes e representa um novo campo de pesquisa em ética social.[21] A preferência pela solidariedade em vez de pela graça da caridade pode também ser encontrada na exegese do Novo Testamento. Por exemplo, Wolfgang Stegeman argumenta que o amor cristão ao próximo deveria ser

---

[18] Ver, por exemplo, a autocompreensão da organização europeia católico-romana Cáritas (http://www.caritas-europa.org/code/en/default.asp) ou da organização germano-protestante Diakonie (http://www.diakonie.de/index.htm) (ambas acessadas em 14 de dezembro de 2010).

[19] Tomás de Aquino, *Summa Theologiæ* II-II, q. 23, 8.

[20] "Würde sich die Caritas damit abfinden, die Opfer des Gesellschaftssystems nur zu betreuen, bliebe sie letztlich ein Teil dieses Systems. Sie verriete ihren Auftrag, im Namen Jesu gegen jede Form von selbst oder gesellschaftlich verfügter Zerstörung von Menschen Einspruch zu erheben" (Norbert Mette, "Theologie der Caritas", in *Grundkurs Caritas*, ed. Erna Appelt e Gerda Neyer [Linz: Landesverlag, 1993], 115-118, aqui 136-137).

[21] Markus Daniel Zürcher, *Solidarität, Anerkennung und Gemeinschaft: Zur Phänomenologie, Theorie und Kritik der Solidarität* (Tubingen: Francke, 1998).

entendido como solidariedade. A razão para a relutância de Stegeman ao uso da palavra "caridade" é por causa das conotações paternalistas de compaixão e simpatia.[22] Ele escreve:

> [O mandamento do amor ao próximo] não deveria ser confundido com a compaixão como condescendência piedosa dos econômica e socialmente mais poderosos para com os pobres ou os social e economicamente mais fracos. O ponto crucial do mandamento [...] não reside na dissolução ou compensação da iniquidade social, mas sim no fato de que o mandamento do amor ao próximo amplia o círculo dos "próximos" que a ética da solidariedade abrange ao incluir aqueles que merecem ser odiados ou sofrer vingança por causa de seus próprios comportamentos sociais negativos [...]. O amor ao próximo é em si, desde suas origens, um mandamento para mostrar a solidariedade que supera a "hostilidade" social dentro do mesmo [...] grupo social.[23]

Entender a *diakonia* ou a *caritas* como uma atividade essencial de um crente e como uma atividade institucional da Igreja é parte da autodefinição cristã enraizada na missão de Jesus Cristo. A tradição teológica (por exemplo, a persistente alegoria do Bom Samaritano) oferece uma forte obrigação moral de oferecer ajuda e cuidado às pessoas que precisam de apoio, conforme se nota na *Lumen Gentium* (8 e 9) e na *De Justitia in Mundo* (6).

O modelo contratual, que geralmente domina as discussões das teorias éticas de vínculo, não é adequado para as relações no campo da necessidade e da dependência. Um modelo contratual foca a independência e os atores livres que desenvolvem suas obrigações autonomamente. Contudo, se alguém depende de ajuda, o conceito de um contrato, que lida com as trocas de vantagens, não é apropriado. Que vantagens podem proporcionar as pessoas dependentes quando ocorre a troca de capacidades?

As difundidas teorias da autonomia e da justiça que dominam as discussões éticas subestimam as circunstâncias de dependência e de necessidade. De fato, a autonomia e a dependência unilateral não deveriam ser vistas como antagônicas; os seres humanos deveriam praticar a autonomia com base nas estruturas de aceitação e nas situações de dependência.

---

[22] Ver Wolfgang Stegemann, "Nächstenliebe oder Barmherzigkeit: Überlegungen zum ethischen und soziologischen Ort der Nächstenliebe", in *Spiritualität: Theologische Beiträge*, ed. Herwig Wagner (Stuttgart: Calwer, 1987), 59-82.

[23] Ibid., 77-78.

Eva Feder Kittay faz referência à teoria da justiça de John Rawls quando ela defende que o cuidado e a necessidade de cuidado deveriam ser parte das teorias da justiça. Ela destaca os aspectos razoáveis e sensíveis das "preocupações com a dependência" como parte da escolha para seguir os princípios de justiça. Ela chama de "razoável" porque a dependência deveria ser incluída na concepção da cooperação social, inclusive do ponto de vista do autointeresse autorreferencial. Porque as pessoas escolhem os princípios de justiça como cidadãos independentes e ativos, não podemos evitar que sejamos responsáveis pelas pessoas necessitadas. Essa necessidade por cuidado é "sensível" porque deveríamos concebê-la como ligada aos interesses do eu e aos interesses dos outros.

Para os seres humanos que vêm ao mundo por meio do nascimento e que o deixam por meio das doenças, dos acidentes ou da idade avançada, a ideia de cooperação social e de sociedade tem de integrar sensivelmente as necessidades das pessoas dependentes. O objetivo mais importante da abordagem de Eva Feder Kittay é incluir a dependência e o cuidado na compreensão liberal dominante de justiça:

> Quando reorientamos nossas percepções políticas para ver a centralidade das relações humanas para nossa felicidade e bem-estar, reconhecemos as necessidades de dependência como motivações básicas para criar uma ordem social. Isso significa que não podemos limitar nossa compreensão da cooperação social a interações entre pessoas independentes e plenamente ativas, pois isso obscurece ou minimiza a contribuição social dos dependentes – que, mesmo nas necessidades, contribuem com a natureza contínua das relações humanas – e daqueles que cuidam dos dependentes.[24]

As relações de cuidado e as demandas por cuidado deveriam ser refletidas pela ética social. A necessidade de justiça, uma das mais importantes abordagens normativas hoje, deveria também ser aplicada ao reconhecimento e à redistribuição do trabalho de cuidado. É necessário refletir sobre a divisão de tarefas na família. A mudança de gênero da prestação gratuita de cuidado tem de ser resolvida, e a prestação gratuita de cuidado na família deveria ser dividida entre homens e mulheres de um modo justo. As responsabilidades de prestação de cuidado justas deveriam focar as carreiras e as relações nas famílias. É nosso cuidado do outro – e não somente os mercados e as empresas – que

---

[24] Kittay, *Love's Labor*, 106.

orientam o processo de globalização. Estabelecer relações sociais justas entre as pessoas de diferentes regiões em todo o mundo requer levar em conta a força das necessidades de cuidado. Os cuidadores não deveriam ser explorados por condições injustas produzidas pelas hierarquias internacionais.

O ABUSO DE PODER NA IGREJA: SEU IMPACTO NA IDENTIDADE, NA RECIPROCIDADE E NAS RELAÇÕES FAMILIARES

Aloysius Cartagenas

A Igreja Católica Romana está em profunda crise. O Papa Bento XVI admitiu publicamente que a Igreja padece de "problemas que ela própria causou em seu seio", que vemos hoje "como de fato terríveis".[1] Entre as tentativas de nomear a crise, nenhuma é tão corajosa e verdadeira quanto aquela que a chama de "abuso de poder".[2] O fôlego e a profundidade do abuso está abalando a Igreja em seus fundamentos, como também impactam severamente a identidade, a reciprocidade e as relações íntimas do povo de Deus.

Uma identidade corporativa em crise

Há algo que se destaca quando se considera a Igreja como uma comunidade de discípulos de Jesus Cristo. Talvez seja a única comunidade de fé que ousa se chamar de "corpo" de seu Senhor e Salvador. Nos últimos tempos, o fenômeno do abuso sexual do clero, o padrão de negligenciar, quando não de encobrir por completo, operado pelos líderes da Igreja que têm a responsabilidade de tratar dele, e o chocante silêncio daqueles que têm conhecimento do fato têm prejudicado seriamente a identidade corporativa da Igreja. Isso está acontecendo ao mesmo tempo em que as declarações teológicas que sustentam isso estão sob análise.

Esses acontecimentos não somente questionam as estruturas de governo e autoridade da Igreja, mas também atingem o próprio coração de sua identidade como o "corpo histórico e místico" de seu Senhor e Salvador. Se "a questão de poder e autoridade em relação ao governo da Igreja é, em última análise, uma

---

[1] Nicole Winfield, "Pope Benedict Places Blame for Sex Scandals on Catholic Church", *The Washington Post*, 12 de maio de 2010, http://www.washingtonpost.com/wp-dyn/content/article /2010/05/11/AR2010051104949.html.

[2] James Keenan, "Sex Abuse, Power Abuse", *The Tablet* (May 2002): 9-10.

ÉTICA TEOLÓGICA CATÓLICA
PASSADO, PRESENTE E FUTURO

questão eclesiológica",[3] a questão perturbadora é que tipo a Igreja incorpora na qualidade de "corpo de Cristo", expressando na história o fenômeno do abuso de poder? Se o corpo abrange tanto as vítimas quanto os perpetradores como parte do conjunto de fiéis, que tipo de corpo ela é? Se a atual crise serve para apontar uma esperança futura, que tipo de corpo ela deveria ser?[4]

Crise de identidade, crise de lei

O princípio fundacional da identidade corporativa da Igreja é claro: todos os cristãos, em razão do batismo, possuem dignidade e responsabilidade iguais pela vida e missão da Igreja.[5] O problema é, alguns poderiam dizer, a falta de uma aplicação legal desse princípio.[6] Apesar do profundo espírito igualitário dos sacramentos cristãos de iniciação, as leis da Igreja continuam a restringir, quando não a ignorar, os direitos do fiel. Isso inclui as exigências éticas de governo participativo, de tomadas de decisão colegiais, de processo de seleção de cargos e de mecanismos de responsabilidade, para citar apenas algumas.

O atual sistema de leis da Igreja torna difícil para todos – tanto ordenados quanto não ordenados – reconhecerem essa igualdade ou, pelo menos, experimentá-la na prática. Não é a falta de doutrina certa que está em crise, mas a falta de veracidade, de autenticidade, necessária para fornecer uma estrutura proporcional à realidade interior da identidade corporativa. Essa imensa falha necessita ser enfrentada, considerando que as leis, do ponto de vista da teologia moral católica, "expressam a realidade mais interior da Igreja como uma comunidade de amor fortalecida pelo Espírito".[7] As leis jamais podem satisfazer por completo a responsabilidade moral, mas, como "repositórios da sabedoria moral", ajudam a moldar e manter uma iden-

---

[3] Agnes Cunningham, "Power and Authority in the Church", in *The Ministry of Governance*, ed. James Mallett (Washington, D.C.: Canon Law Society of America, 1986), 80-97, aqui 95.

[4] Na estruturação dessa questão ético-teológica, fui auxiliado por Frances Ward, "Theological Strand – Power", in *Studying Local Churches: A Handbook*, ed. Helen Cameron et al. (London: SCM Press, 2005), 221-233.

[5] *Lumen Gentium* (Constituição Dogmática sobre a Igreja), 32.

[6] Ver, por exemplo, Michael Fahey, "Diocesan Governance in Modern Catholic Theology and in the 1983 Code of Canon Law", in *The Ministry of Governance*, ed. James Mallett (Washington, D.C.: Canon Law Society of America, 1986), 121-139; e John Beal, "It Shall Not Be So among You! Crisis in the Church, Crisis in Church Law", in *Governance, Accountability and the Future of the Catholic Church*, ed. Francis Oakley e Bruce Russett (New York: Continuum, 2004), 88-102.

[7] Richard Gula, *Reason Informed by Faith* (Mahwah, NJ: Paulist Press, 1989), 250.

tidade coletiva. Do mesmo modo que os ossos sustentam o corpo, as leis proporcionam a estrutura para a comunidade de crentes para ser capaz de identificar e promover os valores básicos e os padrões éticos sem os quais não se pode viver.

Crise de identidade, crise de autoridade

Para outros, a crise da identidade corporativa da Igreja é devido ou ao não entendimento do que a autoridade implica ou ao mau uso real, talvez até ao abuso, dessa autoridade. Na Igreja, aqueles investidos do poder e os seguintes na sucessão são associados por dois discursos que parecem contraditórios.[8] Um discurso, talvez o dominante, diz que a autoridade da Igreja, como a proverbial chave recebida por Pedro de Jesus, é somente recebida de Cristo pelos ordenados. O outro discurso sustenta que a autoridade da Igreja é "concedida pela comunidade como uma investidura de certos direitos mantidos pela comunidade, confiados para o exercício aos que ocupam cargos".[9] A autoridade da "Igreja crente" como um todo é a condição principal da autoridade de quem ocupa um cargo.

Ligar diretamente o abuso de poder à identidade e autoridade da Igreja é chamar a atenção para o fato de que toda visão da autoridade está "essencialmente ligada a um sistema de ideias". O sistema dominante reivindica a primazia da autoridade do ordenado sobre o *sensus fidelium* da comunidade crente. O outro afirma que a autoridade dos que ocupam cargos é uma ferramenta institucional para moldar a identidade corporativa mediante o fortalecimento daqueles cujo poder deriva em vez do senhorio que está sobre eles (Primeira Carta de Pedro 5,3). O fenômeno global do abuso de autoridade da Igreja deve alertar-nos de que nem "as qualidades pessoais", nem "as supostas características" daqueles investidos de poder, ou a "pretensão de ser representante de uma tradição", são suficientes para estabelecer a legitimidade. O desafio ético-teológico, ao que parece, é de uma Igreja mundial que ataque criticamente as ideias que defendem um sistema dominante de autoridade propenso ao abuso.

---

[8] Ver, por exemplo, Gerard Mannion, "What Do We Mean by Authority?", in *Authority in the Roman Catholic Church: Theory and Practice*, ed. Bernard Hoose (London: Ashgate, 2002), 19-36.
[9] Ibid., 22, 32-33.

ÉTICA TEOLÓGICA CATÓLICA
PASSADO, PRESENTE E FUTURO

Crise de identidade, crise de etos

Uma terceira visão fala de um "corpo de Cristo" tornado dócil pelo etos dominante ou pela "dinâmica de vida" do clericalismo.[10] Muito do que impele todos os membros de um corpo social a agir deriva das influências do meio e das práticas aderidas. Na Igreja, esse é o poder da influência clerical. O etos clerical resulta em privilégio, separação, *status* e prerrogativas aos membros do "clube". Isso inclui o privilégio de ser capaz de encaixar-se em uma identidade já pronta e grandiosa e usar a linguagem de um círculo só de homens que exclui a competência ou o gênero daqueles que pretensamente não tem a capacidade de ser um ícone do Cristo Sumo Sacerdote.[11] O resultado é o desenvolvimento de uma forma mais elevada de *status*, criando inferiores dos quais se espera, quando não se exige, dependência inquestionável. Essa prerrogativa da "identificação virtual da santidade e graça da Igreja com o estado clerical e, consequentemente, com o próprio clérigo"[12] cria uma mentalidade farisaica. Mesmo aqueles excluídos do "clube" são, de muitos modos, moldados por esse poder, visto que ele também lhes constrói a realidade e define suas vidas de acordo com as regras prescritas de um único drama.

Dirigir a atenção para a dinâmica de vida pela qual a identidade corporativa é construída e mantida é argumentar que o fenômeno do abuso de poder na Igreja tem raízes no etos altamente disfuncional da Igreja. Ao colocar o abuso de poder no etos clerical, pode-se avaliar o poder não como uma posse, não como algo que o clero sozinho "tem", mas como uma marca que "permeia a vida institucional de modos complexos e sutis".[13] Além disso, ele se manifesta nas "relações de dominação e subordinação em diferentes

---

[10] Ver Michael Papesh, *Clerical Culture: Contradiction and Transformation* (Collegeville, MN: Liturgical Press, 2004); e George Wilson, *Clericalism: The Death of Priesthood* (Collegeville, MN: Liturgical Press, 2008).

[11] Mary Daly chama isso de "cristolatria", enquanto Dorothee Soelle adverte-nos contra o "cristofascismo." Ver a discussão em Margaret Fraser, "Language of God, Gender and Authority", in *Authority in the Roman Catholic Church: Theory and Practice*, ed. Bernard Hoose (London: Ashgate, 2002), 193-215.

[12] Donald Cozzens, *Sacred Silence: Denial and Crisis in the Church* (Collegeville, MN: Liturgical Press, 2004), 118.

[13] Tomamos emprestado aqui a percepção de Michel Foucault como explicada em Frances Ward, "Theological Strand – Power", 225. Na mesma linha, ver Karen Lebacqz, *Professional Ethics: Power and Paradox* (Nashville: Abingdon Press, 1992), 137-151; ver também Michel Foucault, "Pastoral Power and Political Reason", in *Power/Knowledge: Selected Interview and Writings 1972-77*, ed. C. Gordon (Hertfordshire: The Harvester Press, 1980), 78-108, especialmente 98.

papéis e funções que são exercidos na organização". Se o poder nunca está "nas mãos de ninguém e nunca é apropriado como se fosse uma mercadoria ou uma riqueza", então tanto o clero quanto o laicato "são não somente o alvo inerte ou responsável" do poder e de seu abuso, mas também "sempre o elemento de sua articulação".

No clericalismo, o problema não é que o poder está nas mãos erradas. Mas é que todos na Igreja são agentes de relações assimétricas de poder, não seus pontos de aplicação. Assim, todo o corpo de Cristo é tornado dócil e moldado segundo a "normalidade". Os recompensados com mais poder são de fato os mesmos que aquiescem docilmente com a autoridade ao serem administrados. Por essa razão, muito do que causa o abuso do poder da Igreja é desconhecido e não facilmente acessível. Isso torna o etos clerical altamente resistente à mudança e tão resiliente que ninguém pode prever por completo seu resultado disfuncional.

O chocante déficit de reciprocidade trinitária

Há outra coisa peculiar sobre a Igreja. É somente a comunidade de fé que reivindica ser um povo unido na unidade de um Deus professado como Pai, Filho e Espírito.[14] "Na trindade de pessoas", a Igreja encontra "o mais elevado modelo e supremo mistério de sua unidade".[15] A revelação divina, portanto, presenteia-nos com uma imagem de um Deus que é "uma unidade de relações recíprocas – relações diferentes, únicas e necessárias".[16]

Como acontece com a Trindade Santa, assim também a realidade da Igreja reside na reciprocidade de relações. Estando "unida no Espírito com o Filho, em suas missões, respondendo à profundidade de Deus, que é para nós Abba, encontramos individual e coletivamente nossa realidade mais profunda".[17] Essa realidade são "relações recíprocas" nas quais, como no Deus Trino, "a identidade não destrói a diferença" e cada membro da Igreja é considerado seriamente "como o templo revelador, santo e habitado do Espírito Santo". Mas

---

[14] *Lumen Gentium* (Constituição Dogmática sobre a Igreja), 4.
[15] *Unitatis Redintegratio* (Decreto sobre o Ecumenismo), 2.
[16] David McLoughlin, "Communio Models of Church: Rhetoric or Reality?", in *Authority in the Roman Catholic Church: Theory and Practice*, ed. Bernard Hoose (London: Ashgate, 2002), 181-190, especialmente 185.
[17] Ibid., 189.

ÉTICA TEOLÓGICA CATÓLICA
PASSADO, PRESENTE E FUTURO

ultimamente essa "unidade na reciprocidade" tem sido dificilmente encontrada pelo povo de Deus, e deixamos de ecoar a oração de Jesus: "Que sejam um como tu e eu somos um" (João 17,20-22).

Uma Igreja com uma vida dupla

A causa radical da crise na reciprocidade, ao que parece, é que "a teologia está dizendo uma coisa, enquanto a prática organizacional implica outra".[18] A *Lumen Gentium*, por exemplo, prevê que a "variedade das Igrejas locais com uma aspiração comum é particularmente uma evidência esplêndida da catolicidade da Igreja indivisa".[19] A restauração do latim na liturgia, o retorno da Missa Tridentina e as prometidas novas traduções do Missal Romano são não apenas formas de insensibilidade cultural, mas também modelos de um desmantelamento sistemático da reciprocidade das culturas e das linguagens integrante da visão do Concílio Vaticano II.[20]

Além disso, "não faltam teologias do laicado e dos ministérios leigos profundas, bem pensadas, teologicamente sofisticadas e perfeitamente ortodoxas".[21] Contudo, se a "Instrução" da Congregação para a Doutrina da Fé de 1997[22] é em todo caso uma indicação, o envolvimento leigo no governo da Igreja não pode de modo algum ser institucionalizado através de estruturas deliberativas. O excesso de corpos consultivos, convocados nos últimos anos para atenuar um governo autocrático e paternalista, não está funcionando. A

---

[18] Ibid., 187. Na mesma linha, Francis Oakley argumenta que, "se alguém vê o esforço [do Concílio Vaticano II] não em termos de formulações teológicas abstratas, mas antes em termos concretos ou operacionais como uma tentativa [...] de restaurar um efetivo equilíbrio constitucional no governo da Igreja, então [...] é nessa tentativa que esse esforço deve ser julgado como falho". Ver Francis Oakley, "Constitutionalism in the Church?", in *Governance, Accountability and the Future of the Catholic Church*, ed. Francis Oakley e Bruce Russett (New York: Continuum, 2004), 76-87, especialmente 79.

[19] *Lumen Gentium* (Constituição Dogmática sobre a Igreja), 23.

[20] *Lumen Gentium* (Constituição Dogmática sobre a Igreja), 13: "É também por isso que na comunhão eclesial existem legitimamente Igrejas particulares com tradições próprias, sem detrimento do primado da cátedra de Pedro, que preside à universal assembleia da caridade, protege as legítimas diversidades e vigia para que as particularidades ajudem a unidade e de forma alguma a prejudiquem".

[21] R. Scott Appleby, "From Autonomy to Alienation: Lay Involvement in the Governance of the Local Church", in *Common Calling: The Laity and Governance of the Catholic Church*, ed. Stephen Pope (Washington, DC: Georgetown University Press, 2004), 87-107, aqui 105.

[22] Congregação para a Doutrina da Fé, "Instrução acerca de algumas questões sobre a colaboração dos fiéis leigos no sagrado ministério dos sacerdotes", 13 de agosto de 1997, art. 5, § 3.

Doutrina Social da Igreja reconhece as "aspirações à igualdade e participação" como "duas expressões da dignidade humana e da liberdade"[23] e claramente prefere a democracia a outras formas de organização humana.[24] Enquanto a Igreja parece desejar estruturas democráticas em outros lugares, não as deseja, porém, nos aspectos organizacionais de sua própria vida.

O que parece claro, de um ponto de vista organizacional, é "a má vontade da hierarquia, seguindo a liderança do papa, de levar em plena consideração essas teologias e de começar o processo de reestruturação da Igreja".[25] Como um resultado, não há reciprocidade genuína entre as Igrejas locais, de um lado, e entre o clero e o laicato em todos os aspectos do ministério católico-romano, do outro. Se não menos que a reciprocidade trinitária é a realidade visceral que a Igreja é chamada a testemunhar no mundo, o etos e as estruturas democráticas podem bem ser as revisões organizacionais urgentemente necessárias na Igreja.

Uma Igreja com duas reivindicações conflitantes de poder supremo

Outros teólogos veem essa crise com duas reivindicações conflitantes de autoridade suprema na Igreja.[26] Duas agências são dotadas de "poder pleno, supremo e universal": o sumo pontífice atuando sozinho e o colégio de bispos unidos com sua liderança papal.[27] Para complicar o assunto, os dois assentos do poder estão em disparidade. Enquanto todos os bispos são chamados a uma "solicitude pastoral" para com toda a Igreja, somente a liderança papal do colégio episcopal mantém o "poder de jurisdição" sobre todos.[28] Além disso, não há "um mecanismo governamental institucionalizado firmemente estabelecido capaz de impor restrições constitucionais ao livre exercício da autoridade (papal)".[29] O assunto torna-se pior quando essa falta é igualada em todos os níveis da liderança da Igreja desde os sínodos episcopais sem influência no governo descendo aos conselhos consultivos paroquiais e diocesanos.

Confrontar a crise da reciprocidade na Igreja é revisitar uma tensão não resolvida entre o "poder de ordem" e o "poder de jurisdição". O direito canônico clássico define o primeiro como "a capacidade especificamente conferida

---

[23] *Octogesima Adveniens* (Sobre a Doutrina Social Católica), 22, 24.

[24] *Centesimus Annus* (Centésimo Ano), 44, 46-47.

[25] R. Scott Appleby, "From Autonomy to Alienation", 105.

[26] Francis Oakley, "Constitutionalism in the Church?" 79-80.

[27] *Lumen Gentium* (Constituição Dogmática sobre a Igreja), 22.

[28] Ibid., 23.

[29] Francis Oakley, "Constitutionalism in the Church?" 80.

pela ordenação de administrar os sacramentos e pregar a Palavra de Deus com autoridade", enquanto o último se refere "à autoridade de dirigir e governar os negócios da Igreja, e também o direito de obedecer dos governados". Contudo, a tradição da Igreja não indica que o poder de governar tenha sido sempre ligado ao poder de ordem, nem é o primeiro um derivado do segundo.[30]

A crise de reciprocidade como a exclusão da autoridade do pobre

O fato de que não foi fácil passar de um modelo de Igreja baseado no poder de ordem e de jurisdição para um corpo construído sobre o poder de relações recíprocas fala muito sobre as relações assimétricas de poder na Igreja. Mas um simples apelo à vontade moral daqueles com reivindicações conflitantes deveria ser suficiente para libertar a Igreja da trajetória de autodestruição? A tensão deveria ser atenuada por um mero equilíbrio de interesses daqueles que estão em conflito no sistema? Ou uma "hierarquia consultiva decente"[31] deveria ser implementada para prevenir o abuso de poder ou, pelo menos, para mitigar seus efeitos ruins?

Talvez a chave para uma Igreja da reciprocidade seja não como, mas sim a partir de que critério a reciprocidade é imaginada. Onde está a voz daqueles excluídos da atual estrutura de autoridade e daqueles marginalizados por quem deseja reformá-la ou substituí-la? "E quanto àqueles que não têm habilidades ou espaço educacional, organizacional, psicológico ou econômico para participar de qualquer modelo proposto de autoridade e de governo?".[32] Que proveito tem à Igreja ter estruturas de reciprocidade que expressem os imperativos da sociedade democrática moderna, mas que, ao mesmo tempo, excluem o pobre, o excluído, o marginalizado? A revelação divina é clara e consistente: o Deus Trino acolhe o pobre em sua própria comunhão recíproca como o primeiro beneficiário. Por isso, o desafio ético-teológico é como a autoridade de suas vozes e experiência participará no diálogo para determinar estruturas de relações recíprocas.

---

[30] Hugh Lawrence, "Ordination and Governance", in *Authority in the Roman Catholic Church: Theory and Practice*, 73-82, especialmente 78-80; John Beal descreve a tensão entre modelos "jurídicos" e "de comunhão" da Igreja em "It Shall Not Be So among You!", 95-96.

[31] Seguindo o eminente teórico político John Rawls, Russett sugere procedimentos claros e prognosticáveis de consulta para tornar uma sociedade hierárquica decente e bem ordenada. Ver Bruce Russett, "Conclusion: Monarchy, Democracy, or 'Decent Consultation Hierarchy'?", in *Governance, Accountability and the Future of the Catholic Church*, 196-202, especially 199-200.

[32] John O'Brien, "The Authority of the Poor", in *Authority in the Roman Catholic Church: Theory and Practice*, ed. Bernard Hoose (London: Ashgate, 2002), 217-230, especialmente 219-223.

A crise nas relações íntimas da Igreja com o mundo

Um ponto final refere-se particularmente a nós como Igreja. Diferentemente de outras comunidades de fé, confessamos que a Igreja e o mundo, como duas famílias humanas com a mesma origem, estão intimamente relacionados. Em vez de fugir disso ou de ser indiferente a isso, assumimos isso como uma "família dos filhos de Deus" para servir "como um fermento e um tipo de alma para a sociedade humana" apoiando "a troca e a assistência mútuas" em nossos interesses comuns.[33] Em troca, professamos que uma Igreja não "enriquecida pelo desenvolvimento da vida social" é incapaz de "entender-se mais profundamente, expressar-se melhor e ajustar-se mais perfeitamente a nosso tempo". O enriquecimento é mútuo na medida em que "qualquer um que promova a família humana (em todas as suas dimensões) [...] de acordo com o desígnio de Deus contribui grande e igualmente para a comunidade da Igreja".[34] Mas, como os acontecimentos recentes tornaram lamentavelmente claro, as pretendidas relações íntimas de troca e assistência mútuas têm sido seriamente comprometidas.

A crise de seu lugar sociopastoral privilegiado

O lugar a partir do qual a Igreja presta seu serviço ao mundo é de crucial importância. Ele pode limitar ou expandir seu campo de visão, reduzir ou aumentar o leque de suas escolhas e determinar o tipo de intervenção pública que deve ser tomado. Nem todos os lugares sociais oferecem um ângulo de visão que seja mutuamente benéfico para a Igreja e para a sociedade. Mesmo nos tempos pós-coloniais, por exemplo, particularmente em contextos onde o catolicismo romano continua desfrutando de domínio social e de influência política, as nações-estado continuam a ser o local preferido das intervenções públicas da Igreja no mundo. De fato, muito do modo como a Igreja entende e conduz as relações com o mundo moderno é construído tendo o Estado como contraparte, o Estado sendo convencional "receptáculo da sociedade" e o centro do poder legítimo.

O problema é que o Estado territorial em si está sendo questionado pelos processos de globalização.[35] Os problemas e os desafios da vida cotidiana estão

---

[33] *Gaudium et Spes* (Constituição Pastoral sobre a Igreja no Mundo Moderno), 40.

[34] Ibid., 44.

[35] Ulrich Beck, *What Is Globalization?* (Cambridge: Polity, 2000), especialmente 12, 21, 64; e David Held, "Cosmopolitanism: Taming Globalization", in *The Global Transformation Reader*, ed. David Held e Anthony McGrew (Cambridge: Polity, 2000), 514-529.

agora atravessando as fronteiras nacionais. Trabalhos em rede de interdependência e obrigação globais estão tornando-se mais amplos, e os contornos da sociedade não são mais iguais aos domínios geográficos dos Estados. Além disso, o poder legítimo dos Estados está incrivelmente ligado a uma rede complexa de trabalho de relações de autoridade que desabrocha em novos espaços de poder e novos níveis de intervenção pública, dando origem a novos atores transnacionais no processo. Em resumo, a "arquitetura do pensamento, da ação, da vivência no Estado com espaços e identidades sociais" está em colapso.

Dado o fato de que a nação-estado, como o lugar tradicional da relação entre Igreja e mundo, está sendo questionada, a partir de que novo ponto a Igreja deveria assumir seu lugar na esfera pública "como uma forma de prática orientada ao serviço da sociedade e abrir-se à necessidade humana em toda a sua variedade"?[36] Não parece vantajoso para o mundo que a Igreja no século XXI continue a insistir no fato de que seu abuso de poder seja puramente um assunto doméstico sujeito somente ao poder de suas leis. Apelar para a separação entre Igreja e Estado como uma razão para não reconhecer quando o abuso de poder é um crime é, em si, um abuso de poder. Para ser uma comunidade moral relevante em um mundo globalizado, a Igreja deve reconhecer as formas das autoridades civis e de outras autoridades como parceiras, e não deve temer ser avaliada pelas instituições públicas legais e judiciais tanto nacional quanto internacionalmente.

A crise nos portadores sociais do catolicismo na esfera pública

A crise nas relações íntimas da Igreja é também sobre os portadores sociais de seu papel público no mundo. A história moderna não pode voltar as costas à longa lista de movimentos sociais católicos que tanto lutam por valores humanos modernos e processos democráticos quanto advogaram justiça econômica e melhoras sociais. Se não fosse pela interação crucial desses movimentos na sociedade moderna, o mundo não teria sido capaz de receber a ajuda de que ele urgentemente necessitava. O problema é que, diante dos cenários sociais e culturais amplamente mudados que se tornaram mais plurais e globais, esses portadores sociais da fé católica ou entraram em colapso ou foram secularizados.[37]

---

[36] James Sweeney, "Catholic Social Thought as Political", in *Scrutinizing the Signs of the Times in the Light of the Gospel*, ed. Johan Verstraeten (Leuven: Peeters, 2007), 207-220, aqui 213.
[37] John Coleman, "The Future of Catholic Social Thought", in *Modern Catholic Social Teachings: Commentaries and Interpretations*, ed. Kenneth Himes (Washington, DC: Georgetown University Press, 2005), 522-544, especificamente 532-537.

O laicato de hoje está engajado muito menos no serviço dos interesses institucionais da Igreja do que no serviço compassivo e profético à sociedade mais ampla. Visto que antes os leigos se permitiam funcionar como "uma extensão" da hierarquia, hoje seus projetos são bem menos sobrecarregados pelas necessidades do mandato ou do aval hierárquico. Onde antes suas organizações e movimentos esperavam passivamente por ordens de uma autoridade central e simplesmente tinham de executar a agenda papal e episcopal, hoje estabelecem contatos para defender questões comuns a suas regiões e continentes. Além disso, em outros contextos onde as expressões tradicionais de convicções de fé foram ultrapassadas, os leigos estão criando novos movimentos católicos e estão engajando-se em diálogos ecumênicos e/ou inter-religiosos rumo a uma sociedade global baseada em uma moral comum e em valores espirituais.

Subjacente à crise nos tradicionais portadores sociais do catolicismo, há de fato um momento de *kairos*. Sua desintegração tem gerado "experiências espontâneas em possibilidades de novas formas de vida para o cristianismo e para a Igreja".[38] Essas experiências tratam do que é defeituoso ou obstrutivo, e às vezes mesmo absurdo, na organização eclesial existente, à luz de circunstâncias radicalmente alteradas. Ainda mais importante: seu engajamento público tem, assim, entusiasmado um renovado interesse pela religião. Algumas comunidades de fé estão cada vez mais se envolvendo no governo e suas críticas das principais instituições globais estão sendo aceitas.[39] Os novos portadores sociais da Igreja e os contornos iniciais de seu engajamento público estão, portanto, preparados para deter a desanimadora participação do catolicismo nos cenários pós-modernos e pós-coloniais.

Mas, mesmo que novos espaços para uma troca mútua com o mundo estejam surgindo, a hierarquia não vê neles o proverbial "vinho novo" nem percebe neles os contornos iniciais dos "odres novos". Os ocupantes de cargos na Igreja até agora ainda não aceitaram esses novos portadores sociais. Mesmo movimentos inter-religiosos de paz, justiça e ecologia têm sido apresentados com suspeita ou falta de clareza pelo

---

[38] Robin Gill, *Theology and Society: A Reader* (London: Cassell, 1996), 399.

[39] Ver, por exemplo, *Studying Local Churches: A Handbook*, ed. Helen Cameron et al. (London: SCM Press, 2005), 5-6, 10, 235; e Wendy Tyndale, "Some Reflections on a Dialogue between the World's Religions and the World Bank with Reference to Catholic Social Thought", in *Globalization and Catholic Social Thought: Present Crisis, Future Hope*, ed. John Coleman e William Ryan (Maryknoll, NY: Orbis Books, 2005), 157-171.

ÉTICA TEOLÓGICA CATÓLICA
PASSADO, PRESENTE E FUTURO

Vaticano.[40] A separação feita por Bento XVI da justiça como a tarefa do Estado e a caridade como dever da Igreja apresenta um sério problema para as relações entre Igreja e mundo ancoradas na solidariedade mútua.[41] O sistema moral de dividir a capacidade de formular doutrinas como exclusiva à hierarquia e a competência de aplicá-las como pertencente ao laicato[42] perpetuam o controle hierárquico e obscurecem a subjetividade ética do laicato no exercício de sua missão própria.

A crise da cultura "romano-católica"

As relações íntimas da Igreja com o mundo estão em crise, por fim, porque, enquanto o poder de sua cultura "católico-romana" encolheu, a modernidade, que era inimiga declarada da Igreja antes de se tornar sua parceira legítima, parece ter alcançado seu legítimo lugar na sociedade humana.[43] A modernidade evoluiu para se tornar a "matriz com base na qual todas as formas de vida existem", inclusive a vida romano-católica. Sendo assim, por ser "uma parte evolutiva de uma modernidade igualmente evoluída", o catolicismo romano está também em processo de "contínua modernização religiosa" e não pode, portanto, reivindicar muita imunidade de mudança. Um resultado radical é que, em muitas nações-estado e sociedades, não restou muito da subcultura "romano-católica" como "receptáculo" da identidade e autoridade da Igreja.

Com essa desintegração, que contornos uma nova forma de catolicismo adotará? Acabaremos tendo uma "sociedade arreligiosa" sem as Igrejas católicas ou com poucas Igrejas que são, porém, recordações moribundas da antiga glória? Ou haverá um grupo de "Igrejas remanescentes" lutando contra uma sociedade

---

[40] Gregory Baum, "Religion and Globalization", in *Globalization and Catholic Social Thought: Present Crisis, Future Hope*, ed. John Coleman e William Ryan (Maryknoll, NY: Orbis Books, 2005), 141-155, especialmente 150-154.

[41] Stephen Pope, "Benedict XVI's *Deus Caritas Est*: An Ethical Analysis", in *Applied Ethics in a World Church*, ed. Linda Hogan (Maryknoll, NY: Orbis Books, 2008), 271-277. "Uma sociedade justa", argumenta o papa, "deve ser a realização da política, não da Igreja". A Igreja contribui mais "para um mundo melhor, fazendo o bem agora e pessoalmente, com paixão e em todo o lado onde for possível, independentemente de estratégias e programas de partido" (ver *Deus Caritas Est* [Deus é Amor], 28 e 31).

[42] Ver, por exemplo, Pontifício Conselho Justiça e Paz, *Compêndio da Doutrina Social da Igreja* (Cidade do Vaticano: Libreria Editrice Vaticana, 2004), n. 539-540 e o documento mais antigo da Congregação para a Educação Católica, "Orientações para o estudo e o ensino da Doutrina Social da Igreja na formação sacerdotal", n. 58-63.

[43] Ver a discussão em Staf Hellemans, "From 'Catholicism to Modernity' to the Problematic 'Modernity of Catholicism'", *Ethical Perspectives* 8, n. 2 (2001): 117-127; e Bill McSweeney, *Roman Catholicism: The Search for Relevance* (Oxford: Blackwell, 1980).

arreligiosa em que o catolicismo tem de atuar? As Igrejas católicas continuarão a declinar em alguns contextos como muitos católicos continuam "acreditando sem pertencer" a uma instituição centralizada? Ou essas Igrejas surgirão vigorosamente nos contextos locais e diferentes e desempenharão um papel-chave nos mesmos termos dos atores religiosos em um cenário religioso competitivo?

Mesmo as nações onde o cristianismo foi imposto durante o processo de colonização, a identidade cultural "católico-romana" também parece estar terminando. Hoje, "a continuidade e historicidade da identidade são desafiadas, pelo imediatismo e pela intensidade dos confrontos globais".[44] A cultura está cada vez mais evoluindo para um "terceiro espaço" ou "um espaço de fluidez, no qual as primeiras certezas e unidades são dissolvidas e reformadas, de modo que novas negociações de poder possam acontecer entre pessoas diferentes".[45] O que se considera ser a identidade caracteristicamente "católico-romana" de um filipino, por exemplo, é agora desafiado por novos e fecundos tipos de fusão e criação de novas identidades suscitadas pelos encontros culturais que atravessam as fronteiras territoriais, espirituais e religiosas.

O atual risco é prolongar o jogo de poder reduzindo a Igreja a "um lugar onde os conflitos e disputas que são coloniais em sua origem continuam sendo realizados de modo neocolonial". A esperança futura, contudo, é que a Igreja assuma a vanguarda para se tornar um "espaço de fluidez no qual as primeiras certezas e unidades são dissolvidas e reformadas, de modo que novas negociações de poder possam acontecer entre pessoas diferentes" e "a mistura ou a renovação da identidade"[46] seja possível. Sob essa luz, para a ética lidar adequadamente com a questão do poder na Igreja, será necessário demonstrar que o ser "católico-romano" é constitutivo do ser uma "Igreja verdadeiramente católica".

Conclusão

Admitir que os terríveis "problemas causados por nós mesmos" têm "sua origem nos pecados dentro da Igreja" coloca um fardo ainda mais sério de responsabilidade ética para todo o povo de Deus superar a crise sobre seu

---

[44] Kevin Robins, "Encountering Globalization", in *The Global Transformation Reader*, ed. David Held e Anthony McGrew (Cambridge: Polity, 2000), 239-345, aqui 242.

[45] Frances Ward, "Theological Strand – Power", 229, citando um estudo de Homi Bhabha, "Cultural Diversity and Cultural Differences", in *The Post-Colonial Studies Reader*, ed. B. Ashcroft (New York: Routledge, 1995).

[46] Ibid.

próprio abuso de poder. Para que a identidade corporativa da Igreja seja a encarnação ética do corpo místico de Cristo na história, a Igreja deve enfrentar as deficiências de seu próprio sistema legal, as contradições em sua estrutura de autoridade e a hegemonia de seu etos clerical. Se o mistério fundado da unidade da Igreja é a reciprocidade do Deus Trino, ele tem de aderir ao etos e às estruturas democráticas em sua própria vida, resolver as disparidades entre o poder de ordem e o poder de governo, e ouvir a voz das vítimas do abuso de poder conforme ele constrói uma Igreja de relações recíprocas. A Igreja, como fermento para uma sociedade humana, deve nutrir relações íntimas com o mundo, o qual tem mudado radicalmente. Tem de estar pronta a submeter-se aos mesmos padrões segundo os quais ela julga todas as demais formas de autoridade e de instituições públicas. Deveria pôr um fim à tendência da liderança eclesial de controlar o laicato e tornar-se um espaço onde a diversidade de uma identidade católica seja considerada como constitutiva do ser realmente Igreja.

A trajetória de renovação da Igreja é irreversível, e um retorno ao passado não é o caminho que a Igreja deve assumir no futuro.[47]

---

[47] Meus mais sinceros agradecimentos a Denis Nolan, Deacon Michael Ghiorso e Frei Domingo Orimaco, da Paróquia Nossa Senhora das Mercês em Daly City (Califórnia, EUA).

DESAFIOS DA PRESSÃO SOCIAL MUNDIAL

A ECONOMIA QUE LEVA EM CONTA AS PESSOAS

Peter Henriot

O que se pode falar sobre "economia" em uma conferência de eticistas cristãos? Sobretudo se quem fala é um cientista político e não um economista! Eis a situação desafiadora diante da qual me encontro aqui em Trento.

Permitam-me começar explicando por que escolhi o título "a economia que leva em conta as pessoas" para minha apresentação. Trata-se do subtítulo do extremamen-

ÉTICA TEOLÓGICA CATÓLICA
PASSADO, PRESENTE E FUTURO

te influente livro de E. F. Schumacher *O negócio é ser pequeno*.[1] Economista, funcionário público na Inglaterra pós-guerra e ao mesmo tempo ligado a John Maynard Keynes, na década de 1950 Schumacher aprofundou-se no que ele chamou de "economia budista", que enfatizava a centralidade em situações econômicas do bom trabalho dos indivíduos: "O budismo o ensinou que o propósito do trabalho era também o desenvolvimento do potencial humano e a relação do homem com seus semelhantes e com Deus".[2]

Schumacher passou a apreciar os primeiros documentos da Doutrina Social da Igreja (DSI), como a *Rerum Novarum* do Papa Leão XIII; ele inspirou-se em pensadores católicos "distributistas",[3] como G. K. Chesterton e Hillaire Bloc, e desenvolveu uma estreita amizade com a proeminente economista católica Barbara Ward. No início da década de 1970, ele se converteu ao catolicismo.

Minha formação acadêmica foi em ciências políticas, com uma especialidade em direito constitucionalista. Nunca fiz estudos formais em economia (graças a Deus!), mas os argumentos de Schumacher impulsionaram minha compreensão mínima em economia, à medida que fui me envolvendo na área da política do desenvolvimento socioeconômico. E essa foi a tese central de seu trabalho conforme citado no subtítulo de seu livro, o qual contribuiu enormemente tanto para meu pensamento como para meu ativismo em questões de desenvolvimento, mesmo antes de eu ter ido morar e trabalhar em um país em "desenvolvimento".

Agora, vivo na África, após ter passado duas décadas envolvido com uma organização da sociedade civil baseada na fé na Zâmbia que se dedica à promoção de políticas práticas e atividades humanas que se inspiram na tríade da Doutrina Social Católica da *justiça*, *paz* e *defesa da criação*. Voltarei a seguir a esse desafio zambiano particular, que para mim ilustra tão bem a importância de uma ênfase na "economia que leva em conta as pessoas". Agora, permitam-me sugerir por que "a economia que leva em conta as pessoas" é uma tese tão relevante, tão urgente, em nosso mundo globalizado atual.

---

[1] Ernst F. Schumacher, *O negócio é ser pequeno: um estudo de economia que leva em conta as pessoas* (Rio de Janeiro: Zahar, 1983).

[2] Barbara Wood, *E. F. Schumacher: His Life and Thought* (New York: Harper & Row, 1984), 12. Barbara Wood é filha de Schumacher.

[3] Adeptos do *distributivismo*, teoria ou prática de política econômica segundo a qual a propriedade privada é um bem a que deve ter acesso, se não a totalidade, ao menos a maioria dos agentes sociais [N.T.].

A ECONOMIA QUE LEVA EM CONTA AS PESSOAS
PETER HENRIOT

A urgência da situação

Dois enormes problemas normalmente subjazem a nossa busca humana por progresso no mundo atual. Primeiro, nos últimos meses, vimos o colapso da atividade econômica sustentável em nações ricas. Gostaria de argumentar que esse colapso ocorreu basicamente por causa de um dogma dominante nas atividades de mercado: "a cobiça é o máximo". Segundo, continuamos a enfrentar o problema semelhantemente intransponível da miséria humana nas nações pobres, sobretudo por causa de um processo grosseiramente injusto de globalização. Trata-se de uma estruturada globalização favorável, sobretudo, às nações ricas do chamado "Primeiro Mundo".

Os leitores deste ensaio que vivem nas nações ricas podem falar melhor do que eu sobre os impactos na vida cotidiana da crise econômica global dos últimos anos. Independentemente de uma inclinação ideológica – de direita ou de esquerda –, pode-se concordar que muito da crise tem sua raiz na negligência dos valores humanos básicos do direito e da comunidade, obrigatórios e solidários. O retorno imediato em investimentos significou mais que as estruturas econômicas seguras para o futuro; o benefício individual pesou mais nas tomadas de decisão do que a promoção do bem comum.

Minha expressão "a cobiça é o máximo" pode parecer exagerada, mas posso argumentar que a condução fundamental dos mercados livres inclinada à maximização do benefício tem tido na verdade terríveis consequências. E o central para essa abordagem econômica é a sistemática negligência das dimensões humanas, da vida das pessoas diretamente envolvidas ou indiretamente afetadas pelas atividades econômicas em torno delas.

Leitores que compartilham de minha localização geográfica em uma nação pobre saberão a que estou me referindo ao criticar tanto as forças internas quanto as externas muito injustas para a maioria das pessoas que vive em nosso meio. As estruturas econômicas globais de comércio e investimento e as estruturas políticas globais de domínio na tomada de decisão têm-se combinado com as estruturas econômico-políticas nacionais que consideraram os índices de desenvolvimento humano das pessoas como secundário para os graves índices produtivos nacionais da economia.

Esforços para restabelecer certo equilíbrio para uma imagem de desenvolvimento dominada pelo estabelecimento de medidas econômicas desprovidas de considerações humanas podem ser vistos na promoção dos Objetivos do Desenvolvimento para o Milênio. A redução da pobreza e da fome, a promoção da educação, o fortalecimento/empoderamento das mulheres, a redução da mortalidade infantil e a melhoria da saúde – eis alguns poucos objetivos a serem alcançados até 2015 através de compromissos nacionais e cooperação internacional. Mas o progresso rumo à realização desses objetivos é uma tarefa monumental! Para muitos dos países "em desenvolvimento", esse progresso tem sido desapontador e ilusório.[4]

A necessidade de uma voz ética

Há uma voz ética, uma instância moral, um argumento baseado em princípios que possa contribuir substancialmente para a promoção de um processo de desenvolvimento mais centrado no humano em nosso mundo atual? Há algo contrário às forças citadas acima e capaz de uma visão harmonizada com a edificação de "uma economia que leva em conta as pessoas", algo que seja menos um *slogan* e mais uma realidade?

Acredito que há e que pode ser encontrado naquilo que citamos como a Doutrina Social da Igreja (DSI). Por isso, desejo explorar a ética desenvolvimental econômica de três das mais importantes encíclicas sociais papais. Escolhi esses documentos não em razão de admiração piedosa, mas antes por apreciação intelectual. Em outros lugares e oportunidades, enfatizei a importância de resgatar nossos documentos da DSI a partir de sua posição de "o segredo da Igreja mais bem guardado"![5]

Certamente, os três documentos que estou analisando têm suas deficiências, tanto intelectual quanto politicamente. Mas para mim são também pontos de destaque que desejo realçar ao argumentar que "a economia que leva em conta as pessoas" não é somente urgente e necessária, mas também possível em nosso mundo globalizado.

O progresso dos povos

O primeiro documento é a *Populorum Progressio* ("O progresso dos povos"), do Papa Paulo VI, publicado em 1967, com o frescor dos ventos do

---

[4] Nações Unidas, *The Millennium Development Goals Report 2010* (New York: United Nations, 2010).
[5] Edward P. DeBerri, James E. Hug, Peter J. Henriot e Michael J. Schultheis, *Catholic Social Teaching: Our Best Kept Secret* (Maryknoll, NY: Orbis Books, 2003).

A ECONOMIA QUE LEVA EM CONTA AS PESSOAS
PETER HENRIOT

Vaticano II soprando através de suas páginas.[6] A forte ênfase da PP é de que o autêntico desenvolvimento é, "para cada um e para todos, a transição de condições menos humanas àquelas que são mais humanas" (20).

Paulo VI expressou as aspirações de mulheres e homens, especialmente aqueles vivendo na miséria, como "a busca por fazer mais, conhecer mais e ter mais a fim de ser mais" (6). Para a PP, o desenvolvimento é mais que crescimento econômico: "Para ser autêntico, deve ser mais completo, integral, ou seja, tem de promover o bem de toda pessoa e da pessoa inteira" (14). Em outras palavras, *primeiro as pessoas*! A pergunta primeira e fundamental a fazer em qualquer plano e avaliação de desenvolvimento é: o que está acontecendo às *pessoas*, e não o que está acontecendo à *economia*?

Essas palavras podem soar como enunciado piedoso desprovido de fundamento ou relevância. Contudo, elas foram escritas por um papa que se baseou profundamente em pensadores muito progressistas (ver as notas de rodapé do documento) que estavam explorando alternativas à situação socioeconômica da época. Eles incluíam proeminentes teólogos do Vaticano II como Marie-Dominique Chenu e Henri de Lubac; o precursor da Teologia da Libertação Louis Joseph Lebret; o filósofo mundialmente renomado Jacques Maritain; o teólogo social Otto Nell-Bruening. A economista profundamente influente Barbara Ward fez também parte do grupo que influenciou o documento (oxalá as encíclicas papais mais recentes seguissem tão bom exemplo de ampla consulta!).

O paradigma econômico dominante que guiou boa parte do pensamento e do planejamento sobre o desenvolvimento na década de 1960 foi o do modelo de crescimento formulado por Walter Rostow, um economista dos Estados Unidos. Em sua obra profundamente influente *Etapas do desenvolvimento econômico*,[7] Rostow descreveu o desenvolvimento, sobretudo, como um esforço planejado de um país "em desenvolvimento" para "decolar" por meio do crescimento econômico, o qual – esperançosamente – "passaria" para as massas empobrecidas. Essas massas empobrecidas – a maioria das pessoas no chamado "Terceiro Mundo" – não eram o principal foco dos esforços de desenvolvimento. Antes, os investimentos estrangeiros, a expansão do comér-

---

[6] Todas as encíclicas papais citadas neste ensaio podem facilmente ser acessadas no sítio do Vaticano: http://w2.vatican.va/content/vatican/pt.html.

[7] Walt W. Rostow, *Etapas do desenvolvimento econômico: um manifesto não comunista* (Rio de Janeiro: Jorge Zahar, 1961).

ÉTICA TEOLÓGICA CATÓLICA
PASSADO, PRESENTE E FUTURO

cio e o crescimento da infraestrutura eram priorizados na agenda do desenvolvimento, em detrimento dos serviços sociais (por exemplo, educação e saúde), da geração de emprego ou da segurança alimentar.

O destaque dado pelo Papa Paulo VI na PP ao povo como prioritário em qualquer pensamento e ação de desenvolvimento foi, em minha opinião, uma ênfase que somente décadas depois se tornou proeminente em círculos predominantes. Começando em 1990, o relatório anual do Programa de Desenvolvimento das Nações Unidas voltou a atenção das mensurações do Produto Interno Bruto (PIB) do bem-estar *econômico* para as mensurações do bem-estar *do povo* expresso no Índice de Desenvolvimento Humano (IDH).[8] Na construção do IDH, a expectativa de vida, a educação e a seguridade doméstica (renda) são vistas como indicações mais realistas e exatas do desenvolvimento societal. Realmente, essa ênfase ecoa a definição da PP de que o autêntico desenvolvimento é, "para cada um e para todos, a transição de condições menos humanas para aquelas mais humanas" (20).

Essa ênfase tem sido ainda mais fortemente influente por causa dos escritos do ganhador do Prêmio Nobel Amartya Sen. Ele foi uma figura seminal no esboço do IDH. Em seu estudo mais importante, *Desenvolvimento como liberdade*,[9] esse amplamente respeitado economista propõe uma mensuração das "capacidades humanas" de desenvolvimento. Essas capacidades não são simplesmente a mensuração dos ganhos e da riqueza preferida pela maioria dos analistas ortodoxos do desenvolvimento, mas antes apontam para liberdades essenciais humanas. Elas incluem um foco nas capacidades de as pessoas fazerem e serem o que elas pessoalmente valorizam. Com certeza, Sen é uma importante voz impulsionando uma "economia que leva em conta as pessoas"!

Ao citar essas duas proeminentes ênfases seculares sobre as dimensões humanas do desenvolvimento, desejo destacar a grande contribuição feita anteriormente pela PP ao colocar o debate bem no centro da "economia que leva em conta as pessoas".

---

[8] Para a última edição, ver Programa de Desenvolvimento das Nações Unidas, *Human Development Report 2010 - 20th Anniversary: The Real Wealth of Nations, Pathways to Human Development* (New York: Oxford University Press, 2010).

[9] Amartya Sen, *Desenvolvimento como liberdade* (São Paulo: Companhia das Letras, 2010).

A ECONOMIA QUE LEVA EM CONTA AS PESSOAS
PETER HENRIOT

Sobre a preocupação social

Em 1987, vinte anos após a PP, veio a lume a *Sollicitudo Rei Socialis* ("Sobre a preocupação social"), de João Paulo II. Surgindo pouco antes do colapso histórico do mundo dividido entre capitalismo e comunismo, esse documento agradou a muitos com seu frescor radical. Contudo, ele também desconcertou a muitos com o que pareceu ser um argumento da "equivalência moral", que concluía que tanto o capitalismo ocidental quanto o comunismo oriental eram as causas dos males do desenvolvimento global.

Para demonstrar a relevância da SRS para o tema da "economia que leva em conta as pessoas", permitam-me destacar dois pontos relacionados na encíclica que recuperam a prioridade do foco humano em qualquer tentativa de desenvolvimento.

O primeiro ponto é o tema da *opção pelos pobres* (42), um mandato de priorizar as preocupações e compromissos para que essa parte da população que vive em condições marcadas pela extrema privação do básico tenha uma vida descente.[10] Na maioria dos países do chamado "Terceiro Mundo", são os pobres que constituem a maior parte da população. Pessoalmente, acredito que seja mais correto falar de "empobrecidos" do que de "pobres". A "pobreza" é uma situação, uma circunstância; o "empobrecimento" é uma consequência, um efeito.

A "opção pelos pobres" tem sido comumente associada aos escritos dos teólogos latino-americanos da libertação como Gustavo Gutiérrez e Jon Sobrino.[11] Esses teólogos foram criticados pelas autoridades vaticanas como o então presidente da Congregação para a Doutrina da Fé, Cardeal Josef Ratzinger.[12] Considero significativo, portanto, que João Paulo II tenha recuperado a "opção pelos pobres" como um importante elemento da atual Doutrina Social da Igreja.

Na Parte VI da SRS, discutindo algumas diretrizes para lidar com as realidades econômicas internacionais, João Paulo II explicitamente faz referência à "opção ou amor preferencial pelos pobres" (42). As implicações dessa opção para a economia do desenvolvimento são, então, explicadas pelo papa quando este suge-

---

[10] Ver Peter J. Henriot, *Opting for the Poor: The Challenge for the Twenty-First Century* (Washington, DC: Center of Concern, 2004).

[11] Ver, por exemplo, Gustavo Gutiérrez, *Teologia da Libertação: perspectivas* (São Paulo: Loyola, 1996); e Jon Sobrino, *Fora dos pobres não há salvação: pequenos ensaios utópico-proféticos* (São Paulo: Paulinas, 2008).

[12] Ver Sagrada Congregação para a Doutrina da Fé, *Instrução sobre certos aspectos da "Teologia da Libertação"*, 6 de agosto de 1984.

re que ela, a opção, se aplica "às decisões lógicas a serem tomadas quanto à posse e ao uso dos bens". Além disso, ele espera que "nossas decisões nos campos político e econômico sejam marcadas" pelas realidades de pobreza crescente no mundo.

O papa não hesita em aplicar as implicações dessa opção pelos pobres às prementes questões internacionais de desenvolvimento. "A estimulante preocupação pelos pobres – os quais, segundo a fórmula significativa, são 'os pobres do Senhor' – deve traduzir-se, em todos os níveis, em atos concretos até chegar decididamente a uma série de reformas necessárias" (43). E continua mencionando especificamente:

> A *reforma do sistema internacional de comércio*, hipotecado pelo protecionismo e pelo bilateralismo crescente; a *reforma do sistema monetário e financeiro mundial*, hoje reconhecido insuficiente; a *questão dos intercâmbios de tecnologias* e de seu uso apropriado; a *necessidade de uma revisão da estrutura das organizações internacionais* existentes, no quadro de uma ordem jurídica internacional (43).

Ao citar detalhadamente aqui o foco de João Paulo II na opção pelos pobres, desejo indicar uma ênfase significativa em colocar as pessoas, especialmente os pobres, que são a maioria das pessoas no chamado "mundo em desenvolvimento", no lugar prioritário do desenvolvimento econômico.

Se desenvolvimento é prosperar, acredito que essa ênfase na atenção prioritária ao pobre seja precisamente a mensagem de um importante Relatório do Banco Mundial, lançado em 2005, intitulado *Development and Equity* ["Desenvolvimento e equidade"].[13] Esse relatório é notável em sua mudança de prioridade das estruturas econômicas para a atenção aos fatores humanos, ou seja, para as pessoas. Sua tese é simples: sem atenção ao envolvimento equitativo do pobre e sem seu benefício, nenhum crescimento econômico é sustentável, nenhuma satisfação da prosperidade comum é possível. "A economia que leva em conta as pessoas", por isso, deve colocar o pobre em primeiro lugar na análise, no mandato, no processo e na avaliação.

Um segundo ponto importante da SRS é a *solidariedade*. O papa polonês poderia, perfeitamente, ser associado a esse tema, por causa de seu envolvimento-chave nas mudanças revolucionárias em seu próprio país na década de 1980, estimuladas pelo movimento Solidariedade. Como papa, ele incorporou esse

---

[13] World Bank, *World Development Report 2006: Equity and Development* (Washington, DC: World Bank, 2005).

A ECONOMIA QUE LEVA EM CONTA AS PESSOAS
PETER HENRIOT

tema da doutrina social em sua visão de desenvolvimento enfatizando que "vai aumentando a *convicção* de uma *interdependência* radical e, por conseguinte, da necessidade de uma solidariedade que a assuma e traduza no plano moral" (26). Conforme notado anteriormente, João Paulo II não hesita na SRS em discutir aspectos específicos em matéria de desenvolvimento internacional. Mas ele destaca que "tudo isso que acaba de ser dito não poderá realizar-se *sem a colaboração de todos*, especialmente da comunidade internacional, no quadro de uma *solidariedade* que abranja a todos, a começar pelos mais marginalizados" (45).

A base teológica para essa ênfase é clara: "A prática da solidariedade no *interior de cada sociedade* é válida quando seus membros se reconhecem uns aos outros como pessoas" (39). Isso significa que a solidariedade é o reconhecimento de que a pessoa humana é feita à imagem de Deus, um Deus Trino que é existencialmente uma comunidade de relações entre Pessoas. Por isso, não é possível um "compromisso [cristão] para com o desenvolvimento e sua aplicação que não respeite e não promova a dignidade única" da pessoa humana (33). Com essa expressão, a SRS está repetindo a ênfase em promover uma "economia que leva em conta as pessoas".

A caridade na verdade

Finalmente, tomo o mais recente documento papal, *Caritas in Veritate* ("A caridade na verdade"), de 2009, como ofertante de uma contribuição única a essa busca por apoio ético à "economia que leva em conta as pessoas". Não penso que seja necessária muita imaginação para comentar que o Papa Bento XVI surpreendeu muitos de nós com essa forte doutrina social manifestada em suas encíclicas, em suas mensagens para o Dia Mundial da Paz e em seus numerosos discursos dirigidos a várias audiências.

Enquanto servidor da Igreja universal como Cardeal Josef Ratzinger, suas contribuições públicas mais conhecidas ao corpo da Doutrina Social da Igreja foram suas críticas agudas à Teologia da Libertação. Mas, como papa, ele imediatamente começou a enfatizar fortemente as exigências da justiça social para concretização da vocação cristã.

Em sua primeira encíclica, *Deus Caritas Est* ("Deus é amor"), de 2005, Bento esclareceu a ligação essencial entre a caridade e a justiça. E ele enfatizou o dever de o crente leigo promover a justiça no Estado (28-29).[14] *Spe*

---

[14] Ver Peter Henriot, "For the Love of Justice", *The Tablet*, 11 de fevereiro de 2006.

Salvi ("Salvos pela esperança"), sua segunda encíclica, apareceu em 2007. Ela esclareceu que o amor de Deus, que é a vocação cristã, necessariamente "leva a participar da justiça e da generosidade de Deus para com os outros" (28).

Dado seu contexto, houve inquietação compreensível quando se ouviu que Bento estava escrevendo uma "encíclica social" maior que sairia talvez em 2008. Mas, com o repentino surgimento da crise econômica global, o documento foi adiado, de modo que análises e recomendações mais completas pudessem ser oferecidas tanto para as pessoas da Igreja quanto para os líderes públicos. Quanto *Caritas in Veritate* ("A caridade na verdade") apareceu em meados de 2009, imediatamente suscitou o interesse e discussões acaloradas, uma vez que abrangia uma vasta gama de questões – admiravelmente, em um estilo, apesar disso, denso.

Mas, dos muitos pontos que podem ser tirados da CV para elaborar algo sobre o tema da "economia que leva em conta as pessoas", desejo considerar brevemente o que Bento XVI refere como a "economia de comunhão". Faço isso com certa hesitação, uma vez que admito que eu mesmo não entenda completamente esse interessante e novo modelo econômico, e por isso não pretendo endossá-lo acriticamente. Em um excelente panorama analítico da CV, o teólogo nigeriano A. E. Orobator expressa cuidado quanto à aceitação desse modelo à luz de algumas tradições culturais africanas.[15]

Mas parece-me que o desafio que Bento oferece é de promover uma área intermediária na economia entre empresas de negócios privados buscando lucro e organizações estritamente não lucrativas buscando melhorias humanas. Os lucros precisam ser atingidos, argumenta o papa, mas eles devem ser compartilhados gratuitamente, como dons, para financiar programas de desenvolvimento em lugares necessitados (47).

Eis o desafio que o papa apresenta: "A vitória sobre o subdesenvolvimento exige que se atue não só sobre a melhoria das transações fundadas sobre o intercâmbio, nem apenas sobre as transferências das estruturas assistenciais de natureza pública, mas sobretudo sobre a *progressiva abertura, em contexto mundial, para formas de atividade econômica caracterizadas por cotas de gratuidade e de comunhão*". E: "As atuais dinâmicas econômicas internacionais, caracterizadas por graves desvios e disfunções, requerem *profundas mudanças inclusivamente no modo de conceber a empresa*" (40).

---

[15] A. E. Orobator, "Caritas in Veritate and Africa's Burden of (Under)Development", *Theological Studies* 71, n. 2 (2010): 320-334.

A ECONOMIA QUE LEVA EM CONTA AS PESSOAS
PETER HENRIOT

Bento escreveu essa encíclica em meio à crise econômica global. Ele está chamando para algo mais que uma continuação das forças cegas e brutas do mercado que causam a crise. Ele está chamando para algo mais que um crescimento em meras respostas caridosas às vítimas da crise. Seu intrigante convite a explorar mais da "economia da comunhão" com sua ênfase na contribuição do "dom" para o desenvolvimento sustentável é algo que precisa ser mais explorado, com análises tanto favoráveis quanto críticas.

Destaco esse debate da "economia da comunhão" aqui porque me parece oferecer uma abordagem que pode ser vista na tendência de promover "a economia que leva em conta as pessoas" e é merecedora de mais explorações.

A sabedoria africana

Antes de passar para algumas questões específicas da Zâmbia ligadas às ênfases que extraí das três encíclicas sociais, volto a atenção brevemente para alguns aspectos da cultura africana conforme a experimentei durante minha estada nesse belo e variegado continente. Os elementos dessa cultura realmente são expressões da sabedoria social, uma sabedoria que lança luz tanto complementar quanto crítica sobre os elementos da tradicional Doutrina Social da Igreja que estou discutindo aqui. Sou particularmente encorajado a discutir, ainda que brevemente, alguns pontos culturais depois de ter ouvido a apresentação do professor Bénézet Bujo aqui em Trento.[16]

Por exemplo, a definição de Paulo VI de *desenvolvimento* na PP, com sua forte ênfase na ligação comum de que o autêntico desenvolvimento é "para cada um e para todos" (20), ressoa em uma expressão prática da sabedoria africana que enfatiza a comunidade. Essa ênfase prática é encontrada de muitos modos no contexto zambiano que experimentei. Um modo singelo que me tocou é a clara necessidade social de "relações antes dos negócios". Trata-se de uma prioridade mostrada pelo aperto de mão e saudação antes de começar propriamente o negócio – seja ao encontrar alguém na rua ou ao chegar a um escritório (os africanos e quem já visitou a África poderá confirmar esse costume!).

A ênfase da SRS de João Paulo II na *solidariedade* ressoa de fato, na expressão e na prática, uma tese central da sabedoria africana presente no primeiro conjunto de provérbios africanos que aprendi quando cheguei à Zâmbia vinte

---

[16] Ver, nesta obra, Bénézet Bujo, "Argumentação e metodologia na ética africana", 147-159.

e um anos atrás. Esses provérbios sobre *ubuntu* ou "humanidade" expressam a verdade da solidariedade afirmando: "Uma pessoa é uma pessoa através das outras pessoas", e "Eu sou porque nós somos, e nós somos porque eu sou". Meu potencial e crescimento são realizáveis porque pertenço a uma comunidade, e a criatividade e beleza de uma comunidade são possíveis porque derivam de indivíduos como eu.

Finalmente, o destaque que Bento XVI dá à gratuidade e ao dom como essenciais para o crescimento econômico recorda-me a centralidade da *hospitalidade* nas experiências tradicionais africanas. O acolhimento na vila ou em casa, inclusive do estrangeiro, vai além dos meros motivos de interesse ou dos instintos de caridade. Ele é, de fato, central para a realização da vida em comunidade.

Mas eu não pretendo "romantizar" esses pontos da sabedoria e da prática africanas. Certamente, há problemas e deficiências em tudo isso, como seria de esperar em qualquer situação real de vida. Mas eu de fato acredito que a sondagem desses elementos aponta para certo enriquecimento no que, de outra forma, poderia ser uma abordagem seca da economia. Pois cada um desses pontos da sabedoria africana de fato destaca por que "a economia que leva em conta as pessoas" é tão importante para a realização da vida.

Os desafios zambianos

Permitam-me concluir sugerindo a relevância desse tema da "economia que leva em conta as pessoas" para meu país de residência, meu lar, a Zâmbia. Ela é um país rico em recursos, mas com a maioria da população seriamente empobrecida. Embora vivamos em um país pacífico – de fato, invejado por nossos vizinhos –, a experiência de vida de muitos zambianos está longe da qualidade e do progresso.

A economia sob pressão do Banco Mundial e do Fundo Monetário Internacional (FMI) tem significado a adoção de reformas estruturais neoliberais que omitiram o foco nas pessoas, causando desastrosos declínios no padrão de vida. A reação à pandemia do HIV/AIDS focou-se mais em respostas médico--farmacêuticas e comportamentais, negligenciando as dimensões da justiça social do desenvolvimento.[17]

---

[17] Para uma discussão mais completa dessa questão central, ver Michael J. Kelly, *HIV and AIDS: A Social Justice Perspective* (Nairobi: Paulines Publications, 2010).

A política agrícola sensível ao papel primário das pequenas propriedades é ameaçada pela imposição de políticas industrializadas e contrárias ao meio ambiente através da promoção de organismos geneticamente modificados. Questões de gênero em desenvolvimento só recentemente foram descobertas como centrais para um desenvolvimento equitativo e sustentável. A sobrevivência ecológica é ameaçada não pelas práticas zambianas, mas sim pelo consumismo do Norte. E com frequência a política tem funcionado sem levar em conta as pessoas!

Esse e muitos outros desafios enfrenta a Zâmbia hoje.[18] Eis por que o tema da "economia que leva em conta as pessoas" é para mim não um simples interesse acadêmico para um artigo em uma conferência internacional. Acredito que esteja centralmente relacionado àquela síntese da Boa-Nova de Jesus que encontramos expressa em João 10,10: "Eu vim para que tenham vida, e a tenham em abundância". Para mim, a consideração e a resposta ao tema da "economia que leva em conta as pessoas" é, sobretudo, um chamado a pensar, a agir e a rezar de um modo que afete positivamente as pessoas que tenho de amar.

Espero não estar sendo presunçoso ao convidá-los, leitores deste ensaio, a juntarem-se a mim em pensamento, ação e oração!

---

[18] Para uma discussão mais completa desses desafios, acessar a página do Centro Jesuíta para a Reflexão Teológica: www.jctr.org.zm.

SUSTENTABILIDADE:
UMA PERSPECTIVA ÉTICO-TEOLÓGICA[1]

Simone Morandini

No tempo da ecologia

A palavra "sustentabilidade" convida a pensar eticamente a questão ambiental, colocando-a em um horizonte temporal atento ao futuro. Ela leva, portanto, a um tema que – a quase quarenta anos do relatório do Clube de Roma *Limites do crescimento*[2] – não pode mais ser considerado novo: trata-se, sobretudo, de uma dimensão qualificadora do tempo que vivemos, que pode ser considerado como um risco e uma ameaça compartilhada.[3] As décadas mais recentes têm reforçado sobretudo a urgência em responder a muitas questões ambientais. Em particular, a mudança climática demonstra a brevidade da escala temporal – somente dez anos ou pouco mais – em que os efeitos dramáticos estão acontecendo e continuarão a acontecer.

Mas interessa-nos destacar que, ainda que de forma contraditória e diferenciada, o que a humanidade está vivendo é também uma *experiência ética inédita*, que a convida a redescobrir-se como *família humana*, profundamente envolvida em uma solidariedade global de origem e de destino, que olha para além do presente.[4] É, de fato, dramático que exatamente nesta fase crítica, em que deveremos envidar energias e recursos para enfrentar o desafio ambiental, a crise econômica pareça sufocar a percepção de objetivos de fôlego, dirigindo-se sobretudo a políticas de limitada perspectiva. Para as comunidades religiosas – e em particular para a reflexão ética que nessas se exprime –, o desafio é refletir atentamente sobre a crise em sua complexidade, para descobrir que contribuição elas podem dar ao nascimento de uma humanidade de fato capaz de habitar a terra.

---

[1] Este ensaio foi traduzido para o inglês por Brian McNeil.

[2] Donella H. Meadows et al., *Limites do crescimento* (São Paulo: Perspectiva, 1978).

[3] Além do clássico Hans Jonas, *O princípio responsabilidade: ensaio de uma ética para uma civilização tecnológica* (Rio de Janeiro: PUC-Rio, 2006), aponto o belo Elena Pulcini, *La cura del mondo. Paura e responsabilità nell'età globale* (Torino: Bollati Boringhieri, 2009).

[4] Explorei essa perspectiva em Simone Morandini, *Da credenti nella globalizzazione. Etica e teologia in prospettiva ecumenica* (Bologna: EDB, 2007).

A complexidade de um desafio

Para fazer isso de modo competente, porém, devemos recordar que também o emergente fenômeno do aquecimento global é somente uma dimensão da questão ambiental. A isso se ligam também outras coisas semelhantes: pense-se na ameaça à biodiversidade, à disponibilidade e à acessibilidade dos recursos (hídricos, alimentares, energéticos...) ou ao desafio dos refugiados ambientais. Trata-se de temas carregados de implicações dramáticas e para cada um deles seria necessário um tratamento específico.[5]

Devo, porém, limitar-me a citá-los, fazendo referência a isso sobretudo para chamar a atenção para a complexidade de um tema que – ainda que profundamente unitário – não suporta abordagens unidimensionais. Para uma abordagem adequada, isso deveria ser pontualmente articulado – em sua dimensão teológica e filosófica – bem como em sua dimensão científica, sociopolítica, econômica e educativa (a lista não é exaustiva).[6] A própria complexidade se reflete nas questões ecológicas particulares. Além disso, as mais localmente marcantes, por mais dramáticas que sejam (pense-se na desertificação na África ou no impacto sobre o ecossistema marinho do petróleo proveniente da plataforma BP no Golfo do México), não podem ser adequadamente pensadas senão num horizonte global, em escala planetária.

Contudo, tamanha variedade de fatores não deve impedir de ver, inclusive em seu próprio acontecer, o gemido da *ktisis*, da criação de Deus (Romanos 8,19-23), em sua ligação com o grito dos seres humanos, dos pobres em primeiro lugar.[7] É essa a perspectiva que conferirá especificidade a uma abordagem ético-teológica, antes mesmo das indicações normativas que isso poderá produzir.

---

[5] Um olhar de conjunto no relatório *Global Environment Outlook: Environment for Development (GEO-4)*, disponível no sítio do Programa das Nações Unidas para o Meio Ambiente (PNUMA): http://www.unep.org/geo/geo4/media/.

[6] Algumas perspectivas nesse sentido em Simone Morandini, ed., *Per la sostenibilità: Etica ambientale ed antropologia* (Padova: Gregoriana, 2007); e Simone Morandini, *Nel tempo dell'ecologia: Etica teologica e questione ambientale* (Bologna: EDB, 1999).

[7] Ver Leonardo Boff, *Grito da terra, grito dos pobres* (São Paulo: Ática, 1995), mas isso não significa que eu concorde com todos os elementos das propostas teológicas de Boff.

SUSTENTABILIDADE
SIMONE MORANDINI

Um fenômeno antropogênico

Uma abordagem adequada do tema exige considerar explicitamente a natureza antropogênica: a questão ambiental (e o gemido a ela ligado) não surge de um fato inevitável, mas está ligada a comportamentos e ações humanos – pessoais e, sobretudo, sociais. Podemos identificar as raízes nas dinâmicas da sociedade do consumo quer nas características estruturais do capitalismo do século XX, quer, quiçá, em algumas tendências do antropocentrismo filosófico da modernidade; uma abordagem ecofeminista poderia até ligar esse antropocentrismo aproveitador com o androcentrismo patriarcal.

Não faltam elementos de verdade em nenhuma dessas abordagens; para nossa reflexão, parece ser mais importante ler a crise que vivemos como uma manifestação da própria natureza cultural dos seres humanos. Somente estes são capazes de subtrair-se dos vínculos que obrigam outros seres viventes no nicho ecológico delimitado ao qual estão adaptados, para moldarem eles próprios seu ambiente.[8] Trata-se de uma dinâmica que encontra seu ápice na emergência da capacidade de ação técnica, que em nosso tempo alcançou uma eficácia absolutamente sem precedentes. Essa mesma realidade impulsionou o Prêmio Nobel de Química Paul Crutzen a falar de *Antropoceno*: a época que vê o agir humano situar-se entre os principais fatores de evolução biológica e geológica do planeta.[9] Também um historiador do ambiente como John McNeill intitula sua história do ambiente no século XX de "Algo de novo sob o sol",[10] destacando a novidade da condição do planeta – quase que completamente hominizado – no século XX.

Quem acolhe a novidade antropológica do Antropoceno compreende também a dramática dissociação entre o imenso poder disponível à humanidade e a capacidade de avaliação sobre os fins aos quais endereçá-la. Os últimos pontífices indicaram na crise ecológica – para além da dimensão técnica e política – uma grande *questão moral*: nela está em jogo a vida de bilhões de homens e mulheres, das gerações presentes e futuras – a partir dos pobres, os primeiros a pagar o preço da insustentabilidade de uma forma de vida.

---

[8] Para uma consideração mais ampla dessa perspectiva, remete a Simone Morandini, *Etica ed evoluzione* (Assisi: Cittadella, 2010).

[9] Paul Crutzen, *Benvenuti nell'Antropocene. L'uomo ha cambiato il clima, la Terra entra in una nuova era* (Milano: Mondadori, 2005); Paul Crutzen e Eugene F. Stoermer, *International Geosphere-Biosphere Programme Newsletter* 41 (May 2000): 17-18.

[10] John R. McNeill, *Something New under the Sun: An Environmental History of the 20th Century World* (New York: Norton, 2000).

Questão ambiental e Doutrina Social da Igreja

A última afirmação evidencia também uma das linhas principais por meio das quais a Doutrina Social da Igreja Católica enfrenta de modo cada vez mais incisivo a questão ambiental: a atenção para com as gerações futuras da humanidade. Cito aqui – dentre uma produção magisterial demasiado ampla para ser analisada aqui – apenas alguns textos de importância específica: o capítulo X do *Compêndio da Doutrina Social da Igreja*,[11] duas *Mensagens para a Jornada Mundial da Paz* (1990 e 2010) e os números 48-51 da *Caritas in Veritate*. É interessante notar que nenhum dos documentos citados faz uso explícito da noção de sustentabilidade, embora o Pontifício Conselho *Justitia et Pax* a tenha examinado com atenção na fase de preparação do Compêndio, optando pela menos comprometedora "compatibilidade ambiental". Muito próxima a essa noção aparece a perspectiva delineada pela recente encíclica de Bento XVI, que fala de um "gravíssimo dever de entregar a terra às novas gerações num estado tal que também elas possam dignamente habitá-la e continuar a cultivá-la".[12]

Trata-se de uma indicação que confere uma elevada qualidade moral a um compromisso cujo conteúdo é equivalente à própria sustentabilidade. Recordemos que a definição usualmente utilizada faz referência ao Relatório apresentado à ONU pela Comissão Brundtland,[13] que falava de sustentabilidade em termos de capacidade de satisfazer as necessidades da geração presente, sem prejudicar a possibilidade análoga para as futuras. É, portanto, em primeiro lugar uma atenção à família humana – entendida em sua dimensão futura e em sua ineludível relação com o planeta que ela habita – que subjaz à noção de sustentabilidade. As mesmas indicações concretas que o relatório Brundtland oferece para sua relação com as capacidades do ecossistema terrestre são comparadas com essa dimensão antropológica fundamental.

Para uma adequada avaliação dos termos e de suas implicações, a teologia católica não deveria esquecer de que já em 1975 conteúdos análogos foram referidos com a mesma expressão pelo Conselho Mundial de Igrejas, que convidava o

---

[11] Pontifício Conselho Justiça e Paz, *Compêndio da Doutrina Social da Igreja* (Cidade do Vaticano: Libreria Editrice Vaticana, 2004).

[12] *Caritas in Veritate* ("Caridade na verdade"), 50.

[13] Gro Brundtland, ed., *Our Common Future: The World Commission on Environment and Development* (Oxford: Oxford University Press, 1987).

ecúmeno cristão a colaborar na construção de uma "sociedade justa, participativa e sustentável".[14] Trata-se de uma perspectiva elaborada dentro de uma trajetória vivaz, carregada de motivações eticamente fortes, profundamente enraizadas na perspectiva evangélica, bem como ortodoxa. Manter viva a memória poderia permitir também à reflexão magisterial católica apreciar melhor o forte valor moral e teológico da sustentabilidade, a qual já é utilizada em numerosos textos elaborados por diversos episcopados, a começar pelo alemão e pelo norte-americano.

Uma perspectiva ética e teológica

É, portanto, o momento de explicar a perspectiva que orienta a noção de sustentabilidade, que enfrenta o desafio ecológico com um viés decididamente antropocêntrico. Trata-se de uma perspectiva certamente diferente da holística das éticas da terra ou do biocentrismo das éticas da vida,[15] mas nem por isso menos exigente. Fazer das futuras gerações da humanidade a referência-chave para a ética ambiental significa pautar a centralidade do *anthropos* em formas responsáveis e relacionais, bem distantes daquelas absolutas da modernidade. Não está aqui em jogo o antropocentrismo do *homo œconomicus*, insaciável em sua sede de bens, mas também não se trata daquele prometeico, que ignora todo limite ao próprio agir técnico transformador, nem daquele do "consumidor de sensações" da modernidade líquida. A sustentabilidade esboça, sobretudo, uma figura de sujeito vulnerável, bem consciente da relacionalidade – a inter-humana e a biológica – que o sustenta; um sujeito que se sabe inserido em uma família humana, situada em um planeta finito, e que compreende bem o impacto ecossistêmico do próprio agir e dos próprios consumos sobre esta e sobre as gerações vindouras. Um sujeito consciente do poder que para o crente faz parte da própria vocação que lhe foi conferida por Deus, mas também do oneroso compromisso de orientá-lo responsavelmente à vida (humana, mas não só).

Está claro, então, que para esse sujeito a *natureza* biológica e ecossistêmica não aparece como uma mera mina de material, plasmável à vontade. Ela também não constitui a fonte imediata de uma normatividade, que se limita simplesmente

---

[14] Ver os importantes artigos em Nicholas Lossky et al., eds., *Dictionary of the Ecumenical Movement* (Genève: World Council of Churches, 1991).

[15] Para essa distinção, remeto a Mariachiara Tallacchini, ed., *Etiche della terra* (Milano: Vita & Pensiero, 1999).

a adequar-se ao próprio agir livre. Ela aparece, sobretudo, como o espaço da vida esplêndida e vulnerável, que exige um agir prudente, capaz de transformá-la para torná-la habitável, mas sem subverter as estruturas de sustentação que constituem a condição de possibilidade da própria habitabilidade. Um agir que saiba cultivar e proteger o jardim a nós confiado – para usar as palavras de Gênesis 2,15 – em um sábio equilíbrio de inovação e conservação na casa da vida.

Ainda que sejam poucas as indicações que fizemos, são suficientes para evidenciar como uma reflexão sobre a sustentabilidade, para além da dimensão sociopolítica, traz consigo um radical valor antropológico. E a esse valor corresponde também uma significativa dimensão teológica, que podemos evidenciar na expressão *Pantocrator*, com que o Símbolo niceno-constantinopolitano qualifica o Criador. Esse termo é geralmente traduzido como "Onipotente", mas na realidade a raiz de *kratos*, mais que a dimensão do poder absoluto, introduz, sobretudo, a dimensão da sustentação e da conservação. O Criador é Pantocrator porque tudo sustenta, é Aquele que já em Gênesis 8,22 – na aliança pós-diluviana – garantia a estabilidade do clima e das estações que permitia uma existência de fato humana. Para o crente, a prática responsável da sustentabilidade aparece, então, como componente imprescindível da correspondência dos seres humanos à imagem de Deus que vive neles, no sentido de um cuidado ativo e providente pela terra e por seus habitantes.

Essa afirmação fundamental não pode levar ao esquecimento de que houve da parte dos próprios crentes também comportamentos de grave desatenção quanto à terra de Deus. Também não podemos negar a ambivalência com que foi muitas vezes interpretada teologicamente a posição do homem na criação.[16] Diferentemente, porém, do que considerava em 1967 o historiador americano Lynn White,[17] seria profundamente incorreto identificar nesses elementos a manifestação de um valor antiecológico do antropocentrismo cristão. Para um olhar teologicamente atento, esses aparecem, sobretudo, como uma autêntica traição da verdadeira "promessa ecológica",[18] que perpassa de cima a baixo as Escrituras. Explorar seu significado, reencontrando sua força espiritual e normativa, constitui um componente importante da tarefa da ética teológica atual.

---

[16] Examinei algumas perspectivas nesse sentido em Simone Morandini, *Teologia ed ecologia* (Brescia: Morcelliana, 2005).

[17] Lynn White Jr., "The Historical Roots of Our Ecological Crisis", *Science* 155 (1967): 1203-1207.

[18] Ver H. Paul Santmire, *The Travail of Nature: The Ambiguous Ecological Promise of Christian Theology* (Minneapolis, MN: Fortress Press, 1985).

SUSTENTABILIDADE
SIMONE MORANDINI

Princípios necessários para promover a sustentabilidade

Se a sustentabilidade interpela com tanta força a consciência crente, é porque dela emerge a orientação à prática que, por sua própria natureza, exige o envolvimento de toda a família humana, na variedade de seus componentes. Nesse sentido, é importante oferecer algumas indicações éticas concretas.

Deve-se destacar, em primeiro lugar, que a sustentabilidade não se traduz em um convite à abstenção do agir, como se ela estivesse em contradição com a criatividade humana e com o desenvolvimento humano integral que encontramos em destaque também na *Caritas in Veritate*. Trata-se, pelo contrário de buscar uma justiça do agir que leve explicitamente em consideração também sua dimensão ambiental, como elemento de avaliação para todas as escolhas relevantes, quer sociais, quer pessoais. Trata-se de fazer da construção da sustentabilidade um componente imprescindível da contínua prática do *discernimento* em que Romanos 12,1-2 coloca o cerne do agir moral. Trata-se, portanto, não de pretender extrair rígidas indicações normativas a partir de um conceito pré-definido de sustentabilidade, mas sim de aprender a pautar a perspectiva a ela associada de modo flexível e articulado, como critério interpretativo da complexidade das situações concretas em que estão em jogo valores humanos e ambientais.

Sem a pretensão de ser exaustivo, desejamos aqui indicar alguns *princípios* para articular essa exigência. Trata-se de indicações que emergem da própria noção de sustentabilidade, mas que se encontram em forte consonância com as indicações da Doutrina Social da Igreja: enquanto os primeiros dois são muito gerais e são indicados como fundamentais em qualquer exposição, para o terceiro e o quarto podemos fazer referência sobretudo ao Compêndio da Doutrina Social da Igreja de 2004; o final retoma uma instância já destacada por João Paulo II.

Primeiro, a sustentabilidade constitui uma extensão no sentido intergeracional da *justiça*, que não pode avançar em detrimento da correspondente dimensão intrageracional. É dever da justiça garantir desde já a todos os membros da família humana – sobretudo aos pobres – um adequado acesso aos bens da terra (em primeiro lugar os vitais, como a água, a energia, os recursos alimentares), superando a atual distribuição oligárquica. A iníqua divisão das responsabilidades, dos bens e dos riscos que caracteriza a condição da família humana, de fato, esboça já no presente uma dramática negação da sustentabilidade. Mas também uma reflexão ética sobre a mitigação da mudança climática e sobre a contribuição que os diversos sujeitos nacionais poderão e deverão dar não pode eximir-se da comparação com a dimensão da justiça.[19] É até muito fácil indicar na escassa atenção a essa dimensão um dos fatores determinantes do substancial falimento da conferência sobre o meio ambiente que ocorreu em dezembro de 2009 em Copenhagen.

Segundo, a instância da sustentabilidade interpela à *subsidiariedade*, de modo que todos os sujeitos, pessoais, sociais e institucionais se articulem na responsabilidade de formas "comuns, mas diferenciadas" – segundo a indicação muitas vezes expressa por numerosos organismos internacionais. Ela interessa às instituições – supranacionais, nacionais e locais –, mas também às diversas expressões da sociedade civil (inclusive às Igrejas), como também ao mundo da pesquisa científico-tecnológica e o da economia. Uma ética ambiental deve ocorrer em vários níveis, articulando atentamente a responsabilidade compartilhada nas diversas áreas em que ela é chamada a ser exercida.

Terceiro, a atenção quanto à justiça pode ser realmente percebida somente por uma humanidade que se compreenda como família humana em *solidariedade global*, que aprenda que – para além das preciosas especificidades nacionais e locais, que devem ser valorizadas – um desafio global como a sustentabilidade exige um sujeito que esteja próximo. É uma instância que interessa a nosso sentir pessoal, mas que impulsiona também em direção a uma adequada expressão no âmbito das instituições políticas. As ações necessárias tomadas unilateralmente por sujeitos individuais nacionais devem também encontrar conexão em um quadro multilateral, enquadrando-se em um tipo de pacto pela terra e pelas gerações futuras.

Quarto, a *Sollecitudo Rei Socialis* convida a levar em consideração tanto a natureza dos seres individuais quanto sua "mútua ligação em um sistema ordenado".[20] A *perspectiva ecossistêmica* é uma instância retomada também pelo *Compêndio de Doutrina Social da Igreja*, que convida a considerar toda a realidade (vivente ou não) não somente em seu valor singular, mas também em seu papel na estabilidade e na vitalidade do ecossistema (local e global), recordando que às vezes uma alteração mesmo que limitada de fatores singulares pode ter consequências bastante vastas. Podemos exprimir essa instância com uma expressão de Aldo Leopold, um dos fundadores da ética ambiental norte-

---

[19] Para uma reflexão ética, ver Matteo Mascia e Lucia Mariani, eds., *Ethics and Climate Change: Scenarios for Justice and Sustainability* (Padova: Fondazione Lanza, 2010).
[20] *Sollicitudo Rei Socialis* ("Sobre a preocupação social"), 34.

-americana: a ética deve aprender a "pensar como uma montanha", falando da necessidade de aprender das ciências ecológicas a percepção daquela gama de fatores que interagem inclusive sozinhos em um ecossistema local.[21]

Quinto, nessa perspectiva, é claro que a reparação do dano ambiental, sobretudo quando é de grandes dimensões, é sempre mais onerosa que sua *prevenção e precaução*. Esse agir previdente é, portanto, um dever, sobretudo quanto a questões capazes de causar consequências de grandes proporções. Isso vale também quando a consciência científica dos fatores em jogo não é ainda completa. Trata-se do conteúdo do princípio de precaução,[22] que está mostrando a própria importância em um grande número de âmbitos da ética ambiental, a partir da mudança climática, mas também em relação ao uso de organismos geneticamente modificados.

Virtudes necessárias para promover a sustentabilidade

Com essas palavras, importantes como horizontes de fundo, sobretudo quanto às grandes escolhas socioeconômicas, uma ética ambiental deverá suscitar algumas *virtudes ecológicas*, a fim de plasmar o coração do sujeito chamado à sustentabilidade inclusive em sua práxis cotidiana, o que chamamos de seu *estilo de vida*.[23] A natureza global da crise ambiental, de fato, nasce também da difusão crescente dos comportamentos insustentáveis que caracterizam o *homo œconomicus* do modelo consumista das sociedades ocidentais.

Um sujeito voltado à sustentabilidade deverá passar por uma "conversão ecológica" – para retomar a expressão de João Paulo II[24] –, chegando a pautar as próprias práticas segundo parâmetros bem diferentes. Essa também é uma possibilidade cujas raízes estão na natureza cultural dos seres humanos, em sua capacidade de modificar os próprios comportamentos, quando estes

---

[21] Trata-se do título de um ensaio presente em Aldo Leopold, *A Sand County Almanac* (Oxford: Oxford University Press, 1949). É claro que a perspectiva hermenêutica que propomos para esse texto está muito menos perfilada com a que caracteriza, por exemplo, os autores da *deep ecology* ["ecologia profunda"] e que se exprime, entre outros, em Arno Naess, *Ecology, Community and Lifestyle: Outline of an Ecosofy* (Cambridge: Cambridge University Press 1989).

[22] *Compêndio de Doutrina Social da Igreja*, 469.

[23] Sobre a importância dessa temática, remete a Simone Morandini, *Il tempo sarà bello. Fondamenti etici e teologici per nuovi stili di vita* (Bologna: EMI, 2004); e Morandini, ed., *Etica e stili di vita* (Padova: Gregoriana, 2005).

[24] João Paulo II, *Audiência Geral de 17 de janeiro de 2001*, 4.

demonstram ser inadequados. A profunda transformação a que nossas sociedades devem preparar-se para realizar a transição rumo à sustentabilidade – quase uma nova passagem crítica da dinâmica evolutiva – não pode encontrar fundamento senão nos comportamentos renovados por parte das pessoas, famílias, comunidades, como se exprimem em diversas virtudes.

A primeira virtude ecológica com certeza é a *gratidão*, expressão do reconhecimento da finitude do sujeito humano, de seu ser precedido por uma comunidade humana e por uma evolução biológica que torna possível sua própria existência. É a consciência de serem hóspedes, de terem recebido um dom que ultrapassa toda e qualquer possibilidade de restituição mercantil, mas que exige ser transmitido integralmente às gerações futuras.

A segunda virtude está inserida na gratidão. A *sobriedade* é a forma que caracteriza um estilo de vida – pessoal e comunitário – sustentável: a capacidade de uma vida essencial, que no mundo ocidental deverá colocar-se em consciente oposição a uma cultura corrente, totalmente centrada na maximização do consumo. Esta se articulará ulteriormente em duas dimensões. A primeira, a *ecossuficiência*, é a capacidade de examinar atentamente os próprios consumos, para verificar se de fato eles correspondem a necessidades reais para uma vida de qualidade e não sejam comportamentos induzidos pela imitação ou pela sedução publicitária; a tradição ético-teológica deve continuar a recordar que uma vida boa pode ser realizada também com uma quantidade de bens (e com um impacto ambiental) bem menor do que o habitual para os cidadãos da sociedade ocidental. A segunda é a *ecoeficiência*; se existem certas necessidades que reconhecemos como reais e imprescindíveis, é preciso ser capaz de satisfazê-las com o menor impacto possível sobre o ambiente, inclusive valorizando os desenvolvimentos da ciência e da técnica; uma perspectiva ético-teológica deve também afirmar o papel essencial da inovação tecnológica quanto à sustentabilidade, à medida que esta concorda em reduzir drasticamente os consumos de energia e materiais para produzir bens e serviços.

A terceira virtude é a *fraternidade criatural*. Viver ao máximo um estilo de vida sustentável exige também ir além do antropocentrismo com que até agora pautamos a sustentabilidade. A construção de existências sustentáveis deverá olhar também para figuras como a de Francisco de Assis ou Serafim de Sarov, redescobrindo sua experiência de fraternidade escatológica com as demais criaturas. Essa fraternidade direcionará para uma ética da atenção aos animais como companheiros da criação, mas também direcionará para uma espiritualidade da respiração cósmica, capaz de acolher o agir e o sentir humanos dentro do vasto horizonte da criação divina.

A quarta virtude é o *cuidado*. Quem experimenta essa dimensão de fraternidade universal será levado a viver de modo amplo também a dimensão do *cuidado*, que tanta atenção recebeu da reflexão ética e teológica feminista. Ao cuidado para com os seres humanos e para com as relações entre eles se acrescentará o cuidado pela terra por parte de quem não suporta vê-la sendo devastada.

Se a importância dos princípios evocados na seção precedente interessa em primeiro lugar à elaboração ético-social, as virtudes aqui lembradas envolvem as existências concretas das pessoas e da comunidade. É importante nesse sentido que elas passem a fazer parte da reflexão moral, mas também da prática pastoral das comunidades crentes, e passem a recuperar a concretude de uma relação vivida na terra que constitui uma dimensão importante do sentir cristão. A iniciativa da Jornada da Criação, proposta inicialmente para 1º de setembro pelo Patriarcado Ecumênico de Constantinopla, mas assumida também por Igrejas evangélicas, bem como por diversas Conferências Episcopais Católicas, constitui uma oportunidade de grande destaque nesse sentido.

Conclusão

É claro que, se a ética ambiental se coloca no campo da ética aplicada,[25] ela tem também resultados antropológicos e pastorais que excedem amplamente esse âmbito, interessando inclusive à própria reflexão teológico-sistemática sobre a doutrina da criação. Não causa espanto que a própria sustentabilidade, que com frequência é percebida como um termo "frio", tenha-nos conduzido através de uma reflexão ética que evocou, sim, a dimensão técnica, tanto política quanto econômica, mas também um intenso componente teológico e espiritual. A casa da vida que nos foi dada, de fato, é também o espaço precioso no qual o Verbo montou sua tenda (João 1,14), no qual o Espírito doa a vida a todo vivente, renovando a face da terra (Salmo 104,30). Trata-se de uma perspectiva que de modo algum pretende colocar-se em contradição com a descrição do que de fato a ciência contemporânea nos oferece, mas somente testemunhar que exatamente nas dinâmicas que ela nos indica a fé sabe colher a expressão de um amor criador em dimensão cósmica.[26]

---

[25] Para uma reflexão sobre o significado dessa colocação, remeto a Simone Morandini, eds., *L'etica negli ambiti di vita* (Padova: Proget, 2010).

[26] Ver Simone Morandini, *Teologia e física* (Brescia: Morcelliana, 2007).

A fé cristã narra, portanto, a partir de um horizonte trinitário, que torna *sustentável* uma ética e uma espiritualidade ecológica, e nele enraíza também – segundo uma indicação particularmente cara ao pensamento de Jürgen Moltmann[27] – uma esperança que tem as dimensões de toda a criação. Uma ética crente da sustentabilidade não será, então, animada somente pela partilha da preocupação com a ameaça à família humana. Ela viverá, sobretudo, de um amor radical voltado à terra e a todos aqueles que a habitam – como companheiros de viagem rumo a um *eschaton* em que Deus será "tudo em todos" (Primeira Carta aos Coríntios 15,28).

Eis o que exprimiu o mestre Zósima em *Os irmãos Karamazov*, a cujas palavras desejo confiar a conclusão:

> Amai toda a criação divina, tanto em sua totalidade quanto em cada grão de areia. Por toda minúscula folha, por todo raio de sol de Deus, tende amor. Amai os animais, amai as plantas, amai todas as coisas. Se amardes todas as coisas, percebereis nelas o mistério de Deus. Uma vez percebido isso, sem interrupção alguma passareis a conhecê-lo cada vez mais a fundo e cada vez melhor, dia após dia. E, ao final, amareis todo o mundo, com um amor total, universal.[28]

---

[27] Ver Jürgen Moltmann, *Deus na criação: uma doutrina da criação ecológica* (Petrópolis: Vozes, 1993); Moltmann, *A vinda de Deus: escatologia cristã* (São Leopoldo: Unisinos, 2003).
[28] Fiódor Dostoiévski, *Os irmãos Karamazov*, capítulo 41.

CIDADANIA

Myroslav Marynovych

É uma grande honra para mim fazer parte desta notável conferência. Contudo, sinto-me pressionado pelas circunstâncias a explicar por que estou usando um meio tão incomum para enviar meu artigo. (Este ensaio foi gravado previamente e transmitido à conferência; após sua apresentação, o autor usou o Skype para uma sessão de perguntas e respostas durante a própria conferência.)

No começo de 2010, publiquei meu protesto contra as restrições ao visto do Tratado de Schengen,[1] que, segundo entendo, se opôs ao espírito de uma Europa unida naquela ocasião. Como parte de meu protesto, renunciei a viajar à zona de Schengen por um ano. Em minha carta aberta, desculpei-me diante de vocês, eticistas teológicos do mundo, por não conseguir falar pessoalmente diante de vocês em Trento. Permitam-me fazê-lo mais uma vez hoje, explicando os principais argumentos de minha visão.

Compreendo que o comportamento irresponsável dos líderes políticos ucranianos tem levado a um declínio significativo de seu prestígio no mundo, o que influenciou a postura dos europeus para com os cidadãos comuns ucranianos. Além disso, admito que meus compatriotas muito frequentemente se humilham por uma oportunidade de sair do país, criando significativos problemas para os líderes europeus. Sinto vergonha disso. Também entendo que uma força laboral barata cria sérios problemas, embora seja proveitosamente usada no mercado de trabalho europeu para realizar trabalho pouco apreciado. Isso serve como um argumento forte para os governos europeus descerem cada vez mais o véu invisível.

Todavia, a questão de fronteiras abertas e de relações interpessoais é uma questão de direitos humanos e de dignidade que deveria estar além das preocupações políticas, ideológicas ou econômicas. A circulação livre e desobstruída de pessoas é um direito humano inalienável, ratificado pelo direito internacional. Ela se radica na dignidade inerente da humanidade, e todos os esforços devem ser feitos a respeito dessa dignidade.

---

[1] Ver http://www.schengenvisa.cc/.

A livre circulação de pessoas

Os contatos internacionais entre pessoas são, em primeiro lugar, um mecanismo poderoso para o reconhecimento mútuo, para as relações harmônicas entre os países e para a afirmação dos valores democráticos no mundo inteiro. Por essa razão, a promoção desses contatos beneficia não somente os interesses privados e as pessoas individuais, mas também e sobretudo as sociedades democráticas como um todo.

Quando protestei, contudo, criou-se um fosso entre as ideias declaradas e a realidade experimentada. Havia um número de cláusulas da legislação do visto de Schengen que, embora satisfizessem a lógica burocrática, violavam o imensamente mais importante princípio da dignidade humana.

Especialmente denegridor dos cidadãos ucranianos foi o pedido, feito pela maioria das embaixadas do Tratado de Schengen (pelo menos quando de meu protesto), de que as pessoas que solicitassem os vistos deveriam submeter-se toda vez a entrevistas pessoais e dar evidências de suas profissões declaradas. Como resultado, surgiram inúmeros exemplos de que os ucranianos eram forçados a fazer isso no próprio estabelecimento das embaixadas: crianças tinham de dançar para provar que eram de fato membros de uma companhia de dança; escritores eram obrigados a levar cópias de seus livros; cantores tinham de mostrar que eram profissionais na área. Às vezes, os requerentes eram forçados a levar documentos que confirmassem que não estavam infectados com HIV ou tuberculose etc. Era humilhante para as pessoas em questão, mas era também uma violação de um princípio democrático básico da inadmissibilidade da responsabilidade coletiva por parte daqueles que violavam os requerimentos do visto. A culpa pela violação dos regimes de visto seria atribuída exclusivamente àqueles indivíduos que cometessem essas violações.

Eu não fui o único a observar isso. De acordo com a página eletrônica do EUobserver,[2] "uma inspeção de uma junta consultiva ucraniana concluiu que as pessoas enfrentam filas, atrasos de dias, taxas extras misteriosas e recusas inexplicáveis quando tentam visitar a União Europeia".[3] Jan de Ceuster, líder do departamento responsável pelo visto da Comissão Europeia, disse que as mudanças eram extremamente necessárias: "Penso que deveríamos admitir que no passado às vezes o processo do visto nem sempre foi favorável ao usuário".

---

[2] Jornal eletrônico voltado, sobretudo, à política da União Europeia [N.T.].
[3] http://euobserver.com/?aid=31316.

Desde aquele tempo, as autoridades de Schengen têm dado alguns passos significativos para normalizar a situação. A Comissão Europeia apresentou uma legislação preliminar para passar a Albânia e a Bósnia-Herzegovina para a lista de países-exceção do visto. Mais importante ainda é o fato de que um novo código do visto da União Europeia entrou em vigor em 5 de abril de 2010, e seu objetivo era coordenar os trabalhos em todos os países do Tratado de Schengen, o que, conforme se prometia, "significava ser mais justo, transparente e exato".

Justifica-se, portanto, afirmar que agora a bola está em campo ucraniano. O Parlamento Ucraniano e o Governo Ucraniano têm uma lista de obrigações ucranianas esperando por sua aprovação.

Contudo, outro problema pode ser identificado. Em algumas ocasiões, toda a questão do sistema de visto da União Europeia parece ter um viés político. Conforme o relatório do EUobserver.com,

> a União Europeia provavelmente dará um grande passo quanto à livre circulação com a Rússia. Mas a Polônia quer garantir que outros países pós-soviéticos, especialmente a Ucrânia, sejam também incluídos. O ministro polonês do exterior, Radek Sikorski, afirmou que a União Europeia não deveria, porém, desprezar os seis países pós-soviéticos em seu esquema de parceria com o Leste. O esquema inclui Armênia, Azerbaijão, Belarus, Geórgia, Moldova e Ucrânia [...]. A Geórgia tem se queixado há anos de que a União Europeia está enfraquecendo sua integridade territorial ao deixar as pessoas com passaporte russo, incluindo aquelas de suas regiões separadas da Abecásia e da Ossétia do Sul, atravessarem mais facilmente do que as pessoas com passaporte georgiano. Os diplomatas ucranianos são incisivos quanto ao fato de que a União Europeia está feliz em abrir as fronteiras com a Rússia, mas não com a Ucrânia, a despeito das transformações democráticas ucranianas.

Sendo assim, o problema persiste.

Em minha opinião e na opinião de meus colegas, chegou o tempo de mudar a filosofia que governa a proteção prática dos direitos dos cidadãos à livre e desobstruída circulação pela Europa e de remover obstáculos burocráticos degradantes relacionados à entrega de vistos. Antigamente, o sistema de segurança europeu, representado pela Organização para a Segurança e a Cooperação na Europa e pelo acordo de Helsinki, abriu as fronteiras da Europa e facilitou o contato interpessoal. Como um ativista dos direitos humanos então aprisionado, fiquei orgulhoso com essa Europa e grato a ela por me chamar a lutar pelos direitos humanos. Hoje, apelo aos eticistas teológicos do mundo a garantirem que a Europa oficial e outras regiões de nosso planeta não criem um sistema de segurança no qual novas "cortinas de ferro" sejam levantadas e às quais os valores básicos da democracia sejam subordinados.

Emigração

Agora, permitam-me voltar a minha segunda preocupação, a questão da emigração. Refiro-me, sobretudo, à experiência ucraniana, mas estou certo de que os representantes de muitos países presentes a esta conferência reconhecerão contextos sociais semelhantes.

Visto que experimentou ao longo do último século quatro grandes ondas de emigração, a Ucrânia se tornou uma enorme reserva de pessoas; de tempos em tempos, *tsunamis* geopolíticos forçaram ondas de emigração, sendo que a última foi causada pelo colapso da União Soviética.

O sistema comunista entrou em colapso em parte porque não resistiu à competição com o sistema capitalista. Os anúncios luminosos e as vitrines acabaram seduzindo os cidadãos da URSS, os quais, detrás da Cortina de Ferro, passaram a olhar com inveja para os ornamentos do mundo ocidental. Nesse sentido, o olhar invejoso dos ucranianos não diferiu de modo algum do mesmo olhar invejoso daqueles que cruzaram o Muro de Berlim ou lotaram os barcos de migrantes ilegais no Mediterrâneo. Os elementos socioeconômicos não podem ser menosprezados como motivação para aqueles que na primeira oportunidade dirigiram-se ao Ocidente em busca de prosperidade e de uma vida feliz. A Europa ocidental apresentou uma civilização muito tentadora e, como aconteceu com a Roma Antiga, não pôde deixar de ser sitiada pelos chamados "bárbaros" a seu redor.

As motivações socioeconômicas para deixar a Ucrânia tornaram-se ainda mais fortes quando os problemas econômicos do sistema soviético foram substituídos pela crise econômica dos primeiros anos de independência. Os ucranianos de todas as gerações sofreram traumas psicológicos. Os idosos cuja juventude havia sido marcada pela guerra haviam vivido ao longo dos anos seguintes com a esperança de uma "luz no fim do túnel". De repente, ficou claro que a sonhada aposentadoria confortável seria postergada pelo menos por algumas décadas, ou seja, para depois de suas vidas. O que abrandou esse golpe contra suas esperanças foi outra esperança: encontrar a paz e a segurança juntamente com seus filhos no Ocidente.

As novas gerações ridicularizaram o *slogan* da "luz no fim do túnel", substituindo-o pelo credo europeu geral "tudo e agora!". De acordo com suas convicções, isso seria possível somente no Ocidente. (Permitam-me fazer um parêntese para dizer que muitos desses buscadores de felicidade logo experimentaram uma séria crise, visto que a civilização ocidental que encontraram não tinha nada em comum com o paraíso idealizado por eles!)

Outro grupo de emigrantes deixou a Ucrânia sentindo-se incapaz de encontrar a oportunidade de autorrealização, que era o principal objetivo de sua vida. Essa parte mais dinâmica da sociedade não viu oportunidades na Ucrânia para sua carreira e progresso profissional. Eram normalmente jovens que olhavam para o mundo de modo soberbo e pragmático, considerando que somente conseguiriam seu lugar ao sol enquanto fossem jovens. Por isso, ainda que a Ucrânia se tornasse um país próspero em poucas décadas, eles já teriam perdido sua chance de vida. Foi essa categoria de emigrantes que conseguiu um modo de obter os vistos e que imediatamente surgiu nessas sociedades dinâmicas, rapidamente dominando a língua dos países onde estava e assimilando a lógica de seu mercado de trabalho.

Contudo, não foram somente argumentos socioeconômicos que motivaram os novos emigrantes; preferências e antipatias políticas também desempenharam um papel importante. Alguns que não acreditavam no futuro democrático ucraniano, temendo uma forma extrema de nacionalismo, compraram bilhetes somente de ida. Outros temiam a Rússia, corretamente supondo que esta jamais aceitaria a independência ucraniana. Outros ainda não acreditaram na capacidade de a ainda não desenvolvida nação ucraniana administrar-se por seus próprios esforços e estabelecer a harmonia em um país desestabilizado.

Entre todos os grupos anteriormente mencionados de pessoas que deixaram a Ucrânia, podem-se identificar duas categorias: aqueles que emigraram da Ucrânia para sempre e aqueles que a deixaram por trabalho e que estão prontos a retornar à Ucrânia se a situação política se estabilizar e se as reformas econômicas começarem a funcionar. Poder-se-ia afirmar que a elite democrática na Ucrânia mantém grandes esperanças quanto a esses emigrantes temporários. Afinal, a vivência por um longo tempo em países ocidentais deve ter uma influência em seu desenvolvimento. Essas sociedades podem ajudar os emigrantes ucranianos a alcançar um nível maior de liberdade e pode ensinar-lhes os princípios fundamentais por meio dos quais a democracia funciona, bem como as técnicas contemporâneas de gerir o Estado. Se retornarem à

Ucrânia, essas pessoas poderão garantir um melhor desenvolvimento democrático do país. Há um considerável número desses trabalhadores migrantes que estão ansiosamente esperando a plena entrada da Ucrânia na União Europeia, visto que isso romperia as barreiras e permitiria um contato mais próximo com sua terra natal.

Como não sou um sociólogo, sou incapaz de avaliar com dados as relações entre os diferentes tipos de emigração. Somente poderia dizer que, segundo alguns dados colhidos entre os próprios emigrantes, aproximadamente 50 por cento estão prontos, diante de circunstâncias mais favoráveis, a voltar à Ucrânia. Em minha opinião, esse é um cenário positivo que suscita certa esperança. Mostra que o sucesso da democracia ucraniana seria a chave para o fim da emigração. E estou certo de que é também a solução-chave para muitos vizinhos na União Europeia que enfrentam problemas de emigração.

A resposta do governo ucraniano

Falando de modo genérico, parece não haver política estatal com respeito à emigração. O Estado não ignorou simplesmente os aspectos humanitários do problema; de fato, ele realmente sentiu que o êxodo massivo para ganhar dinheiro era vantajoso de muitos modos. Primeiro, pareceu favorável economicamente, visto que as transferências de dinheiro via União Ocidental e outros canais tornaram-se o cordão de segurança que evitou o naufrágio total do navio da economia ucraniana. Segundo, pareceu ter prestado um auxílio político interno, visto que era a parte mais dinâmica da população que estava fora e ela poderia ter fortalecido a oposição ao governo e dado a ela massa crítica.

Dados mostram que na véspera da Revolução Laranja,[4] cerca de 80 por cento dos jovens na Ucrânia queriam deixar o país. A situação indicava tratar-se de uma catástrofe humana. A Revolução Laranja foi, em si, uma erupção de esperança dos jovens de que para eles haveria um lugar ao sol na Ucrânia. A mídia transmitiu o estado de espírito dos jovens: "Estávamos planejando deixar o país, mas a Revolução Laranja nos fez mudar de ideia".

---

[4] Série de protestos e eventos políticos ocorridos entre 2004 e 2005 em resposta às alegações de corrupção e fraude eleitoral durante a eleição presidencial ucraniana de 2004. A cor laranja foi adotada pelos protestantes como a oficial do movimento por ter sido usada na campanha eleitoral do principal candidato da oposição, Viktor Yushchenko [N.T.].

Depois da Revolução Laranja, as autoridades ucranianas declararam sua prontidão e desejo de enfrentar a questão da emigração. Imagino que muito foi de fato feito nesse sentido. Contudo, o espírito de competição que contaminou o grupo político Laranja destruiu boa parte de suas boas intenções. Certa quantia de sua energia foi gasta em rivalidade mútua, que paralisou a implementação de muitos programas positivos.

Pode-se facilmente concluir que a presente falência do grupo Laranja terá consequências diretas e negativas para toda a situação da migração. Primeiro, aqueles trabalhadores que já estavam prontos para voltar à Ucrânia hesitarão agora, e, segundo, a onda de emigração dos desiludidos com a Ucrânia provavelmente se intensificará. A responsabilidade pela situação está sobretudo no ambiente político ucraniano, e aqui faço questão de acentuar o "sobretudo". Visto que discuto a posição da comunidade internacional, por favor tenham em mente que entendo muito claramente que a responsabilidade principal pela situação na Ucrânia é dos próprios ucranianos.

A reação da União Europeia à migração

O colapso da União Soviética resultou na substituição de um ator de modo geral previsível, Moscou, por quinze atores nacionais (e frequentemente nacionalistas) que eram quase que desconhecidos e, consequentemente, imprevisíveis. Isso foi um verdadeiro pesadelo para o Ocidente, e especialmente para a Europa. Uma das principais razões foi a migração descontrolada da população. Por isso, não surpreende que no lugar da Cortina de Ferro, que havia sido estabelecida pelos Estados totalitários e que caiu entre 1989 e 1991, agora uma "cortina da emigração" apareceu, levantada pela Europa democrática. Cada vez mais a Ucrânia parecia estar sendo isolada para evitar eventuais problemas.

No final, contudo, cresceu a consciência de que no mundo global era impossível isolar uma população de quarenta e oito milhões. A globalização não somente traz benefícios às economias ocidentais; ela também encoraja seus governos a compartilhar a responsabilidade das situações em países menos bem-sucedidos. É exatamente por essa razão que o Papa João Paulo II falou tanto sobre como a globalização da economia mundial precisa ser equilibrada pela globalização da solidariedade mundial.

Hoje, contudo, o destino da emigração ucraniana não pode ser resolvido somente dentro da estrutura ucraniana. Antes, analisamos a dependência direta dessa emigração do sucesso ou fracasso do projeto global da "Ucrânia independente".

ÉTICA TEOLÓGICA CATÓLICA
PASSADO, PRESENTE E FUTURO

E o destino desse projeto, embora estando sobretudo nas mãos dos ucranianos, é realizado em um campo global e depende significativamente de fatores internacionais. O projeto de uma "Ucrânia democrática independente" está em oposição direta com o projeto de uma "Rússia com sua grandeza e força restauradas". O que a Rússia mais deseja é renovar seu monopólio sobre o âmbito pós-soviético. Seus aliados são aquelas forças no Ocidente que se lembram com saudade da situação de "um ator previsível contra quinze imprevisíveis". Em princípio, é possível colocar o gênio leste-europeu dentro da "garrafa" autoritária russa. Contudo, fazer isso resolverá as menores dificuldades europeias, mas criará problemas bem maiores.

Por outro lado, estou bastante ciente de que seria igualmente perigoso para a Europa ficar do lado do projeto ucraniano cega e imprudentemente, ignorando os russos. Tentando evitar nossa exclusão, não podemos propor excluir os outros. Contudo, o que enfrentamos hoje é uma mudança global do *status quo* geopolítico. Nós, ucranianos, estamos em uma encruzilhada. O *status quo* anterior, apesar de seu atraso, desperta, porém, certa atração. O futuro *status quo*, apesar de sua atração, ainda carece de características claras e está, por isso, repleto de certos perigos. Por ora, a liderança política do Ocidente, buscando estabilidade e segurança energética, parece preferir retroceder para o conforto ilusório do antigo *status quo*. Tenho fortes dúvidas de que isso terá sucesso, porque a restauração do conforto anterior trará inevitavelmente de volta à vida os demônios do passado contra os quais a Europa mediu forças por tanto tempo e com tamanha dificuldade. Temo que a prioridade dada à estabilidade e à segurança venha a ameaçar a verdadeira base da civilização ocidental, que é a força de seus valores morais.

Contudo, uma nova ordem mundial inevitavelmente se desenvolverá, e um dos caminhos para esse processo de amadurecimento é o apoio internacional ao projeto democrático ucraniano. Valem a pena os recursos investidos, visto que seu sucesso ajudará a civilizar e humanizar todo o ambiente pós-soviético.

Permitam-me concluir o artigo com a seguinte observação. De um lado, gostaria de me desculpar com meus colegas europeus pelo fato de que o aumento da dificuldade e da delicadeza de meu país rumo à democracia esteja causando problemas nos países europeus. É dever de nosso governo e de nossa sociedade cooperar com vocês para abrandar esse desastre geopolítico. De outro lado, gostaria de assegurar-lhes que, no presente momento, a Ucrânia, enquanto enfrenta sua transformação pós-comunista, está empreendendo uma difícil missão ligada à civilização importante para toda a Europa. É extremamente importante que realizemos essa missão não *apesar* das efêmeras ilusões da Europa, mas com seu *apoio* claramente entendido e estrategicamente determinante.

Uma atualização

Em 22 de outubro de 2010, a comissão da União Europeia publicou um Plano de Ação para a Ucrânia que levava à viagem com visto livre. Ela listou reformas específicas que a Ucrânia deveria realizar antes de a União Europeia abrir suas portas. De acordo com o Presidente da Comissão Europeia, José Manuel Barroso, o plano teria como objetivo "estabelecer um regime de visto livre para viagens de curta duração como uma perspectiva de longo prazo".[5] Ela também considerou uma abertura para o período do campeonato europeu de futebol de 2012 na Polônia e Ucrânia. Mas houve pouco progresso do lado ucraniano em realizar as exigências necessárias.

Além disso, novas dificuldades apareceram recentemente. O estudo da Europol (Avaliação de Ameaça do Crime Organizado na União Europeia, 2011) afirma que o sudeste europeu é um ponto central de contrabando de armas, drogas e pessoas na união.[6] De acordo com o documento, a introdução planejada de um regime de visto livre para a Ucrânia poderia facilitar esses negócios negativos. O embaixador ucraniano para a União Europeia, Kostiantyn Yelisieiev, rotulou a declaração como "inaceitável" e "insistiu que a Europol revise suas declarações".[7]

A situação política na Ucrânia não parece ser favorável ao sucesso das negociações entre União Europeia e Ucrânia. Apesar das reivindicações do presidente ucraniano, Viktor Yanukovych, de fazer da estabilidade e do estado de direito suas prioridades internas, a realidade da Ucrânia está distanciando-se da democracia e, consequentemente, do Ocidente. Será difícil para a atual administração ucraniana conciliar as exigências do Plano de Ação da União Europeia com a pressão cada vez mais crescente por parte da Rússia.

Isso coloca a União Europeia em uma situação bastante ambígua. Como Andreas Umland, um professor da Academia Kiev-Mohyla, na Ucrânia, disse: "Bruxelas [capital, não oficial mas sim de fato, da União Europeia] agora terá de encontrar um novo tom em suas negociações com Kiev. Precisa certificar-se de que nem rechaça a liderança ucraniana como um parceiro de negociação para o futuro próximo, nem perde o Estado ucraniano como um membro da Comunidade Europeia dos países democráticos".[8]

---

[5] Ibid.

[6] http://www.europol.europa.eu/publications/EuropeanOrganised_Crime_Threat_Assessment_%28OCTA%29/OCTA_2011.pdf.

[7] http://news.kievukraine.info/2011/05/ukraine-attacks-europol-over-organised.html.

[8] http://euobserver.com/9/31316.

O que é importante para nós nessa situação é salvaguardar a liberdade de escritores e pesquisadores acadêmicos, atletas e artistas – em geral, todos aqueles que são promotores naturais de valores democráticos e de relações interpessoais –, de modo que não se tornem reféns dessas negociações indubitavelmente difíceis.

ÉTICA TEOLÓGICA NO FUTURO

UMA PERSPECTIVA ARCEBISPAL SOBRE O FUTURO DA ÉTICA TEOLÓGICA[1]

Cardeal Reinhard Marx

É uma grande honra para mim dirigir-me a tão notável auditório.[2] Quando leio o programa impresso da conferência e vejo os participantes, pergunto-me qual contribuição eu poderia dar a este congresso internacional. O título de minha apresentação indica que não pre-

---

[1] Este ensaio foi traduzido para o inglês por Brian McNeil.
[2] O Cardeal Marx falou sem um manuscrito. Manteve-se o estilo oral nessa transcrição de seu discurso.

ÉTICA TEOLÓGICA CATÓLICA
PASSADO, PRESENTE E FUTURO

tendo discutir nenhum tópico especial de teologia moral ou ética social. Gostaria de falar mais genericamente, a partir da perspectiva de um bispo, sobre o futuro da ética teológica no contexto da Igreja Católica. Minhas observações não passam de um esboço; elas são importantes como um convite a um debate.

Nós, teólogos morais e eticistas sociais, tornamo-nos de vários modos especialistas em tópicos específicos, com o risco de que perdemos a visão da busca pelo conceito holístico ou (permitam-me ousar dizer) por uma visão de um mundo melhor, de uma vida boa. Isso faz com que conferências como nosso presente encontro em Trento sejam ainda mais importantes. Os frutos do trabalho e da reflexão de vocês aqui voltarão às sociedades de onde vocês vieram.

Abordagens biográficas da ética

Permitam-me começar indicando algumas abordagens biográficas de meu tópico. A questão da justiça tem desempenhado um importante papel ao longo de minha vida. Venho de uma família em que o envolvimento social era central. Meu pai era um representante comercial, e isso significou que os debates sobre trabalho e capital e a questão da participação dos trabalhadores na gestão exerceram sobre mim um profundo impacto.

Outra influência formativa foi meu trabalho na *Kommende*, o Instituto Social da Arquidiocese de Paderborn, onde me tornei consciente de como a Doutrina Social da Igreja e, por consequência, toda a teologia moral assentam-se sobre três colunas. A primeira coluna é a doutrina do magistério. A segunda coluna é o debate acadêmico e a formulação de proposições normativas pelos eticistas sociais e teólogos morais. A terceira coluna consiste naqueles que também traduzem a doutrina social na realidade dos movimentos específicos e das ações políticas – importantes, mas às vezes esquecidos pelos teólogos morais e eticistas sociais. Não basta escrever lindos livros. Todas as três colunas são excepcionalmente importantes para o futuro da ética católica. Se concentrarmos nossa atenção sobre somente uma delas, não teremos sucesso em moldar o futuro da maneira exigida pela situação do mundo atual.

Permitam-me mencionar uma terceira abordagem biográfica a esse tópico. Na qualidade de diretor do Instituto Social, enfrentei questões do tipo: como eu, sendo um padre, trabalharia em uma organização que se preocupa com temas tais como a economia social de mercado, o direito à aposentadoria ou o cuidado na saúde. Fui ajudado naquela ocasião pelo conceito de

UMA PERSPECTIVA ARCEBISPAL SOBRE O FUTURO DA ÉTICA TEOLÓGICA - CARDEAL REINHARD MARX

discipulado proposto por Johann Baptist Metz, ou seja, a convicção de que não há antítese entre mística e política, ou entre responsabilidade ativa pelo mundo e espiritualidade. São, na verdade, dois lados de uma mesma moeda. Essa abordagem assumida pela teologia política deixou sua marca em mim e tem sido uma fonte contínua de encorajamento; é ainda extraordinariamente importante para o futuro da teologia moral e para uma visão ética do que a Igreja é. Não configura nenhuma redução do apelo racional feito pela ética. Pelo contrário, a ligação entre mística e política constitui o cerne do pensamento ético, e essa abordagem continuará igualmente importante no futuro, conforme confirma a encíclica *Caritas in Veritate*.

Fiquei surpreso em ver que o texto da encíclica começa com o tema do amor, mas, após tê-la lido várias vezes, percebi que essa abordagem é perfeitamente lógica. Ela segue a tradição da Doutrina Social da Igreja tomando como ponto de partida o que é constitutivo da pessoa humana. Existimos neste mundo porque Deus disse: "Você deverá viver!". Esse é o ponto de partida dessa encíclica, na qual podemos ver algo da piedade da ética. Isso também é importante para o futuro da ética. Considero essa percepção muito libertadora e encorajadora. É natural que o tema da justiça pudesse encontrar seu lugar aqui também.

Futuros campos de investigação e desafios

Após apresentar essas abordagens biográficas de nosso tópico, gostaria agora de mencionar alguns futuros campos de investigação e desafios que, acredito, estão sendo enfrentados pela ética teológica católica.

O primeiro desafio é a questão da *justificação*. Devemos buscar justificações para a ética teológica em um contexto global. Deve ser possível para todas as pessoas de boa vontade aderir às posições que são sustentadas pela teologia moral e pela ética social. Isso pode parecer óbvio, mas vocês todos sabem, a partir do trabalho acadêmico de vocês, que não basta simplesmente tomar isso como certo. Devemos continuar trabalhando nos fundamentos teológicos de nosso pensamento ético. Sabemos que a ética católica é teologia, visto que ela tem sua fonte na crença no Deus Trino. Seu critério é a palavra de Jesus e o exemplo de sua vida, e ela não recua diante do apelo feito pela razão universal. Nas últimas décadas, contudo, não ficou claro o que essa razão significa. Pelo contrário, ficou cada vez menos claro. Não podemos afirmar que nossa concepção europeia de razão pareça plausível a todas as pessoas e encontre aceitação em todos os lugares.

ÉTICA TEOLÓGICA CATÓLICA
PASSADO, PRESENTE E FUTURO

Eis por que considero que a reflexão sobre o conceito de razão seja outro grande desafio. Se não conseguirmos um modo compartilhado de refletir sobre a razão, seremos incapazes de encontrar uma linguagem em comum – inclusive dentro da ética teológica católica. Apesar de toda a diversidade das abordagens teológicas, precisamos de uma redescoberta e de uma reformulação de nossos apelos normativos, que têm sua fonte no Evangelho, mas ao mesmo tempo fazem justiça aos apelos feitos pela razão universal. Contudo, como o Papa Bento XVI diz em sua encíclica, isso demanda um exame atualizado do direito natural. O objetivo aqui é formular a dignidade pessoal do ser humano novamente, em harmonia com a abordagem elaborada por Tomás de Aquino em termos de *natura ut ratio*. A discussão entre Jürgen Habermas e Joseph Cardinal Ratzinger em 2004 esclareceu tanto os problemas como os desafios inerentes a essa tarefa.[3] Devemos aceitar esse desafio.

Acredito que uma nova discussão do direito natural seja importante para o futuro da ética teológica católica, tanto na ética social quanto na teologia moral, pois de outra maneira não encontraremos formulações comuns no debate bioético. Não posso predizer se essa empreitada terá sucesso ou não, mas nossas aspirações devem pelo menos ir a essa direção.

O mesmo se aplica ao conceito de *autonomia* e de *liberdade*. Não posso imaginar uma ética católica que desconsidere a liberdade e a veja, sobretudo, como uma inimiga. E só posso convencer em um contexto global se torno claro que nós, como eticistas católicos, consideramos a liberdade como a marca característica da dignidade humana. A liberdade é também a precondição para o amor. A dignidade humana depende da liberdade, segundo a ideia de que a pessoa humana é feita à imagem de Deus – uma ideia que, até onde sei, é encontrada somente na tradição bíblica. Isso significa que a liberdade é, sobretudo, algo positivo e importante. Portanto, nossa pregação deve promover e facilitar a liberdade, ao mesmo tempo em que indicar os limites da liberdade e ligar estreitamente liberdade e responsabilidade. Não deveríamos elaborar uma hermenêutica da suspeita com relação à liberdade; antes, deveríamos encorajar as pessoas a viver a liberdade com responsabilidade. Esse encorajamento é uma das tarefas da ética teológica. A mensagem central – de que a pessoa humana pode levar uma vida boa porque Deus a chamou à vida no amor – deve ser esclarecida.

---

[3] Na internet, há muitas referências a esse intercâmbio. Ver também Jürgen Habermas e Joseph Ratzinger, *Dialética da secularização: sobre razão e religião* (São Paulo: Ideias & Letras, 2007).

UMA PERSPECTIVA ARCEBISPAL SOBRE O FUTURO
DA ÉTICA TEOLÓGICA - CARDEAL REINHARD MARX

Outro desafio diz respeito à *particularidade* e à *universalidade*. Permitam-me apresentar isso de modo crítico: algumas partes do programa de nosso congresso parecem uma "celebração do particularismo". A imersão em campos éticos específicos pode ter sido, e talvez ainda seja, um processo necessário de esclarecimento, uma vez que somente desse modo podemos refletir apropriadamente sobre a reivindicação ética e formulá-la. Contudo, o objetivo da ética teológica deve de fato ser uma formulação global que esteja além de todo particularismo, pois quem mais poderia apresentar uma reivindicação universalista desse tipo?

Mas como a ética católica chega às justificações universais que devem ser mantidas por todos? Permitam-me começar afirmando que, se tudo o que fazemos é abordar a pluralidade dos particularismos culturais e outros, não estamos prestando ao mundo um bom serviço. Nem estamos fazendo justiça a nossa tarefa de encontrar uma linguagem comum para a humanidade como uma família. No futuro, será decisivamente importante demonstrar que a ética católica genuinamente tem algo especial com que contribuir, algo que todos podem entender, algo que é vivido e atestado na Igreja. Ao mesmo tempo, devemos defender logo as diferenciações necessárias e encorajá-las. A autonomia das diversas esferas culturais deve ser genuinamente preservada na ética social católica. Tudo o que desejo fazer é indicar isso brevemente, visto que minha impressão é de que este congresso assume essa tarefa séria e intensamente.

Na Alemanha, fazemos tradicionalmente uma diferenciação entre teologia moral, doutrina social e ética social. Essa distinção pode soar estranha para algumas pessoas no mundo da Igreja, mas acredito que não seja desprovida de relevância. Essas diferenciações tornam possível acessar a ética social ou a ética institucional a partir de um caminho diferente do que usamos para a ética individual. Isso certamente não significa estabelecer uma rígida separação entre elas, mas devemos manter a diferenciação.

No futuro, deverá haver também uma intensa reflexão sobre a linguagem teológica. As proposições normativas são proposições racionais, não parênese. Elas devem harmonizar as reivindicações da razão e obviamente devem também ser apresentadas com a justificação que é autorizada pelo magistério. A parênese, o ascetismo e a profecia são complementares, mas formas de discurso completamente diferentes, ainda que nem sempre seja possível separá-las totalmente do discurso racional. Talvez devamos acostumar-nos mais a levar em consideração essas diferenciações em nossa linguagem teológica.

ÉTICA TEOLÓGICA CATÓLICA
PASSADO, PRESENTE E FUTURO

Permitam-me mencionar um desafio adicional. Se a ética católica deve ter um futuro, a Igreja deve ser vista mais fortemente como um movimento e como o sacramento da salvação inclusiva, em todos os sentidos. O movimento social católico mudou a sociedade. É verdade que esse movimento já não é tão forte como outrora, dado que os contextos mudaram. Para todos os efeitos, contudo, podemos afirmar que as três colunas que mencionei complementam-se entre si. Isso nem sempre foi fácil, mas levou a um aumento da justiça na sociedade e ampliou a participação.

Eis por que acredito que a questão do futuro da ética teológica também imponha a questão da formação ética. A questão de como as pessoas chegam às convicções é decisiva, mas recebe muito pouca atenção e estudo atualmente. Qual a origem dos valores e das convicções? O sociólogo Hans Jonas responde apontando para a necessidade de uma estrutura interpretativa e para experiências fortes. Em outras palavras, é preciso ter ideias e imagens e então experimentar a exatidão dessas imagens.

Gostaria de encorajar-nos a não negligenciar completamente a questão de como as pessoas passam a agir corretamente e se envolvem na política e na sociedade. Nessa perspectiva, a teologia moral do futuro deve estar aberta à dimensão eclesial e a todo o âmbito da teologia, e deve estar aberta ao trabalho interdisciplinar, pois somente desse modo podemos encontrar a resposta à questão da formação ética e transmitir a imagem completa de nossa compreensão de uma vida boa e justa. A pregação do Evangelho é, de fato, a mais importante "iluminação" que já aconteceu; mas devemos esclarecer que mesmo hoje o Evangelho lança luz e uma perspectiva sobre a vida e que o Evangelho representa um salto de qualidade.

Em seu importante discurso na Universidade de Sorbonne, em Paris, o Papa Bento afirmou que o cristianismo é uma "iluminação" guiada pela razão, e desejo enfatizar esse ponto. A teologia deve fazer com que sua voz seja ouvida no debate com os grandes projetos intelectuais de nossa época, e resta muito a ser feito nesse sentido. Isso está ligado à crise que nos aflige no presente. Não pretendo de modo algum negar essa crise, que exige uma pronta resposta, mas percebo cada vez mais que nada pode substituir a linguagem religiosa e que ela não pode ser transformada em linguagem filosófica. Nos últimos anos, Jürgen Habermas destacou frequentemente esse ponto: de fato, existem proposições teológicas que são necessárias. Isso é algo novo, e devemos agarrar a oportunidade de tomar parte nesse debate.

Falei da Igreja como o sacramento da salvação inclusiva. Em minhas reflexões sobre a teologia moral, tenho sempre me impressionado com o fato de que o primeiro passo de Jesus não tenha sido fazer sermões morais. A grande dificuldade que frequentemente se encontra na pregação da Igreja é a redução da fé à moralidade. Contudo, Jesus surpreende-nos ao inverter a sequência do indicativo e do imperativo. Ele não afirma: "Você deve ter uma vida boa, para que Deus seja bom com você". Em vez disso, ele afirma: "Você nasceu para viver e Deus é bom com você. Mas você pode viver de modo diferente, exatamente porque Deus é bom com você". A ordem das coisas é inversa: a bondade de Deus tem a prioridade, e essa bondade pode ser experimentada no culto e nos sacramentos.

O que isso significa para o futuro da teologia moral? Que nós não devemos colocar a dimensão sacramental e cúltica de nossa fé em segundo lugar, pois isso seria aceitar a opinião errônea de que o cristianismo é sobretudo moralidade e somente em segundo lugar a celebração do amor de Deus. Em seu livro sobre a função da religião,[4] o sociólogo alemão Niklas Luhmann dedica-se à questão de como uma religião pode ser construída no mundo moderno. Sua resposta é: uma combinação de marxismo e intoxicação viciante. Isso tem algo de irônico, mas Luhmann quer deixar claro que o que intoxica, o que dissolve as fronteiras – a experiência de que vivo em um outro mundo indestrutível – pertence aos fundamentos essenciais da religião, e do cristianismo também. Isso também está ligado a nossa capacidade moral. Sobre isso, faço apenas uma breve menção aqui, mas trata-se de algo muito importante para o futuro.

Exemplos de desafios

Permitam-me concluir apresentando três exemplos que mostram os desafios que temos para o futuro. O primeiro deles, obviamente, é a globalização. A crise financeira mostrou que o mundo está crescendo junto de um modo que não esperávamos. Devo, contudo, lembrar os oponentes da globalização em nossa Igreja que foi a ética social católica que falou da humanidade como uma família e do bem comum do mundo como um todo. O desafio que nos confronta é identificar o cerne desse bem comum. Podemos formular a questão em termos provocativos: o bem comum tem seu centro no capital ou na pessoa humana? Isso reformula a questão que emergiu da Doutrina Social Católica no século XIX.

---

[4] Niklas Luhmann, *Funktion der Religion* (Frankfurt: Suhrkamp, 1977); ver a versão para o inglês das páginas 72-181 em Nilas Luhmann, *Religious Dogmatics and the Evolution of Societies*, traduzido por Peter Beyr (New York/Toronto: Edwin Mellen Press, 1984).

ÉTICA TEOLÓGICA CATÓLICA
PASSADO, PRESENTE E FUTURO

Como bispo, viajo muito e tenho observado que não são muitos movimentos que abordam esse problema com a mesma intensidade que a ética social católica. Eis por que é essencial construir uma rede dentro da Igreja. Permitam-me mais uma vez enfatizar aqui quão importante é pensar globalmente. A Igreja Católica é de fato uma instituição global e nenhuma outra instituição no mundo pode ser comparada a ela. Indubitavelmente, eis por que a rejeição da Igreja e a luta contra ela são às vezes tão veementes.

Acredito que nós, na qualidade de uma organização de dimensões mundiais, ainda não chegamos ao nível que é necessário hoje, e isso é um importante ponto. Para realizar isso, precisamos não somente de um centro em Roma, mas também de congressos como este, encontros entre universidades católicas e redes de movimentos sociais pelo mundo. Tudo isso já existe de um modo incipiente, mas deve ser consolidado. Conforme o exemplo da crise financeira mostra, isso tornaria possível para nós de fato *moldar* a globalização.

Em sua encíclica *Caritas in Veritate*, o Papa Bento XVI acertadamente afirma que uma nova cooperação em âmbito mundial entre o Estado, o mercado e a sociedade é necessária. Contudo, as estruturas e ideias políticas sobre uma ordem mundial não derivam somente disso. Elas precisam ser corrigidas e acompanhadas pela sociedade civil, e aqui é onde nós, como Igreja, temos um papel a desempenhar. Esse trabalho deve ser intensificado, e eis por que louvo congressos como este, que inspiram o trabalho em contextos locais.

Um segundo exemplo é a dignidade pessoal do ser humano. A encíclica tem palavras muito acertadas sobre esse tópico. Essa dignidade implica o desenvolvimento do ser humano, seguindo uma antropologia que não somente seleciona partes particulares, mas vê o ser humano como um todo. Eis por que a política de desenvolvimento, a justiça e a proteção da vida estão unidas. Algumas pessoas no passado se admiravam por que João Paulo II mantinha teses progressivas em ética social, enquanto ao mesmo tempo assumia uma posição estrita com relação à dignidade da pessoa humana desde o início da vida e também lutava pela abolição da pena de morte. Em sua encíclica *Evangelium Vitæ*, ele mostrou com grande clareza que esse é o resultado de uma visão holística da dignidade da pessoa humana, tanto a luta contra a pobreza e pela justiça, quanto a luta a favor da vida. Continuaremos a trabalhar em questões centrais nesse contexto, tais como: o que é a "dignidade pessoal"? O que significa falar de direitos humanos desde o início da vida? Isso também gerará vigorosos debates no futuro com relação ao direito natural.

UMA PERSPECTIVA ARCEBISPAL SOBRE O FUTURO
DA ÉTICA TEOLÓGICA - CARDEAL REINHARD MARX

Meu terceiro exemplo é a democracia e suas pressuposições. Nossa afirmação incondicional da democracia e da liberdade deve ser inequívoca em todo o mundo. Contudo, não está totalmente claro como uma sociedade livre e plural pode ser formada sem cair no que o Papa Bento XVI chamou de uma "ditadura do relativismo". Para a ética política, a discussão das pressuposições da democracia é extremamente importante. Para nós, cristãos, o objetivo deve ser colaborar no estabelecimento de uma sociedade livre enquanto sustentáculo dos princípios comuns graças à dignidade da pessoa humana. Acredito que esse é igualmente um desafio histórico importante que, como Igreja, devemos enfrentar.

Não podemos dizer que as coisas eram melhores no passado, visto que isso não está certo. A democracia é melhor, a pluralidade é melhor, a liberdade é melhor. A responsabilidade é necessária, mas impor limitações à liberdade não é a mensagem que devemos proclamar na atual situação do mundo. Aqui, posso somente mencionar esse desafio, que será visto de modo diferente de acordo com as diversas culturas que vocês representam. O que é democracia? O que significa pluralismo? O que significa unir responsabilidade e liberdade? Que atitude devemos assumir em nossas tradições culturais? O que elas significam para nós? Que poderes normativos elas revelam? Temos de continuar pensando sobre essas questões.

Fui capaz aqui somente de indicar de modo breve muitos pontos que considero importantes quando reflito sobre o futuro da ética teológica católica, e tenho a impressão de que muitas dessas ideias já ocorreram para vocês e foram incluídas no programa da conferência. Como bispo, constantemente questiono minha posição e, igualmente como bispo, quero enfatizar quão importante esses congressos são e quão vital é para nós compartilhar nossos pensamentos. Somente desse modo podemos mostrar que a Igreja é de fato a única voz e movimento de dimensões mundiais, e que nós próprios podemos contribuir para isso. Permitam-me mais uma vez citar o Papa Bento XVI, na ocasião Cardeal Ratzinger: o cristianismo como uma "iluminação" guiada pela razão é um salto qualitativo que expande e aprofunda as possibilidades da pessoa humana. Podemos nos unir através dos continentes em nossa participação nessa tarefa.

GÊNERO E TEOLOGIA MORAL: UM PROJETO COMPARTILHADO

Julie Clague

Prólogo

No passado, não havia gênero. Havia meninos e meninas, mulheres e homens, mas não havia gênero. Éramos masculinos e femininos. Para muitos, isso bastava. Esse era nosso *fim* – e por isso o fim. Para outros, era apenas um começo.

Em um tempo quando parecia não haver gênero, o gênero precisou ser inventado. Ele surgiu como uma resposta a uma consciência que emergia em um momento particular da história humana. Havíamos estado em um sono profundo. Quando acordamos, vimos o mundo de modo diferente; vimo-nos de modo diferente. Nossos olhos se abriram, e soubemos que não estávamos nus (e jamais havíamos estado). Estávamos vestidos – com toda sorte de camadas de sentido. Nosso corpo, nosso sexo e nosso gênero são feitos de pensamentos e sentimentos, fantasias e sonhos, desejos e comportamentos. Éramos um mistério para nós mesmos. Não estávamos no estado natural (e nunca havíamos estado). Estávamos ligados aos outros em redes altamente padronizadas e formalmente reguladas de culturas com gênero. E aprendemos que somos complexos.

Demo-nos conta disso, mas não o entendemos por completo. Estávamos em um jardim de delícias terrenas, incertos de nossas atitudes. Lá estava a árvore do conhecimento do masculino e do feminino. Então nos aproximamos da árvore e começamos a subir nela. E, conforme subíamos, começamos a ver que o gênero tinha estado lá desde o começo.

No começo, havia o gênero. Ele estava no começo com Deus. Todas as coisas passaram a existir através dele, e sem ele nada humano passou a existir. O que passou a existir é a vida: uma vida de gênero. O gênero estava no mundo, e o mundo passou a existir através dele, ainda que o mundo não o tenha reconhecido. O gênero se fez carne e vive entre nós. Mas somos cegos e falhos em reconhecê-lo. O gênero oferece-nos os sentidos do vir a ser. Mas nós o distorcemos e nos apropriamos indevidamente dele, para dominar e mutilar. Contudo, quando o gênero se revela para nós em sua plenitude, vislumbramos sua glória e seu potencial como um canal para a graça e a verdade.

A adesão, por parte da teologia moral, do *humanum*

Quando olhamos para a teologia moral atual, o que vemos? Muita variedade. Se a teologia moral era monocromática no período pré-Vaticano II, então não é preciso ser um amigo de Dorothy para saber que "não estamos de modo algum em Kansas, Toto".[1] A teologia moral é uma disciplina multicolor e transformada que passa por uma importante fase de criatividade e produtividade. Em parte, é porque – como um assunto necessariamente interdisciplinar – a teologia moral abriu suas portas ao conhecimento de uma gama de discursos e disciplinas acadêmicas – incluindo o estudo acadêmico do gênero. Essa nova fase de desenvolvimento aconteceu também porque um número jamais visto de pessoas passou a ensinar e estudar teologia moral, e esses estudiosos são mais heterogêneos do que o foram em qualquer outro período da história. Eles vêm dos quatro cantos da terra e de todos os tipos de vida. Aos padres se uniram religiosas, religiosos e um grande número de leigos. Mulheres trabalham ao lado de homens e podem um dia até ultrapassar em número seus companheiros homens. Como uma faculdade de teólogos, não representa completamente a Igreja mundial, mas esse objetivo agora é visto como uma meta necessária e realizável.

Quando novas pessoas se juntam ao grupo, este muda. A teologia moral se beneficiou imensamente ao ser uma área com maior inclusão do gênero. A entrada de eticistas mulheres levou a maiores contribuições através de "especializações". A rica tapeçaria da teologia moral foi aumentada, renovada, refeita onde apropriado e desfeita e refeita onde necessário. A ética social, política, sexual e biomédica sofreu as influências desse desenvolvimento, com o significativo trabalho sobre teologia do corpo, sexualidade humana, casamento, família, infância, divórcio, controle de natalidade, tecnologias reprodutivas, aborto, ética do cuidado, teorias do desenvolvimento moral, teologia do trabalho, HIV/AIDS, consciência, virtude, amor, pecado etc. A ética feminista desenvolveu-se como um tema com seu próprio estatuto. A Teologia da Libertação feminista e ecofeminista também emergiu. O estudo e a pesquisa bíblica feminista ofereceram tanto críticas quanto leituras alternativas e modos de retomar a tradição. Ao longo do caminho, as mulheres têm estado na vanguarda de conceitos como *natureza, experiência, subjetividade* e *diferença sexual*. Em meio século, as mulheres que se engajaram na teologia moral enriqueceram todas as áreas da disciplina.

---

[1] Palavras proferidas por Dorothy a seu cachorro, Toto, quando eles haviam sido transportados da representação em branco e preto do Kansas para o mundo colorido de Oz no filme *O mágico de Oz* (1939), baseado no romance infantil *O maravilhoso mágico de Oz*, de L. Frank Baum (1900).

GÊNERO E TEOLOGIA MORAL
JULIE CLAGUE

Uma característica dessas teólogas e eticistas tem sido sua relutância geral em se contentarem com o estudo pelo simples estudo e com a retirada à torre de marfim da academia. Na maioria das vezes, essas estudiosas demonstram um forte ímpeto de aplicar em contextos históricos concretos o que aprenderam, a fim de transformarem as situações de diminuição do humano e a injustiça estrutural. Motivadas pelo movimento de libertação das mulheres, o ativismo e o engajamento social tornaram-se preocupações centrais para a teologia moral. É axiomático que as teólogas moralistas devam "trilhar o caminho", bem como "enunciar a fala", pois seria uma forma estranha de engajamento moral se o testemunho não acompanhasse as palavras. Esse compromisso vocacional é uma forte característica do teologizar da mulher, levando a muitos atos de vigoroso testemunho. Por exemplo, em 2002, o grupo ecumênico Círculo de Teólogas Preocupadas com as Mulheres Africanas afirmou que "o flagelo do HIV/AIDS exige que a atividade do Círculo vá além da pesquisa e da publicação e passe à ação como um modo de proteger a vida das mulheres contra a morte".[2] Muitos outros exemplos de teologia moral que leva à práxis existem pelo mundo.

Conforme o movimento de mulheres foi ganhando força nas décadas de 1960 e 1970, a teologia moral foi também ganhando maioridade. Foi um tempo de significativa agitação social e política. No período pós-guerra, as antigas colônias foram tornando-se independentes e forjando novas identidades, apesar de estarem marcadas pela ambivalência de seus passados coloniais. As nações industrializadas tiveram um forte crescimento econômico, em parte como um resultado dos desenvolvimentos científicos e tecnológicos. A expectativa de vida e os padrões de vida aumentaram. Um crescente número de pessoas passou a ter acesso a mais educação. As estruturas de governo e de autoridade dominada por elites privilegiadas e aristocratas, e caracterizada por relações de hierarquia e deferência, tornaram-se pouco a pouco mais meritocráticas e representativas. Muitos cidadãos com novas rendas para gastar em conforto e em atividades de lazer foram confrontados por uma gama crescente de escolhas diante das quais podiam expressar suas preferências e satisfazer seus desejos. Em muitas partes do globo – mesmo quando as revoluções foram violentamente abafadas –, os movimentos de libertação popular se solidarizaram contra os regimes opressivos e ditatoriais. Na segunda metade do século

---

[2] "Profile", The Circle of Concerned African Women Theologians, Pan African Meeting, 2002, www.thecirclecawt.org/profile.html.

XX, as questões da liberdade humana e da devolução do poder tornaram-se visíveis em toda parte, e esse contexto de ampla emancipação social e política preparou o cenário para o teologizar sobre o desenvolvimento, a autonomia e a atividade humana que surgiram nesse período.

Provocado por esse fermento, os teólogos morais passaram a adotar métodos de consciência histórica para examinar questões como a participação política, a organização social, a liberdade de consciência e a responsabilidade pessoal. O debate passou a se preocupar com o quanto a liberdade responsável do sujeito humano apresenta desafios para uma suposta ordem da natureza ou para uma ética do mandamento divino. As condições econômicas mudadas foram criando novas oportunidades para afirmações desmedidas de voluntarismo, individualismo desenfreado, manipulação e objetificação dos sujeitos humanos, tudo isso demandando uma visão teologicamente formada da pessoa humana vista de modo integral e adequado. Isso ganharia expressão através da compreensão personalista cristã da dignidade humana e de sua promoção e proteção social. Quando tudo isso estava em curso, o Concílio Vaticano II proclamou que, para realizar sua missão cristã, a Igreja "tem a responsabilidade de ler os sinais dos tempos e de interpretá-los à luz do Evangelho", mostrando uma receptividade à análise social que confirmou e encorajou os teólogos morais no trabalho que já haviam começado.[3] A mensagem da *Gaudium et Spes* atravessou os fortes e opacos vidros que por séculos havia separado a Igreja do mundo, anunciando uma nova compreensão da vocação do cristianismo católico e inspirando uma nova geração de teólogos morais, muitos dos quais mulheres.

A humanidade adere ao gênero

Parte desses desenvolvimentos e forças emancipatórias fazia parte do movimento de libertação da mulher e da revolução sexual. Juntos, eles levaram a novas liberdades suscitadas pela emergência de novas atitudes para com os sexos e os novos modelos de relacionamento sexual. O próprio fato dessas mudanças demonstrou que as abordagens sociais dessas questões tinha uma história, e poderia ser estudada usando-se métodos históricos. Embora as normas

---

[3] *Gaudium et Spes* (Constituição Pastoral sobre a Igreja no Mundo Moderno), 3.

GÊNERO E TEOLOGIA MORAL
JULIE CLAGUE

sociais ligadas às práticas sociais e aos papéis sexuais possam parecer bastante equilibradas para a cultura, bem como parecer imutáveis, elas estão sujeitas à mudança ao longo do tempo e – de acordo com os dados sociológicos e antropológicos – admitem certo grau de variação cultural.

Contudo, visto que todas as normas sociais estão no espaço e muita variação comportamental pode ser observada em relação ao sexo, fora do tempo ou do espaço, a masculinidade ou a feminilidade da pessoa não tem importância social. Ao longo das culturas e da história, a humanidade organizou a vida social e instituiu normas de comportamento (incluindo normas sexuais) de modo a atribuir grande significado às diferenças sexuais humanas. O que significa ser menina ou menino, ou homem ou mulher tem tido certos tipos de avaliações e privilégios, expectativas e deveres. A masculinidade e a feminilidade raramente foram consideradas incidentais para a identidade ou função social da pessoa, ou para um ritual e uma religião de um grupo, pois elas foram associadas a qualidades que podem servir a objetivos sociais mais amplos ou propostas simbólicas maiores.

Um teste para todos os grupos sociais, portanto, seria quanto eles podem encaixar aqueles que transgridem normas sociais, rejeitam os papéis definidos sexualmente e desafiam o simbolismo sexual. Os mais socialmente marginalizados são em geral aqueles que adotam as regras e demonstram comportamentos e modos considerados adequados somente para membros do sexo oposto. Nessa versão do problema do *insider-outsider* (de quem vê e participa de dentro e de quem vê de fora e não participa), surgem questões para todos os grupos sociais relacionadas ao "patologizar", "ostracizar", criminalizar ou normalizar essas identidades e comportamentos.

À medida que o conhecimento sobre a sexualidade cresceu, as noções de não natural, de doença e de perverso não desapareceram, mas foram repensadas. A pesquisa em disciplinas como as ciências biológicas, a genética, a medicina e a psicologia revelaram o complicado – e ainda não plenamente compreendido – processo, em um nível biológico, de diferenciação dos sexos e de formação da identidade sexual e orientação sexual. Eles incluem fatores bioquímicos, genéticos, cromossômicos, hormonais, neurológicos, emocionais e intelectuais. Esses fatores não agem sozinhos na formação das características sexuais das pessoas, mas alguns respondem a estímulos externos ao corpo humano. A formação da sexualidade humana é, portanto, complexa, multifatorial e reflexiva, exigindo uma metáfora mais analógica (espectro, leque) que digital (binária):

> E a mulher disse ao homem: "Busquemos um modo de falar sobre todas essas coisas complexas". E eles encontraram uma palavra, e a palavra foi "gênero".

O complexo retrato que emergiu sobre os sexos exigiu novos modos de falar. Etimologicamente, o substantivo "gênero" deriva do latim *genus*, que significa "tipo". O termo, portanto, presta-se para descrever vários tipos de classificações, como as divisões gramaticais da linguagem em masculino, feminino e (menos frequentemente) neutro e, de maior interesse para nosso contexto, a diferenciação das espécies humanas nos tipos distintos de masculino e feminino. Assim, em muitas línguas, pode-se fazer referência igualmente à divisão em espécies tanto como dois "sexos" quanto como a dois "gêneros". Contudo, esse último uso tornou-se amplamente obsoleto em meados do século XX, e o termo "gênero" tornou-se mais familiar por suas associações gramaticais. Ao transferir esse modo de falar do gênero masculino e feminino para o campo social, tornou-se possível indicar (de modo análogo ao desenvolvimento da linguagem) como, ao longo do tempo, as sociedades desenvolvem tradições arraigadas de classificação e estratificação do gênero associando certos tipos de traços, atividades e papéis ao masculino ou ao feminino, respectivamente.

O termo "gênero" poderia ser utilizado para desbancar a noção de que relatos sociais de diferenças quanto ao sexo e compreensões da masculinidade e da feminilidade seriam puramente reflexos das características inatas e naturais de homens e mulheres. Antes, trata-se de noções "de gênero": termos carregados de valor que refletem suposições e crenças sobre os sexos. O gênero, hoje, é uma palavra comum, amplamente utilizada para fazer referência aos sexos. Em um uso mais específico, contudo, o termo indica que a coisa descrita (como, por exemplo, a "identidade de gênero") é – como uma faceta da humanidade – um fenômeno complexo que compreende elementos relacionados às características inerentes à pessoa em combinação e interação com as influências do meio ambiente imediato da pessoa e do contexto social mais amplo.

Os estudos de gênero surgiram, portanto, como uma resposta à compreensão de que todos os humanos são seres com gênero e de que esse aspecto fundamental de quem somos e como nos relacionamos somente pode ser compreendido por meio do estudo de pessoas e dos mundos sociais, ideológicos e simbólicos que elas habitam. Há mais sobre diferença sexual do que os olhos veem; e há mais sobre o gênero do que apenas a diferença sexual. Quanto mais aprendemos sobre os modos complexos como as pessoas são constituídas enquanto seres com corpo, com sexo e com gênero, mais compreendemos que muitas questões permanecem sem resposta.

GÊNERO E TEOLOGIA MORAL
JULIE CLAGUE

Os estudos de gênero, contudo, sempre envolvem mais do que uma pesquisa que procura saber a verdade da humanidade em toda a sua variedade. O ímpeto de obter uma melhor compreensão do gênero é também uma resposta à preocupação de que as atitudes, os comportamentos, as normas e as instituições de gênero podem levar à exclusão ou opressão de certos membros de qualquer grupo social. Embora os padrões e os modelos de um grupo de gênero sem dúvida evoluam como um meio de facilitar a organização emergente e ordenada daquele grupo, eles frequentemente demonstram desumanização a uma parte de seus membros e, nesse sentido, as mulheres sofrem de modo desproporcional. Historicamente, a ordem de gênero nas sociedades alimentou desigualdades entre mulheres e homens, redução da função feminina e um desequilíbrio do poder social a favor dos homens em detrimento das mulheres. O estudo de gênero, por isso, oferece um meio de expor injustiças resultantes das práticas e ideologias perniciosas de gênero e de fazer uma crítica social e promover a transformação social.

A teologia moral adere ao gênero

Vivemos em um período de teorização intelectual do gênero sem precedentes. O gênero tornou-se uma das ideias determinantes de nossa era. Não surpreende, por isso, que ele tenha desempenhado um papel tão importante no desenvolvimento da teologia moral na Igreja Católica pós-Vaticano II. A consciência de gênero faz com que todos nós pensemos e nos comportemos de modo diferente. Embora as mulheres tenham sido as primeiras a ver sua importância no estudo da teologia e na ética, os homens tanto quanto as mulheres rapidamente reconheceram o poder conceitual do gênero como uma ferramenta de compreensão (ou incompreensão) de nosso mundo. Hoje, avaliamos melhor os modos como usamos o conceito de gênero, e como o gênero influencia nossa elaboração de conceitos.

O significado disso para a teologia moral tem uma importância maior do que frequentemente se admite. Entender o *humanum* e o complexo mundo contemporâneo que os humanos habitam faz parte do trabalho específico de qualquer teólogo moralista. Quando alguém deseja estudar as pessoas e seus contextos, o gênero sempre faz parte do retrato, exigindo análise. O projeto da teologia moral não pode ser empreendido, por isso, sem a devida atenção aos modos de pensar e de agir com base no gênero que impactam a vida humana:

ÉTICA TEOLÓGICA CATÓLICA
PASSADO, PRESENTE E FUTURO

o bem-estar e a dignidade dos sexos, suas relações sociais e as estruturas institucionais que eles habitam. A esse respeito, há uma ligação entre as questões e preocupações da teologia moral, e as questões e preocupações do estudo de gênero: os *teloi*, os fins, da teologia moral e do estudo de gênero são, em parte, compatíveis e, até certo ponto, comuns entre si.

O gênero não traz respostas fáceis para a teologia moral, e frequentemente apresenta questões duras. Contudo, esse encontro permite o crescimento, o enriquecimento e o benefício futuro do sujeito. O gênero abre para novas abordagens das grandes e perenes narrativas, bem como para as grandes ideias que moldam o panorama da teologia moral – como o amor e a lei, a verdade e a liberdade, a objetividade e a subjetividade – que são apresentadas como mutuamente complementares ou opostamente conflitantes. Alguns consideram o papel do gênero como de confirmação ou negação dessas polaridades, já que pode oferecer diversos meios de aderir a uma perspectiva aditiva e inclusiva (e), ao passo que refuta um exclusivismo alternativo ou exclusivo (ou).

O estudo de gênero expôs a fluidez das categorias, anteriormente consideradas seguras, de gênero e sexualidade. Às vezes, considerou-se erroneamente, no que se refere à liberdade humana, que ele seria o equivalente ético da licenciosidade moral.[4] Pelo contrário, os estudos de gênero desafiam radicalmente as considerações individualistas da autonomia e da ação humanas no campo da sexualidade, que podem comprometer a vida pessoal e social. Pois, conforme a teologia moral tem se dado conta e os estudos de gênero confirmam, o crescimento e o desenvolvimento pessoais do sujeito humano na plenitude de seu chamado divino jamais podem ser um ato autocriativo da vontade, mas sempre estão subordinados às capacidades e limitações inerentes à pessoa, bem como às forças exteriores ao e além do controle direto e único da pessoa. Aqui, surgem novas oportunidades para uma reflexão mais experiencial sobre conceitos teológicos como *pecado*, *finitude*, *graça* e *salvação*.

Ao mesmo tempo, o estudo de gênero requer que os teólogos morais se tornem mais criticamente conscientes das noções imprudentes da verdade abstrata e olhem mais profundamente para os efeitos da história e da cultura sobre as normas morais da humanidade. Os estudos de gênero revelam variações e diversidade nos padrões de comportamento e de crença, e essa varieda-

---

[4] Ver, por exemplo, os documentos *Carta aos Bispos da Igreja Católica sobre a Colaboração do homem e da mulher na Igreja no Mundo*, 3; e Papa Bento XVI, *Discurso do Papa Bento XVI à Cúria Romana por Ocasião dos Votos de Feliz Natal*, 1.

de *de facto* pode, para alguns, tornar-se uma norma com a qual desestabilizar todas as demais normas sociais, minando potencialmente todas as nossas categorias e certezas. A esse respeito, o relativismo cultural pode rapidamente transformar-se em relativismo moral. Isso pode fazer com que o estudo de gênero pareça ser um parceiro inapropriado para a teologia moral. Cabe aos teólogos morais enfrentarem esses desafios, em vez de permitirem que o centro de gravidade da reflexão sobre os valores humanos seja minado por uma subjetividade do "vale tudo".

Essa tarefa torna-se complexa por causa da perda de confiança em considerações tradicionais da natureza humana. Esta última foi minada por uma compreensão mais completa do gênero. A análise de gênero não tolera teorias essencialistas insustentáveis cientificamente a respeito do direito natural que amarram as verdades eternas aos supostamente fixos fundamentos da natureza humana. Verdades eternas e dados imutáveis são comuns nas religiões, e, para uma religião histórica e transcultural como o cristianismo, eles têm um apelo unificador. Contudo, os estudos de história e cultura podem demonstrar a natureza marcada pelo tempo e pela cultura dos ideais abstratos de uma religião. E os estudos de gênero mostram que, quanto à sexualidade humana, há inúmeras variáveis e poucas constantes. As religiões estão entre os grupos sociais que mais tiveram dificuldades para se adaptar a esse complexo e dinâmico modelo da realidade e ao que ele apresenta; eis a mais séria ameaça às compreensões tradicionais da moralidade (baseadas na ordem natural e nas leis naturais) e da teologia (baseada em um Criador da lei e da ordem).

As teorias da lei natural consideram que a natureza humana segue as leis da natureza, e que essas leis podem ser facilmente apreendidas (conaturalmente) e aceitas por todos os tempos, lugares e pessoas. Histórica, cultural e cientificamente, o estudo de gênero complicou esse retrato de um universo ordenado e newtoniano das leis sexuais naturais e observáveis, projetado e inscrito na natureza pelo Divino. Essa compreensão mecânica da atuação divina, com leis naturais conhecíveis, permitiu que os grupos religiosos afirmassem – conforme Newton havia feito com suas leis do movimento – que se podiam pensar os pensamentos de Deus à semelhança Dele [sic]. É profundamente surpreendente que as religiões que reivindicam a autoridade da verdade encontrem dificuldade em renunciar a essas noções nomológicas. Contudo, conforme os deístas do século XVIII reconheceram, essa compreensão reduzida do Divino dificilmente desperta a atenção dos humanos. Algo de importância teológica maior precisa ser afirmado.

ÉTICA TEOLÓGICA CATÓLICA
PASSADO, PRESENTE E FUTURO

Para fazer mais justiça ao que está teologicamente em jogo, é necessário pensar menos abstrata e nomologicamente, e mais experiencial e sacramentalmente. Faz parte da tendência religiosa dos humanos santificar e sacralizar as realidades humanas, permitindo que sejam vistas *sub specie æternitatis*. A diferença sexual entre masculino e feminino é um poderoso "símbolo natural" que as religiões têm divinizado desde os tempos mais remotos, sublimando suas associações mundanas e dando-lhes um sentido religioso. Visto que para o cristianismo não pode haver nenhuma parte da vida que esteja fora do alcance e da preocupação do amor do Divino, não se pode, porém, compreender esse elemento fundamental da vida humana em termos somente de sua narrativa cristã, de seu sistema simbólico e (para o cristianismo católico) de sua estrutura sacramental em geral. Com um tão rico e fértil sujeito, contudo, é inevitável que haja vários modos de ler e interpretar, à luz do evangelho, os sentidos teológicos escritos no corpo humano. Isso pode ser feito em relação aos sexos, de um modo que evite armadilhas reducionistas e "essencializadoras"? Ou a antropologia deve sempre se basear na ontologia como um meio de enriquecer as normas sexuais e forçar o simbolismo de gênero a atuar como necessário?

Desde o papado de João Paulo II, em particular, foram feitas numerosas tentativas de articular uma antropologia mais rica teologicamente na doutrina católica; uma antropologia mais próxima da narrativa cristã que incorpore algum grau de análise de gênero. Uma exposição e uma análise detalhadas desses textos estão além do escopo deste estudo. As declarações tratam de tópicos como o casamento e a vida familiar, o lugar da mulher na Igreja e no mundo, a ética sexual e o sacramento da ordem. Seja qual for o mérito dessas declarações individuais, muitas deixaram a desejar em termos das imagens de Deus, retratadas nesses relatos, e da compreensão insatisfatória do gênero nas quais se baseiam. Um documento do Pontifício Conselho para a Família, *Família e direitos humanos* (1999), por exemplo, tentou explicar a criaturalidade à imagem e semelhança de Deus (Gênesis 1,27-28) não em termos de características e atributos de pessoas, mas em termos de uma asserção sobre como a complementaridade masculina e feminina é afirmada para refletir a comunicação imanente do Deus Trino:

> Eles [homens e mulheres] são complementares: "Deus criou o ser humano a sua imagem; segundo a imagem divina ele o criou; varão e mulher ele os criou" (Gênesis 1,27). Para manifestar que os seres humanos são a imagem do Deus Trinitário,

GÊNERO E TEOLOGIA MORAL
JULIE CLAGUE

> eles [homens e mulheres] devem desenvolver sua existência de acordo com dois modos complementares: o masculino e o feminino. A existência humana é, assim, compartilhada na existência de um Deus que é uma comunhão no amor.[5]

A complementaridade entre masculino e feminino – uma ideia moderna ausente das fontes cristãs bíblicas e tradicionais – não entra na doutrina católica até o papado de João Paulo II, que introduz a linguagem de complementaridade no contexto de suas audiências gerais sobre a teologia do corpo.[6] Desde aquele tempo, houve esforços crescentes em reivindicar para isso um lugar central na visão da Igreja sobre a sexualidade humana e também para colocar as leituras simbólicas da complementaridade a serviço de preocupações mais eclesiológicas. Em sua *Carta às mulheres* (1995), o que o Papa João Paulo considera "a complementaridade icônica" entre masculino e feminino tanto na natureza quanto no papel "é aplicado à vida e ao ministério da Igreja e, mais especificamente, à especificidade do gênero de um sacerdócio ordenado somente para homens".[7] Cristo, afirma a *Carta*, "confiou somente aos homens a tarefa de ser um *'ícone' de sua expressão como 'pastor' e 'noivo' da Igreja através do exercício do sacerdócio ministerial*".[8]

No âmbito da ordem simbólica religiosa, não é o que se pode fazer que prepara alguém para um papel particular (um critério usado em sociedades quando os papéis são distribuídos), mas quem se é e o que se pode representar.[9] Por essa razão, a Igreja pode aguentar o que as sociedades podem achar intolerável. Um sacerdócio ministerial exclusivamente masculino em que há uma distinção de papel com base no sexo, afirma João Paulo, "deve ser entendido segundo os critérios particulares da *economia sacramental*, ou seja, a economia de 'sinais' que Deus livremente escolhe para fazer-se presente no meio da humanidade".[10] Embora a igualdade sexual seja afirmada nesse contexto, a diferença sexual é de tamanha importância simbólica que – em termos do ministério ordenado – a discriminação não somente é justificável, mas inclusive necessária. Assim, a separação entre a função sagrada e a secular baseada em castas, que é tão difundida nas religiões mundiais, é aqui manifestada

---

[5] *Família e direitos humanos*, 59.
[6] João Paulo II, *Audiência Geral, quarta-feira, dia 7 de novembro de 1979*, nota 5.
[7] João Paulo II, *Carta às mulheres*, 11.
[8] Ibid.
[9] Ibid.
[10] Ibid.

em termos de diferença de sexo. Nesse esforço problemático de justificar um sacerdócio exclusivamente masculino, a rarefação simbólica da complementaridade faz o Deus cristão participar de uma discriminação justificada com base no sistema simbólico operante. Pois o documento nos convida a inferir que esse é um Deus que intencionalmente escolhe (e por isso deve-se assumir, preferir) não se fazer presente em meio à humanidade por meio dos sinais que as mulheres, como criadas por Deus, sejam capazes de significar. Desse modo, é não somente a imagem de Deus, mas inclusive a afirmação cristã de que Deus criou mulheres e homens iguais, que é colocada sob pressão.

O lugar proeminente dado à complementaridade entre masculino e feminino nas recentes abordagens católicas do sexo e do relacionamento surge da grave consternação por parte da Igreja de que as expressões permissivas da sexualidade humana estão levando ao colapso das estruturas maritais e familiares. As intervenções da Igreja quanto a isso estão particularmente preocupadas com a construção de uma estrutura moral e teológica que sustentará o casamento, apesar das formas diferentes de relacionamento que parecem tirar do casamento sua posição normativa – como as relações de mesmo sexo e qualquer institucionalização legal delas.

Nesse discurso, as teorias de gênero são retratadas como auxiliares e motivadoras de desestabilização social por promoverem modos de vida que menosprezam as leis inerentes à sexualidade humana que refletem a vontade do Criador. O já mencionado documento do Pontifício Conselho para a Família, *Família e direitos humanos* (1999) – a primeira declaração vaticana a fazer referência explícita ao "gênero" –, fala, desaprovando, da distorção causada à mutualidade dos sexos por meio do que chamou de "ideologia do gênero".[11]

Esse tema foi desenvolvido em um documento subsequente do Pontifício Conselho para a Família. *Família, matrimônio e "uniões de fato"* (2000), que permanece o mais detalhado tratamento de gênero feito pelo Vaticano, afirma:

---

[11] Pontifício Conselho para a Família, *Família e direitos humanos*, 74. Outras discussões de gênero podem ser encontradas em: Pontifício Conselho para a Família, *Família, matrimônio e "uniões de fato"* (2000); Congregação para a Doutrina da Fé, *Carta aos Bispos da Igreja Católica sobre a Colaboração do homem e da mulher na Igreja no Mundo* (2004); Papa Bento XVI, *Discurso do Papa Bento XVI à Cúria Romana por Ocasião dos Votos de Feliz Natal* (2008); e nas discussões da V Congregação Geral da Segunda Assembleia Especial para a África do Sínodo dos Bispos em outubro de 2009, uma explicação que pode ser encontrada em: "Gender Theory's Dangers Exposed", in agência de notícias Zenit, de 15 de outubro de 2009, http://www.zenit.org/article-27213?l=english.

GÊNERO E TEOLOGIA MORAL
JULIE CLAGUE

"Dentro de um processo que se poderia denominar de gradual desestruturação cultural e humana da instituição matrimonial, não deve ser subestimada a difusão de certa ideologia de 'gênero' (*gender*)".[12] A esse respeito, ampliar essa abertura da teologia moral às percepções do estudo de gênero parece ser algo que não pode ser detido; a resistência vaticana aos encantos da teoria de gênero, pelo contrário, permanece um objeto inamovível.

A partir desse breve panorama, fica claro que o gênero não é apenas um tópico para especialistas, mas também uma questão que afeta potencialmente todas as áreas da teologia moral. Mais que um interesse muito específico de pesquisa separado do amplo discurso da teologia moral, o gênero tornou-se uma questão "transversal" com ramificações de grande alcance através dessa área. Inevitavelmente, o futuro verá o gênero "presente na corrente dominante" da teologia moral, e não ocupando um papel marginal, como alguns gostariam que fosse.

Essa vontade requer que todos nós nos tornemos versados em gênero, o que é mais fácil falar do que fazer. O gênero é um tópico difícil e uma categoria escorregadia. Os fatos são esquivos, mas as teorias são abundantes. Os estudos de gênero compreendem um aumento crescente de assuntos interdisciplinares que empregam múltiplas metodologias e têm feito surgirem numerosas escolas de pensamento. Eis a natureza diversificada e contestada do assunto. Se existe consenso em sua ampla área, consiste em uma resistência geral às ortodoxias religiosas e ideológicas consideradas opressivas à temática de gênero e consiste também em uma forte hermenêutica da suspeita para com as propostas conservadoras.

Isso não significa que todos os elementos do estudo de gênero ofereçam o mesmo potencial enriquecedor para a teologia moral. Em alguns aspectos, os estudos de gênero podem ser subversivos e solapadores dos objetivos da teologia moral. Seria lamentável, contudo, que a rejeição vaticana da teoria de gênero arruinasse a importante contribuição que a consciência e a análise de gênero trazem à teologia moral, especialmente em vista do fato de que os retratos vaticanos das armadilhas da teoria de gênero são eles próprios parcial e contenciosamente dependentes de uma teoria de gênero.

---

[12] *Família, matrimônio e "uniões de fato"*, 8.

Gênero e teologia moral: unidos contra a injustiça de gênero

Os estudos de gênero demonstraram que as crenças e as práticas de gênero estão profundamente impregnadas em nossas vidas e sociedades, em todas as nossas psiques e em todos os nossos sistemas. Algumas dessas crenças e práticas são profundamente danosas ao crescimento humano, especialmente quando empunhadas como armas de opressão e usadas para restringir a atuação humana. Como uma comunidade humana e como uma Igreja, sofremos ainda o legado histórico e a formação persistente da discriminação sexual e a estereotipagem de gênero. Além disso, essas coisas constituem um potente conjunto de injustiça de gênero – claramente, o mais fundacional e persistente pecado estrutural da humanidade. Contudo, por causa de sua ubiquidade, esse pecado estrutural é frequentemente desprezado; de tão nativo, parece ser parte constitutiva; de tão extenso, parece ser inerradicável.

Para entender e enfrentar as más práticas de injustiça contra o gênero, dever-se-iam estudar os padrões de crença que as moldam. Intelectual e moralmente, os argumentos apresentados em favor da eliminação da discriminação sexual ordenam um amplo apoio. O reconhecimento da igualdade dos sexos, da dignidade humana e dos direitos e responsabilidades que derivam dele, o respeito pela atuação pessoal e a rejeição da objetificação e instrumentalização dos sujeitos humanos são pedras de toque para a humanidade, e já não podem mais ser considerados contenciosos. Contudo, a descriminação sexual permanece – em parte porque ela está ligada à tendência obstinada do estereótipo de gênero. O estereótipo de gênero é um fenômeno complicado. Suas raízes estão ligadas aos três modos totalmente centrais e inter-relacionados com que os humanos interagem e dão sentido ao mundo e ao outro: através da significação e avaliação, através da ordenação e classificação, e através da simbolização e decodificação. Esses são temas que não interessaram muito à modernidade. Contudo, são eles objeto de intenso e disputado escrutínio hermenêutico nas salas de aula, nos corredores e nos pátios da pós-modernidade. São também de imensa importância para as religiões e para suas teologias.

Na teologia moral, a busca humana pelo sentido e valor e a tendência humana de ordenar e classificar estão suficientemente evidentes. A capacidade de a humanidade experimentar e comunicar o significado do mundo através de metáforas e símbolos pervade a religiosidade e se reflete na visão sacramental da tradição católica da mediação divina. O gênero nos preparou para considerar novamente esses três imperativos epistemológicos. Fazendo isso, trouxe para a superfície a promessa e os perigos de nosso moralizar e teologizar. Considerem, por exemplo, a narrativa

GÊNERO E TEOLOGIA MORAL
JULIE CLAGUE

da criação: uma história de emergência da ordem de dentro do caos, de separação em diferentes tipos, de classificação com base na nomeação, de avaliação por parte do Deus da criação como "muito bom" e muito mais. Quando os humanos tanto interpretam quanto reencenam esse drama, o gênero desempenha sua parte tanto como acessório quanto como vítima. Às vezes, por exemplo, somos confrontados com um fundamentalismo de gênero baseado em uma noção somente biológica do sexo. Isso prioriza certas noções de masculinidade e feminilidade, enquanto ignora, lamenta e condena a parte não insignificante da humanidade que vê o corpo e o sexo de modo diferente.

Podemos também ver o gênero tirando vantagem de uma hermenêutica da ordem. Isso pode ocorrer porque os cristãos tendem a acreditar que a criação de Deus do terráqueo como mulher e homem não é um caso incidental de evolução, mas um reflexo da vontade divina para com a humanidade: um esboço clássico, adequado, destinado tanto para o prazer do presente quanto para a fecundidade do futuro. Trata-se de uma narrativa envolvente. Contudo, trata-se de um caso em que "é" pode ser rapidamente transformado em "deve", reproduzindo moralidades sexuais baseadas em um mito religioso da "lei e ordem" naturais. Essa leitura do mito corre o risco de reduzir a divindade a um juiz grotescamente sexista e homofóbico. E encoraja os líderes religiosos zelosos a usar de autoridade para policiar os transgressores e seus cúmplices.

Como os teólogos do futuro reescreverão o *Logos* divino da "lei e ordem" e criarão antropologias teológicas que ecoem a experiência? Surgirão mais compreensões suplementares da sacramentalidade e da mediação para adaptar o que estamos aprendendo sobre o simbolismo expressivo dos sujeitos com corpo e com graça (com gênero)? O gênero pode desempenhar muitos papéis na teologia moral. Ele pode nos desencaminhar. Mas pode também nos levar a uma maior compreensão do modo como o divino é reincorporado em e através de nossos corpos com gênero, e feridos por cada ato de injustiça quanto ao gênero. O gênero está nos colocando diante de questões sobre compreensões teológicas fundamentais e sobre as mais profundas esperanças religiosas. "Pisa de leve", escreveu o poeta irlandês W. B. Yeats, "pois estás pisando em meus sonhos".[13] A porta que abre para o futuro da teologia moral é aquela que nós – mulheres e homens – com fé uns nos outros estamos ajudando a empurrar. Ainda que não possamos apreciar completamente nem ousar a sonhar o que está atrás dela.

---

[13] A frase aparece no poema *Aedh Wishes for the Cloths of Heaven* ["O fogo (*aedh* em gaélico) deseja as roupas do céu"], publicado em W. B. Yeats, *The Wind among the Reeds* (London: E. Mathews, 1899).

ÉTICA TEOLÓGICA CATÓLICA
PASSADO, PRESENTE E FUTURO

Epílogo: gênero e teologia moral: uma história de amor

Lugar: Um bar, em algum lugar de Trento.[14]

A Gênero e o Teologia Moral[15] estão prestes a comemorar seu quinquagésimo aniversário de casamento. Para seus amigos, foi um relacionamento inesperado. E, como muito do que começou nos arrebatadores dias da década de 1960, foi uma relação agitada quando se encontraram pela primeira vez – mas não se diz que os opostos se atraem?!

Encontrei-os por acaso tomando sol em Trento e, durante uma bebida, decidiram relembrar como haviam passado esses dias. Eles pareciam mais felizes do que eu jamais os vira. O Teologia Moral havia crescido, estava mais maduro! Ele havia perdido a arrogância da juventude e estava parecendo mais velho e sábio! A Gênero havia mantido sua boa aparência e seu aguçado senso de humor, mas algo nela também mudara. Ela não era a mesma. Agora, parecia mais centrada e satisfeita do que eu a vira tempos atrás.

"Puxa vida! Você está ótima! É tão bom ver vocês dois bem assim após todos esses anos. Quem diria que vocês dois, tão diferentes, estariam ainda juntos!"

Gênero: Para ser honesta, um relacionamento com o Teologia Moral era a última coisa que eu esperava. Ele não tinha nenhuma experiência com mulheres – e ele era tão *bobinho* sobre sexo!

Teologia Moral: Não posso negar que você com certeza me ensinou algumas coisas. Nessa época, eu era um pouco quadrado. Pensava que tinha uma vida toda planejada; mas não conseguia me relacionar com as pessoas. A Gênero mudou tudo isso. Ela abriu meus olhos, e eu comecei a pensar de modo diferente. Ela era totalmente selvagem! Ela era uma espécie de força bruta da natureza que não consegue se conter – e diante da qual ninguém consegue resistir (mas isso é outra história...). A Gênero queria incendiar o sistema, e ela não pararia até conseguir. Ela continua lutando... De onde você tira tanta energia, amor?

---

[14] Este artigo foi apresentado pela primeira vez na conferência "Ética teológica católica na Igreja mundial", ocorrida em Trento, Itália, em julho de 2010, que contou com a participação de aproximadamente seiscentos teólogos e teólogas de todo o mundo. Compreensivelmente, muitos aproveitaram dos excelentes bares e sorveterias nos intervalos das sessões. É importante destacar, por isso, que as personagens que aparecem nesse conto, embora possam parecer serem teólogos moralistas reais, são totalmente ficcionais, e qualquer semelhança é mera coincidência.

[15] Apesar do estranhamento diante da inversão do gênero gramatical, é preciso mantê-la em razão das características próprias das personagens ao longo da história [N.T.].

Gênero: O trabalho da mulher nunca está completo, amor.

Teologia Moral: Comparado a ela, eu me sentia entediado e parecia um velho.

Gênero: É porque, de fato, você era, amor. Você era completamente inacessível. Mas eu não consegui resistir ao charme de sua inocência.

Teologia Moral: Tenho que admitir: antes de a Gênero aparecer, eu estava um pouco perdido. Eu sequer sabia quem eu era. Já não tinha mais objetivos. Precisava de um novo rumo; um novo desafio – e quando a Gênero apareceu, cara, eu passei a ter um!

Gênero: Mas você continua sem saber de muita coisa.

Teologia Moral: Eu sei; mas não estou sem você agora, amor.

Gênero: Isso porque você não viveria sem mim!

Teologia Moral: É verdade, mas eu também dei algo a você.

Gênero: E como! Com certeza tive mais do que esperava. Mas seu coração está no lugar certo, e você tem boas intenções. O Teologia Moral é uma obra em andamento, jamais acabada. Aliás, não somos todos assim?! Após todo esse tempo, ainda não me sinto como se estivesse realizada. Como dizem, há sempre algo novo a descobrir sobre o outro. Ultimamente, o que conta é que compartilhamos os mesmos valores e queremos fazer deste mundo um lugar melhor.

Teologia Moral: Com certeza, estamos melhor juntos do que separados.

Gênero: Sim, nós nos damos muito bem agora, não é, querido!? Mas nossos filhos estão sempre brigando!

Teologia Moral: Precisamos ir embora. A Gênero quer me mostrar o afresco da "mulher barbada" no Castelo.[16]

Em seguida, eles partiram juntos, de braços dados, parecendo inseparáveis.

---

[16] O *Castello del Buonconsiglio*, em Trento, agora um museu, foi a residência formal do arcebispo da região. Durante os anos do Concílio de Trento, o castelo acomodou bom número de participantes do Concílio. Eles ficaram admirados com a obra de arte do final do século XIV situada na *Torre Aquila* [Torre de Águia] do Castelo. O "Círculo dos Montes", uma série de afrescos em estilo gótico internacional, retrata a vida na região ao longo de um ano. O afresco de Junho mostra uma procissão de nobres casais de braços dados. Um compreende um religioso em seu hábito acompanhado por uma personagem feminina cujas características faciais são as de um homem barbado. Embora várias teorias tenham sido propostas para explicar esse quebra-cabeça, suas origens exatas continuam sem explicação (http://people.lett.unitn.it/gozzi/Torre%20aquila%20part.jpg).

CONTEXTO E FUTURO DA ÉTICA TEOLÓGICA: A TAREFA DE CONSTRUIR PONTES

Shaji George Kochuthara

Na teologia católica, entramo-nos na "Era da Ética Cristã". Obviamente, a ética foi sempre uma parte importante e integrante da teologia cristã. No primeiro milênio, as questões doutrinais e dogmáticas ocuparam o lugar central. No segundo milênio, as discussões teológicas sobre a autoridade da Igreja (especialmente política), o primado papal, a relação da Igreja com o Estado e o conflito com ideologias diferentes, e o debate sobre a importância da Escritura e da Tradição foram as principais preocupações teológicas. No final do segundo milênio, sobretudo no século XX, desenvolvimentos na interpretação bíblica provocaram enormes mudanças.

Com a instrução dada pelo Concílio Vaticano II[1] e a publicação da *Humanæ Vitæ*, começa a "Era da Ética Teológica Católica". Embora no começo a controvérsia tenha sido sobre a contracepção, as discussões entraram aos poucos em novos campos. O conflito entre "ética autônoma" e "ética de fé" e o debate sobre o proporcionalismo são somente alguns exemplos. Os eticistas teológicos refletiram sobre as fontes e os métodos na teologia moral fundamental, sobre as questões biomédicas, sobre as questões sexuais e matrimoniais, sobre a justiça social etc. A partir de uma teologia de orientação sexual focada no pecado, uma teologia praticamente voltada para a preparação dos futuros padres, a ética cristã hoje se volta para todas as áreas da vida cristã, ultrapassando, assim, o limite do currículo dos seminários.

Do mesmo modo, um considerável número de documentos magisteriais e oficiais, completa ou parcialmente dedicados à ética teológica em geral[2] ou a áreas específicas como ética sexual, bioética e justiça social,[3] foi promulgado. As questões éticas ocupam uma das principais áreas do debate teológico

---

[1] Concílio Vaticano II, *Optatam Totius*, 16; *Gaudium et Spes*, 46.

[2] Por exemplo, *Veritatis Splendor*.

[3] Por exemplo, *Humanæ Vitæ, Persona Humana, O Atendimento Pastoral das Pessoas Homossexuais, Donum Vitæ, Familiaris Consortio, Gratissimam Sane, Sexualidade Humana: Verdade e Significado, Evangelium Vitæ, Reflexões sobre a Clonagem, Populorum Progressio, Laborem Exercens, Sollicitudo Rei Socialis* e *Centesimus Annus*.

na Igreja, entre as Igrejas e entre a Igreja e o Estado. Os cristãos buscam nos eticistas teológicos respostas para os diferentes problemas e questões que enfrentam. Sentem que a ética teológica, entendida como uma dimensão prática da teologia, responde a suas reais situações de vida.

Há um crescimento consistente no número de teólogos moralistas em todos os continentes. Não somente padres e religiosos, mas também leigos – tanto homens quanto mulheres – buscam estudar e pesquisar no campo da teologia moral. Igualmente, novos departamentos e faculdades de teologia moral foram criados mundo afora.

Quando olhamos para a sociedade, também podemos dizer que estamos em uma "Era da Ética". Hoje, há um maior interesse em ética. Diferentes áreas da ética desenvolvem-se independentemente das religiões – por exemplo, os movimentos dos direitos humanos, a bioética, a ética econômica e dos negócios, a ética profissional, a ética profissional, a ética feminista, a ética de gênero *e a ética política. A ética se tornou uma preocupação central em todas as atividades humanas; ela* dispensa a dimensão religiosa de uma pessoa.

Hoje, a sociedade civil e as autoridades políticas frequentemente conduzem o debate sobre questões éticas como uniões entre pessoas de mesmo sexo, uniões de fato, clonagem, pesquisa em células-tronco e engenharia genética, visto que no passado essas questões seriam deixadas para a autoridade das religiões. Isso é verdade não somente com relação aos Estados ocidentais secularizados, mas também com relação aos países asiáticos e africanos, onde a religião continua a ser normalmente importante. Além disso, como em muitas outras áreas, a tomada de decisão em questões éticas não é deixada somente às autoridades, mas as pessoas (autônomas) participam ativamente no processo de tomada de decisão. Embora o futuro da ética teológica seja brilhante, isso também implica imensas responsabilidades, considerando esses desenvolvimentos na Igreja e na sociedade como um todo. O futuro é a continuação do presente, que é a continuação do passado. Através dessa luz, olhamos para o futuro.

Ética teológica na comunidade cristã

O desafio do diálogo entre abordagens e métodos diferentes

Após a fase dos manuais, a ética teológica começou a se desenvolver estreitando laços com a teologia sistemática, bíblica e espiritual. O Concílio Vaticano II deu um novo impulso a esse movimento. Os eticistas cristãos começaram a sentir a necessidade de um diálogo mais profundo com os diferentes campos da ética filosófica, com as ciências físicas e sociais, com os avanços científicos e tecnológicos e com as situações constantemente mutantes da vida. Tudo isso resultou em um considerável número de abordagens e metodologias. Enquanto os manuais seguiam uma única metodologia, a ética cristã de hoje segue uma variedade de metodologias.

Em um recente artigo, Raphael Gallagher identifica quatro "sistemas de teologia moral"[4] e define o campo como uma ciência moral, mas com diferentes propostas.

(1) Desenvolvido, sobretudo, a partir de fontes da revelação, proporciona os meios cristãos necessários para alcançar a felicidade através de nossas escolhas e ações morais.

(2) Desenvolvido, sobretudo, a partir de percepções éticas da inteligência humana e da reflexão prática, objetiva explicar a realização humana dentro de nossa vocação cristã.

(3) Desenvolvido, sobretudo, através de um uso dialético e hermenêutico de suas várias fontes, busca comunicar a essência da tradição a uma nova situação cultural.

(4) Tratando de um modo específico das questões sobre salvação suscitadas pelos dilemas morais da vida, oferece um modo de discernimento, através da prudência, para capacitar uma pessoa a continuar no caminho que leva à salvação em Cristo.

Marciano Vidal também fala sobre as posições diferentes que se seguiram ao Concílio Vaticano II.[5] Visto que cada uma dessas metodologias tem suas próprias ênfases e vantagens, talvez seja melhor não continuarmos pensando em uma única metodologia para a ética cristã. A complexidade desse contexto não é somente em razão das diferentes questões, diferentes fontes e diferentes abordagens, mas também em razão de diferentes respostas.

---

[4] Raphael Gallagher, "Moral Theology from a European Perspective: Emerging Methodologies Attentive to Tradition and Learning from Asia", *Asian Horizons* 4 (2010): 149-150.
[5] Marciano Vidal, "Theological Ethics in Europe", in *Catholic Theological Ethics in the World Church: The Plenary Papers from the First Cross-cultural Conference on Catholic Theological Ethics* (Bangalore: Asian Trading Corporation, 2009), 94. (Daqui para frente, *CTEWC*.)

Por exemplo, a relação dialética entre cultura e moralidade e a crescente consciência e aceitação do pluralismo religioso como um dado real continuará a existir.[6] Os eticistas teológicos sempre terão de lidar com essa situação complexa. Não causará surpresa se, na complexidade das situações da vida, novas metodologias se desenvolverão. Em vez de se tornar exclusiva ou de reivindicar superioridade, o que é necessário é uma comunicação criativa e um diálogo autocrítico entre as diferentes abordagens na ética teológica. Eis uma das tarefas que os teólogos moralistas precisam assumir no futuro com renovado entusiasmo e abertura.

O desafio da ética secular

A ética sempre foi uma preocupação não somente das religiões, mas também da filosofia. No período moderno e pós-moderno, a tendência de construir um sistema ético negando o papel da religião tem crescido. Hoje, há todo um leque de ramos da ética que reivindicam independência da fé.[7] Os ramos seculares da ética frequentemente reivindicam superioridade afirmando que são mais "científicos" e "imparciais", e costumam considerar a ética cristã como atrasada e obstrutora do progresso.

Contudo, esse interesse em ética nas diferentes esferas da vida e realizado por um número maior de pessoas é louvável. Muitos desses ramos da ética carecem de uma visão holística da pessoa humana, limitando sua visão à área particular e buscando soluções imediatas e fáceis. Além disso, consideramos que as principais tendências em ética são às vezes apresentadas por "grupos com interesses", como grupos políticos, multinacionais, conglomerados midiáticos ou guiados por interesses de mercado e por apelo popular.

O que devemos fazer nesse contexto? O real desafio é expor os direitos adquiridos e a visão parcial da pessoa e da sociedade nessas abordagens éticas e defender uma visão holística da pessoa, da sociedade e do cosmo, à luz de nossa fé, com uma opção preferencial pelo pobre, garantindo justiça para todos. Ademais, no futuro, os eticistas teológicos precisarão aprender a dialogar com

---

[6] Ver James F. Keenan, *Towards a Global Vision of Catholic Moral Theology: Reflections on the Twentieth Century* (Bangalore: Dharmaram Publications, 2007), 101-145.

[7] Por exemplo, "Os bioeticistas e os governantes parecem ansiosos por excluir as visões religiosas do debate e assumir que a religião leva para uma direção socialmente conservadora, obstruindo o avanço científico e indo contra a tendência da política social esclarecida" (Lisa Sowle Cahill, *Theological Bioethics: Participation, Justice, and Change* [Washington: Georgetown University Press, 2005], 1).

diferentes ramos da ética, realmente comprometendo suas propostas na esfera pública, ainda que muitas vezes haja confusão a respeito da identidade e da unidade da ética cristã. Isso não significa que a ética cristã não se comprometa com outros sistemas de ética, mas a questão que fica é como faremos para manter a unidade da ética cristã nesse processo.[8]

Tendências recorrentes de uma ética exclusivista e fundamentalista

Embora a ética teológica tenha crescentemente dialogado com diferentes culturas, religiões e desenvolvimentos científicos, um movimento na direção contrária, às vezes chamado de "catolicismo evangélico",[9] pode ser percebido nas comunidades cristãs como o contexto básico da ética teológica. O impacto dessa nova tendência, que é frequentemente caracterizada como conservadora, pode ser percebido nos diferentes ramos da teologia, da liturgia, da espiritualidade e das estruturas administrativas da Igreja, bem como favorecendo políticas de tendência direitista. Tanto como um subproduto dessa tendência quanto como um facilitador, um considerável número de novos movimentos tem surgido na Igreja.

Eles têm sido bem vistos pela Igreja, reavivando a vida cristã na pós-modernidade, na era pós-religiosa, envolvendo ativamente o laicato na Igreja e engajando-o em um serviço aos necessitados. Por isso, podemos identificar neles o trabalho do Espírito que guia a Igreja segundo as necessidades dos tempos. O número de cristãos que participam ativamente desses movimentos não é pequeno. A maioria desses movimentos encontra uma crescente aceitação por parte das autoridades.

Contudo, muitos desses movimentos tendem a seguir uma ética do exclusivismo, do elitismo e do fundamentalismo, às vezes promovendo uma interpretação literal da Escritura, algumas crenças supersticiosas e a negação do corpo e do mundo, focando-se excessivamente no pecado.[10] Embora alguns grupos como a Comunidade de Santo Egídio e o Movimento dos Focolares dialoguem com outras Igrejas e religiões, outros defendem a superioridade do cristianismo. Essas posições atrapalha o processo de diálogo com diversas tradições éticas.

---

[8] Ver Vidal, "Theological Ethics in Europe", in *CTEWC*, 97.

[9] Para uma descrição e análise dessa tendência, ver John L. Allen, Jr., *The Future Church: How Ten Trends Are Revolutionizing the Catholic Church* (New York: Doubleday, 2009), 54-94.

[10] Por exemplo, ver Ronaldo Zacharias, "Dreaming of a New Moral Theology for Brazil", in *CTEWC*, 118.

Permitam-nos também considerar a tendência a desenvolver uma visão limitada da identidade católica. Frequentemente, a identidade católica é entendida em termos de uma postura contra o aborto, a contracepção, as uniões de pessoas do mesmo sexo, as tecnologias reprodutivas etc. Os eticistas teológicos precisam desenvolver modos de participação em um diálogo mais criativo com essas tendências emergentes na comunidade cristã, bem como minimizar a distância entre a nova compreensão da ética teológica e a vida real da comunidade cristã. Do contrário, os desenvolvimentos criativos na ética teológica tornar-se-ão estranhos para um crescente número de membros da Igreja, que é de fato o contexto básico para o teologizar dos eticistas teológicos.

Aqui não se trata de sinceridade e comprometimento, mas sim da compreensão básica da fé e da ética cristã, que permanece a mesma, mas assume novas dimensões na adesão criativa ao diálogo em seu contexto sempre cambiante, tanto enriquecendo quanto sendo enriquecida por ele. Esse diálogo dentro e a partir da comunidade cristã será uma importante tarefa dos eticistas teológicos no futuro.

Os dois padrões na aplicação da justiça na Igreja

Uma das características mais marcantes da sociedade atual é o senso de justiça social. Talvez isso tenha sido iniciado por diferentes movimentos políticos e sociais no início do século XVIII, fortalecendo-se no século XX. Há um forte senso de igualdade e liberdade de todos os seres humanos, de dignidade da pessoa humana e dos direitos fundamentais de todos. A Igreja também respondeu criativamente a essa sede de justiça, conforme se vê nos desenvolvimentos na Doutrina Social da Igreja ao longo do século XX. As tentativas de a Igreja garantir justiça na sociedade são bem valorizadas. Contudo, há um crescente ceticismo quanto à sinceridade da Igreja em garantir a justiça.

Uma das críticas levantadas contra a Igreja após os recentes casos de abuso de menores pelo clero gira em torno da aplicação da justiça dentro da Igreja. Frequentemente, vimos que a Igreja aplica diferentes normas para distinguir aqueles que exercem autoridade sobre os outros. Essa disparidade na aplicação da justiça cria uma imagem negativa do comprometimento da Igreja com a justiça. Os católicos que compartilham dessa visão preferem procedimentos civis em casos de abuso e acreditam que o sistema eclesiástico não garantirá a justiça.[11] Embora não

---

[11] Aaron Milavec, "Reflections on the Sexual Abuse of Minors by Priests", *Asian Horizons* 4 (2010): 179-191.

CONTEXTO E FUTURO DA ÉTICA TEOLÓGICA
SHAJI GEORGE KOCHUTHARA

possamos ignorar que haja esforços das mais diversas partes para turvar a imagem e enfraquecer o poder moral da Igreja, a perda de confiança na administração da justiça na Igreja é uma matéria de grave preocupação para os eticistas.

Esse ceticismo sobre a administração da justiça na Igreja não é uma situação nova. Nas últimas décadas, eticistas teológicos como Charles E. Curran, Richard A. McCormick e muitos outros apontaram para a necessidade de transparência e justiça no trato com teólogos que diferem das instâncias magisteriais. Recentemente, James Keenan e outros sublinharam a necessidade de "praticar o que se prega".[12] Uma dessas tarefas da ética teológica será levantar corajosa e intrepidamente uma voz a favor da justiça dentro da Igreja e defender a natureza colegial da Igreja.[13]

Outro aspecto dessa questão também precisa de atenção: os eticistas teológicos sentem certo desconforto em discutir muitas questões – incluindo as ligadas às questões biomédicas, à prevenção da HIV/AIDS e à contracepção. Como membro do comitê ético de uma faculdade médica católica, frequentemente enfrento essa dificuldade. Há também aqueles que insistem que o único papel dos eticistas teológicos é defender a doutrina oficial da Igreja. Essa dificuldade é mais profundamente sentida por aqueles que estão em institutos e seminários pontifícios. A falta de liberdade para discernir a vontade de Deus nos "sinais dos tempos" e "o excessivo controle da imaginação e do pensamento teológicos"[14] frequentemente desencorajam o desenvolvimento contínuo da tradição moral católica. Essa atmosfera não ajudará a ética teológica a realizar seu dever no presente ou no futuro. Não resta dúvida de que o/a eticista católico/a deveria lembrar que ele/ela pertence a uma comunidade, que é o contexto básico para a reflexão e o discernimento teológicos. A autoridade é um sinal de unidade e tenta garantir que a unidade seja respeitada, mas isso não deveria ser à custa da natureza colegial da Igreja e de sua dimensão comunitária. Do contrário, a unidade se tornará uma uniformidade superficial.

---

[12] Por exemplo, James F. Keenan, *Practice What You Preach: The Need for Ethics in Church Leadership* (Milwaukee: Marquette University Press, 2000); M. Shawn Copeland, "Collegiality as a Moral and Ethical Practice", in *Practice What You Preach: Virtues, Ethics, and Power in the Lives of Pastoral Ministers and Their Congregations*, ed. James F. Keenan e Joseph Kotva, (Lanham, Md.: Sheed and Ward, 1999), 315-332.

[13] "O século XXI poderia perfeitamente criar um 'mercado estrondoso' para movimentos que buscam nutrir uma maior responsabilidade, colaboração e transparência na Igreja, se os ativistas e os empresários entendessem como fazer uma proposta em chave global" (John L. Allen, Jr., "A Global Case for Good Government in the Church", in *National Catholic Reporter*, June 25, 2010, www.ncronline.org, acessado em 11 de julho de 2010).

[14] Laurenti Magesa, "Locating the Church among the Wretched of the Earth", in *CTEWC*, 56.

A fé cristã é confiada a uma comunidade na qual a autoridade, o teólogo e cada membro têm seu papel singular. A falta de diálogo somente enfraquecerá as tentativas de responder aos complexos dilemas éticos em nossas sempre cambiantes situações de vida. Superar as distâncias entre autoridade e ética teológica e entre as pessoas e a ética teológica é um desafio a ser enfrentado nos próximos anos.

A ética teológica em desenvolvimento na Ásia, na África e na América Latina

Há uma necessidade urgente de desenvolver mais departamentos de ética teológica na Ásia, na África e na América Latina para facilitar a pesquisa e a escrita em contextos nativos e permitir uma nova dimensão à teologia moral no futuro. Em algumas décadas, mais de 75 por cento dos católicos do mundo estarão vivendo nesses continentes.[15] No presente, as possibilidades de especialização em ética teológica nesses continentes são limitadas. Programas em parceria com as universidades ocidentais podem ser de grande ajuda, e essa é uma das urgentes necessidades para o desenvolvimento da ética teológica. O Ocidente tem uma longa tradição de educação teológica moral. Compartilhar essa experiência e competência pode ajudar a apoiar a educação teológica moral na África, na Ásia e na América Latina. Ajudará também a manter um equilíbrio entre o contexto particular e a natureza universal da teologia moral católica. Além disso, o desafio da especialização facilitará aos teólogos moralistas saírem dos limites de um currículo seminarístico,[16] visto que atualmente na maioria dos países nesses continentes o único ou o maior papel dos teólogos moralistas é preparar futuros padres.

A ética teológica em um mundo globalizado

O sistema político

Um bom número de nações segue o sistema democrático. Comparado a outros sistemas, a democracia pode ser considerada muito nova, mas mesmo assim não temos uma alternativa melhor. Contudo, estamos testemunhando uma politização da democracia que está resultando, em sua degeneração, uma

---

[15] Ver Allen, *The Future Church*, 141-177.
[16] Clement Campos, "Doing Christian Ethics in India's World of Cultural Complexity and Social Inequality", in *CTEWC*, 90; Zacharias, "Dreaming of a New Moral Theology for Brazil", 121.

negação da justiça e uma promoção de favoritismo, nepotismo, corrupção incontrolável e corrosão dos valores.[17] Mesmo os governantes democraticamente eleitos com frequência se tornam os maiores violadores dos direitos humanos.[18] O sistema legal não é uma exceção: "Há milhares de pessoas pobres lutando contra o sistema legal. O sistema legal é muito colonial, e para os pobres o acesso à justiça é impossível. De fato, o sistema legal é um grande mecanismo de opressão do pobre".[19] Em muitos países, a democracia não é mais a autoridade por meio das pessoas, mas a autoridade por meio de uns poucos políticos, frequentemente eleitos pelo poder e lucro econômico.[20]

De acordo com as Nações Unidas, gasto anual com a corrupção é de 1,6 trilhões de dólares, que é muito maior do que o montante anual da ajuda estrangeira que vai do mundo industrializado ao mundo em desenvolvimento. Por exemplo,

> quando você pede aos bispos africanos para identificarem sua prioridade social máxima, a resposta é frequentemente diferente do que muitos ocidentais esperariam. Eles normalmente não começam com o HIV/AIDS, o comércio de armas ou a atenuação das dívidas, ainda que considerem tudo isso muito importante. Em vez disso, eles de fato começam com a luta contra a corrupção, pois eles a veem como o câncer mais mortal que aflige suas sociedades.[21]

Como resultado, milhões e milhões de pessoas comuns vivem em completo desespero, privadas de seus direitos básicos, da justiça e de uma vida digna.

Contudo, esse desespero e um sentimento de perda de sentido da vida podem ser vistos especialmente entre a juventude, não somente no chamado terceiro mundo, mas também no primeiro mundo. A Igreja, o sinal do reino de Deus, não é um reino temporal, nem é uma realidade de outro mundo preocupada com a salvação apenas das almas. A Igreja deve estar envolvida

---

[17] "A política tem sido identificada como um lugar propício para bandidos e ladrões" (Zacharias, "Dreaming of a New Moral Theology for Brazil", 116).

[18] Ver Antonio Papisca, "The Needs of the World and the Signs of the Times", in *CTEWC*, 15-16.

[19] Payal Saxena, "David vs Goliath", in *The Week* 28, 33 (July 11, 2010): 21. Essa matéria de capa é sobre o povo comum que enfrentou o grande e o poderoso em sua luta pela justiça e que saiu vitorioso.

[20] Thomas Hong-Soon Han, "Moral Challenges and the Church in Asia Today, with a Specific Consideration of Korea", in *CTEWC*, 67-68; Sebastian Mier, "Hope in the Midst of Enormous Challenges in Mexico", in *CTEWC*, 128.

[21] John L. Allen, Jr., "A Global Case for Good Government in the Church".

em todas as esferas da atividade humana. Frequentemente, a Igreja reage somente quando há tentativas de controle de suas instituições ou quando questões como aborto, eutanásia, contracepção, casamento gay etc. vem à tona. Evidentemente, a Igreja tem de responder quando decisões contrárias a sua percepção de valores são tomadas; contudo, a Igreja também tem a responsabilidade de se tornar a voz dos "sem-vozes" que têm a justiça negada e a vida violada na pólis moderna da democracia.

A ética teológica não pode esquecer-se da vida real das pessoas. A menos que uma preocupação com a justiça nos sistemas sociopolíticos passe a fazer parte da reflexão ética, não enfrentaremos os problemas reais que as pessoas enfrentam. Isso será uma séria preocupação da ética teológica no futuro, especialmente considerando o fato de que a crescente desconfiança na política e na justiça nos sistemas democráticos levará à instabilidade política e social que causará imenso sofrimento, conforme já acontece em muitos países.

O sistema monolítico de valores da globalização

A globalização não é somente um fenômeno econômico, mas é também cultural e social: "O rompimento das fronteiras não é simplesmente um fato material: é também um evento cultural tanto em suas causas quanto em seus efeitos [...]. É o produto de diversas tendências culturais, que precisam ser submetidas a um processo de discernimento".[22] A globalização criou seu próprio sistema de valores.

Embora reconhecendo as contribuições da globalização, precisamos criticar seu sistema de valores. Muitas culturas nativas e grupos religiosos consideram a globalização e alguns de seus "valores" inerentes uma ameaça real. Uma das razões subjacentes ao surgimento do fundamentalismo, comunalismo e mesmo terrorismo é que essa ameaça é sentida por muitos. Aqueles em países pobres veem isso assim: "A globalização em sua atual forma é um movimento, um processo, uma ideologia concebida e nutrida nos países desenvolvidos, através de pesquisas, inovações e teorias científicas e tecnológicas para o total controle do resto do mundo e a realização do sonho ou visão de uma 'aldeia global'".[23]

---

[22] Bento XVI, *Deus Caritas Est*, 42.

[23] John Mary Waliggo, "A Call for Prophetic Action", in *CTEWC*, 254, citando Cecil McGarry, "The Impact of Globalization on African Culture and Society: Dangers and Opportunities," in *The New Strategies for a New Evangelization in Africa*, ed. Patrick Ryan (Nairobi: Paulines Publications Africa, 2002), 13-22.

A globalização alega derrubar as barreiras e aceitar todas as culturas. Mas o que frequentemente acontece é que todas as demais culturas são conquistadas por uma monocultura. Por isso, as culturas nativas consideram essa nova cultura uma ameaça, e resistência, geralmente violenta, é sua resposta. Em muitos países asiáticos e africanos, a nova cultura promovida pela globalização é identificada como ocidental ou cristã-ocidental. Penso que seja uma cultura nem do Ocidente, nem do Oriente, mas uma cultura criada acima de tudo como um esforço orquestrado dos interesses de mercado das multinacionais e da mídia para fazer as pessoas pertencerem a uma cultura que não tem raízes, que ironicamente se apresenta como universal.

O Ocidente tem uma cultura, profunda em valores, que foi identificada com o cristianismo por um longo tempo. A nova cultura, embora o caminho tenha sido preparado por diferentes filosofias e ideologias do Ocidente, não pode ser considerada a cultura real do Ocidente. A verdadeira questão não é aquela de um buraco geracional, mas de fazer com que as pessoas assumam uma cultura que não lhes pertence. É uma cultura que se absolutiza como universal, como a única solução a tudo o que as pessoas querem, que foca somente o proveito e o prazer do momento. As sociedades como a Índia, que se defendem por um longo tempo contra essa nova cultura, agora se tornaram vulneráveis a ela, com restrições relacionadas ao mercado e à mídia. A crítica à imoralidade dessa nova cultura, não será facilmente aceita, mas os elementos anti-humanos nessa cultura precisam ser expostos.

A globalização tem a tendência de fazer do dinheiro o todo-poderoso e fazer da vantagem o único critério da atividade humana. Obviamente, a riqueza, que sempre foi importante, é essencial para o bem-estar humano. Mas o que é característico hoje é que a vantagem a qualquer custo é frequentemente a norma, e frequentemente decisões são tomadas por aquelas autoridades sob a influência das multinacionais movidas pela vantagem. Isso resulta em condições injustas de trabalho, negação da justiça e da dignidade humana, e a remoção de outras preocupações e valores para os bastidores. A distribuição equitativa da riqueza ainda continua uma quimera. Essa ganância por lucro e o lucro como a única norma da atividade humana deve ser questionada pelos eticistas teológicos.

Uma economia do lucro e baseada na competição, uma visão de munto baseada no poder ilimitado da pessoa humana, uma cultura que rejeita a singularidade das demais culturas e tradições, um sistema de valores que não garante justiça para todos, especialmente para o fraco, e que reduz o sentido da vida ao lucro, ao prazer e ao consumo não pode promover um desenvolvimento estável, a paz, a harmonia ou o bem-estar humano.

A própria globalização precisa ser criticada por suas tendências de dominar todas as demais culturas. Essa invasão cultural causa ou submissão total ou reações violentas, como o fundamentalismo e o comunalismo. A menos que a globalização aprenda a respeitar a pluralidade, conflitos violentos surgirão. Nem o "elitismo cultural", nem o "nivelamento cultural"[24] serão úteis. Pelo contrário, "é necessário um comprometimento sustentável, de modo a promover um processo cultural baseado na pessoa e orientado à comunidade capaz de uma integração mundial que esteja aberto ao transcendente".[25]

Nos próximos anos, os eticistas teológicos terão de se dedicar à solução do conflito entre globalização e culturas nativas, pois esses conflitos têm suas raízes na nova ética inerente à globalização. Essas questões éticas vão desde a pobreza, a iniquidade e o colapso de trabalhos tradicionais até uma drástica mudança no estilo de vida, na vida sexual, na vida familiar e nas práticas religiosas.

Conclusão

Em resumo, a ética teológica no futuro precisa ser cada vez mais objetiva, científica, aberta à experiência humana, comprometida com a justiça e pronta a dialogar com os diferentes ramos da ética e das diferentes culturas, enquanto mantendo a singularidade da visão cristã. Isso é possível.

Visto que a experiência humana foi aceita como uma fonte válida da reflexão teológica moral, os teólogos moralistas tornaram-se cada vez mais conscientes da fragilidade das certezas. Isso não significa que elas tenham dado lugar ao relativismo. Pelo contrário, elas se tornaram conscientes da complexidade e objetividade das reais situações da vida, da singularidade de cada pessoa, e da necessidade de um diálogo constante – ao mesmo tempo desafiador e enriquecedor – entre as normas e a experiência humana. Aplicações arbitrárias das chamadas normas inalteráveis formadas com base na abordagem física à lei natural não convencem mais. A ética teológica será considerada relevante e ligada à vida somente se o diálogo entre a experiência humana e as normas continuar.

Após o Concílio Vaticano II, especialmente no debate que se seguiu à *Humanae Vitae*, achamos que os teólogos moralistas entendem sua vocação

---

[24] Bento XVI, *Deus Caritas Est*, 26.
[25] Ibid., 42.

CONTEXTO E FUTURO DA ÉTICA TEOLÓGICA
SHAJI GEORGE KOCHUTHARA

em termos de compaixão pelos frágeis e fracos seres humanos que, apesar de suas sinceras intenções, nem sempre conseguem viver segundo as normas prescritas. A "situação de tensão" proposta por Peter Chirico, as soluções de "conflito de situação" propostas por Charles Robert e a situação "comprometida" proposta por Conrad van Ouwerkerk e mais tarde defendida e elaborada por Charles Curran e "a lei da gradualidade" são todas tentativas de entender com compaixão a fragilidade dos humanos, sem os condenar.[26] Essa missão de compaixão assumida pelos eticistas teológicos será mais importante no futuro para as pessoas que continuarem a confrontar cada vez mais as situações e opiniões complexas e conflitantes, e para as pessoas que estão com o coração partido e confuso. Contudo, deve haver uma consciência de que nós também compartilhamos da mesma fragilidade.

Finalmente, gostaria de enfatizar que somos um povo com esperança. Não nos desencorajamos com a complexidade da situação ou presença do mal. Em vez disso, exploramos novas possibilidades com a esperança no Senhor Ressuscitado e acreditamos que o Senhor está conosco para nos guiar em nossa peregrinação. É com esperança que os eticistas teológicos deverão olhar para o futuro.

---

[26] Keenan, *A History of Catholic Moral Theology in the Twentieth Century. From Confessing Sins to Liberating Consciences* (New York: Continuum, 2010), 146-151.

RACIALIZAÇÃO E RACISMO NA ÉTICA TEOLÓGICA

María Teresa Dávila

C omo a ética teológica envolve responsavelmente a história como parte necessária da reflexão teológica? O jesuíta espanhol José Ignacio González-Faus adota a questão básica do papel da história no entendimento de nossa humanidade, do poder da graça e do papel do perdão, quando fala sobre o irreparável dano do pecado na história. Ele sustenta que a infinita gravidade do pecado não representa uma ofensa direta (ou até religiosa) a Deus, mas uma injúria à própria imagem de Deus na pessoa. Há algo irreparável em relação ao pecado, e somente a graça incorporada no perdão de uma pessoa (ou grupo) a outra pode oferecer redenção. Tal irreparabilidade é descrita como os efeitos do pecado que não podem ser desfeitos: "Ainda que a justiça e a solidariedade criem um mundo sem campos de concentração, guerras, 'campos de extermínio' e atos de terrorismo, permanece o fato de que temos um mundo onde essas coisas acontecem".[1]

Para González-Faus, nossos princípios teológicos e éticos – e particularmente nosso entendimento sobre nossa humanidade, nossa relação filial com Deus e nossa relação com as irmãs e irmãos dentro da família humana, bem como sobre como nos tornamos semelhantes a Cristo – devem basear-se no princípio encarnacional que considera central a salvação da história humana.[2] O "pecado do mundo", então, não é um princípio teológico abstrato, restrito à recitação do *Agnus Dei* ("Senhor, tende piedade de nós") durante nossas liturgias; trata-se de uma consequência individual ou coletiva do mal praticado uns contra os outros no curso da história humana.

Se, como afirma González-Faus, mesmo um mundo perfeitamente justo ainda terá cicatrizes históricas do pecado e do mal, qual deveria ser o lugar na ética teológica para a reflexão sobre o processo de racialização e o mal do

---

[1] José Ignacio González-Faus, *Proyecto de Hermano: Visión Creyente del Hombre* (Bilbao: Editorial Sal Terræ, 1987), 397-398.

[2] Para uma discussão detalhada sobre a antropologia e a cristologia de González-Faus, especialmente sua abordagem sobre o pecado original e o pecado do mundo com respeito à doutrina da opção pelos pobres, ver María Teresa Dávila, *A Liberation Ethic for the One-Third World: The Preferential Option for the Poor and Challenges to Middle-Class Christianity in the United States* (Ph.D. dissertation, Boston College, December 2006).

racismo? Como devemos integrar as histórias da opressão institucionalizada e sistêmica às ideologias da superioridade de um grupo e da inferioridade de outro? Como enfrentamos a violência e desumanização diretas impostas a grupos classificados estritamente com base no medo irracional das diferenças, e como enfrentamos um sentido violentamente desenvolvido da importância existencial de fronteiras grupais, fronteiras nacionais, particularidades religiosas, características étnicas e cor da pele?

O objetivo desta reflexão é fazer algumas considerações sobre essa importante questão. Primeiro, contemplo a tendência social da "racialização" de grupos e seus efeitos na construção do que significa ser humano na sociedade. Segundo, dado que o processo da racialização fundamenta as sociedades em uma rede de grupos em conflito, revejo a tensão de longa data entre a Doutrina Social Católica e a Teologia da Libertação, relativamente quanto ao papel do conflito na história humana e na abordagem da justiça com relação à questão do racismo. Isso leva a um terceiro ponto: discutir "o encontro com a história", com as cicatrizes e as feridas ainda abertas do racismo, como um princípio básico para a ética teológica.

Finalmente, avalio dois casos concretos: o dos Estados Unidos (e a lei anti-imigrante no estado do Arizona) e o da França. Concluo com o princípio da encarnação como intimamente ligado à esperança *neste mundo*, que deve ser a meta da maior parte de nosso trabalho. Durante esta reflexão, espero manter-me fiel à opção pelos pobres, o princípio cristão que determina que a encarnação e a história sejam elementos centrais do seguimento ao Evangelho, mediante a atenção aos apelos daqueles considerados invisíveis ou sem importância na maioria das sociedades, mas que dividem conosco um destino comum como família humana.

O processo de racialização e o ser
e o tornar-se humano[3]

Como interpretarmos raça como uma categoria social formativa, determinante de posição social e de privilégio? A antropóloga Marisol de la Cadena considera a raça como um "instrumento constitutivo da modernidade".[4] Ela argumenta: "[A raça] funciona, entre outras coisas, como um modo de abstrair a humanidade do regime conceitual de um Deus dominador [...]. Ela insere o ser humano dentro da natureza, tornando o conhecimento do humano acessível a partir da biologia e da ciência, fora de Deus".[5]

Segundo de la Cadena, a "raça" como um conceito social e político é desenvolvida nas relações políticas, culturais e econômicas entre os sujeitos que classificam e os que são classificados. Essas relações são organizadas com base em princípios de *poder* e *domínio*; o racismo, então, sistematiza essas classificações que solidificam relações de poder e de dominação em ideologias de nação e cidadania, fronteiras e leis, pertença cultural e exclusão.

---

[3] Um esclarecimento sobre o conceito de "racialização" é conveniente. No ensaio de Michael Omi e Howard Winant's, "Formações Raciais", a racialização é descrita como "a extensão do significado racial para um anteriormente não classificado relacionamento racial, social ou grupal. A racialização é um processo ideológico, historicamente específico. A ideologia racial é construída com base em elementos conceituais preexistentes (ou, se preferirem, "discursivos") e emerge dos confrontos entre projetos políticos concorrentes e de ideias que buscam articular elementos similares diferentemente". Ver Michael Omi e Howard Winant, "Racial Formations", em The Social Construction of Difference and Inequality: Race, Class, Gender, and Sexuality, ed. Traci E. Ore (Mountain View, CA: Mayfield Publishing Company, 2000), 18. Segundo o Instituto Kirwan para o Estudo de Raça e Etnicidade da Universidade Estadual de Ohio, "O racismo/a racialização estrutural refere-se a um sistema de estruturas sociais que produz desigualdades cumulativas, duráveis, baseadas em raça" (Kirwan Institute for the Study of Race and Ethnicity, "Structural Racism/Racialization", The Ohio State University, http://kirwaninstitute.org/research/structural-racism.php). A utilização do termo "racialização" refere-se a um processo sistêmico de "alheamento" social e cultural (o processo de manter uma identidade positiva através da estigmatização e caracterização negativa daqueles considerados outros em um grupo), cujos efeitos incorporam-se nas estruturas políticas e econômicas. Tal inerência representa diferenciação, exclusão e vitimização racial do outro. Ainda que Omi e Winant considerem a racialização como um processo moderno, seus ensaios e o uso do termo em outras literaturas, bem como neste ensaio, incluem o processo de alheamento que tem marcado o encontro de diferentes grupos sociais através da história.

[4] Marisol de la Cadena, "Anterioridades y Externalidades: Más Allá de la Raza en America Latina", em "Race and Its Others", ensaio especial, *e-misférica* 5, n. 2 (dezembro de 2008), www.emisferica.org.

[5] Ibid.

ÉTICA TEOLÓGICA CATÓLICA
PASSADO, PRESENTE E FUTURO

O processo de racialização do outro na sociedade implica a institucionalização da superioridade de um grupo em relação à perceptível inferioridade de outro, dentro de um espectro de relações sociais, políticas e econômicas que inclui a desumanização do outro inferior. Em alguns casos, isso até resulta em sua exclusão filosófica e, infelizmente, em sua bem real e concreta eliminação da história. O outro racializado é excluído da história ou percebido como fora da história, como *pré*-histórico.

A raça, o processo de racialização e o racismo inserem-se no falso binômio de "cultura/natureza", o qual considera a "cultura" (definida de forma bastante restrita) como a mais alta expressão da realização humana, e a "natureza" como aquela que está fora da história, não adequada ao âmbito político ou social da atividade humana. O outro racializado é caracteristicamente colocado na rubrica da "natureza" e, portanto, excluído da história.[6]

O desenvolvimento do conceito de "branqueamento" e do outro racializado nas Américas serve como exemplo desse processo. Além de os negros, os indígenas e os escravos negros e seus descendentes serem reduzidos a um estado corporal e "natural" na maioria das ilustrações do século XVI e XVII, sua aparência é hipersexualizada e sua expressão cultural, tradição religiosa e organização política são descartadas como representação sub-humana de instintos primitivos. Ao mesmo tempo, europeus e seus descentes que abrem caminho no Novo Mundo são descritos como os que possuem o poder da razão e a cultura em sua verdadeira essência.[7]

Segundo a teórica cultural e artista Coco Fusco, "o branqueamento foi entendido como um espírito que se manifesta na relação dinâmica com o mundo físico".[8] Ela continua: "O branqueamento, então, não precisa tornar-se visível para estar presente em uma imagem; pode ser expresso como espírito empreendedor, como poder de organizar o mundo material e como uma expansiva relação com o meio ambiente".[9] Nesse sentido, o período

---

[6] Ibid. Um exemplo bem explicativo fornecido por de la Cadena é o histórico impacto da revolução haitiana pela independência. Esse evento no início do século XIX ficou "fora do radar" da maioria dos historiadores e pensadores europeus. De la Cadena atribui isso à visão dominante de que qualquer indígena ou negro era considerado como fora da história, especialmente naquilo que diz respeito à América dominada pelo europeu.

[7] Ver Ronald Takaki, *A Different Mirror: A History of Multicultural America* (Boston: Back Bay Books, 2008).

[8] Coco Fusco, "Framing Whiteness", em *Race and Its Others*, ensaio especial, *e-misférica* 5, n. 2 (dezembro de 2008), www.emisferica.org.

[9] Ibid.

pós-Iluminismo passou a interpretar o "branqueamento" como tudo que significava progresso na história humana e como dominação racional do mundo natural com o propósito de promover a tendência civilizatória da história; o outro racializado foi subjugado pelo mundo natural, que tinha sido conquistado e domesticado. Essa cosmovisão tão violenta infiltrou-se nos relacionamentos mais básicos da sociedade: entre vizinhos, dentro das Igrejas, nos locais de trabalho, no mercado, na educação e entre as nações.

A conquista das Américas, assim como qualquer projeto de racialização do outro, é marcada pelo estabelecimento de uma relação de dominação entre os que estão no poder e os que se encontram na base da sociedade (ou aqueles excluídos dela conjuntamente). Mas o mais importante para a ética teológica é que o processo de racialização tem representado historicamente a essencialização de certos traços, como o branqueamento e a europeização, como sendo o verdadeiramente "humano"; enquanto outras características, como a pele morena e as religiões baseadas na natureza e no meio ambiente, são consideradas menos humanas e fora da história. As consequências institucionais e corporativas desse processo têm sido as sistêmicas relações opressivas e violentas entre os grupos que se creem paradigmas da natureza essencial do ser humano e aqueles considerados menos humanos e, por isso, descartáveis.[10]

A formação das nações nas Américas continuou a essencializar as características e os traços que originalmente diferenciavam o europeu do indígena.[11] O cidadão – identificado com um conjunto de características como falar a língua oficial, vestir-se de determinado modo, aprender de certa maneira, sempre cultuar e criar suas famílias de modo definido pela herança colonial da nação – era considerado o padrão do ser humano. Todo aquele que se encontrasse fora do título de "cidadão" tinha sua humanidade questionada; e, no caso dos Estados Unidos, estabeleceram-se muitas leis durante o século XIX e início do século

---

[10] De la Cadena, "Anterioridades y Externalidades". O conceito de pessoas descartáveis é apresentado por vários teólogos da libertação. Note-se o trabalho de José Comblin, *Vocação para a liberdade* (São Paulo: Paulus, 1998) e de Jon Sobrino, *A fé em Jesus Cristo: ensaio a partir das vítimas* Petrópolis: Vozes, 2001), além de outros.

[11] De la Cadena. "Anterioridades y Externalidades." Enquanto teólogos(as) latinos(as) nos Estados Unidos têm considerado, em sua maioria, o conceito de mestiçagem como um termo que enfatiza o hibridismo dos latinos, além de uma força positiva contra a hegemonia do colonizador, de la Cadena propõe que a mestiçagem não é tanto um processo de hibridização que derruba o falso essencialismo do europeu; em vez disso, ela observa que em alguns casos a mestiçagem tem servido como uma força que dilui a cultura negra e indígena, bem como a força ética na sociedade.

ÉTICA TEOLÓGICA CATÓLICA
PASSADO, PRESENTE E FUTURO

XX para assegurar que qualquer um que ameaçasse a definição homogênea de "cidadão" – por causa da diferença de linguagem, fisionomia e cor da pele – podia ser excluído da possibilidade de cidadania plena, e, assim, da essencialização ideológica do que significa ser humano com direitos legais concedidos por ela.

Ainda que muitos de nós sejamos versados no estudo histórico e científico-social do processo histórico da racialização, e de suas graves consequências para a família humana, é importante enfatizar o *presente* e as atualizações concretas desse fenômeno – trazidas por meio de novos encontros entre pessoas e ainda suportando o inegável peso da força histórica que direciona o espírito de dominação e conquista na experiência humana na história. O grande número de apresentações nesta conferência sobre o tópico migração(ões), fronteiras etc. testemunha a importância do entendimento sobre o processo histórico de racialização para nosso trabalho. Entre suas tarefas, a ética teológica deve incluir a consideração dos efeitos históricos e contemporâneos da racialização.

O eticista norte-americano Bryan Massingale explica que o catolicismo nos Estados Unidos falha ao identificar a ideologia e os efeitos formadores de identidade da escravidão e do racismo tanto entre pessoas brancas quanto entre negras.[12] A racialização e o racismo nos Estados Unidos vão além de meras atitudes de informar e dar forma a todas as estruturas que governam a vida em sociedade. Para de la Cadena, que foca seu trabalho no Peru, "o racismo com que nos deparamos ultrapassa o repúdio por corpos indígenas. E a discriminação não é somente em razão de raça. Estamos falando de 'uma formação discriminatória com força epistêmica' que não aceita simetria com um modo de vida ou conhecimento que seja considerado hegemonicamente inferior".[13]

Devemos tomar nota disto: "Uma formação discriminatória com força epistêmica". De fato, o modo como entendemos o ser e o tornar-se está intimamente ligado ao processo de racialização e à criação de "raça" como uma rubrica pela qual se participa da história. A ética teológica, encarregada da tarefa de identificar aquilo que interrompe as relações humanas com Deus e entre si, deve preocupar-se com esse processo formativo e ser um agente que o desmantele, em um esforço de coibir a sistematização e a institucionalização dessa profunda força pecaminosa que produz tanto prejuízo humano.[14]

---

[12] Bryan Massingale, *Racial Justice and the Catholic Church* (Maryknoll, NY: Orbis Books, 2010), capítulo 1.

[13] De la Cadena, "Anterioridades y Externalidades".

[14] O conceito de *pecado* como sofrimento humano foi retirado do ensaio de José Ignacio González-Faus, "Pecado". In: *Mysterium Liberationis*, editado por Jon Sobrino e Ignacio Ellacuría (Maryknoll, New York: Orbis Books, 1993).

Conflito e encarnação

A Doutrina Social da Igreja Católica tem tradicionalmente evitado o reconhecimento explícito do papel do conflito na história humana. No centro dessa aversão está a preocupação da Igreja em não promover tendências filosóficas que descrevam a natureza humana como um aglomerado de impulsos animais governados pela razão; esta abordagem pode tornar-nos astutos em nossa crueldade e considerar o conflito como uma parte essencial de nossa natureza humana. Essa visão de pessoa seria contrária à antropologia cristã baseada na dignidade humana, na imagem pessoal de Deus e no cuidado para com o outro, que é o elemento central da Doutrina Social Católica.

A tensão presente nos anos 1980 entre a Sagrada Congregação para a Doutrina da Fé e a Teologia da Libertação, evidenciada nos documentos *Instrução sobre alguns aspectos da "Teologia da Libertação"* (1984) e *Instrução sobre a liberdade cristã e a libertação* (1986), é o exemplo mais notório da reticência do Magistério em incluir qualquer discussão sobre o conflito na reflexão ética.[15]

Além disso, Bryan Massingale considera que os documentos da Igreja Católica nos Estados Unidos sobre o racismo não estão "fundamentados em análises sociais sustentáveis", "carecem de uma extensa reflexão teológica ou ética acerca do racismo" e apresentam "uma perspectiva demasiado otimista que falha ao representar quão arraigado se encontra o preconceito racial na cultura americana".[16] Recentemente, em seu discurso como presidente na Sociedade Teológica Católica da América, realizado em 2010, Massingale lembrou a muitos de nós que para começar a articular uma adequada resposta ao racismo – e devo incluir a racialização – a Igreja precisa ouvir as vozes daqueles frequentemente considerados incendiários pela sociedade civil, como

---

[15] Congregação para a Doutrina da Fé, *Instrução sobre alguns aspectos da "Teologia da Libertação"* (1984) e *Instrução sobre a liberdade cristã e a libertação* (1986), http://www.vatican.va. Dois elementos básicos de ambas as "Instruções" são essenciais para a discussão atual. Primeiro, as instruções opõem-se ao que consideram uma tendência na Teologia da Libertação de utilizar instrumentos de análise das ciências sociais – tal como a teoria marxista, mas não limitada a ela – que expliquem o desenvolvimento humano e a história como processos inerentemente conflituosos. Um segundo conceito importante é que a libertação cristã é, antes de tudo, libertação do pecado, uma verdade para a qual todos os corações devem converter-se a fim de alcançarem a libertação integral e a transformação social.

[16] Massingale, *Racial Justice and the Catholic Church*, 74-75.

Malcolm X[17] nos Estados Unidos.[18] Pensadores radicais ou incendiários – eles próprios na superfície daqueles grupos que têm sido racializados e sofrido a violência do racismo institucional – articulam mais precisamente o impacto histórico da violência institucionalizada e a natureza conflituosa inerente ao trabalho de restauração e criação da justiça.

O desejo manifesto pelas teologias da libertação de articular a libertação e a salvação e as relações violentas de poder e dominação (frequentemente moldadas pelo processo de racialização) conflita significativamente com a insistência da Doutrina Social Católica sobre a conversão pessoal do coração como elemento-chave de transformação para a criação de um mundo mais justo. Isso é especialmente evidente nas duas instruções do Vaticano que abordam os erros da Teologia da Libertação, assim como nos documentos sobre o racismo dos bispos católicos norte-americanos destacados por Massingale. Reproduzir o conflito na história não apoia nem promove a ideia de que a justiça – especialmente qualquer visão da justiça de Deus – deve acontecer com iminente e inevitável conflito. Contudo, isso é necessário para representar o conflito na história e para ouvir a voz de suas vítimas. É essencial também levar em conta a realidade de que o estabelecimento da justiça em sociedades racializadas como os Estados Unidos implicará a tomada de posições ameaçadoras para a sociedade dominante e, portanto, terá de se entrar nos conflitos históricos com uma força de harmonia e humanização.

Nos Estados Unidos, o contexto de racialização da sociedade tem estabelecido relações de privilégios e vantagens para um grupo, e exclusão e desvantagem para outro. Muitas gerações têm participado dessa dinâmica social com consequências que afetam as gerações vindouras. Por exemplo, a aquisição da casa própria, considerada um indicador de saúde pessoal e familiar e de bem-estar econômico, é protegida pela lei como uma ferramenta econômica que pode beneficiar gerações dentro de uma família e de uma comunidade. Ao longo da história norte-americana, a aquisição da casa própria com tais benefícios econômicos às próximas gerações tem sido privilégio exclusivo da

---

[17] Al Hajj Malik Al-Shabazz, nascido Malcolm Little (1925-1965), foi um dos maiores defensores dos direitos afro-americanos [N.T.].

[18] Bryan Massingale, "*Vox Victimarum Vox Dei*: Malcom X as Neglected 'Classic' for North American Liberationist Reflection (What Catholic Theology Should Learn from Malcolm X)", CTSA Presidential address, June 13, 2010. Projeto não publicado, fornecido pelo autor.

sociedade "branca".[19] Durante o século XX, famílias afro-americanas foram excluídas desse tipo de empréstimo e de programas que viabilizassem aos trabalhadores com baixa renda adquirir casa própria e progredir na escala social (assim como o acesso aos benefícios sociais que vêm com a aquisição da casa própria, tais como melhores escolas na vizinhança).[20]

Em resumo, "o racismo não é mera nem primariamente um sinal de ignorância, mas uma vantagem ou privilégio. Grupos privilegiados quase nunca abrem mão de suas vantagens voluntariamente por causa do diálogo e da educação".[21] A insistência da Doutrina Social Católica na conversão dos corações passa ao largo da realidade vivida por tantas pessoas em diversas sociedades de hoje, em que o duradouro processo histórico do outro racializado abarca cada nova geração em relações de conflito, dominação e poder. Tais relações são difíceis de desmantelar sem engajamento nos confrontos concretos com o privilégio injusto. Ainda que as novas gerações não estejam conscientemente engajadas no processo de racialização ou se mantenham fora das práticas de exclusão e desumanização, a ética teológica deve encontrar um modo de reconhecer o histórico "pecado do mundo", o ar que respiramos, e o pecado embutido nele, para poder trazer à luz o prejuízo humano do qual continuamos participando e sendo cúmplices por nossas tentativas inadequadas de resistência.[22]

---

[19] Ver, por exemplo, Adam Gordon, "The Creation of Homeownership: How New Deal Banking Regulation Simultaneously Made Homeownership Accessible to Whites and Out of Reach of Blacks", *The Yale Law Journal* 115, n. 1 (October 2005): 186-226; e Melvin L. Oliver e Thomas M. Shapiro, "A Sociology of Wealth and Racial Inequality", in *Redress for Historical Injustices in the United States: On Reparations for Slavery, Jim Crow, and Segregation*, ed. Michael T. Martin e Marilyn Yaquinto (Durham, NC: Duke University Press, 2007), 91-117. Para uma abordagem mais específica sobre inclusão e exclusão no desenvolvimento ativo sob a perspectiva da doutrina católica social, ver James P. Bailey, "Asset Development for the Poor", *Journal for the Society of Christian Ethics* 24, n. 1 (2004): 51-72.

[20] Lizabeth Cohen, *A Consumers' Republic: The Politics of Mass Consumption in Post-War America* (New York: Vintage, 2003). A abordagem de Cohen sobre a exclusividade dos programas de aquisição da casa própria nos Estados Unidos, particularmente aqueles relacionados com o GI Bill (lei aprovada em junho de 1944 que concedia benefícios aos soldados norte-americanos combatentes na Segunda Guerra Mundial, como pensão por um ano e facilidades para financiar seus estudos técnicos ou universitários, ou para conseguir empréstimos para aquisição de casa ou negócio próprio), aponta como os afro-americanos e as mulheres foram sistematicamente excluídos das ferramentas básicas de criação de riqueza e independência financeira na segunda metade do século XX.

[21] Massingale, *Racism and the Catholic Church*, 75.

[22] Ibid., 75, e 97-100. Para uma abordagem sobre o pecado estrutural como parte do "pecado do mundo" e como isso afeta negativamente uma antropologia baseada no "ser para todos", ver González-Faus, *Proyecto de Hermano*, 230-300. Para uma discussão sobre esse material em González-Faus, ver Dávila, *A Liberation Ethic for the One-Third World*.

ÉTICA TEOLÓGICA CATÓLICA
PASSADO, PRESENTE E FUTURO

O conflito histórico deve continuar nos informando. Isso representa uma contraepistemologia ou uma contraidentidade[23] na ética teológica baseada no princípio da encarnação. Acredito que as teologias desenvolvidas a partir da parte de baixo de impérios contemporâneos, a partir de multidões de outros racializados nas nações desenvolvidas, oferecer-nos-ão visões relevantes sobre o papel das próprias experiências de racialização de Jesus na história.

Em seu livro *Jornada galilaica*, o teólogo latino Virgilio Elizondo presta especial atenção ao contexto de Jesus como um galileu que viveu na periferia dos centros de poder político e cultural e onde foi afetado por estruturas de dominação e vitimização, institucionalizadas e formalizadas pelas relações legais e políticas daquele momento histórico.[24] A paixão e morte de Jesus na cruz é expressão dos instrumentos usados naquele momento relacionados ao outro racializado, aqueles desumanizados e elementos descartáveis, considerados ameaça ao sistema de poder.

A vitória de Cristo sobre a morte é a vitória especialmente sobre um tipo de morte particular: a morte de alguém considerado um traidor do *status quo*. Portanto, em sua ressurreição já não somos gentios ou judeus, escravos ou livres. A vitória de Cristo é a vitória sobre as condições da existência que se convertem na fonte da violência cometida uns contra os outros. Esses detalhes particulares da história da salvação precisam ser elementos-chave no desenvolvimento da ética católica, que pode começar a transformar a violência histórica da racialização em autênticos e efetivos caminhos.

"Encarar a história": a ética teológica e as cicatrizes da história

Não obstante a profunda ojeriza enraizada na Igreja oficial, e em seus documentos sobre a justiça racial, contra a presença do conflito na história, "o enfrentamento da história" tem-se provado um elemento essencial nos muitos esforços de restaurar a justiça entre grupos que têm sofrido os efeitos da violência da racialização do outro, bem como das leis e normas sociais do racismo institucionalizado. Isso aponta para o fato de que a autenticidade, a honesti-

---

[23] Massingale, *Racism and the Catholic Church*, 84-89.
[24] Virgilio Elizondo, *Galilean Journey: The Mexican-American Promise* (Maryknoll, NY: Orbis Books, 2000).

dade, a caridade, bem como a preocupação tanto com a vítima quanto com o opressor, e o cuidado necessário para não se repetir a história, são sumamente importantes ao desafiarmos os sistemas opressivos e ao transformarmos as relações marcadas pelo conflito.

Menciono não somente a Comissão da Verdade e da Reconciliação na África do Sul, como também comissões similares em outras partes do mundo (como em El Salvador, Ruanda e Chile). Além disso, certos países têm-se engajado em projetos similares que enfrentam o genocídio de suas populações indígenas nas mãos dos poderes conquistadores. Contudo, isto é algo que faz falta nos Estados Unidos. Violento como foi nosso *apartheid* que se prolongou por séculos, durante e depois da escravidão, e evidente como foram nossos maus-tratos em atacado contra os nativos norte-americanos ao longo do expansionismo americano e ainda hoje, os Estados Unidos continuamente rejeitam a ideia de que podemos engajar-nos no processo conhecido como "enfrentamento da história" ou estabelecer uma comissão da verdade e da reconciliação. Somente bem recentemente e sob a orientação do primeiro presidente afrodescendente, os Estados Unidos decidiram rever sua posição contrária à Declaração das Nações Unidas sobre os Direitos dos Povos Indígenas (2007).[25]

A família humana necessita desesperadamente de uma ética teológica que leve em conta as cicatrizes da história; uma ética de humanização baseada na honestidade. A ética das virtudes, por exemplo, especialmente no tratado de Jim Keenan sobre a misericórdia – a virtude cristã de entrar no caos do outro –, está bem preparada para o modelo de falar a verdade, prantear em comum e acompanhar compassivamente que o confronto com a história requer.[26]

Bryan Massingale descreve a "solidariedade autêntica" como a que "não pode fugir do conflito social, da resistência e da obstinação, se isso servir genuinamente à busca da transformação social"; mais tarde, ele a denomina de "conflito de solidariedade".[27] Décadas depois, os bispos da América Latina em Medellín declararam que a solidariedade com os pobres requer que, em nossa vida, participemos de seu sofrimento – o pobre que frequentemente é o outro racializado –, ao caminhar com eles na luta por justiça.

---

[25] Outros países que votaram contra a declaração original de 2007 foram Canadá, Austrália e Nova Zelândia.

[26] James Keenan, *The Works of Mercy: The Heart of Catholicism*, 2. ed. (Lanham, MD: Rowman and Littlefield, 2007).

[27] Massingale, *"Vox Victimarum Vox Dei"*.

ÉTICA TEOLÓGICA CATÓLICA
PASSADO, PRESENTE E FUTURO

A solidariedade entendida como assumir o sofrimento do pobre e a misericórdia como entrar no caos do próximo são apenas dois exemplos da maneira como a ética teológica cruza e interrompe os conflitos da história. Porém, esse processo necessita que compartilhemos as histórias difíceis e os prantos comuns, e confessemos nossa cumplicidade com o sistema de opressão – esforços que muitas vezes não são apreciados por nossos pares ou pelas instituições nas quais trabalhamos. Menciono apenas dois exemplos: o trabalho de Alex Mikulich sobre o privilégio branco e o artigo pioneiro "Confissões de um teólogo católico racista branco",[28] do presidente da Sociedade Católica de Teologia da América, Jon Nilson, mas há muitos outros.

Dedicar-se ao estudo do antirracismo e do privilégio branco entre acadêmicos brancos e não brancos nos Estados Unidos é uma tarefa bem perigosa. Ao reconhecer abertamente os conflitos de nossa história e a violência por meio da qual temos forjado nosso "progresso" – assim como comentar a cumplicidade da Igreja com o silêncio que perpetua as relações de opressão racial –, podemos sofrer severas consequências negativas de acadêmicos nos Estados Unidos e em outras partes. Muito mais trabalho precisa ser feito, e a exigência principal é que teólogos e eticistas de uma variedade de grupos historicamente racializados juntem-se e corporativamente assumam a difícil questão do privilégio, da violência institucional, da racialização do outro, da desumanização de grupos inteiros e da essencialização do branco ou do europeu como paradigma humano. O modo como perguntamos e respondemos a tal questão enquanto eticistas terá, para as futuras gerações, grandes consequências na academia teológica e na Igreja.

Se, como declarei, o processo de racialização e racismo como uma ideologia inspira a epistemologia dominante, a qual não somente reúne e privilegia determinada informação, mas também define como organizar e reconstruir o que consideramos ser história ou importante para nossa reflexão, então nossa tarefa como eticistas é construir uma epistemologia de resistência. Devemos expandir a história para incluir o que os grupos dominantes gostariam que ignorássemos como não histórico ou primitivo para pertencer à história ou ao processo político. De fato, como sinalizou a Teologia da Libertação na década de 1960, a "irrupção do pobre na história" é o processo de corrigi-la a favor de

---

[28] Ver Jon Nilson, "Confessions of a White Racist Catholic Theologian", *Proceedings of the Catholic Theological Society of America* 58 (2003): 64-82.

seus protagonistas ausentes, dos outros racializados, exigindo que mantenhamos íntegra uma visão antes incompleta e distorcida da pessoa humana como o conquistador europeu.

A totalidade histórica da família humana necessita ser forjada a partir de uma história conflituosa, de uma humanidade ferida, de uma sociedade cicatrizada. A totalidade aceita uma existência paradisíaca original da qual nos teríamos afastado, mas que continua a definir a parte mais básica de nós mesmos. Se isso fosse fácil, também seria inautêntico. O ser e o tornar-se humano completo seguem o percurso da ressurreição, que não nega as marcas da cruz. As feridas abertas de Jesus nas aparições logo após a ressurreição recordam aos apóstolos que o conflito da história está presente, embora felizmente revertido, na salvação. Uma ética do ser e do tornar-se humano autêntico, seja na dimensão social/corporativa, seja na individual/pessoal, rende toda a glória à justiça e ao amor transformadores de Deus quando dá frutos dentro da história marcada pelas cicatrizes do passado racializado. Como eticistas cristãos, estamos ligados a uma narrativa evangélica que não esconde nem nega o conflito, mas que o transforma na totalidade.

A realidade: sentimento anti-imigrante nos Estados Unidos e na França

Infelizmente, em nosso mundo globalizado não temos que procurar muito para encontrar exemplos contemporâneos dos efeitos resultantes da racialização do outro. Uma tarefa importante para os eticistas é derrubar a falsa teoria de que os efeitos violentos da racialização do outro na história foram superados ou ao menos corrigidos para as gerações futuras. Isso será difícil, porque muitas constituições e leis têm sido alteradas na tentativa de legislar sobre algumas medidas de cosmopolitismo, de oportunidades iguais ou mesmo sobre uma sensibilidade pós-racial dentro da realidade. Afirmações do tipo "essa batalha tem de ser vencida" (também frequentemente usada ao se referir às preocupações feministas sobre o tratamento da mulher) ou "a escravidão aconteceu gerações atrás e não me diz respeito diretamente" fracassam em reconhecer as causas profundas e formativas do racismo em muitas sociedades. A Igreja deve confrontar essa falsa ilusão sobre nossa habilidade de superar o mal do racismo em um nível corporativo ou institucional; isso não pode acontecer sem o trabalho, que há muito tempo temos evitado, de encarar a história e entender o conflito.

ÉTICA TEOLÓGICA CATÓLICA
PASSADO, PRESENTE E FUTURO

Dois exemplos testemunham o fato de que a luta contra o racismo está longe de terminar e de que a Igreja tem nisso um papel claro a desempenhar. Ela deve ser inspirada pelos eticistas que dedicaram suas produções e atenções intelectuais a pesquisar as raízes profundas dessas questões e conduzi-las através da diversidade das perspectivas éticas cristãs. Dois exemplos evidenciam os efeitos do processo de racialização do outro e do estabelecimento do "cidadão" como normativo.[29]

Uns Estados Unidos racializados

Nos Estados Unidos, a aprovação de medidas anti-imigratórias rigorosas (Projeto de Lei 1070) no estado do Arizona trouxe à tona um grande sentimento anti-imigrante em nível nacional, com muitos comentaristas repetindo falsas alegações sobre os efeitos deletérios da acumulação de imigrantes ilegais. Essa nova lei controversa permitirá, entre outras coisas, que agentes da lei abordem indivíduos a fim de requisitar evidências de sua permanência legal no país. Enquanto a aplicação da lei em geral é estimulada para incluir a consideração do *status* de cidadão em qualquer confronto de natureza criminal, essa nova lei vai mais longe e requer a documentação de motoristas, trabalhadores e mesmo de estudantes.

Disposições adicionais na lei pedem que proprietários recusem-se a vender a pessoas incapazes de apresentar documentação acerca de seu *status* de cidadão, exigindo que os imigrantes portem tal *status* a todo momento, e permitem ações jurídicas contra agentes que acreditem não estar em conformidade com a lei federal de imigração.[30] Em comparação com outros países indus-

---

[29] Uma atenção especial a esses dois casos é procedente. O processo de racialização com respeito à imigração nos Estados Unidos e na França, bem como em outros países da Europa, é muito diferente. Além disso, esses dois exemplos são destacados contemporaneamente por uma longa e complexa história cultural, racial e religiosa de xenofobia. Por exemplo, no caso da França é importante considerar o sentimento recorrente contra a exibição pública de culto religioso, tal como o dos muçulmanos *hijab* ou *burqa*, tendo como pano de fundo uma longa história de secularização e de criação da identidade nacional e cultural francesa, desde sua Revolução. O contexto do sentimento anti-imigração nos Estados Unidos é igualmente complexo, abrangendo séculos de interações com povos que atravessam muitas fronteiras, a conquista do "Sudoeste Americano" na metade do século XIX e o papel dos imigrantes no desenvolvimento econômico. Contudo, a prolongada complexidade desses dois casos, de fato, evidenciam o difícil e intrincado trabalho que deve ser feito por eticistas que lidam com o racismo e levam a história a sério. Isso evidencia a necessidade de uma cuidadosa análise sobre o tema.
[30] Randal C. Archibold, "Arizona Enacts Stringent Law on Immigration", *New York Times*, April 23, 2010, http://www.nytimes.com/2010/04/24/us/politics/24immig.html. Há numerosas questões judiciais relacionadas a essas leis que mesmo depois de a lei entrar em vigor não realizaram todos os seus intentos.

430

trializados, a exigência de que as pessoas portem a documentação de cidadania todo o tempo não é tão ultrajante. Contudo, o que fica evidente na aprovação dessa lei é o grande abismo no país, que considera o outro racializado indesejável em seu solo. Ainda que a história do desenvolvimento e do progresso nos Estados Unidos seja marcada pela participação constante da classe laboral composta, sobretudo, do trabalho do imigrante, a presença desses grupos na maioria das vezes tem sido acompanhada pela legislação que limita que grupos particulares conquistem o paradigma essencial de ser humano: a cidadania.[31]

Debates na mídia que precederam essas decisões e aquelas que se seguiram têm sido marcados por vastos equívocos sobre o papel dos grupos de migrantes e frequentemente resultaram no aviltamento deles. Imigrantes são descritos como incapazes de assimilarem-se, sem vontade de adaptarem-se, famintos de uma infinidade de serviços sociais disponíveis a eles por meio de órgãos governamentais, responsáveis por trazerem doença e crime para dentro dos Estados Unidos continental e incapazes de contribuir com a "sociedade americana", a qual é caracterizada pelo etos dominante de pertencimento e exclusão nacional.[32]

As páginas desta parte de nossa história estão ainda sendo escritas. Embora haja aqueles que aleguem que os efeitos da racialização e do racismo sejam acontecimentos de nosso passado, tais leis continuam sendo promulgadas em todos os Estados Unidos. Meus filhos e eu, se parados pelas autoridades, temos de oferecer prova de cidadania e somos sujeitos a uma potencial busca e apreensão. Eis o que é reservado a alguns de nós nos Estados Unidos, simplesmente porque pertencemos a grupos de outros racializados.

Uma França racializada

O caso da França, em dificuldade com a imigração da população africana, guarda certas semelhanças com os Estados Unidos, ainda que seja exclusivo em outros aspectos. No centro de ambos os casos, está a irrupção do outro

---

[31] Takaki, *A Different Mirror*, pontos 3 e 4. Takaki trata especificamente das diferentes leis que foram introduzidas para limitar a possibilidade de que diferentes grupos já presentes nos Estados Unidos – sobretudo, realizando árduos trabalhos de construção de estradas ou nativos americanos deslocados – conquistassem a cidadania, ou excluí-los com base em certos traços fisionômicos, como a cor da pele e a ascendência.

[32] Para um exemplo extremo de essencialização do cidadão "americano" ideal, ver Samuel Huntington, *Who Are We? The Challenges to America's National Identity* (New York: Simon & Schuster, 2005).

ÉTICA TEOLÓGICA CATÓLICA
PASSADO, PRESENTE E FUTURO

racializado no cenário nacional em que a identidade nacional se tem institucionalizado como o paradigma essencial do ser humano. Tudo o que é bom e meritório quanto ao fato de ser e de tornar-se humano tem ligação com a identidade de cidadão e a nacionalidade, e vice-versa.

De fato, na recente decisão de não permitir o uso de véu sobre o rosto entre as mulheres islâmicas na França, a Ministra da Justiça Michèle Alliot-Marie alegou que tal determinação protege "os valores franceses", que incluem "os valores de liberdade contrários a toda opressão que tente humilhar os indivíduos; valores de equidade entre os homens e as mulheres, contrários àquilo que leva à desigualdade e à injustiça".[33] O presidente Sarkozy apoia essa tese, ao afirmar que "a burca não é bem-vinda na França porque é contrária a nossos valores e aos ideais que temos sobre a dignidade da mulher".[34]

Tanto nos Estados Unidos quanto na França, o idioma utilizado pelo outro racializado, que enfatiza sua inabilidade de adaptar-se ou de *adotar* os valores nacionais de liberdade, empreendedorismo e igualdade, expressa uma crença bastante arraigada de que a identidade nacional – incluindo linguagem, certo tipo de aparência e valores familiares – é um reflexo da natureza humana essencial. Essa língua aparece para defender quais valores devem ser consagrados por todos universalmente, sem a necessidade de considerar ou valorizar as circunstâncias, as preferências ou os modos de conhecimento do outro racializado. Essas crenças e a retórica que elas incitam fornecem evidências de que frequentemente criamos ídolos de identidade nacional, os quais inevitavelmente demandarão sacrifícios que incluem o descarte daqueles elementos considerados não humanos e fora da história.

Essa experiência não se limita a um evento único na história nacional. Infelizmente, ela se repete em vários momentos ao longo dos anos em relação ao outro racializado, com um concomitante estado de violência; continuam influen-

---

[33] Steven Erlanger, "Parliament Moves France Closer to a Ban on Facial Veils", *The New York Times*, July 13, 2010, http://www.nytimes.com/2010/07/14/world/europe/14burqa.html.

[34] Ibid. A apresentação deste material nessa conferência tem-me levado ao diálogo com inúmeros eticistas internacionais, incluindo franceses, sobre a complexidade de tal tópico. A França criou as complexidades da sociedade secular francesa, assim como os esforços para conter extremistas religiosos de qualquer natureza dentro de suas fronteiras. Em contrapartida, nos Estados Unidos registra-se que as leis atuais seguem um padrão de sentimento anti-imigrante que se deve principalmente ao crescente influxo de imigrantes islâmicos da África. Especialistas em ética feminista de mais de um país defendem as leis francesas como meio de promover uma livre agenda entre mulheres islâmicas. O intercâmbio dessas perspectivas deve continuar e aprofundar-se, ainda que os tópicos sejam autenticamente influenciados por éticas teológicas na Igreja mundial.

ciando a identidade nacional e cultural. Nas palavras do artista performático e crítico Guillermo Gomez-Peña, um cidadão americano de origem mexicana, "o que começa com um discurso inflamado eventualmente se torna o discurso aceito, justificando a violência racial contra imigrantes ilegais suspeitos".[35]

Conclusão: a esperança encarnacional e a tarefa da ética teológica

A seguinte citação de Marisol de la Cadena resume a contínua influência do processo de racialização e do pecado do racismo em nossa sociedade:

> A discriminação que foi sancionada no século XIX continua agindo com segurança, atrevimento e arrogância, mesmo durante o tempo do multiculturalismo, dentro do espaço onde a raça colabora com a história para definir quem tem direito à autodeterminação política, à cidadania, e quem não tem, bem como os níveis para que esses direitos possam ser autorizados.[36]

De fato, continuamente nos confrontamos com situações em que o ser e o tornar-se humano têm sido essencializados para representarem um grupo de pessoas específicas, muitas vezes detentoras de privilégios oferecidos a quem possui pele clara. Os danos disso têm-se propagado ao longo da história, resultando em milhões de vítimas de dominação e opressão. A questão aqui é a própria essência do "ser humano," se o outro racializado está ou não incluído em nossa visão paradigmática da pessoa humana essencial e, por isso, é um participante legítimo da história.

A ética cristã tem o dever de identificar esses elementos que impedem nosso relacionamento com Deus e com os outros. Tal tarefa será inadequadamente conduzida se não evidenciarmos em nosso trabalho uma conscientização profunda da natureza conflituosa da história, dos efeitos violentos da racialização e do racismo na sociedade, bem como os contínuos e recorrentes episódios de violência constitucional dirigidos contra quem não se encaixa na concepção dominante dos valores nacionais ou de cidadania.

---

[35] Ver Guillermo Gómez-Peña, "The '90s Culture of Xenophobia: Beyond the Tortilla Curtain", in *The New World Border: Prophecies, Poems and Loqueras for the End of the Century*, citado em José Palafox, "Opening Up Border Studies: A Review of U.S.-Mexico Border Militarization Discourse", History Is a Weapon, www.historyisaweapon.com.

[36] De la Cadena, "Anterioridades y Externalidades".

A ética teológica sempre necessitará definir com cuidado e com adequação o que significa viver a esperança e o amor cristãos em um mundo esfacelado. No entanto, tradicionalmente esse trabalho tem sido feito a partir de um ponto de vista que prescinde de uma apreciação apropriada das histórias e das realidades vividas por aqueles vitimizados e desumanizados pela cor de nossa pele. Sendo assim, não pode ser encarado como uma esperança encarnacional. A respeito do pecado do racismo, a ética teológica falhou em sua meta.

Com respeito ao pecado do racismo, embora as éticas teológicas não tenham "acertado o alvo", a esperança presente é vibrante. Estou bem encorajada pelo trabalho de pensadores como Bryan Massingale, Alex Mikulich e Virgilio Elizondo. Essas iniciativas e outras mais começam a oferecer uma visão do que significa basear nossa reflexão teológica e ética na história concreta, sugerindo caminhos para viver o chamado cristão do amor ao próximo, da compaixão, da solidariedade e da caridade. Com seus trabalhos, estão frequentemente correndo risco pessoal e profissional. Então, existe muita esperança de que surgirá em determinado momento uma ética teológica derivada do corpo, baseada na história e consciente do conflito encarnacional, para ajudar no processo de humanização, tornando íntegro aquilo que a racialização e o racismo têm violado através da história: a imagem de Deus.

AUTORES

DIEGO ALONSO-LASHERAS, SJ, é professor de Ética Teológica na Pontifícia Universidade Gregoriana, de Roma. Estudou Direito e Ciências Empíricas no ICADE (Instituto Católico de Administração e Direção de Empresas), em Madri. Fez seus estudos teológicos na Universidade Pontifícia Comillas (Madri), na Pontifícia Universidade Gregoriana (Roma) e na Weston Jesuit School of Theology (Cambridge, Massachusetts), onde defendeu sua dissertação: "A justiça como virtude em um contexto econômico: *De Iustitia et Iure* a partir de Luis de Molina".

REGINA AMMICHT-QUINN fez sua tese sobre Ética e Teodiceia e sua livre-docência sobre o corpo, a sexualidade e a religião. É professora de Ética no Centro Internacional para a Ética em Ciências e Humanidades, na Universidade de Tübingen, Alemanha.

ALBERTO BONDOLFI é professor de Ética na Faculdade de Teologia da Universidade de Genebra. É membro da Comissão Nacional Suíça para Problemas Bioéticos. Foi presidente da *Societas Ethica* e presidente fundador da Sociedade Suíça de Ética Biomédica.

LUIGI BRESSAN é arcebispo de Trento, Itália. Foi Núncio Apostólico para Singapura, Tailândia e Camboja, e Delegado Apostólico para Malásia, Miramar e Laos.

BÉNÉZET BUJO é padre católico da Diocese de Bunia (República Democrática do Congo). Foi professor titular de Teologia Moral e Ética Social na Universidade de Friburgo, Suíça (1989-2010). Seu campo de pesquisa é a teologia e a ética africanas. Publicou diversos livros e artigos, incluindo *Foundations of an African Ethic* (2001) e *Plea for Change of Models for Marriage* (2009).

ROGER BURGGRAEVE é professor emérito de Ética Teológica na Faculdade de Teologia da Universidade Católica de Lovaina (Bélgica). Estudioso de Lévinas, é cofundador e membro honorário do Centro para a Ética da Paz, bem como professor visitante na Lumen Vitæ (Bruxelas), no Dharmaram College (Bangalore, Índia) e em outras instituições.

ALOYSIUS LOPEZ CARTAGENAS é doutor pela Universidade Católica de Lovaina (Bélgica) e professor de Teologia nas Filipinas.

JULIE CLAGUE é professora de Teologia Cristã e Ética na Universidade de Glasgow, Reino Unido. Coedita o periódico *Political Theology*.

MARÍA TERESA DÁVILA é natural de Porto Rico e ensina Ética Cristã na Andover Newton Theological School. Suas publicações incluem trabalhos sobre justiça social na teologia católico-latina nos Estados Unidos e na teologia público-latina, e sobre o uso da força na ética de Reinhold Niebuhr. Seus atuais interesses são a relação entre ética cristã e sociedade civil norte-americana, a relação entre imigração e raça, o uso da força, a teologia pública e a ética da libertação.

MARGARET A. FARLEY é professora emérita de Ética Cristã na Faculdade de Teologia da Universidade Yale. É autora, coautora e coeditora de sete livros, incluindo *Just Love: A Framework for Christian Sexual Ethics* (2006), bem como de numerosos artigos e capítulos de livros. Foi também presidente tanto da Sociedade Teológica Católica quanto da Sociedade Americana de Ética Cristã.

AUTORES

Bruno Forte é arcebispo de Quieti-Vasto, Itália, e conhecido por seu trabalho sobre a ética da transcendência. É membro do recentemente formado Pontifício Conselho para a Promoção da Nova Evangelização. Seus principais livros incluem: *A porta da beleza: por uma estética teológica* (Ideias & Letras, 2006) *Um pelo outro: por uma ética da transcendência* (2003).

Éric Gaziaux é professor de Teologia Moral Fundamental na Universidade Católica de Lovaina (Louvain-la-Neuve) e presidente da Associação de Teólogos para o Estudo da Moral (ATEM) desde 2005. Seus trabalhos incluem *Morale de la foi et morale autonome: confrontation entre P. Delhaye et J. Fuchs* (1995); *L'autonomie en morale: au croisement de la philosophie et de la théologie* (1998); e, como editor, *Philosophie et théologie: Festschrift Emilio Brito* (2007).

Peter Henriot é membro da Província de Zâmbia-Malavi da Companhia de Jesus. Antes de se mudar para a Zâmbia em 1989, foi diretor do Centro de Negócios em Washington, DC. De 1990 até 2010, foi diretor do Centro Jesuíta para a Reflexão Teológica em Lusaka, Zâmbia, onde se especializou em políticas do desenvolvimento e Doutrina Social da Igreja. Atualmente, é diretor de desenvolvimento para a recentemente fundada Faculdade Jesuíta Loyola em Kasungu, Malavi.

Brian V. Johnstone é professor de Teologia Moral/Ética Cristã na Universidade Católica da América, EUA.

Pushpa Joseph é professor do Departamento de Estudos Cristãos na Universidade de Madras, Índia.

David Kaulemu é o coordenador regional para o leste e sul da África do Fórum Africano para a Doutrina Social Católica. É professor de Filosofia e membro do Departamento de Estudos Religiosos, Clássicos e Filosofia na Universidade do Zimbábue. Ensinou, pesquisou, promoveu encontros e publicou sobre ética social, desenvolvimento, direitos humanos, boa governança e doutrina social cristã.

James Keenan é professor de Teologia no Boston College. Seu mais recente livro é *A History of Catholic Moral Theology in the Twentieth Century: from Confessing Sins to Liberating Consciences* (2010).

Shaji George Kochuthara, CMI, leciona Teologia Moral na Dharmaram Vidya Kshetram, Bangalore, Índia. É o editor da *Asian Horizons* e coordenador do Comitê de Ética em Pesquisa do St. John's Medical College, Bangalore. Suas publicações incluem *The Concept of Sexual Pleasure in the Catholic Moral Tradition* (2007).

Ahmad Syafii Maarif é doutor pela Universidade de Chicago. É fundador do Jakarta Maarif Institute, ex-presidente do Movimento Islâmico Muhammadiyah e professor emérito da Universidade do Estado de Yogyakarta (Indonésia).

Laurenti Magesa leciona Teologia Africana na Hekima College Jesuit School of Theology, Nairóbi, Quênia. Ele pertence à diocese católica de Musoma, na Tanzânia. Seu mais recente livro é: *African Religion in the Dialogue Debate: from Intolerance to Coexistence* (2010).

Reinhard Marx é cardeal arcebispo de Munique-Freising. É membro do Pontifício Conselho Justiça e Paz e da Congregação para a Educação Católica. É autor de *Das Kapital* (2008).

Antônio Moser é doutor em Teologia Moral e já publicou mais de vinte livros. É diretor da Editora Vozes de Petrópolis, RJ; presidente do Centro Educacional Terra Santa, em Petrópolis; assessor de Bioética da Conferência Nacional dos Bispos do Brasil (CNBB) e da Universidade Católica de Petrópolis.

Simone Morandini é coordenador do projeto "Ética, Filosofia e Teologia" da Fondazione Lanza. Ensina Teologia da Criação na Faculdade Teológica de Triveneto. Escreveu e editou livros sobre ética ambiental e diálogo entre ciência e teologia.

Myroslav Marynovych é vice-reitor da Universidade Missão da Universidade Católica Ucraniana em Lviv, Ucrânia, e presidente do Instituto de Religião e Sociedade da mesma instituição. Membro fundador do Grupo Ucraniano de Helsinki e um prisioneiro de consciência (1977-1987), ele liderou a Anistia Internacional na Ucrânia (1991-1996) e é presidente do Centro Ucraniano do PEN (abreviatura de *Poets, Essayists and Novelists*) Internacional.

AUTORES

Bryan Massingale é padre da diocese de Milwaukee, Wisconsin, EUA, e professor de Teologia Moral na Universidade de Marquette University em Milwaukee. Também leciona no Instituto de Estudos Católicos Negros na Universidade Xavier, New Orleans, EUA. É um dos organizadores do Simpósio de Teologia Católica Negra e ex-presidente da Sociedade Teológica Católica da América. É autor de muitos artigos e do livro *Racial Justice in the Catholic Church* (2010).

Anne Nasimiyu-Wasike nasceu no Quênia e é membro do Instituto Religioso das Irmãzinhas de São Francisco. Foi superiora-geral de sua comunidade de 1992 até 1998 e foi eleita novamente em 2010 para mais seis anos. É doutora em Teologia Sistemática pela Universidade Duquesne, Pittsburgh, EUA. Lecionou na Universidade Kenyatta e é professora visitante no Tangaza College, no Hekima College e na Faculdade de Teologia de Maryknoll.

Mercy Amba Oduyoye, estreitamente ligada ao Círculo de Teólogas Preocupadas com as Mulheres Africanas, faz parte do Instituto de Mulheres na Religião e na Cultura, do Trinity Theological Seminary, em Legon, Gana. Entre seus livros estão: *Daughters of Anowa: African Women and Patriarchy* (1995); *Introducing African Women's Theology* (2001); *Beads and Strands: Reflections of an African Woman on Christianity in Africa* (2004); *Hearing and Knowing: Theological Reflections on Christianity in Africa* (2009).

Margaret A. Ogola é pediatra e diretora do Centro Cotolengo para Crianças com HIV/AIDS no Quênia. Mãe de quatro filhos, é autora de diversos romances, incluindo os premiados *The River and the Source* e *I Swear by Apollo*.

Paolo Prodi é professor emérito de História Moderna na Universidade de Bolonha, Itália. Entre seus trabalhos, estão: *Il sovrano pontefice* (1982, 2006); *Il sacramento del potere* (1992); *Uma história da justiça* (2000); *Furto e mercato nella storia dell'Occidente* (2009); e *Il paradigma tridentino: un'epoca della storia della Chiesa* (2010).

Leo Pessini é doutor em Teologia Moral e professor do Mestrado em Bioética do Centro Universitário São Camilo, São Paulo. Superior-geral dos camilianos, é autor de diversos livros sobre Pastoral do Cuidado e Bioética, incluindo: *Distanásia: até quando prolongar a vida?* (2001) e *Eutanásia: por que abreviar a vida?* (2004). Com Luciana Bertachini, editou *Humanização e cuidados paliativos* (2001).

Julie Hanlon Rubio é professora de Ética Cristã na Universidade St. Louis University, Missouri, EUA. Seu mais recente livro é *Family Ethics: Practices for Christians* (2010).

Miguel Angel Sánchez Carlos é doutor pela Faculdade de Teologia de Granada, Espanha. Leciona Ética Cristã na Universidade Ibero-Americana e edita o periódico *Revista Iberoamericana de Teología*.

Christa Schnabl é vice-reitora da Universidade de Viena, Áustria, e professora no Instituto de Ética Social da Faculdade de Teologia Católica em Viena. Seu campo de pesquisa compreende fundamentos éticos, ética do cuidado, ética de gênero, ética política e ética no Estado de bem-estar social. É autora de *Gerecht sorgen: Grundlagen einer sozialethischen Theorie der Fürsorge* (2005).

ÍNDICE DE ASSUNTOS

aborto, 78, 119, 240, 241, 248, 249, 261, 386, 408, 412
abuso sexual, 290, 325
acadêmicos, 375
África
    Igreja Católica como Igreja Tridentina na, 94
    e evangelização cristã, 81-94
    estrutura clerical da Igreja na, 92
    comunidades de fé na, 44-46
    HIV/Aids na, 279-285
    sabedoria da, e Doutrina Social Católica, 349-350
ainda não nascido, 209, 212, 213, 217, 221, 223
altruísmo, 81
ameaças ao casamento, 294
América Latina
    saúde na, 259-263
    casamento na, 299
amor
    relacionamento duradouro, 141
    e discernimento moral, 206-207
    como ponto de partida da ética, 377
anátema, 86, 154, 281
ancestrais, 57, 58, 90, 184, 216, 219-222

Angesicht (semblante), 103, 213
Annales, 115
anti-imigração, 430
Antropoceno, 355
apartheid, 198, 251, 427
Apostolicam Actuositatem, 245, 253
autoabsolutização, 190
autodeterminação, 133, 202, 207, 433
autonomia
    e ética teológica católica, 378
    e trabalhadores dependentes, 317, 318, 320
    e equidade e igualdade de cuidados sanitários, 265, 267, 268, 290
e estudos de gênero, 392
e espírito humano, 195
e fenômeno urbano, 184
autoridade
    crise de, na Igreja, 327, 328
    reivindicações concorrentes por, na Igreja, 331
    e teoria da guerra justa, 230

Babel, 31, 35, 36
Banco Mundial, 346, 350
bem comum, 24, 38, 43, 47, 49, 50, 137, 187, 213, 219, 221, 250, 254, 255, 296, 341, 381
Bíblia, 33, 37, 42, 150, 158-160
bioética, 24, 50, 78, 119, 263, 403, 404
Bonifácio VIII, 112
Brasil, 165, 297
budismo, 44, 340

capitalismo e comunismo, 54
    equivalência moral do, 345
    Caribe, 257, 259, 260, 262, 263, 271, 272
caritas, 228, 229, 320, 322
Cáritas, 320, 321
Caritas in Veritate, 248, 249, 255, 290, 302, 307, 347, 348, 356, 359, 377, 382
casa própria, 424, 425

casamento
    com companheirismo, 295-302, 307, 310
    expectativa de amor e intimidade no, 297-302
    na América Latina, 300
    de mesmo sexo, 199, 293-295
    ameaças do, 293
    tradicional, institucional, 294-295
    para os cristãos do século XXI, 293-310
catolicismo, 87, 88, 153, 241, 242, 333-337, 340, 407, 422
católicos brancos, 170
celibato, 104, 151, 152
células-tronco, 199, 404
chauvinismo, 81
cidadão, 421, 422, 430-433
cidade
    moderna e diversidade, 233
    secular, 234
cisma, 124, 152, 240, 242
clericalismo, 92, 328, 329
clero, 76, 85, 149, 151, 152, 155, 156, 255, 325, 328, 329, 331, 408
coabitação, 131, 132, 134, 136, 138, 140, 142, 293-296, 298, 299
coinfecção, 262, 279, 280, 282
comércio escravo, 87
Comissão Brundtland, 356
companheirismo com confiança, 228, 229
Compêndio da Doutrina Social da Igreja, 336, 356, 359
comportamento desviante, 131, 135, 136, 140
compromisso, 59, 79, 158, 194, 195, 203, 236, 242, 247, 248, 294, 296, 299, 301, 305, 342, 345, 347, 356, 357, 387
comunidade
    e desenvolvimento, 350
    e ética, 187
    tridimensional, na África, 209-213
intimidade consagrada, 301

ÍNDICE DE ASSUNTOS

comunismo, 345

Concílio de Trento 67, 68, 71-79

    e catolicismo africano, 87-90

    na experiência africana, 81-94

    no nascimento da teologia moral, 73

    como Reforma Católica, 85

    opiniões divergentes sobre o, 143-145

    contexto histórico dos textos do, 147-148

    como resposta inadequada às aspirações das pessoas, 154

    e relações inter-religiosas, 92-93

    méritos do, 155

    contexto sociorreligioso do, 84-87

clima teológico precedente, 148-149

concórdia cívica, 184, 229

Conferência de Trento, 17-26

    participantes, 19-26

confissão, 73, 76, 122, 131

confucionismo, 45

consciência, 71-79, 131

    e experiência de obrigação moral, 198

Conselho Mundial de Igrejas, 47, 88, 356

contaminação cognitiva, 238

contraceptivos, 199

controle de natalidade, 135, 386

conversação, 220-224

conversão ecológica, 361

corrupção, 149, 150, 166, 235, 247, 250, 260, 270, 276, 370, 411

Cortina de Ferro, 368, 371

cosmo

    e identidade humana, 213-217

    e conversação, 220

crentes, 29, 30, 42, 57, 61, 140, 187, 197, 247, 327, 358, 363

criação,

    e redenção, 194-196

    como sagrada, 214

    solidariedade com a, 213

crise de lei, 326

cristianismo

    na África, 44-52

    como uma iluminação guiada pela razão

    ocidental e expansão colonial, 174

e luta pela identidade, 95-97

cuidado

    e relações familiares, 311-324

    na prática, 314-318

    Ver também cuidadores, cuidar

cuidado em saúde,184, 277

cuidado sanitário, 183, 277

    como desafio para eticistas e teólogos, 271-272

    igualdade e equidade no, 262-271

    fragmentado, 274-275

    empobrecedor, 274

    justiça e equidade no, 257-272

    como um direito, 267-272

    arriscado, 275

cuidadores, 316, 317, 320, 324

cuidar 271, 272, 281, 302, 316, 317

    como virtude ecológica, 361

    e teoria ética, 314-318

culpa, 97, 105, 106, 133, 153, 366

culturas nativas, 412-414

De Justitia in Mundo, 322

Decálogo, 36, 49, 160

Declaração Universal dos Direitos Humanos, 49, 82, 93

Dei Verbum, 123

democracia, 410

    e ética teológica, 382-383

dependência, 92, 114, 188, 195, 205, 312, 313, 315-320, 322, 323, 328, 371

desculpabilização, 131-134, 136, 140

desejo, 43, 46, 53, 87, 101, 102, 119, 133, 135, 186, 201, 202, 204, 205, 207, 257, 297, 299, 300, 311, 317, 342, 344, 346, 364, 371, 379, 380, 424

desenvolvimento
    e sabedoria africana, 349
    capacidades humanas como medida do, 345
    necessidade de uma voz ética no, 342-349
    e opção pelos pobres, 345
    e promoção do bem, 342-344
desertificação, 263, 354
desnutrição, 262
desumanização, 53, 291, 391, 418, 420, 425, 428
Deus Caritas Est, 336, 347, 412, 414
Deus Trino, 329, 332, 338, 347, 377, 394
deveres prima facie, 226, 229, 230
diakonia, 320-322
Diakonie, 321
diálogo inter-religioso, 20, 25, 27, 29-31, 41, 46, 47, 52, 53
dignidade humana, 49, 81, 84, 290, 331, 366, 378, 388, 398, 413, 423
direção espiritual, 76
direito canônico, 72, 74, 146, 331
direitos humanos, 24, 51, 53, 77, 82, 94, 98, 252, 266, 267, 365, 367, 368, 382, 394-396, 404, 411, 437
discernimento moral, 183, 197-202
    papel dos líderes eclesiais e dos eticistas no, 197
Discípulos Missionários no Mundo da Saúde, 259
discordância, 199, 279
discriminação, 105, 170, 270, 317, 395, 396, 398, 422, 433
divórcio, 78, 113, 131, 132, 139, 140, 241, 293-296, 298, 299, 301, 386
Documento de Aparecida, 234, 235, 260, 261, 263
documento tridentino sobre a justificação, 116
doença, 250, 261, 264, 270, 274, 281, 318, 389, 431
Donum Veritatis, 39

doutrina, 14, 55, 86, 87, 90, 91, 93, 115, 116, 121, 123, 125, 139, 154, 172, 226-228, 240, 248, 250-256, 284, 285, 295, 303, 307, 326, 347, 363, 376, 379, 394, 409
Doutrina Social Católica, 342-349
    e sabedoria africana, 349-350
    ambivalência na, 252, 253, 255
    e consistência da mensagem, 252
    diante de uma encruzilhada, 252
    e meio ambiente, 356-357
    e o laicato, 184, 245-249, 255, 256
    e debate da política social, 250-252
    e valores e princípios, 251-252
    e testemunho dos valores, 252

Ecclesia in Africa, 92, 246, 252
eclesiologia, 112, 124
ecoeficiência, 362
ecologia profunda, 361
economia, 19, 24, 34, 43, 45, 52, 157, 161, 190, 235, 261, 265, 290, 291, 314, 339-351, 360, 370, 371, 376, 395, 413
economia budista, 340
economia de comunhão, 348, 349
ecossistema, 354, 356, 360, 361
ecossuficiência, 362
ecumenismo social, 235
emigração, 368, 370, 371
emprego, 258, 311, 314, 344
epikeia, 137-140
equidade
    e direitos humanos, 266, 267
    e justiça, 265, 266
    mensuração da, 265
escolástica, 123, 144, 148, 149
estilo de vida, 43, 48, 127, 294, 361, 362, 414
estudos de gênero, 390-393, 397, 398
ética
    e transcendência absoluta, 38
    africana, razão e metodologia

ÍNDICE DE ASSUNTOS

na, 209-224; papel da comunidade e relações interpessoais na, 217-219, 223
autônoma 183, 187, 403
e revelação bíblica, 35-39
perspectiva católica sobre a, 31-39
como preocupação central da atividade humana, 404, 405
e consenso, 238-240
e o Concílio de Trento, 17-19
e diferenças entre laicato católico e hierarquia, 241
discurso da, 217-223
ambiental, 353-364
e evangelização, 84
exclusivista, 407
e exploração do passado, 117
feminista, 315, 386
fundamental 49, 50
fundamentalista, 407
no mundo globalizado, 41-44, 46-52, 58, 60
e história, 109-119
abordagem inter-religiosa da, 43-45, 46-47, 50, 52
e diálogo inter-religioso, 29-30, 46
perspectiva muçulmana sobre a, 53-63
pessoal, 50
política, 183
perspectiva protestante sobre a, 41-52
e razão, 185-196
secular, 406
sexual; consistente e relacional, 50, 132, 139, 142, 394, 403
social, 42, 49, 50, 112, 306, 318, 321, 323, 376-379, 381, 382, 386
e compromisso social, 242
teológica na África e na América Latina, 410; e autoridade eclesial, 409, 410; diálogo entre aborda-

gens, 404-410; futuro da, 375-383; e globalização, 410-415; e filosófica, 118-119; e racialização, 417-434; e racismo, 417-434
universal, 209
urbana, 233-244
e vida urbana, 183
ética de fé, 403
etos, 44, 54, 209, 328, 329, 331, 338, 431
Evangelium Vitae, 382, 403
evangelização
da África, 81-94
e colonialismo, 87-90
e Concílio de Trento, 81-83
e enculturação, 153, 155

família
e relações de cuidado, 311-324
e prestadores de cuidado, 315, 323, 324
e serviço à vida, 309
Família e direitos humanos, 394-396
Família, matrimônio e "uniões de fato", 396, 397
Familiaris Consortio, 134, 135, 309, 403
filhos
e casamento, 297-302, 309
voz esquecida dos, 157
e educação, 311-314
formação ética, 380
fronteiras, 89, 128, 290, 334, 365, 367, 381, 412, 418, 419, 422, 430, 432
Fundação Bruno Kessler, 14, 19
Fundo Monetário Internacional (FMI), 350
Furacão Katrina, 171

ganância, 413
Gaudium et Spes, 83, 186, 247, 248, 252, 300, 333, 388, 403
géis virucidas, 285
gênero, 388-390
e disparidade no cuidado sanitário, 274-277
e teologia moral, 385-401

globalização
  como desafio à ética teológica, 381-382
  como sistema monolítico de valores, 412-414
e ética teológica, 410-415
grandes narrativas, 81, 82
gratidão, 99, 316, 362
gratuidade, 30, 37, 302, 348, 350
gravioribus delictis, 104
guerra justa, 115, 184, 201, 226-232

hibridismo, 421
hierarquia
  falta de atenção à contribuição do laicato, 245-249
  e apoio ao poder político e econômico, 247, 248
hinduísmo, 44
história
  conflitos na, 423-428
  resgate da, 156
  das mulheres, 118, 158
  Ver também ética, fatos, práxis, doutrinas, mentalidades
história da Igreja, 86, 131, 143, 154, 155, 160
história das mentalidades, 190
HIV/Aids, 51, 162, 184, 261,273, 350, 386, 387, 409, 411
  como desafio às políticas de saúde pública, 262
  transmissão no casamento, 282-285
homo œconomicus, 34, 357, 361
homossexualidade, 132, 139, 241
hospitalidade, 19, 23, 350
Humanae Vitae, 135, 403, 414

identidade
  africana e Concílio de Trento, 93-94
  católica, 408
  e casamento, 296, 307-310
  sexual, 388-391

idosos
  cuidado dos, 311, 312, 313
  e saúde, 261
  voz esquecida da, 158, 164
Igreja
  abuso de poder, 325-338; e *etos* clerical, 328
  crise na situação sociopastoral da, 333, 334
  crise de identidade na, 325-329
  decadente no tempo de Trento, 151-153
  como sacramento de salvação abrangente, 380, 381
  como movimento social, 380
  Igreja Católica
  perda de membros na 97, 98. *Ver também* Igreja
Igualdade, 49, 59
  e cuidado sanitário, riscos à, 267-270
imaginação, 44, 194, 347, 409
imaginário urbano, 237
imigrantes, 44, 261, 270, 430-433
inculturação, 93, 246
Índia, o cenário da saúde na, 273-277
Índice de Desenvolvimento Humano (IDH), 344
infalibilidade papal, 86
  e evangelização da África, 87-90
infidelidade, 141, 299, 304-307
injustiça de gênero, 313, 398
institutiones theologiæ moralis, 73
intelectualismo, 125-126
internet, 35, 117, 219, 237, 378
intimidade, 132, 141, 142, 289, 293, 297-307, 310
intuicionismo, 230
islã, 34, 44, 45, 48, 51-53, 55, 58, 59, 61, 87, 96
Islândia, 44, 95

Jesus, 14, 36, 37, 51, 52, 77, 82, 83, 88, 90, 91, 98, 103, 155, 158, 159,

ÍNDICE DE ASSUNTOS

176, 194, 199, 233, 307-310, 321, 322, 325, 327, 330, 351, 377, 380, 381, 426, 429

Johannesschüsseln, 100-102

justiça
    e cuidadores, 322, 323
    e Doutrina Social Católica, 347, 348
    na Igreja, dois padrões de, 408-410
    contributiva, 213, 221, 222
    e ética, 38, 52
    e intenção, 230, 231
    natural e ética, 76
    primazia da, 227-231
    e sustentabilidade, 359, 360

Justitia et Pax, 356

laicato
    conflito com a hierarquia, 245-247, 255, 256, 335
    e interesses institucionais da Igreja, 334-336
    como representantes oficiais da igreja, 245-248

lamento, 178, 179

legalismo, 122, 149, 192

lei
    como moral, 75
    natural e divina, 19, 137, 138, 186, 187, 223, 265, 267, 290, 393, 414
    Ver também lei canônica, lei eclesiástica, lei natural, lei positiva

lei da gradualidade, 134-136, 415

lei positiva, 67, 75, 76

leigos, 14, 24, 25, 92, 184, 245-256, 308, 330, 335, 386, 404

liberdade, 378
    e culpabilidade, 131-133
    e obrigação moral, 202

liberdade de espírito, 200

liberdade religiosa, 49, 93, 94

linguagem teológica, 379

liquidez, 31, 33, 34

liturgia, 23, 320, 330, 407

livre escolha, 133, 184, 197, 202-207, 297

longevidade, 261

Lumen Gentium, 322, 326, 329-331

Magistério, 39, 75, 128, 242, 244
    e consciência, 78
    e teologia moral, 376

mandamento, 36, 136, 141, 142, 160, 190, 199, 201, 322, 388

matrimônio, 50, 113, 114, 116, 132, 141, 142, 154, 287, 293, 294, 302, 307, 310

matrimônio com companheirismo, 289

meio ambiente
    e Doutrina Social Católica, 356, 357
    e ética, 52
    e prevenção e precaução, 361, 362
    riscos ao, 263

métodos missionários, 90

missionários, 14, 42, 88-90, 155, 209, 259, 280

mística, 103, 150, 152, 236, 240, 377

modelo de crescimento, 343

modernidade, 32, 33, 36, 60, 63, 68, 73, 79, 115, 147, 149, 153, 216, 238, 336, 355, 357, 398, 419

moralidade
    autônoma, 185-188
    comunitarista, 187, 188
    e fé, 194-196
    como jurídica, 75

morte, 54, 101, 103, 104, 166, 171, 199, 218, 230, 248, 249, 257, 260-262, 264, 273, 275, 281, 284, 382, 387, 426

Movimento Black Power, 170

movimento de mulheres, 387

Movimento dos Direitos Civis, 170, 173

mulheres
    abuso de, 306
    contribuições para a teologia moral, 386
    e emprego, 311

e ética, 49-50
e cuidado familiar, 311-314
e cuidado sanitário, 281-285
situação sanitária das, 274
história das, 118
e HIV/Aids, 281-282
voz esquecida das, 157-167
responsabilidades familiares
tradicionais das, 311-315
violência contra as na prática
religioso-cultural africana, 162
e compromisso vocacional, 386-388
mundo globalizado, 31, 41-43, 52, 53,
60, 290, 334, 340, 342, 410, 429

não existência de Deus, 55
não violência, 58, 138, 141
natureza antropogênica, 355
naufrágio, 31-33, 36, 370
negros
    ausência de, na reflexão ética
    católica, 169-179
    como objetos de simpatia
    branca, 172
novo mundo, 148, 153, 234, 420

Objetivos do Desenvolvimento para o
Milênio, 341
obrigação moral, 318, 322
Ocidente, 33, 34, 44, 45, 58, 72, 78,
95, 96, 100, 104, 105, 107, 139, 152,
60, 161, 163, 218, 297, 312, 368, 369,
371-373, 410, 413
opção pelos pobres, 254, 345, 346,
417, 418
Optatam Totius, 121, 403
ordens mendicantes, 151
orgulho, 95, 96, 100, 105, 106, 367

pacifistas, 232
palavra
    mastigação e digestão, 219-223
    falada, na comunidade e na
    ética africanas, 217-223

papéis sexuais, 389
Parlamento Mundial das Religiões, 46
particularidade, 121, 187, 189, 193,
330, 379, 418
Pastor aeternus, 86
pecado
    e delito, 77
    e graça, 417
    do mundo, 417
perspectiva ecossistêmica, 360
philia, 228
pluralismo
    ético, 239-240
    e cidade moderna, 234-238
    religioso, 43, 45
pobre
    e ética, 49, 50
    exclusão da autoridade
    na Igreja, 332
    e sistema legal de justiça, 411
    opção pelo, 254, 345, 346,
    406, 417, 418, 427, 428
    como o outro racionalizado, 427
pobreza
    e acesso à saúde, 258, 259
    e Doutrina Social Católica,
    248-249
    causas da, 260
    e globalização, 261
    Ver também pobre
poligamia, 306
pólis, 228, 412
Populorum Progressio, 290, 342, 403
práxis, 76, 178, 189, 191-193, 361, 387
preocupação pastoral, 125
preservativo, 279, 283-285
Preste João, 87
presunção contra a guerra, 225-227
presunção contra a violência, 225, 226,
229, 230, 232
primazia da caridade, 124, 125, 128
primazia da justiça, 227
Primeira Conferência Transcultural sobre Ética Teológica Católica, 17

ÍNDICE DE ASSUNTOS

Quanta Cura, 92, 93
Quênia
  problemas de envelhecimento no, 164-166
mulheres no, 163, 166

raça
  e Furacão Katrina, 171
  e posição social, 419-421
racialização
  e Doutrina Social Católica, 423-426
  e experiência de Jesus, 426
  e ética teológica, 417-434
  na sociedade dos Estados Unidos, 418-431
racionalidade
  como crítica, 189-191
  como histórica
  e dinâmica, 188-189
  e influência da teologia, 194-196
  e teologia moral, 185-196
  e busca por sentido, 191-193
racismo
  e Doutrina Social
  da Igreja, 423-426
  e ética teológica, 417-434
  nos Estados Unidos, 420-431
racismo branco, 169, 170
razão
  absoluta, 188
  e ética, 185-196
  e ética teológica, 377-381
e teologia, 149
reciprocidade
  falta de na Igreja, 330-332
  e casamento, 293-307
trinitária, 329, 330
reflexão ética, 42
reflexão moral, 113, 228, 363
reforma, 18, 24, 68, 72, 73, 79, 85, 88, 89, 92, 93, 117, 124-127, 131, 146-149, 151, 152, 254, 255, 290, 346, 350, 369, 373
reinfecção, 184, 279-283

relacionamentos, 68, 131, 134, 138, 140, 141, 184, 191, 197, 421
relações de cuidado, 311, 315, 323
relações inter-religiosas, 41, 92, 94
relativismo, 33, 139, 199, 383, 393, 414
religião, 42, 44, 61-63
Religião Tradicional Africana, 30, 44, 51, 216, 306
religiões mundiais, 46, 395
Rerum Novarum, 340
respeito pela vida, 58, 248
responsabilidade ética, 337
Revolução Laranja, 370, 371
revolução sexual, 97, 388
riqueza, 50, 91, 147, 150-152, 216, 239, 240, 329, 344, 413, 425

sabedoria africana, 349-350
sacerdócio, 98, 99, 169, 253, 395, 396
saúde
  definição de, 257
  perspectiva de sexo e gênero sobre, 273-277
  conceito socioeconômico de, 257
sensus fidelium, 242, 327
sexualidade, 50, 51, 105, 116, 131, 138, 140, 157, 240, 242, 294, 386, 389, 392, 393, 395, 396
sobriedade, 362
solidariedade, 56
  e sabedoria africana, 349-351
  autêntica, 427
  e cuidado, 321
  e Doutrina Social
  Católica, 346-347
  conflito de, 427
  e ética, 37-39
  global, 360
Sollicitudo Rei Socialis, 290, 345, 360, 403
sorodiscordância, 282
Spe Salvi, 347, 348
subsidiariedade, 24, 254, 360
sustentabilidade, 19, 24, 287, 290, 314, 353, 356-364

natureza antropogênica da, 355
perspectiva ético-teológica sobre a, 353-364
e imagem de Deus como Criador, 357-358
e o sujeito vulnerável, 357
Syllabus, 92, 93

tecnologia, 42, 43, 53, 58, 237, 263, 264, 272, 275, 346, 386, 408
teocentrismo, 54, 217
teologia
    influência sobre a racionalidade, 194-196
    e violência missionária, 90-91
    papel na formação ética, 379, 380
    como ciência do que "é", 72
teologia da libertação, 169, 343, 347
    e Doutrina Social Católica, 423, 424
teologia moral
    e gênero, 385-401
    e história, 121-129. *Ver também* ética e história
    paciência e respeito na, 127-128
    racionalidade da, 185-196
    dimensão sacramental, 380, 381
    e ética secular, 406-407
    sistemas de, 405-406
    perspectiva teológica sobre a 121-124
    em união com a Igreja, 126-127
teologia política, 377
teólogo moral
    como radicalmente tradicional, 124-129
    vocação do, 414
teoria e práxis, 192
terapia antirretroviral, 280-282
terceira idade, 164
tolerância, 30, 54, 58, 61, 62, 88, 92, 93, 274
trabalho de cuidado, 313, 314, 319, 320, 323

tradição
    e guerra justa, 225-229
    e teologia moral, 124-129
transcendência
    absoluta, 38, 61, 62
    e ética, 37
Tratado de Schengen, 361, 366, 367

Unam sanctam, 112
União Europeia, 366, 367, 370, 371, 373
uniões de fato, 396, 397, 404
uniões entre pessoas de mesmo sexo, 404
universalidade, 179, 187, 189, 193, 209, 379
urbe, 233, 235, 243

Vaticano II, 82, 88, 93-94, 121, 144, 156, 185, 186, 245, 247, 252, 330, 343, 386, 388, 391, 403-405, 414
vergonha
    e culpa, 104-107
    e perda da face, 97-100
    e perda de identidade, 96-97
    e perda do corpo, 100-104
Veritatis Splendor, 39, 141, 187, 228, 403
vida urbana, 184, 233, 236, 244
violência
    presunção contra a, 225-232
    sexual e Igreja Católica, 97-100, 104-107
virtude, 49, 84, 86, 137, 139, 161, 229, 250, 254, 255, 290, 291, 315, 386, 427
virtudes ecológicas, 361-363
vocação, 25, 26, 39, 95, 121, 134, 192, 193, 197, 243, 246, 309, 347, 348, 357, 388, 405, 414

Zâmbia, 290, 340, 349-351, 437

ÍNDICE DE AUTORES

Agostinho, 125, 198
Alliot-Marie, Michèle, 432
Alonso-Lasheras, Diego, 68, 121
Apel, Karl-Otto, 220
Aquino, Tomás, 137, 184, 198, 229, 378
Aristóteles, 122, 137, 228
Auer, Alfons, 186
Autiero, Antonio, 19, 22, 23, 25
Azumah, John, 46

Barroso, José Manuel, 373
Baumann, Zygmunt, 33
Benedict, Ruth, 105
Bento – VI, 98, 99, 248, 290, 302, 307, 325, 336, 347-350, 356, 378, 380, 382, 383, 392, 396, 412, 414
Berger, Peter, 237, 238
Blumenberg, Hans, 32
Bondolfi, Alberto, 68, 77, 109, 436
Bonhoeffer, Dietrich, 33, 195
Bonifácio VIII, 112

Bouillard, Henri, 190
Branch, Taylor, 175
Bressan, Luigi, 13, 19, 20, 23, 24, 436
Bujo, Bénézet, 22, 184, 209, 436
Bundesen, Lynn, 159
Burggraeve, Roger, 22, 68, 131, 436

Cadena, Marisol de La, 419-422, 433
Cahill, Lisa Sowle, 22, 225, 302, 306, 308
Calvino, João, 149, 150, 237
Ceuster, Jan de, 366
Chenu, Mari-Dominique, 151, 343
Cherlin, Andrew, 298, 303
Chesterton, G. K., 340
Childress, James, 229, 230
Chirico, Peter, 415
Cloutier, David, 301, 303
Congar, Yves, 121, 122, 124-129
Copeland, M. Shawn, 174, 409
Crutzen, Paul, 355
Curran, Charles E., 22, 25, 197, 409, 415

Derrida, Jacques, 36

Elizondo, Virgilio, 426, 434

Farley, Margaret, 22, 183, 197, 306, 436
Faulkner, William, 179
Fischer, Anita Zocchi, 213
Forte, Bruno, 20, 29, 31, 437
Foucault, Michel, 77, 102, 328
Francisco de Assis, 362
Freud, Sigmund, 102
Fromm, Erich, 57
Fuchs, Joseph, 137, 186, 199, 437
Fusco, Coco, 420

Gallagher, Raphael, 22, 405
Gaziaux, Éric, 183, 185, 437
Gilligan, Carol, 201, 314, 315
Gilson, Étienne, 61
Golser, Karl, 19, 20, 23

Gomez-Peña, Guillermo, 433
González-Faus, José Ignacio, 417, 422, 425
Griffiths, Paul, 226
Grócio, Hugo, 227, 228
Gutiérrez, Gustavo, 345

Habermas, Jürgen, 220, 378, 380
Hastings, Adrian, 89
Hauerwas, Stanley, 187
Hirsch, Jennifer, 299, 303-307
Hobbes, Thomas, 75, 76
Hume, David, 198

Iqbal, Muhammad, 56, 59
Isasi-Díaz, Ada María, 306

Jaspers, Karl, 62
Joana D'Arc, 198
João Paulo II, 39, 92, 134-136, 246, 290
Johnson, James, 226
Johnson, Samuel, 202
Johnstone, Brian, 22, 184, 225, 437
Jonas, Hans, 353, 380
Josefo, Flávio, 101, 159
Joseph, Pushpa, 184, 273, 437

Kant, Immanuel, 37, 198
Keenan, James, 17, 63, 121, 123, 127,
139, 325, 406, 409, 427, 437
Kelly, Gerald, 169, 170
Keynes, John Maynard, 340
Kierkegaard, Søren, 201
King, Martin Luther, Jr., 171
Kittay, Eva Feder, 316, 317, 318, 320, 323
Klinger, Cornelia, 319, 320
Kohlberg, Lawrence, 201, 315
Küng, Hans, 46, 58, 209

Las Casas, Bartolomeu de, 112, 153
Lebret, Louis Joseph, 343
Leopold, Aldo, 360
Lévinas, Emmanuel, 38, 103, 436

ÍNDICE DE AUTORES

Liguori, Afonso de, 74, 114
Lubac, Henri de, 343
Lucrécio, 32
Luhmann, Niklas, 95, 96, 381
Lutero, Martinho, 72, 85, 146, 147, 149, 150, 154, 198, 200

MacIntyre, Alasdair, 187, 227
Magesa, Laurenti, 22, 67, 81, 158, 291, 409, 438
Malcolm – , 174, 424
Mandela, Nelson, 198
Maritain, Jacques, 343
Martinez, Julio, 19
Massingale, Bryan, 65, 69, 169, 171, 176, 291, 422-427, 434, 439
Mbiti, John S., 212
McCabe, Herbert, 228
McCarthy, David Matzko, 300, 301, 308
McCormick, Richard A., 409
McNeill, John, 355
Mead, Margaret, 105
Meehan, Bridget, 158
Mensa, Ma Katilili Wa, 163
Metz, Johann Baptist, 377
Mikulich, Alex, 428, 434
Moltmann, Jürgen, 364
Montesinos, Antonio de, 112
Moser, Antônio, 22, 65, 68, 143, 438
Mpansu, G. Bukasa Tulu Kia, 216
Mugo, Macere, 163
Mundy, John, 160
Mveng, Engelbert, 213, 218, 221

Nasimiyu-Wasike, Anne, 22, 65, 69, 157, 306, 439
Nell-Bruening, Otto, 343
Nietzsche, Friedrich, 54
Nilson, Jon, 428
Nussbaum, Martha, 312
Nyanjiru, Mary Muthoni, 163

Oduyoye, Mercy Amba, 41, 439
Okure, Teresa, 51
Orígenes, 103
Orobator, A. E., 21, 348
Ouwerkerk, Conrad van, 415

Pascal, Blaise, 32, 77
Paulo VI, 79, 290, 342-344, 349
Pegoraro, Renzo, 18, 19
Pio IX, 92, 93
Platão, 198
Plauto, 58
Pontet, Maurice, 125
Probyn, Elspeth, 107
Prodi, Paolo, 67, 71-73, 79, 110, 114, 439

Quddus, Abdul, 59, 60

Ratzinger, Josef, 345, 347, 378, 383
Rawls, John, 191, 323, 332
Reichberg, Gregory, 229
Robert, Charles, 415
Rock, Jay T., 43
Ross, W. D., 230
Rostow, Walter, 343
Rumi, Jalal Al-Din, 56
Russell, Bertrant, 53, 54

Saint-Exupéry, Antoine de, 39
Sánchez Carlos, Miguel Ángel, 181, 184, 233, 440
Sarkozy, Nicolas, 432
Schumacher, Ernst F., 340
Sen, Amartya, 344
Serafim de Sarov, 362
Sevenhuijsen, Selma, 319
Sobrino, Jon, 345, 421, 422
Stegemann, Wolfgang, 322
Suarez, Francisco, 137, 228

Tanner, Norman, 85, 94
Toner, Jules J., 200, 206

Toynbee, A. J., 60
Tracy, David, 173, 177
Tronto, Joan, 313

Ucrânia, 290, 367-373, 438
Umland, Andreas, 373

Vidal, Marciano, 19, 22, 227, 238, 405
Vieira, Antônio, 153
Vilanova, Evangelista, 243
Vitoria, Francisco de, 115, 227

Walters, Leroy, 227, 228
Ward, Barbara, 340, 343
Weigel, George, 226, 227
Williams, Rowan, 226

Yanukovych, Viktor, 373
Yeats, W. B., 399
Yelisieiev, Kostiantyn, 373

ÍNDICE

Agradecimentos | 11
Bem-vindos a Trento – Dom Luigi Bressan
Arcebispo de Trento | 13
Introdução: A Conferência de Trento – James F. Keenan | 17
    Por que Trento? | 18
    Quem veio? | 19
    A conferência | 24

PARTE I: ÉTICA E DIÁLOGO INTER-RELIGIOSO EM UM MUNDO GLOBALIZADO | 27

    Introdução | 29
    PERSPECTIVA CATÓLICA, PROTESTANTE E ISLÂMICA | 31
    Uma perspectiva católica – Arcebispo Bruno Forte | 31

        A metáfora do naufrágio | 32
        A metáfora da liquidez | 33
        A metáfora do marinheiro | 34
        A torre de Babel | 35
        Uma ética baseada na Bíblia | 37

Uma perspectiva protestante – Mercy Amba Oduyoye | 41
   A natureza da ética no mundo globalizado | 41
   Comunidades africanas de fé | 44
   Diálogo inter-religioso | 46
   Preocupações éticas | 48
   Uma tarefa inter-religiosa | 50

Uma perspectiva islâmica – Ahmad Syafi i Ma'arif | 53
   A situação humana no início do século XXI
   e seu problema teológico | 53
   A religião como uma necessidade perene:
   a tolerância social e seus desafios | 61

PARTE II: O PASSADO | 65

Introdução | 67

TRENTO: CONTEÚDO, CONTEXTO E RECEPÇÃO | 71
   Catorze teses sobre o legado de Trento – Paolo Prodi | 71

   O Concílio de Trento na experiência africana – Laurenti Magesa | 81
   Trento e a consolidação das grandes narrativas | 81
   O contexto sociorreligioso do Concílio de Trento | 84
   Trento e o catolicismo africano | 87
   A violência dos métodos missionários | 90
      Teologia e doutrina | 91
      Estruturas da Igreja | 92
      Relações inter-religiosas | 92
   Conclusão | 93

   Vivendo com perdas: a crise no "Ocidente cristão" –
   Regina Ammicht-Quinn | 95
   O "Ocidente cristão" está à deriva | 95
   Questão de vergonha: perda da identidade | 96
   Questão de vergonha: perda da face | 97
   Questão de vergonha: perda do corpo | 100
   Viver com perdas | 104

A INTERAÇÃO ENTRE HISTÓRIA E ÉTICA TEOLÓGICA | 109
   Diferenciando criticamente o passado: história e ética –
   Alberto Bondolfi | 109
      O estado da arte | 110
      Uma ampla variedade de questionamentos | 111
      A história se ocupa de fatos | 111

A história também se ocupa de práticas | 113
A história também se ocupa de doutrinas | 114
A história também se ocupa de mentalidades | 115
Conclusão | 117

Teologia moral e história: uma perspectiva peculiar –
Diego Alonso-Lasheras | 121
A peculiaridade teológica do estudo da história
para a teologia moral | 122
Critérios possíveis para ser radicalmente tradicional | 124
Primazia da caridade e da pastoral | 125
Manter-se em comunhão com o todo | 126
Paciência e respeito para com os atrasos | 127
Uma verdadeira renovação pelo retorno ao
princípio da Tradição, não pela introdução
de uma "novidade" por adaptação automática | 129
Conclusão | 129

*Blocos históricos de construção para uma consistente
ética relacional e sexual –* Roger Burggraeve | 131
O paradigma da "desculpabilização" | 131
O paradigma da "lei da gradualidade" | 134
O paradigma da *"epikeia"* | 137
Um apelo para uma consistente ética sexual e relacional | 139
Conclusão | 142

A NARRATIVA DA HISTÓRIA E AS VOZES AUSENTES –
Trento: contribuição histórica e vozes perdidas – Antônio Moser | 143
Compreendendo a ambivalência das hermenêuticas:
alguns referenciais | 145
Uma gestação difícil, mas com êxitos | 146
Contexto dos textos | 147
Teologia e pastoral: quadro de decadência | 148
Contribuição histórica e vozes perdidas | 149
Quem foram os personagens indevidamente
denominados de hereges? | 150
Para além das revoltas, a procura de algo novo | 151
As descobertas de terras e pessoas sem a assimilação
da riqueza das diferenças culturais | 152

Vozes que voltam a interpelar o presente | 153
A resposta inadequada e violenta para aspirações
e interpelações profundas | 154
Os méritos de Trento e lições que ficam | 155
Em que termos se pode falar da necessidade de
um resgate histórico? | 156

As vozes femininas ausentes – Anne Nasimiyu-Wasike | 157
As vozes femininas ausentes na Bíblia | 158
As mulheres como vozes ausentes na história da Igreja | 160
As vozes ausentes na história tradicional africana | 162
As vozes ignoradas de mulheres no Quênia | 163
Outras vozes ausentes no Quênia | 164
As vozes ausentes dos anciãos | 164
Conclusão | 166

*A sistemática extinção dos corpos
de pele negra na ética católica* – Bryan Massingale | 169
A omissão histórica do racismo e da justiça racial | 169
Não apenas uma omissão "histórica" | 171
A extinção da voz do corpo negro | 172
Por que a evasão do corpo negro? | 173
A sistemática extinção e a reflexão ética comprometida | 175
O lamento como um modo de avançar no caminho | 178

PARTE III: O PRESENTE | 181
Introdução | 183
Em que sentido a teologia moral é racional? – Éric Gaziaux | 185
Pano de fundo histórico | 186
Aberturas | 188
Uma racionalidade histórica e dinâmica | 188
Uma racionalidade crítica | 189
Uma racionalidade como uma busca pelo sentido | 191
Uma racionalidade que contém uma lacuna significativa | 193
Uma racionalidade influenciada pela teologia | 194

Uma estrutura para o discernimento moral – Margaret Farley | 197
A experiência do dever moral | 197
Livre escolha | 202
Amor | 206

Argumentação e metodologia na ética africana – Bénézet Bujo | 209
Qual o fundamento da ética cristã? | 209
A comunidade tridimensional como lugar da
constituição da pessoa | 209
O papel do cosmo nos processos da
constituição da pessoa | 213
A articulação das normas e da vida moral | 217
Função da palavra na ética africana | 217
Mastigação e digestão da palavra em comunidade | 219
Conclusão | 223

ÉTICA POLÍTICA | 225
A presunção contra a guerra e a violência – Brian V. Johnstone | 225
Vida urbana, ética urbana – Miguel Ángel Sánchez Carlos | 233
A ética e a cidade | 233
A cidade moderna secularizada | 234
A perspectiva ético-cristã e o pluralismo urbano | 236
A necessidade de mudança | 238
Divergência católica. Cisma silencioso? | 240
Ética cristã urbana e compromisso social | 242
Conclusão | 243

A Doutrina Social Católica em uma encruzilhada – David Kaulemu | 245
A Doutrina Social Católica em três níveis | 250
Conclusão | 255

QUESTÕES DE SAÚDE | 257
Justiça e equidade no mundo dos cuidados de saúde:
um grito ético na América Latina e no Caribe – Leo Pessini | 257
A realidade da saúde na América Latina e no Caribe | 259
Aspectos econômicos | 259
Aspectos demográficos | 260
Aspectos sociais | 260
HIV/AIDS: um grande desafio às políticas
públicas de saúde | 262
Aspectos ecológicos | 263
Igualdade e equidade nos sistemas de saúde | 263
Entendendo a equidade | 265
Mensurando a equidade | 265

Equidade e o conceito de direitos humanos | 266

O direito à equidade nos cuidados de saúde | 267

Ameaças à equidade e aos direitos básicos | 267

Respondendo às ameaças | 268

Desafios específicos para equidade na área da saúde | 269

Olhando para o futuro: alguns desafios | 271

Questões de saúde: uma perspectiva de gênero – Pushpa Joseph | 273

O cenário da saúde na Índia | 273

Desafios e contradições | 274

Cuidado invertido | 274

Cuidado empobrecedor | 274

Cuidado fragmentado e fragmentador | 274

Cuidado arriscado | 275

Cuidado mal-orientado | 275

O cuidado da saúde na Índia | 275

A tendência de gênero quanto à saúde na Índia | 276

Retrospectiva e prospectiva do HIV/AIDS na África:
casais sorodiscordantes, reinfecções,
papel das mulheres e preservativo – Margaret A. Ogola | 279

Conclusão | 284

PARTE IV: O FUTURO | 287

Introdução | 289

IDENTIDADE, RECIPROCIDADE E RELAÇÕES FAMILIARES | 293

Uma visão do matrimônio para os cristãos do século XXI:
intimidade, reciprocidade e identidade – Julie Hanlon Rubio | 293

Intimidade | 297

Reciprocidade | 302

Identidade | 307

Conclusão: para além das ameaças rumo aos convites | 310

Vulnerabilidade, reciprocidade e cuidado nas relações familiares:
uma contribuição socioética – Christa Schnabl | 311

Desafios sociais a partir da perspectiva
das relações de cuidado | 311

Reflexões sobre o cuidado | 314

Consequências para a ética social | 318

*O abuso de poder na Igreja: seu impacto na identidade,
na reciprocidade e nas relações familiares* – Aloysius Cartagenas | 325
Uma identidade corporativa em crise | 325
Crise de identidade, crise de lei | 326
Crise de identidade, crise de autoridade | 327
Crise de identidade, crise de etos | 328
O chocante déficit de reciprocidade trinitária | 329
Uma Igreja com uma vida dupla | 330
Uma Igreja com duas reivindicações conflitantes
de poder supremo | 331
A crise de reciprocidade como a exclusão
da autoridade do pobre | 332
A crise nas relações íntimas da Igreja com o mundo | 333
A crise de seu lugar sociopastoral privilegiado | 333
A crise nos portadores sociais do catolicismo
na esfera pública | 334
A crise da cultura "romano-católica" | 336
Conclusão | 337

DESAFIOS DA PRESSÃO SOCIAL MUNDIAL | 339
A economia que leva em conta as pessoas – Peter Henriot | 339
A urgência da situação | 341
A necessidade de uma voz ética | 342
O progresso dos povos | 342
Sobre a preocupação social | 345
A caridade na verdade | 347
A sabedoria africana | 349
Os desafios zambianos | 350

Sustentabilidade: uma perspectiva ético-teológica –
Simone Morandini | 353
No tempo da ecologia | 353
A complexidade de um desafio | 354
Um fenômeno antropogênico | 355
Questão ambiental e Doutrina Social da Igreja | 356
Uma perspectiva ética e teológica | 357
Princípios necessários para promover a sustentabilidade | 359
Virtudes necessárias para promover a sustentabilidade | 361
Conclusão | 363

Cidadania – Myroslav Marynovych | 365
  A livre circulação de pessoas | 366
  Emigração | 368
  A resposta do governo ucraniano | 370
  A reação da União Europeia à migração | 371
  Uma atualização | 373

ÉTICA TEOLÓGICA NO FUTURO | 375
  Uma perspectiva arcebispal sobre o futuro da ética teológica –
  Cardeal Reinhard Marx | 375
    Abordagens biográficas da ética | 376
    Futuros campos de investigação e desafios | 377
    Exemplos de desafios | 381

Gênero e teologia moral: um projeto compartilhado – Julie Clague | 385
  Prólogo | 385
  A adesão, por parte da teologia moral, do *humanum* | 386
  A humanidade adere ao gênero | 388
  A teologia moral adere ao gênero | 391
  Gênero e teologia moral: unidos contra a injustiça de gênero | 398
  Epílogo: gênero e teologia moral: uma história de amor | 400

Contexto e futuro da ética teológica:
a tarefa de construir pontes – Shaji George Kochuthara | 403
  Ética teológica na comunidade cristã | 404
    O desafio do diálogo entre abordagens e
    métodos diferentes | 404
    O desafio da ética secular | 406
    Tendências recorrentes de uma ética exclusivista
    e fundamentalista | 407
    Os dois padrões na aplicação da justiça na Igreja | 408
    A ética teológica em desenvolvimento na Ásia,
    na África e na América Latina | 410
    A ética teológica em um mundo globalizado | 410
    O sistema político | 410
    O sistema monolítico de valores da globalização | 412
  Conclusão | 414

Racialização e racismo na ética teológica – María Teresa Dávila | 417
    O processo de racialização e o ser e o torna-se humano | 419
    Conflito e encarnação | 423
    "Encarar a história": a ética teológica e
    as cicatrizes da história | 426
    A realidade: sentimento anti-imigrante nos Estados Unidos
    e na França | 429
        Uns Estados Unidos racializados | 430
        Uma França racializada | 431
    Conclusão: a esperança encarnacional e a tarefa
    da ética teológica | 433

Autores | 435

Índice de assuntos | 441

Índice de autores | 451

Índice | 455